算力时代

一场新的产业革命

王晓云 段晓东 张昊 等 著

中信出版集团 | 北京

图书在版编目（CIP）数据

算力时代：一场新的产业革命 / 王晓云等著. -- 北京：中信出版社，2022.2 (2022.5重印)
ISBN 978-7-5217-3885-8

Ⅰ.①算… Ⅱ.①王… Ⅲ.①信息经济－研究 Ⅳ.①F49

中国版本图书馆CIP数据核字（2021）第268264号

算力时代——一场新的产业革命
著者：　王晓云　段晓东　张昊　等
出版发行：中信出版集团股份有限公司
　　　　　（北京市朝阳区惠新东街甲4号富盛大厦2座 邮编 100029）
承印者：北京诚信伟业印刷有限公司

开本：787mm×1092mm　1/16　　印张：28.25　　字数：346千字
版次：2022年2月第1版　　印次：2022年5月第5次印刷
书号：ISBN 978-7-5217-3885-8
定价：79.00元

版权所有·侵权必究
如有印刷、装订问题，本公司负责调换。
服务热线：400-600-8099
投稿邮箱：author@citicpub.com

主　编

王晓云

副主编

段晓东　张昊

编　委

刘景磊　陈佳媛　王　升　张婷婷　李　锴
宋雪飞　范亚梅　王锦涛　尼凌飞　郭莎莎
姚慧娟　王　鹏　班有容　李　莹　崔宁波

目录

推荐序一 杨杰 VII
推荐序二 赵厚麟 XI
推荐序三 王恩东 XV
前言 XIX

第一篇 从原始算力到现代算力——算力的前世今生

第一章 原始算力,那些伟大的发明

手动式计算,算力工具的起源 003
机械作嫁衣,提升算力效率 006

第二章 从机械到电子,算力大飞跃

机电驱动,算力走向自动化 009
电子计算机,现代计算机的雏形 011

第三章　算力进入千家万户

算力换"芯"，电子计算机走进日常生活 013
算力摆在桌上，握在手中 015
算力穿在身上，嵌在身边 020

第二篇　多样的现代算力——探索算力奥秘

第四章　通用计算——架构多样

算力之"芯"，未来之心 025
指令集之争 042
RISC-V 异军突起 050

第五章　异构计算——平台多样

异构计算的出现 057
GPU/AI 加速卡 063
FPGA 071
ASIC 和 SoC 081
DPU 087
算力走向何方 091

第三篇　算力就是生产力——新基建之心

第六章　云计算，看不见、摸不着的算力服务

计算之争，谁能笑到最后　099

云计算大发展，技术与经济共振　103

开源，为云计算引航的灯塔　112

"一虚多"，云计算的关键技术　117

IaaS、PaaS、SaaS，云计算的三种基本服务　120

云计算服务的大家族　123

多样的云服务　129

云计算路在何方　133

第七章　边缘计算，算力在你身边

边缘计算，有多边缘　135

与云计算一脉相承的边缘计算　145

边缘计算的赛场　153

揭开边缘计算的神秘面纱　164

前程似锦，锦绣画卷　177

第八章　大数据，挖掘存算新价值

数据海量爆发的原动力　207

相互促进的算力与大数据　212

大数据平台放大存算价值　215

大数据安全与隐私计算　223

第九章　AI，以算力换人力

AI 的发展　227

算力——AI 发展的强心剂　230

AI 服务——智能社会的核心引擎　232

AI 的使能要素　235

第四篇　算力网络，算网一体共生——从水网、电网到算网

第十章　算力网络，继往开来辟新局

算力网络为何而生　247

什么是算力网络　249

算力网络的愿景　253

算力网络的体系架构　258

如何构建算力网络　260

应用畅想，无限可能　266

第十一章　东数西算，算力网络的第一个目标

"东数西算"国家政策引导　271

"东数西算"数据中心布局　273

"东数"如何"西算"　275

第五篇　突破极限——算力的未来

第十二章　冯·诺伊曼架构是永恒的吗？

"讨厌"的墙　279

AI 的"细脖子"　282

加速翻墙——向"大脑"要答案　283

揭开存算一体的神秘面纱　285

存算一体研究的先行者　289

第十三章　6G 与在网计算

6G 需求及愿景　295

6G 架构及展望　296

6G 和算力网络　299

在网计算　300

第十四章　"摩天"算力，天上那些事

星辰大海中的新成员　305

天地一家亲　311

星云作算力　316

第十五章　量子计算

量子是什么　323

量子也能计算　328

量子计算应用探索　337

第六篇 新时代、新战略、新行动——算力时代，百家争鸣

第十六章 信息社会的战略高地

从网络大国到网络强国 343

从网络强国到数字中国、智慧社会 345

新型基础设施建设 346

算力网络——东数西算 347

第十七章 各行各业在行动

运营商云化转型，提供多样性算力服务——中国移动 351

芯片架构升级，推动高性能计算变革——ARM 361

自研处理器、开发云服务，构建自主创新的算力产业体系——华为 366

自研芯片，建设生态，提供全系列算力解决方案——飞腾 374

从计算到智算，积极布局多元计算，推动智算中心建设——浪潮 379

引入异构算力，提供多样、安全、高效的算力产品——中兴通讯 388

构建云网边端一体化算力基础设施——腾讯 398

致谢 411

缩略语 415

注释 421

推荐序一

当前，人类正处于从工业文明迈入数字文明的重要关口，新一轮科技革命和产业变革深入发展，数字技术正以新理念、新业态、新模式全面融入经济、社会、民生等领域。在这一进程中，从单机计算到云计算，从边缘计算到泛在计算，从单一算力到多样性算力，算力逐渐成为推动人类生产生活和全社会治理方式变革的原动力，一个以算力为核心生产力的时代加速到来。我国提出要大力发展算力基础设施，布局全国一体化算力网络国家枢纽节点，启动实施"东数西算"工程，构建国家算力网络体系。

作为网信领域中央企业，中国移动勇担网络强国、数字中国、智慧社会主力军职责使命，聚焦"推进数智化转型、实现高质量发展"主线，构建以5G（第五代移动通信技术）、算力网络、智慧中台为重点的新型信息基础设施，形成"连接+算力+能力"新型信息服务体系，全面推进全社会数智化转型。锻造5G精品网络，全力打造覆盖全国、技术先进、品质优良的5G网络，建成全球规模最大的5G独立组网（SA）网络，为广大客户提供5G商用服务。全面布局算力基础设施，规划"4+3+X（京津冀、长三角、粤港澳、成渝等4

个热点区域中心、呼和浩特、哈尔滨、贵阳等 3 个跨省中心、省级中心）数据中心，总机架能力达 108 万架；从 300 余个区域和省级中心云逐步延展，建设超 1 500 个 CDN（内容分发网络）边缘节点，加快 SD-WAN（软件定义广域网）全网部署，实现用户与算力的便捷连接；积极推进 x86[①]、ARM[②]、GPU（图形处理器）、FPGA（现场可编程逻辑门阵列）等多样化算力生态建设，保障供应链安全稳定。创新打造智慧中台，发挥信息技术、数据要素作用，构建具有运营商特色、中国移动特点的智慧中台服务体系，发布 AaaS（能力即服务）统一门户，汇聚 230 余项共性能力，月调用量超 90 亿次，支撑公司数智化转型，赋能全社会数智化应用。

基于对算力发展的积极探索和深入实践，中国移动进一步深化了对算力网络的理解认识。第一，算力网络是以算为中心、网为根基，网、云、数、智、安、边、端、链（ABCDNETS）深度融合，提供一体化服务的新型信息基础设施。第二，算力网络改变了过去单纯以带宽、流量、虚拟机等独立资源为主的服务形态，将以算力为载体为客户提供"融合、智能、无感、极简"的一体化服务。第三，算力网络将与中国移动的 5G、智慧中台融合互通、协同共进，全方位、深层次赋能数字产业化发展，加快推动产业数字化升级。

站在"算力时代"新起点，迈向数字经济新赛道，中国移动锚定世界一流信息服务科技创新公司新定位，制定实施创世界一流"力量大厦"新战略，勇担算力网络发展重任，与社会各界一道，合力构建全新的算网服务体系，推动实现网络无所不达、算力无所不在、智能无所不及，逐步将算力打造成与水电一样，可"一点接入、即取即

---

① x86 泛指一系列基于 Intel 8086 且向后兼容的中央处理器指令集架构。——编者注
② ARM 指高级精简指令集机器。部分章节中特指 ARM 公司。——编者注

用"的社会级服务，促进算力经济蓬勃发展。

作为一个新生事物，算力网络总体尚处于探索和研究阶段，需要产学研用各方协同推进技术创新和应用发展。为此，中国移动的同事们编写了这本书，从算力的前世和今生入手，介绍了算力对经济社会数智化转型的影响，畅想了未来算力的发展图景，逻辑清晰、内容翔实、行文活泼，希望能为各位读者了解算力发展历史、把握算力发展机遇带来启发和帮助。

中国移动通信集团有限公司董事长　杨杰

推荐序二

当前，人类社会正在加速迈向一个更加美好的数字经济时代，全球新一轮科技革命和产业变革深入推进，5G、大数据、AI（人工智能）、区块链等新一代数字技术加速与经济社会建设融合，各行各业迅速迎来转型升级的新机遇。尤其是新冠肺炎疫情暴发以来，数字技术和数字经济在全球疫情防控和经济恢复进程中起到了不可替代的关键作用。这背后是以计算技术和通信技术为代表的信息技术的持续发展、创新、融合，这本书提到的算力正是信息技术发展背后的核心。

"算力"一词仿佛是新鲜产物，从狭义角度讲，算力在区块链技术里面可以理解为矿机的计算能力，一般用于衡量每个矿机每秒钟能做多少次 hash 碰撞[①]。而从更加广义的角度出发，算力并不是近些年才有的概念，算力的发展是人类科技发展的核心主线，有其内在逻辑和历史必然。世界的本质是能量以及以信息为核心的能量法则，人类的科技发展史就是不断提升对能量和信息的获取、使用能力，从而以

---

① 如果两个输入串的 hash 函数的值一样，则称这两个串是一个碰撞。——编者注

技术爆炸的速度发展起人类的文明。算力一方面代表了人类对信息的处理能力，另一方面也代表了人类将能量转化为信息处理能力的手段。早期人类对信息的处理是纯手工的，算筹和算盘是最典型的代表，当时只是将人体的生物能转化为信息处理能力；后来，有了以帕斯卡加法器、莱布尼茨乘法器、巴贝奇差分机为代表的机械装置，人类能更有效地处理复杂信息，也可以利用水能、热能等非人体生物能的能量来更高效地驱动这些机械装置；随着电磁学、半导体技术、信息论的发展，历经 Z 系列计算机、ENIAC（电子数字积分计算机）和冯·诺伊曼架构，以电能驱动的电子计算机终于出现，其一举奠定了以信息技术为代表的第三次科技革命的基础；当今，人类能更高效地利用电能驱动算力，衍生 CPU（中央处理器）、GPU、FPGA 等多种形态的计算单元以及云计算、边缘计算、泛在计算等多种计算模式，成为当今数字技术的"芯"；相信在不远的未来，人类社会必将出现以更先进的理论作为指引，以更高效的能量方式作为驱动，以更便捷的方式服务人类的新一代算力。

　　作为信息技术的左右手，计算和通信有着天然的紧密联系。人类沟通的需求产生了通信，而算力的发展促使人类产生了数量更多、分布更广的信息和数据，进而对通信系统提出了更高的要求；同时，通信系统本身也是由算力节点组成的，算力的发展使得网络节点、终端节点可以满足更多的通信需求，也使得整个通信系统能够朝着更高效、更智能的方向发展。通信的发展同样也在推动算力的革新，移动互联网的兴起正是信息通路拓宽带来的算力应用生态发展，同时通信网络的发展让算力不再是孤岛，其催生出云计算、边缘计算、泛在计算等模式。现在提到的云网融合，正是算力和通信的一种结合，这主要是从商业模式、业务模式、网络模式层面考虑的。云网融合未来可能发展为算力网络、算网一体的新阶段,这就需要从更高的层面考虑,比如"双碳目标"和能源效率、区域协同、可信体系与安全、自主创新和国际合作等。2021年印发的《全国一体化大数据中心协同创新体系算力枢纽实施方案》中,明确提出布局建设全国一体化算力网络国家枢纽节点,加快实施"东数西算"工程。处理好算力与网络的关系,构建国家算力网络体系,已成为推进国家数字经济和新型基础设施建设的关键。从这个角度来看,这本书的出版恰逢其时,很有意义。

我长期在ITU(国际电信联盟)工作,很注重技术的标准化和国际合作。在信息通信领域存在ITU、ISO(国际标准化组织)和IEC(国际电工委员会)国际三大标准化组织,其中ITU负责电信标准,ISO和IEC则是协调计算机领域标准化工作。从20世纪90年代开始,随着通信和计算机技术的快速发展和深度融合,三方加强合作,创新推动并陆续颁布了一大批三方使用完全同一文字表述的"同文标准"。早期以计算机技术主动靠近电信技术为特征的三方合作,近年来发生了很大变化,电信行业自主提出的大数据和云计算创新技术越来越受到市场青睐和广泛关注。比如ITU-T(国际电信联盟电信标准分局)在2020年起新的研究周期已致力于网络和新型计算技术相关标准的研制,已开展了算力网络、云原生、区块链等各类新型计算和大数据类标准工作。在这方面,中国通信专家在云计算、边缘计算、区块链、人工智能等领域发挥了重要作用。中国移动作为国际一流运营商、中国信息基础设施的重要一环,承担着推动国际标准化和产业合作的使命。近期中国移动在算力方面主导了多样性算力产业联盟,推进核心算力技术自主化,也在有效地推进芯片自主创新和规模化生产。我还欣喜地看到,中国在通信和算力方面已经有那么多年轻的信息技术专家成长起来，未来他们一定能够发挥重要的作用。

最后，我希望这本书能够让更多的人了解算力的历史和发展，并以此为契机带动更多的人投身信息技术的创新和国家信息化建设。

国际电信联盟秘书长　赵厚麟

推荐序三

非常感谢中国移动研究院给我送来这份《算力时代》的书稿。"算力"这个词是近年来科技界的热点技术名词，它源于计算机和计算技术，汇集了"数"和"算"，但更强调"力"，强调了计算能力在促进科技进步和社会发展中的重要价值和作用。

我在浪潮集团长期从事计算机系统结构设计、关键技术研究和工程实现工作。作为中国计算产业的亲历者，30多年来，我参与和见证了中国计算产业的跨越式发展，也看到了算力在经济、生活中发挥着越来越重要的作用。当前，人类已经进入智慧时代的拐点：由巨大算力支撑的AI技术渐趋成熟，无人农场、智能农机、智慧农业等正在改变着延续上千年的农业生产方式，智能工厂让生产效率显著提升，无接触送货、无人机送餐成为智慧物流新亮点……一场由算力带来的变革将极大地改变未来人类的生产和生活方式，算力已成为社会经济发展的核心生产力。

算力从根本上改造、升级了生产力三要素，最终驱动着人类社会的转型升级。我们谈到的智慧农业、智能工厂、无人配送等智能场景，背后都是计算的力量，它将劳动者由传统的人变成了"人+AI"，"劳动者"可以超越生物极限，呈现指数级增长。数据作为计算的处理对象，成为一种新的劳动对象、新的生产资料，从有形到无形，生生不息，越用越多。生产工具也由传统的机械升级为计算力驱动的信息化设备，劳动效率同样是指数级增长，生产力得到了前所未有的解放。

  计算力成为核心生产力，从宏观和微观层面来看，都对经济发展产生了积极的影响。我们观察到，各个国家或地区的GDP（国内生产总值）与服务器数量呈现明显的正线性相关，服务器出货量已经可以作为衡量计算力发展水平的重要指标项。从全球来看，全球经济总量最大并表现出很强经济活力的中美两国，也是全球服务器出货量最大的两个国家，远远超过其他国家的数量总和，数字经济的贡献占比明显高于其他国家。中国各省市的情况与此类似，北上广浙每千亿元GDP的服务器出货量远大于其他省市。根据国际数据公司发布的《2020全球计算力指数评估报告》，计算力与经济增长紧密相关，计算力指数平均每提高1个点，数字经济和GDP将分别增长3.3‰和1.8‰。因此，我们可以说计算力是衡量经济社会发展水平的重要指标。在实体企业层面，10年前，全球市值最高的企业大部分是能源公司、金融企业，市值靠前的IT（信息技术）公司仅微软一家。最近几年，全球最值钱的公司几乎清一色地是信息技术与服务公司，包括美国的亚马逊、苹果、微软、脸书，中国的阿里巴巴、腾讯等。有趣的地方还在于，这些排名靠前的公司也是全球采购服务器最多的公司，正是海量的计算力为这些公司创造了巨大价值。

  算力的重要性不言而喻，这与我们观察到的社会对算力的需求呈现爆发式的增长也是相吻合的。深度学习自2011年兴起至今，已经是目前最热门、最主流的AI算法，训练深度神经网络模型对算力的需求呈指数级增长。AI非营利组织OpenAI曾于2018年发布报告，指出自 2012 年以来，AI 训练任务所运用的算力每 3.43 个月就会翻一番，到 2018 年，AI 算力需求增长了 30 万倍。2020 年，训练自然语言理解巨量模型 GPT-3（第三代通用预训练语言模式）所需的算力达到了 3 640 PD[①]，需要 1 万块 GPU 加速部件共同完成。按照这个速度，到 2023 年巨量模型的算力需求预计将达到百万 PD，即使用目前全球最快的超级计算机来计算，所需的时间也要两年之久。算力的供给远远追不上算力需求的增长速度。

面对算力供给"鸿沟"，计算技术与产业需要构建一个新的发展格局，简单概括起来可以描述为：要通过多元算力融合和算力供给基建化加速计算向智算转型。我们可以看到，进入智慧时代，算力多元化发展的趋势愈加明显，主要体现为计算场景和计算架构的复杂多元。多架构引发了应用系统无法兼容及执行效率不高等问题。我们需要打破传统体系结构设计，创新智算体系结构，实现算力高效聚合和按需定义。这些技术，在这本书的第五篇《突破极限——算力的未来》里面都有涉及，为读者展开了一幅面向未来的算力宏伟蓝图。

多元算力的融合将大大提升算力生产的效率，而将算力真正地服务于社会经济的各行各业，使其进入千家万户，依赖的正是算力供给模式的创新。算力将像电力、热力、水一样，由统一的社会基础设施进行供应。2020 年，国家明确提出新型基础设施建设的范围包含以数据中心、智能计算中心为代表的算力基础设施，算力供给基建化已经成为趋势。可以预见，在加快推进新型基础设施建设的背景下，智能计算中心将成为未来计算力的主要生产中心、供应中心。因此，如这本书的第四篇所述，我们要加快推动算力供给基建化，要加速高质

[①] PD，全称为 Petaflop/s-day，为算力计量单位。1PD 表示一天时间内每秒执行千万亿次计算。——编者注

量、高能效的智能计算中心的落地。而在这个落地过程中，我们要做好网络、能源、算力、数据、应用等一体化发展规划，最终构建新型算力网络格局。

人类社会进步的步伐不会停止，社会的进步将越发依赖科学技术的革新。希望全球科技创新出现更多中国的原创技术，中国的科技工作者在计算技术革新上迈出更加坚定自信的步伐，在算力高科技发展竞争与合作的新征程上，不辜负国家的期望，为人类社会发展做出更多的贡献。

这本书选取了人类"算力"发展各个历史时期小而精的关键事件，用通俗易懂的语言，以小见大，讲述了一段全球计算技术发展的大历史，十分具有趣味性。同时，这本书可作为向大众普及算力知识的参考图书，无论对指导工作还是知识开拓都大有裨益。相信不论是社会大众、IT从业人员还是专业读者，都可以从书中感受到与算力共舞的魅力。

中国工程院院士　王恩东

前言

18世纪，瓦特改良了蒸汽机，引发了人类历史上的第一次工业革命。热力的出现解放了人类的双手，推动人类社会从农耕文明迈向了工业文明。19世纪，法拉第发现的电磁感应原理，激发了人类历史上的第二次工业革命。电力的出现极大地提升了生产效率，推动人类社会从机械时代迈入电气时代。20世纪以来，在以IT为标志的第三次工业革命和以AI为标志的第四次工业革命中，算力，作为生产力之源，正发挥着举足轻重的作用。算力也被称为计算力，在数字化时代，是衡量生产工具对数据处理能力的统称，它广泛存在于人类生产、生活的各种设备中，我们生活中常见的手机、平板电脑、PC（个人计算机），以及数据中心的服务器、交换机、路由器等各种设备都蕴藏着或大或小的算力。可以说，随着新一轮科技革命和产业变革的交会，以算力为核心生产力的数字经济时代已经加速到来。2020年我国发布了新基建战略，在这一战略中5G、AI、大数据中心、工业互联网等多个领域的发展都离不开算力技术，算力作为新基建之"心"，将直接影响数字经济的发展速度，直接决定社会智能的发展高度。

算力的最早形态可以追溯到我国古代的算筹。古人将算筹随身携带，在需要进行计算的时候，古人就把算筹取出摆弄。随着社会的发展，算筹的计算能力越来越不能满足生产需求，算盘应运而生。然而算盘的计算能力仍然有限，当人类面临更加复杂的计算问题时，电子计算机登上了历史舞台。1946年，世界上第一台电子计算机ENIAC诞生。为追求更强大算力，人类随后又陆续发明了晶体管计算机、集成电路计算机，以及现如今的大规模、超大规模集成电路计算机。1981年，IBM（国际商业机器公司）第一台PC的面世开启了PC时代，算力作为人们生活的必需品开始走入千家万户。21世纪，伴随着移动通信的发展和芯片制造工艺的提升，智能手机逐渐发展为人类手中的移动算力，并带动整个经济社会进入移动互联网时代。伴随着移动互联网的大发展，云计算也开始迅速发展壮大，为人类数字经济的发展提供了更为坚实的算力支撑。

当今世界，算力已成为数字化、智能化时代的"基础能源"，谁掌握了先进的算力，谁就掌握了开启未来世界的钥匙，算力已成为全球科技竞争的战略制高点。随着算力科学、算力服务、芯片制造工艺的不断发展和突破，算力的演进也迎来了重要的转折期：（1）从算力指令集的角度，以x86架构为主的算力已经迈入包括x86、ARM、RISC-V（基于精简指令集原则的开源指令集架构）等在内的多样算力生态时代，如何利用多样性算力生态构筑安全可靠的算力基础设施已成为各个国家关注的重点；（2）从算力服务的角度，云计算正在从核心向边缘延伸，以满足用户实时性、安全性的算力服务需求，但如何像热力、电力一样做到随用随取，如何打造"云网边端"超融合的泛在算力服务，正日益成为算力提供商关注的重要方向；（3）从算力演进的角度，基于冯·诺伊曼架构体系的摩尔定律面临失效的风险，如何推动算力科学从量变到质变，实现算力跨越式发展，成为算力科研领域研究的重点。

中国移动作为全球最大的移动通信运营商，顺应云计算发展大势，积极落实"云改"战略，从 2018 年起推动移动通信网络功能虚拟化，以 NFV/SDN（网络功能虚拟化 / 软件定义网络）技术为基础，建成了全球技术最先进、规模最大的网络云，实现 5G 网络全面云化。面向公有云市场，中国移动积极打造"移动云"品牌，截至 2021 年 6 月，已发布 200 余款产品，面向公共客户提供了丰富多样的算力服务。笔者在中国移动长期从事移动通信、云计算、边缘计算等方面的工作，结合自身对算力演进、算力服务、算力科学等方面的深刻理解，剖析算力的前世今生，并大胆畅想算力的未来演进，向读者描绘一幅算力时代的画卷。

本书分为 6 篇。第一篇的主题为从原始算力到现代算力。本篇包含三章，主要描绘算力的"前世"，从算盘等人脑计算开始，简述算力从机械计算、机电计算到电子计算的全过程，并描述了算力从走进人们生活到摆在桌上、握在手中，再到穿在身上、嵌在身边的全过程。

第二篇的主题为多样的现代算力。本篇分为两章，重点从通用计算、异构计算两个方向介绍算力之"芯"的发展历程与产业情况。在通用计算方面，简述了从 x86、ARM 到 RISC-V 等多种指令集架构的发展历程，并点明了构建安全可靠的算力基础设施的重要性。在异构计算方面，介绍了 GPU、FPGA、DPU（数据处理单元）等异构芯片的原理、分类和应用。

第三篇的主题是算力就是生产力。本篇分为四章，主要从算力服务的角度讲述算力在云计算、边缘计算、大数据、AI 四大场景的发展过程和典型案例，重在描述算力的"今生"。

第四篇的主题是算力网络，算网一体共生。本篇分为两章，从未来着眼，重点介绍算力网络和"东数西算"等算力服务的发展趋势，大胆预测了未来算力可以像热力与电力一样，成为赋能社会数智化转型的基础能源，并由此阐述了算力网络的理念、原理框架、关键技术和应用场景等。

第五篇的主题为突破极限。本篇畅想未来算力的演进之路，分为存算一体、在网计算与6G（第六代移动通信技术）、"摩天"算力、量子计算四章，阐述了笔者对未来算力发展演进的观点，以期唤起读者的思考与共鸣。

第六篇的主题为新时代、新战略、新行动。本篇从算力政策和产业发展的角度，介绍了中国移动、ARM公司、华为和飞腾等算力龙头企业对算力发展趋势的研判和多样性算力产品的布局。

尽管算力的发展给人们带来了丰富的想象空间，也因为大国科技竞争而收获了社会的广泛关注，但中国算力技术的追赶甚至超越不是一朝一夕的事，需要非常深厚的技术沉淀。我们没有捷径可循，需要做好艰苦奋斗的准备，只有打好基础才能行稳致远，只有厚积薄发才能进而有为。我们也借此呼吁业界同人和社会各界加强行业协作，一同推动中国算力技术的日益成熟和产业的持续繁荣，让算力自主可控早日成为现实。

第一篇

从原始算力到现代算力

——算力的前世今生

"区块链""挖矿"等近年来出现的新名词让大家对"算力"这个概念不再陌生，越来越多的人通过不同的渠道去了解什么是算力。但是，算力的概念到底是什么？它从哪里来？它又是如何从最初的形态演变成当今世界数字经济的核心生产力，给人类社会带来翻天覆地的变化的？算力的"前世"，且听我们娓娓道来……

第一章
原始算力，那些伟大的发明

手动式计算，算力工具的起源

对人类来说，最早也是最简单的计算方式就是用手指，人有两只手，共 10 个手指，这也是为什么我们习惯使用十进制计数法。用手指计数的方法虽然很简单，但是计算能力和范围有限，也无法保存计算结果。春秋时期，人们用长度、粗细都相近的小棍子，通过横竖不同的摆放方法，来表示 1、2、3、4、5、6、7、8、9 这 9 个数字，这就是"算筹"，也是人类社会中最早出现的"算力"。这些小棍子一般长 13~14 厘米，径粗 0.2~0.3 厘米，用竹子、兽骨和象牙等材料制成。据《孙子算经》记载，算筹记数法则是："凡算之法，先识其位，一纵十横，百立千僵，千十相望，万百相当。"这句话指明了"位"在算数中的重要意义，也指明了算筹的使用规则：个位用纵式，十位用横式，百位用纵式，千位用横式，以此类推，遇零则置空，这样从右到左，纵横相间，就可以表示任意大的自然数了。《夏阳侯算经》中记载："满六以上，五在上方。六不积算，五不单张。"这句话解释了个位数摆放方式，其中 1~5 分别以纵横方式排列相应数目的算筹来表示，6~9则用上面的算筹再加下面相应的算筹来表示。

算筹的出现，解决了数字的表示和保存问题。人们利用算筹可以实现基本的记数，但是对于数字的加减乘除等计算方式，需要消耗大量小棍子，这种靠摆放来计算的方式就显得力不从心了。不过这个问题难不倒勤劳聪慧的古代劳动人民，在元代以后，一种新的计算工具代替了算筹，成为历史上公认的最早大规模使用的计算工具，时至今日，这种工具依然出现在我们的日常生活中，它就是算盘。我们在日常生活中一定听过"三下五除二""一推六二五"这种口诀，这些就是珠算口诀。

算盘是计算工具发展史上的一次重大变革，由最原始的算筹演变而来，并且在很长的一段时期这两种计算工具并存。关于算盘的历史起源众说纷纭，但在元代后期，算盘凭借其灵便、准确的优势取代了算筹，成为古代乃至近代社会主流的计算工具，并先后流传到日本、朝鲜及东南亚国家，后来又传入西方。我国著名科学家钱学森曾说过："算盘的发明，并不比中国古代的四大发明逊色，在某种程度上来说，算盘对世界的贡献要远大于四大发明。"可见，这种起源于古代社会的基础"算力"，对人类社会不断向前发展产生了深远的影响和推动力。

此外，在西方历史上也曾出现过使用较为广泛的手动计算工具。1617年，英国数学家约翰·纳皮尔发明了纳皮尔乘除器，也称纳皮尔筹、纳皮尔计算尺，如图1-1所示。它由10根长条状的木棍组成，每根木棍上从上至下的每个方格内的数字都表示该木棍第一位数与该方格行号相乘的结果，例如第七根木棍第三个方格代表7乘以3的结果21。简单来说，这就是一张九九乘法表。举个例子，当我们需要计算589乘以8时，选择第五、第八和第九根木棍摆放，而后把目光放到第八行，以斜线为界对每一位进行相加，超过 9 则进位，下一位加 1，其计算过程如图 1-2 所示。通过这样简化的方式人们可以实现多位数的乘法。

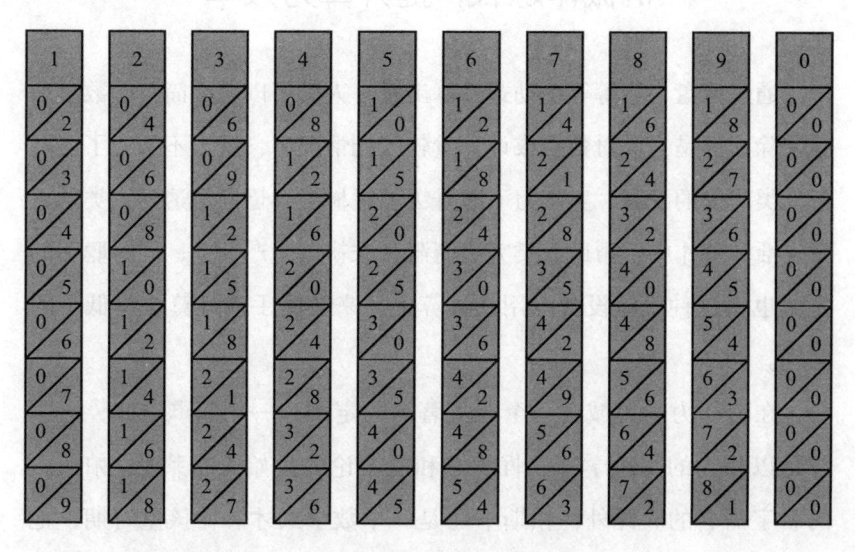

图 1-1　纳皮尔筹

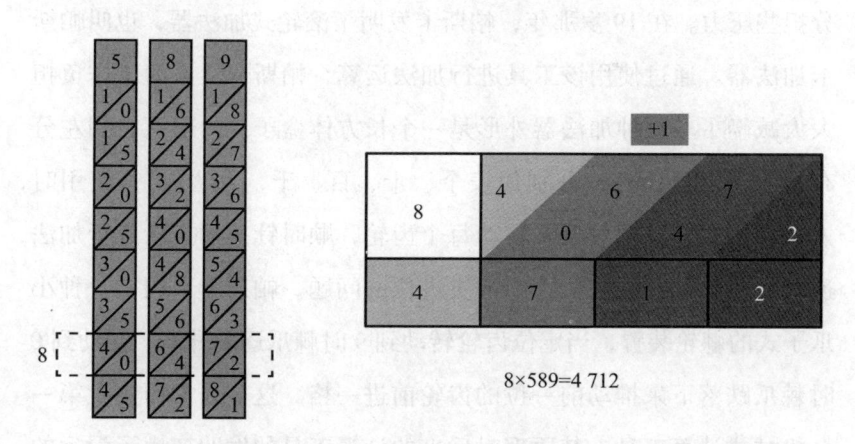

8×589=4 712

图 1-2　纳皮尔筹计算过程

上面介绍的算筹、算盘和纳皮尔筹等都是手动式计算工具，是人类历史上发明的第一代"算力"工具。

机械作嫁衣，提升算力效率

通过算盘、算筹等手动式计算工具，人类可以完成简单的数字加减乘除，但是当面对数据或计算量较大的情况时，就力不从心了。随着人类历史的发展，生产力不断升级，机械工具逐渐渗透到人类的日常生活和劳作中，帮助人类完成灌溉和农耕等生产任务，同时聪明的先辈也将这种机械设备应用在计算上，来解决手动计算效率低下的问题。

在流体力学领域有一个非常著名的定律——帕斯卡定律，该定律是以伟大的物理学家、哲学家和概率论的创始人布莱瑟·帕斯卡的名字命名的。此外，帕斯卡还是一个数学天才。在孩童时期，他看着身为税务人员的父亲整日为大量的税务计算所苦，很想为父亲分担些压力。在19岁那年，帕斯卡发明了滚轮式加法器，也叫帕斯卡加法器。通过使用该工具进行加法运算，帕斯卡父亲的工作负担大大减轻了。这种加法器外形是一个长方体盒子，内部从右到左分布着5个定位齿轮，分别代表个、十、百、千、万"位"，使用时，人们利用钥匙旋紧发条来转动每个齿轮，顺时针拨动齿轮进行加法，逆时针拨动进行减法。为了解决进位的问题，帕斯卡采用了一种小爪子式的棘轮装置，当定位齿轮转动到9时棘爪逐渐升高，转动到0时棘爪跌落下来推动前一位的齿轮前进一格。这是人类历史上第一台机械式计算工具，其原理对后来的计算工具的发明产生了深远的影响。

帕斯卡发明加法器是建立在人脑对加法计算的理解之上的，他通过齿轮的转动来表示每一步的计算过程和最终结果，这相当于用机械装置来模拟人脑的思维过程。正是受此启发，1673年德国数学家莱布尼茨在帕斯卡加法器的基础上进行改进，使之实现乘法和除法的计算，名为"莱布尼茨乘法器"。该乘法器成为历史上第一台能进行四则运算的机械式计算器。当进行乘法运算时，人们首先需要通过置数按钮将第一个乘数输入乘法器，然后通过移位手柄调节位数，从低位开始，依次转动计算手柄，每位转动的手柄圈数为另一个乘数当前位数的值，在转动完最后一位的圈数之后，上方显示的结果示数即为两个乘数的积。对于每一位的乘法运算过程，每转一圈计算手柄，该位的齿轮将做一次加法运算（通过帕斯卡加法器原理实现），转动不同的圈数即完成多次加法运算，借此来实现乘法运算。后来，莱布尼茨率先在计算机的设计理念中提出了二进制的运算法则，为现代计算机的发展奠定了坚实的理论基础。

  以上两种以齿轮、连杆组装的运算器在计算工具的发展史上拥有过一段时间的辉煌，同期也出现过不少类似的计算工具，但是这些计算工具本质上依然没有突破手动机械的框架，在功能、速度以及可靠性等方面仍然有很大的局限性。为解决这种限制，人们必须突破手动式操作的思维框架，通过标准化的输入信息和机械操控方式来提升计算效率。1804年，法国一位名叫约瑟夫·雅各的机械师发明了一种可编程的织布机，织布机通过读取穿孔卡片上的编码信息自动控制织布机的编织图案，这项发明引发了法国的纺织工业革命。尽管这并不是一台真正的计算机，但是它第一次使用穿孔卡片这种输入方式，这成为现代计算机发展过程中的重要一步。

  在这种模式的启发下，19世纪初英国数学家查尔斯·巴贝奇发明了利用机器取代人工操作的工具，在英国工业革命兴起的浪潮中完成了诸多复杂的计算工作，推动了航海、天文等多个领域的蓬勃发展。这个工具就是赫赫有名的"巴贝奇差分机"。1822年，在英国政府的支持下，巴贝奇开始研制差分机，这是一台"会制表的机器"，内部有齿轮式的存贮库，每个齿轮可以存贮10个数，齿轮组成的阵列一共可以储存1 000个50位数。这种通过存贮库来存储数据的计算方式，是程序设计思想的萌芽，标志着计算工具从手动机械式进入自动机械的新时代。在差分机的基础上，巴贝奇又开始了分析机的研究。这种分析机由存储装置、运算装置和控制装置三部分组成，成为可编程计算机的设计蓝图，时至今日我们使用的计算机都遵循着这样的基本设计理念，可以说这种设计思路为现代计算机设计思想的发展奠定了基础。

帕斯卡加法器、莱布尼茨乘法器等机械式计算工具的出现，大大提升了"算力"工具的执行效率。

第二章
从机械到电子，算力大飞跃

机电驱动，算力走向自动化

　　1831年，英国物理学家法拉第发现了电磁感应现象，证明了电能与磁能可以互相转化。根据这一原理，19世纪30年代，美国物理学家约瑟夫·亨利发明了继电器，用于电路转换和控制。1847年，乔治·布尔出版了《逻辑的数学分析》，开创了用数学方法研究逻辑的学科，其由基本的与、或和非三种逻辑运算组成，得出的结果也称为布尔值，为现代大众所熟知。在继电器和逻辑运算两项伟大发明的基础上，1886年，美国统计学家赫尔曼·霍勒瑞斯借鉴了雅各织布机的穿孔卡原理，制造了第一台可以自动进行运算的制表机，并首次将穿孔技术应用到了数据存储上。同时，制表机采用机电技术取代了纯机械的装置，实现了自动进行四则运算、累计存档和制作报表等计算工作。1896年，霍勒瑞斯创建了制表机公司TMC，1911年，TMC公司与另外两家公司合并成立了CTR（计算—制表—记录）公司，在1924年该公司改名为国际商业机器公司，这就是当今赫赫有名的IBM。

1938年，克劳德·埃尔伍德·香农发表了一篇名为《继电器和开关电路的符号化分析》的论文，将电路交换与布尔逻辑运算相结合，把布尔代数的"真"与"假"和电路系统的"开"与"关"对应起来，奠定了数字电路的基础，被哈佛大学霍华德·加德纳教授誉为"20世纪最重要、最著名的一篇硕士论文"。同年，德国工程师朱斯研制出Z-1计算机，这实际上是第一台采用二进制的可编程计算机，但这台计算机只是使用了电动马达驱动来代替手摇驱动，所以其计算方式的本质还是机械式。在接下来的几年时间里，朱斯受香农著名研究成果的启发，先后研制出采用继电器的Z系列计算机。值得一提的是，Z-3是世界上第一台真正的通用程序控制计算机，其全部采用继电器，将机器严格划分为处理器和内存两大部分，同时，其第一次将二进制和浮点数运算等设计思想具体实现，成为现代计算机的理论雏形。

在那个信息交流极度困难的年代，这些天才对于先进计算技术研究和实践的脚步却出奇地一致，可谓"英雄所见略同"。几乎在相同时间，哈佛大学教授霍华德·艾肯通过机电式取代纯机械式来实现巴贝奇的分析机。在IBM的资助下，"编程语言COBOL[①]之母"格雷丝·默里·霍珀在1944年研制出机电式计算机Mark-I。这是一个长15.5米、高2.4米，由75万个零部件组成的"大家伙"，大部分的开关元器件使用了继电器。三年后研制出的Mark-II，其内部开关实现了全部继电器化。

这一时期出现的机电式计算机，其中的逻辑开关部件采用的基本都是普通的继电器，开关速度较慢，因此也限制了计算机的运算速度，

---

① COBOL语言是一种面向商业的通用编程语言，主要用于数据处理。——编者注

在历史舞台上逐步被同一时期开始研制的电子计算机取代。

机电式计算机的出现，标志着"算力"工具从手动时代迈入自动化时代。

电子计算机，现代计算机的雏形

1939年，艾奥瓦州立大学数学物理学教授约翰·阿塔纳索夫和他的研究生贝利一起研制出了历史上第一台电子计算机，它的名字很好记，叫ABC机，全称为阿塔纳索夫-贝利计算机。这台计算机是不可编程的，也没有存储程序机制，由于经费的限制，其仅能用来求解包含30个未知数的线性代数方程组。虽然这不是真正现代意义上的计算机，但是在阿塔纳索夫的设计方案中，其第一次采用电子技术来加快计算机的运算速度，所以这算是最早的电子计算机。

由于ABC机缺乏通用性和存储程序的机制，在当时并没有产生很强的影响力。相比而言，更加有名的电子计算机是ENIAC，它的设计灵感来自阿塔纳索夫的ABC机的设计图纸。研制该计算机的想法产生于第二次世界大战期间，宾夕法尼亚大学物理学教授约翰·莫克利和他的研究生普雷斯帕·埃克特受美国陆军军械部的委托，完成更加高效、更加精准的弹道和射击表计算。ENIAC更是一个庞然大物，长30.48米，宽6米，高2.4米，占地面积约170平方米，有30个操作台，重达30吨，造价48万美元。这个"大家伙"不光造价高昂，能耗也是巨大的，据传ENIAC每次一开机，整个费城西区的电灯都会变暗。ENIAC最大的优势就是它的计算速度，每秒可以运行5 000次加法或400次乘法，其计算速度是机电式计算机的1 000倍、手工计算的20万倍。ENIAC是世界上第一台能真正运转的大型电子计算机，它的出现标志着电子计算机时代的到来。

虽然ENIAC证明了电子元器件在运行速度上有无比的优越性，但是其依然没有最大限度地发挥电子技术的巨大潜力。第一是它的存储容量较小，最多只能存储20个10位的十进制数；第二是它的程序与计算分离，程序的输入并不像我们现在可以通过敲击键盘来实现，而是需要以手工插线的方式进行，通常接通各种开关和线路的准备工作耗时是计算耗时的好几倍，可谓是"计算5分钟，输入2小时"。1945年，冯·诺伊曼和他的研制小组在共同讨论的基础上，发表了一个全新的《存储程序通用电子计算机方案》——EDVAC（离散变量自动电子计算机），这份长达101页纸的报告奠定了现代计算机体系结构坚实的根基，也被称为计算机史上著名的"101页报告"。这份报告定义了电子计算机的制造和程序设计的核心思想：一是以二进制为运算基础，二是采用存储程序工作方式，并进一步指出计算机的5个基本组成部分，即运算器、控制器、存储器、输入装置和输出装置，以及这5个基本组成部分的功能和相互关系。迄今为止，现代计算机仍然遵循这种"冯·诺伊曼架构"。

ENIAC的出现代表电子计算机时代的到来，冯·诺伊曼架构的提出标志着"算力"开始进入大规模、高性能的时代。

第三章
算力进入千家万户

算力换"芯",电子计算机走进日常生活

在第一章中我们得知,计算的效率和能力,取决于"算力"工具。随着"算力"工具的演进,"算力"实现了质的飞跃。当前电子计算机的能力主要取决于其内部的芯片,而芯片的发展与电子技术的发展紧密相关,每当电子技术有突破性进展,就会引发算力质的跃迁。电子计算机的发展历程,可以按电子管、晶体管、集成电路和超大规模集成电路划分为4个阶段。

第一代电子计算机(1946—1958年)

ENIAC的诞生,代表着第一代电子计算机的到来。这一阶段的计算机最明显的特征就是使用真空电子管和磁鼓存储数据,输入输出设备为穿孔式机器,直到后来演变为磁带驱动器,计算速度大大提升。最初这类计算机只存在于科研或者军事等特定领域,离大多数人的日常生活较为遥远。直至1953年,IBM 701计算机发布,推动了电子

计算机商业化，电子计算机逐渐渗透到各行各业，但由于其造价昂贵，且运行成本极高，只有一些有财力的政府部门和银行才用得起。

第二代电子计算机（1959—1964 年）

1947 年，威廉·肖克利发明了晶体管，这一发明被称为 20 世纪最重要的发明。晶体管的特性特别适合制造逻辑门电路，同时，其在体积、重量、发热、速度、价格、耗电等方面相比电子管都有较大的优势。晶体管的使用，极大地缩小了计算机的体积并提升了计算性能。操作系统和高级编程语言也都在这一时期诞生。IBM 7094 和 CDC（控制数据公司）生产的 CDC 1640 为这一时代的典型计算机。

第三代电子计算机（1965—1970 年）

这一代计算机的核心是以硅基芯片制成的集成电路。早在 1822 年人类就发现了硅元素，由于其导电性较差而被称为半导体，经过一定的改造，其具有像二极管一样的单向导电性。在这一时期用硅生产的芯片上承载了大量的晶体管和电子线路，也就是大家熟知的集成电路。由于硅元素是地壳中第二常见的元素，以硅为原材料的计算机芯片得以大批量生产。同时，存储器也采用半导体材料代替磁芯，读写速度和存储容量大大提升。键盘和显示器等输入输出设备的出现，又极大地优化了人机交互体验。1965 年，DEC（数字设备公司）推出了第一台以集成电路为主要器件的小型商业化计算机 PDP-8。小型机无论是体积、成本还是性能，都更加贴近人们的日常工作和生活。

第四代电子计算机（1971年至今）

1970年以后，随着芯片制造工艺的提升，大规模集成电路和超大规模集成电路成为这一代计算机的主要电子器件。这一代计算机呈现两大发展趋势，一是运算速度超过每秒亿次的超级计算机，例如我们熟知的"神威·太湖之光""天河系列"等。它们的出现，打破了生物、化学等基础学科领域研究中的计算瓶颈，推动着科研向高精尖方向发展。二是极其灵活的微处理器及以微处理器为核心组装的微型计算机。相比前者，微型计算机在真正意义上实现了"算力"进入千家万户和千行百业的目标。英特尔公司研制的第一代微处理器Intel 4004，标志着微型计算机的问世。在这一代计算机中，半导体存储器集成程度越来越高，容量越来越大，输入输出设备种类越来越多，软件应用产业越来越发达，这些因素极大地方便了个人用户的使用。同时，随着计算机技术与通信技术相结合以及互联网的普及，"算力"将如水电一般渗透到人们的日常工作和生活中，成为人类社会最不可或缺的工具。

算力摆在桌上，握在手中

在电子计算机经历了4代的发展与演进之后，"算力"工具从一个占地面积约一套房的庞然大物，变成一本书大小的设备。其体积在不断减小，这使得人们可以更加轻松地使用它。同时，它的性能也在不断提升，历史的车轮不断印证着"摩尔定律""黄氏定律"等"算力"提升的规律。对大多数普通人而言，最常用的"算力"工具主要分为两类：电脑和手机。

电脑，是计算机的俗称，日常生活中更常见的是 PC，我们使用它浏览网页、看电影、写文档等，移动光标选择要点击的内容，敲击键盘输入想要搜索的文字，从屏幕获取信息，用硬盘保存电影等。这样一套完整的电脑设备是从什么时候开始有的呢？说到这又不得不提起"蓝色巨人"IBM 了。1982 年，美国《时代周刊》的封面上，有一位特殊的角色，被评为当时的"年度人物"，它就是 PC 的开山之作——IBM Model 5150。20 世纪 80 年代，它被称作 PC 领域的代表作，可以说业界各类公司一直都在模仿它，但从未超越它。其实 Model 5150 并不是 IBM 推出的第一款 PC 产品，早在它之前，IBM 曾多次尝试过 PC 产品，最终却都因公司决策导致项目中止。但市场上也有一些较为典型的产品留了下来，比如基于 Intel 8085 处理器的 System/23 DataMaster 商务电脑，这是一款集主机、显示器、键盘和软驱为一体的 PC，这款产品虽未达到 Model 5150 的影响力和高度，但是在当今很多 PC 一体机设备上都可以看到它的影子。

随着技术的不断发展，电脑的体积不断变小，性能大幅提升，从形态和用途上电脑主要分为两类：笔记本电脑和台式机。笔记本电脑是一种小型且便于携带的电脑，将键盘、触控板、屏幕和电池等全部集成在一个厚度为 1~3 厘米的开合式硬件框架设备中，使人们通过这个单体的设备即可实现对电脑的全部操作需求。同时，由于笔记本电脑的体积较小，且散热水平有限，因此对于主板、CPU、内存、显卡和硬盘等主要部件，都会在满足主流需求的前提下尽可能采用更小体积和更低功耗的内部组件。随着互联网技术的不断普及，笔记本电脑灵活便携的优势被无限放大。在机场、高铁站、咖啡厅等场景中，我们可以见到无数商务人士手提笔记本电脑包；在办公环境中，人们可以带着笔记本电脑在工位和会议室之间任意切换工作场景；在人们的学习生活中，笔记本电脑也是更加合适的选择，查资料、看视频和发电子邮件等日常需求可以在笔记本电脑上完全得到满足。

相比笔记本电脑的便携，台式机则是一种体积更大、性能更高且扩展性更强的电脑，它是一台单独的电脑主机，包含CPU、内存、显卡和硬盘等主要部件，但是其缺少输入输出设备，因此需要外接显示器、键盘和鼠标等设备才能使用。相比笔记本电脑，台式机的主机内部空间相对较大，可以采用性能更强、容量更大的计算和存储部件，所以台式机常常用来满足有更高性能需求的场景，比如大型的游戏、图形图像渲染和视频处理等，需要配备性能更强的GPU显卡处理器；计算机编程、大量数据计算处理则需要主频更高、核数更多的CPU和更大容量的内存。相比笔记本电脑，台式机主机由于拥有更大的空间，因此其内部组件的可选择性范围也较大，用户可以根据自己的需求自由组合，组装出性价比更高的台式机主机。

笔记本电脑和台式机作为当前社会最主流的电脑设备，已经成为人类在工作和生活中不可替代的计算工具，而在电脑中最为重要的器件就是CPU，其对应着冯·诺伊曼架构中的控制器和运算器两大部分，配合内存、硬盘、显示器、鼠标和键盘等存储器、输入和输出设备，为人们提供基本完整的计算能力，成为生活场景中最为常见的"算力"工具。

在过去几十年中，以英特尔为代表的x86架构的微处理器占据着桌面PC的主要市场，人们的工作和生活方式因为这个摆在桌面上的"算力"产生了天翻地覆的变化。但在最近几年，这个趋势似乎又被另一股神秘力量影响，那就是智能手机。随着通信技术的发展和普及，手机不再只有打电话、发短信的功能，人们在PC上的操作几乎都可以在智能手机上实现。早在1993年，IBM就发布了型号为Simon

的手机，这是公认的世界上第一台智能手机，其运行了夏普公司的Zaurus OS，搭载了一颗定制的主频为16MHz[①]的CPU，RAM（随机存取存储器）和ROM（只读存储器）都为1MB[②]，显示设备为一块分辨率为160×293的黑白单色显示屏。这台20多年前的智能手机没有物理按键，信息输入全部靠触摸屏操作，将通话、游戏、传真和日历等功能集于一身，同时它还可以外接键盘、记忆卡等设备，是智能手机的雏形。

和大多数电子产品一样，软件系统和硬件设备是智能手机的两大主要部分。软件系统包含手机操作系统和应用软件，在早期的智能手机中，不同品牌的手机搭载着不同的操作系统，手机中运行的应用软件也彼此不兼容，这样不利于软件生态的发展。在手机操作系统的发展中，诺基亚的塞班曾经一统天下，现如今则是安卓和苹果iOS（苹果公司开发的移动操作系统）双雄争霸。安卓主张开源、开放的生态，其可以被任何手机厂商使用，占据了全球一半以上的智能手机操作系统市场份额；苹果则依赖闭环的软件生态，提供了更加稳定、操作友好的用户体验，牢牢坐稳市场的第二把交椅。针对两大主流操作系统，各个软件开发厂商都有两个版本的软件应用，安卓主打灵活，苹果生态则更为稳定。随着近10年移动互联网的飞速发展，手机软件应用如雨后春笋般涌现，而这些应用能够如此轻松地运行在手机上，离不开它的核心控制和计算大脑——处理器。在技术发展和产业竞争的背景下，当前的手机处理器基本都采用SoC（系统级芯片）架构，在这一颗高度集成的小小芯片上集成了CPU、GPU以及各种光电传感器和通信模组等器件。CPU负责整台手机的控制和逻辑计算工作，角

---

① 1MHz=10^6Hz。——编者注
② 1MB=1 024KB。——编者注

色如同 PC 中的 CPU，整个 SoC 的性能很大程度上取决于 CPU 的主频、核数和 RAM 等性能指标；GPU 负责手机中的图像显示任务，相对于 CPU 擅长逻辑判断和串行处理，GPU 更擅长图形计算这种并行任务，因此 GPU 也分担了 CPU 中关于图形图像、视频等任务的处理负载；光电传感器属于传感器的一种，主要负责手机中关于光信号和电信号的感知识别，将信号发送给 CPU 进行处理；通信模组主要负责无线通信的信号处理。随着技术的进步和产品的迭代竞争，目前市面上的手机 SoC 呈现"三分天下"的局面：苹果 A 系列、高通骁龙和海思麒麟。

　　智能手机在人们的生活中逐渐承担了不可替代的角色。在出行时，人们不再依赖问路或者查看纸质地图，无论是驾车、骑行还是搭乘公共交通工具，人们都可以在手机上实现路线的规划和导航，手机也成为现在人们出行路线选择的必备工具。可以说，地图软件改变了生活出行方式。在消费时，人们更习惯拿出手机以二维码或是 NFC（近场通信）等移动支付方式完成交易，这种电子支付方式的普及依赖于智能手机上二维码、闪付等软硬件支付技术的成熟，此外人们也通过手机银行软件完成转账需求，这使得如今现金和银行卡在人们的日常消费选择中越来越少。可以说，移动支付改变了生活消费方式。在休闲娱乐时，人们更习惯于打开音乐软件听歌，或是打开视频软件看电影，传统的 MP3、随身听等音乐播放设备现如今成为收藏品而不是实用的选择，而 VCD（影音光盘）、DVD（数字通用光盘）等视频播放设备也逐渐消失在大众视野中。可以说，音视频软件改变了生活休闲方式。在社会交往时，相比传统手机的打电话、发短信的方式，人们更愿意选择微信等新型社交应用，视频通话、朋友圈、公众号等丰富的社交分享工具改变了人们的通信方式。在购物时，人们则习惯于打开淘宝、京东等购物应用软件，随着移动支付的普及和快递物流行业的繁荣，手机购物为人们提供了更为完整和优越的购物体验，改变了人们的生活购物方式。在无数的场景中，智能手机作为一种体积更小、使用更方便、更为便携的可以握在手中的"算力"工具，不断渗透到人们的生活中，推动着行业的发展，改变着人们的生活方式。

算力穿在身上，嵌在身边

智能手机的 SoC 将"算力"的体积最大限度缩小，功能高度集成，但所有操作和功能都限制在手机这一个设备上，纵使其功能再多、性能再强，也无法满足很多场景的需求，比如随时查看当前的心率状况、统计运动数据或者在回家时自动开灯等。以上这些场景，在很多年前只在科幻电影中出现，极少数人能真正体验。但是在近几年，这些场景在人们的生活中已经随处可见，我们所穿的、所用的各种物件都被加上了"智能"二字，有智能手表、智能家居、智能跑鞋、智能耳机等，移动互联网的蓬勃发展为这些智能设备提供了丰富的上层应用。Wi-Fi 6（第六代无线网络技术）、5G、蓝牙等通信技术的高速发展为智能设备提供了大带宽、低时延以及万物互联的信息传输通道。同时，更重要的是，高精度传感器和高性能、低功耗的处理芯片为这些智能设备提供了"算力"供给，为人们的生活提供多方位、智能化的"算力"服务。

从使用场景和生态发展来看，与我们生活密切相关的新型算力设备主要分为可穿戴类和智能家居类。

在可穿戴类方面，最初被人们熟知的是谷歌在 2012 年推出的智能眼镜 Google Glass（谷歌眼镜），它打开了可穿戴设备的市场，并引发三星、索尼和微软等多家科技公司对可穿戴设备进行研发投入和产品探索。可穿戴设备作为智能终端产业的热点，已被市场广泛认同，在短短几年中，销量激增。可穿戴设备的形式多种多样，其中当属手表和手环类的设备应用最为广泛，这类设备将处理器芯片、通信模组以及电源模块微型化，将其集成在一块不超过 5 平方厘米的面积上，为人们提供了健康状况监测、运动数据记录、NFC 传感控制等功能，使得人们在没有增加设备持有和操作负担的前提下，拥有了更多智能化的体验。苹果公司的 Apple Watch（苹果手表）是智能手表中的代表，2014 年发布之后就一直保持着该行业的领头羊位置，凭借强大的 WatchOS（苹果手表操作系统）生态为用户提供快捷的腕上操作体验。此外，小米、华为等安卓手机厂商也纷纷推出相应的产品。同时，佳明、颂拓等公司推出了专业级的运动手表，提供登山、滑雪、潜水等更多专业运动场景下的智能化体验。另一种常见的智能设备是智能耳机，其具有手势操作联动手机应用、智能环境降噪等功能，通过在更小体积的耳机内部集成处理芯片和传感器，以蓝牙连接的方式提供更便捷的体验，例如 AirPods（苹果无线耳机）、FreeBuds（华为无线耳机）等产品。除此之外，还有智能跑鞋，通过在跑鞋和鞋垫上集成相应的处理器芯片和传感器，可以让用户在跑步的同时了解配速、跑步姿势、步幅步频等细节信息，结合手机应用对人的跑步动作、时长等进行提醒和指导，实现智能科学运动。此外，智能穿戴设备也被大规模应用于医疗健康领域，比如在心脏病、糖尿病等一些慢性疾病的治疗中，病患都可以用电子穿戴设备监控病情，医生通过这些智能穿戴设备监测病患的实时健康状况，更迅速、更精准地为病患提供医学治疗服务。

在智能家居类方面，大多数人第一时间想到的一般是科幻电影中的家庭机器人，它可以为人们提供打扫卫生、烹饪美食、保障安全等服务，发展到如今，现实生活中的智能家居比科幻片中的机器人更为智能。这些智能的算力设备分布在家庭的各个角落，其可以是一个传感器、一个音响、一个吸尘器或一台空调，为我们的家庭生活提供更细粒度的智能体验。并且这些智能设备可以通过家庭网关实现统一控制和一体化联动，比如你可以让智能音响开关空调，也可以由温湿度传感器联动空调和加湿器实现室内温湿度的智能调节等，而这一切的操作离不开智能化的算力支持。

在智能家居行业，发展较为成熟的有小米的米家和苹果的HomeKit（智能家居平台），两者都制定了标准化的应用层协议，并推出了自研产品设备，也支持第三方厂家的设备接入。著名研究机构国际数据公司发布的《中国智能家居设备市场季度跟踪报告（2021年第一季度）》中显示，2021年第一季度中国智能家居设备市场出货量为4 699万台，同比增长27.7%，报告中预测2021年全年中国智能家居设备市场出货量将达到2.5亿台，同比增长21.1%。在技术发展、生态繁荣以及算力加持的背景下，智能家居市场未来一定是一片蓝海。

无论是可穿戴设备还是智能家居，在无处不在的智能算力加持下，都为我们的生活和工作带来诸多便捷。目前，整个产业尚未发展成熟，各种形态的设备和新的应用场景有待进一步挖掘，为我们留下了更广阔的想象空间。

第二篇

多样的现代算力

——探索算力奥秘

在万物互联的时代背景下，算力以各种各样的设备形态出现在人们的日常生活和工作中，作为承载算力的主体——底层核心芯片，其处理能力也达到了空前的高度。基于不同行业的不同特点，CPU 通用算力逐渐从单一的 x86 架构向 ARM、RISC-V 等多种架构扩展，芯片性能也在不断向更强、更高效的方向演进；GPU、FPGA 等异构计算突破了通用算力的性能瓶颈，技术发展聚焦云游戏、AI 等场景，为人们提供更为极致的算力服务。算力的发展已经呈现出多架构共存、多技术协同、多领域协同的局面……

第四章
通用计算——架构多样

算力之"芯",未来之心

处理器的王座之争

如果将算力发展看作一篇长篇作文,那么其中有几个绝对不可忽视的核心元素,其中 CPU 绝对能够占据"C 位(中心位)",事实也的确如此。我们以算力的个体封装产物——"服务器"为例,主板上运行的 CPU 就是服务器的"大脑","大脑"和其他芯片元器件组合起来,才能实现整台服务器的运转,本章我们就聊聊关于这个"大脑"的故事。

最近几年的 CPU 市场好不热闹,各路"神仙"纷纷崭露头角。英特尔在 2021 年春正式发布了面向服务器市场的第三代至强可扩展处理器 Ice Lake 架构 CPU,该架构系列的处理器终于用上了 10 纳米技术,相比之前的 Cascade Lake,其在虚拟化性能、数据库事务处理性能、DPDK(数据平面开发套件)L3 转发性能等方面都有巨大的提升。AMD(美国超威半导体公司)也不甘落后,在 2021 年上半年发布了第三代 EPYC（霄龙）7003 系列 CPU，代号"Milan（米兰）"。AMD 全新的 Zen3 架构在消费级市场取得巨大成功之后，终于正式进入企业级服务器领域。经过第一代 EPYC 7001 系列［代号：Naples（那不勒斯）］、第二代 EPYC 7002 系列［代号：Rome（罗马）］两代产品三年多的耕耘，AMD 在服务器市场取得了不小的突破。尤其是针对企业级市场的第三代 EPYC 7003 系列采用 Zen3 架构，在指令集方面有较大改进，比如增加了加密算法的 AVX2（第二代高级矢量扩展指令集）指令、可以限制中断注入的 SEV（ARM 平台下的发送事件指令）指令、增加系统性保护等能力的 SNP（安全的嵌套分页）指令，这些改进让我们不由自主地要说一声"AMD Yes（超威半导体，可以）"。

ARM 公司在 2021 年更是推出了 ARM v9 指令集，上一次 ARM v8 的推出还要追溯到 10 年前。据官方介绍，ARM v9 将会给接下来两代芯片带来 30% 的性能提升，尤其是在安全和 AI 方面，表现将会更加突出。我们也相信 ARM 的全新架构不仅能够在移动端市场独领风骚，还可以在消费级 PC 和企业级服务器市场与 x86 分庭抗礼，从而打破 x86 一统天下的格局。接下来我们就分别介绍一下英特尔、AMD、ARM 这三种历史悠久、全球应用广泛、市场占有率高的处理器吧。

我们先从英特尔这个"老大哥"谈起。1968 年，一代传奇人物戈登·摩尔和罗伯特·诺伊斯联合创办了英特尔。没错，戈登·摩尔就是那个大名鼎鼎的摩尔定律的提出者。1965 年，摩尔在《电子学》杂志上发表文章，其核心内容为"集成电路上可以容纳的晶体管数目大约每经过一年便会增加一倍，换言之，在一年时间内芯片的计算性能就会提升一倍"。后来，摩尔在 IEEE（电气电子工程师学会）的学术年会论文上，修正了自己的数据，实际上大约每18个月芯片计算性能会提升一倍。

英特尔最早以研发数据存储技术起家，仅仅4年之后，英特尔就发布了全球第一款微处理器4004，这款处理器让人类社会进入了微处理器时代。紧接着英特尔先后推出8008、8080等多款微处理器。1986年，英特尔发布80286微处理器，这是世界上第一款可以兼容之前软件代码的微处理器，它也为微处理器的全球普及奠定了坚实的基础。随后英特尔又迅速发布80386和80486等产品，让微处理器真正进入了寻常百姓家。英特尔通过赛扬（Celeron）和奔腾（Pentium）系列处理器芯片，极大地拓宽了市场，又凭借酷睿、Xeon（至强）等处理器芯片进一步提高市场占有率。至此，英特尔已经在处理器领域占据全球绝大部分市场份额，其凭借强劲的性能、可超频和睿频的能力，相较竞争对手保持着极强的领先优势。

除了处理器领域，英特尔在显卡、网卡和芯片组等方面也处于全球领先地位。从430系列、440系列到酷睿M系列，英特尔一直在芯片组领域保持着技术优势，尤其是酷睿M系列可以做到极低功耗，部分电脑甚至可以不使用风扇进行主动降温，采用被动散热就能够满足芯片组的散热要求。此外，英特尔在显卡市场也表现出色。与NVIDIA（英伟达）相比，英特尔显卡性价比很高，又表现出极强的兼容特性，因此在PC市场得到广大消费者的一致认可。

英特尔为了应对市场变化，力推多元化策略，先后推出可穿戴设备、移动处理器、AI产品、超极本等。英特尔也不断突破原有CPU的舒适环境，积极拥抱其他类型的芯片设计。在2018年国际消费类电子产品展览会（CES）上，英特尔发布了Loihi神经元产品。该测试芯片由128个计算核心组成，而每个核心又能够集成1 024个人工神经元，整个芯片集成了超过 1.3 亿个突触连接和 13 万个神经元。这是英特尔向 AI 领域进军的标志性动作。通过模拟神经元的刺激模式，Loihi 比其他传统的芯片设计运行效率更高，并且开始模拟人类大脑进行设计。同时英特尔也与 AMD 合作，在第八代酷睿处理器中集成 AMD 的 Vega GPU 核心和 HBM2 显存，为超薄笔记本提供更加强劲的图形处理性能。时至今日，英特尔早已成为半导体行业的巨头，其产品遍布全球各地。

接下来，我们说一下英特尔的主要竞争对手 AMD。如果说英特尔是 CPU 领域的"老大哥"，或许 AMD 是有些不服气的，毕竟在 1969 年（和英特尔创办只差一年）AMD 就已经是一家专注于微处理器及相关技术的跨国公司了。AMD 一开始设立的目标就是给计算机、通信、电子产品的厂商提供芯片模块。由于自身技术实力与英特尔还有差距，AMD 一开始比较务实，希望成为在英特尔之后市场排名第二的芯片供应商。AMD 不断积累芯片技术，向当时已经非常成功的英特尔学习设计及制造能力，并一直表现出强烈的开拓精神，很快推出其第一款自主研发的产品——AM 2501 逻辑计数器。1974 年，也就是英特尔推出 8080 处理器之后，AMD 也敏锐地察觉到了微处理器巨大的潜在市场，逐步开始有意识地拓展微处理器业务。然而，一山不容二虎，英特尔对 AMD 推出和自己同质化的产品产生了强烈警觉，并着手进行反击，于是在推出 8086 处理器之后，迟迟不对 AMD 进行授权，AMD 第一次真正面临危机。这时候作为英特尔主要采购方的 IBM 为了平衡供应链，避免英特尔一家独大，迫使英特尔重新对 AMD 进行授权，从而保住了 AMD 第二供应商的地位。但好景不长，最终英特尔和 AMD 还是分道扬镳了。1987 年，英特尔单方面结束了和 AMD 的技术交流，停止授权 386 技术。AMD 也随即将英特尔告上法庭，尽管最终赢了官司，但是这场诉讼持续了5年之久，5年的时间对芯片这个技术高速更迭的产业来说已经是"恍如隔世"了，AMD也因此错失了PC发展的黄金5年。

如果是一般的公司可能会就此退出历史舞台，但凭借着不屈不挠的精神，AMD并没有就此沉沦。为了彻底摆脱英特尔对自己的掣肘，1991年，AMD推出了自己独立研发的AM 386处理器，开始与英特尔正面竞争。一直以来，AMD对英特尔都是采用同等价格下性能领先，同等性能下价格优惠的策略。经过不懈努力，AMD终于在1999年推出了K7速龙处理器，并第一次在性能上超过了英特尔。AMD凭借自己的力量改变了整个CPU的市场格局和走向，并在全球率先发布了里程碑式的跨越1GHz①的速龙处理器。为了在CPU主频上不输给AMD，英特尔被迫发布了当时还不太成熟的奔腾3处理器仓促应对，但"心急吃不了热豆腐"，因为时间仓促，其产品质量存在严重问题，英特尔被迫进行了部分产品回收。同时，AMD也在专利数量上开始大幅领先英特尔，即使这样，AMD也并未就此停止脚步，相反抢先英特尔发布全球首款64位速龙处理器，该处理器不仅运算性能大幅提升，而且还能兼容32位的程序，迅速被市场认可，到2006年，AMD在服务器芯片的市场占有率已经超过20%。

随着图形处理和高性能计算的蓬勃发展，AMD同时也看到了显卡市场的商业机会。2006年，AMD斥资54亿美元收购了当时的显卡巨头ATI（冶天），成为当时全球唯一一家可以集CPU和GPU研发于一体的芯片公司。与之前一路披荆斩棘不同，这次收购导致AMD资金链严重紧张，最直接的结果就是另一家GPU巨头NVIDIA

---

① 1GHz=10^{9}Hz。——编者注

趁势崛起，AMD 不得不面对和英特尔以及 NVIDIA 的双线作战，这也为 AMD 后来近 10 年的沉沦埋下伏笔。

在收购 ATI 两年时间之后，AMD 为了生存不得不放弃自己的晶圆制造业务，将其晶圆制造部门剥离并卖给了格罗方德公司。从此 AMD 从集芯片设计与制造为一体的公司转变为一家专注芯片设计的公司。由于多线作战乏力，又受到制造工艺的掣肘，从 2008 年开始，AMD 在工艺上被英特尔全面反超，在消费级市场和移动市场都落后于竞争对手。AMD 逐渐改变思路，不将鸡蛋放在同一个篮子中，开始对 x86 架构和 ARM 架构同时发力，并在 2014 年发布了第一款基于 ARM 架构、面向企业级服务器市场的皓龙（Opteron）A1100 处理器。然而，由于量产推迟等原因，这款处理器并没有得到市场的充分认可。与此同时，AMD 又在与 NVIDIA 的 GPU 竞争中败下阵来，这直接导致了证券市场对 AMD 的信心衰退，AMD 市值最低时下降至不足 30 亿美元，远远不如英特尔，似乎那个兢兢业业的 AMD 就要退出主流市场了。

俗话说得好，"成也萧何，败也萧何"。AMD 在工艺上被英特尔反超，导致了产品能力下降，但随着 AMD 在芯片制造上与台积电合作，得益于台积电的先进工艺，AMD 芯片产品能力尤其是高端芯片的产品能力又迅速反超英特尔。AMD 再一次告诉全世界，不懈奋斗就会有收获。AMD 在 2016 年发布的新一代基于 Zen 架构的锐龙处理器，只用了竞争对手一半左右的价格便实现了超越同级别对手的性能。我们看到 AMD 又一次满血复活，证券市场对 AMD 也终于重拾信心。锐龙发布之后，AMD 在服务器市场也有所斩获，2017 年服务器芯片 Naples 面世，凭借 CPU 核心数的绝对优势，成了云计算产业的宠儿。

我们回过头来看，AMD 在成立之初就充满了奋斗色彩，它在杰里·桑德斯的带领下打破了英特尔在处理器市场的垄断，也用极高的性价比拉低了微处理器的市场价格，使得世界上大多数人能用得起计算机。尽管在与英特尔持续半个世纪的竞争中一直扮演追赶者的角色，但是 AMD 从未放弃，一次次的打击不仅没有击败 AMD，反而激发了 AMD 的拼搏精神，AMD 通过一次次的实际行动向人们证明，自己永远不会被打败。

在 PC 时代，一边是家喻户晓的英特尔和 AMD 两大巨头，另一边是基本没有做过广告推广，全球只有几千人（2016 年员工数）团队的"小"公司 ARM。与 10 万级别（2016 年员工数）的英特尔相比，在某种程度上它们似乎并不处于同一个赛道，x86 应该都不会正眼看一下 ARM 这个"小家伙"。事实上，它们都各有其优势领域，x86 架构和 ARM 架构会在相当长的一段时间内并存。苹果、三星、高通、华为等产品都离不开 ARM 公司的架构授权，那么这家来自英国的半导体公司是如何统治智能手机芯片市场，又同时逐渐在数据中心市场蚕食 x86 架构的份额的呢？我们一起来看看 ARM 公司发展的峥嵘岁月。近 10 年间，随着 PC 市场趋于饱和，移动互联网的快速崛起带动智能手机的销量迅速增长。虽然英特尔也进军过移动终端市场，但由于复杂指令集（CISC）先天功耗过高，英特尔的尝试最终宣告失败，反倒让成立不到 30 年的 ARM 公司成为移动终端芯片的绝对统治者。

1978 年，在英国剑桥，赫尔曼·豪泽和克里斯·库里创办了 CPU（剑桥处理单元）公司，没错，这家公司就叫"CPU"，但这个名字和中央处理器没有任何关系，它的业务是开发名叫"老虎机"的电子娱乐设备。为了和中央处理器（CPU）有所区别，公司随后又改名为 Acorn 计算机公司。在 20 世纪 80 年代的欧洲和美国，PC 逐渐进入普通百姓家，英国政府大力支持在教育行业引入电子化设备来促进英国 IT 的发展。在一次政府采购过程中，Acorn 中标，一开始 Acorn 想要使用摩托罗拉的芯片，但这样的话，一台售价将近 500 英镑的 PC 就要被摩托罗拉占去 20%，这是 Acorn 无法承受的。为了降低成本，Acorn 随后向英特尔申请 80286 芯片的授权，但遭到了当时不可一世的英特尔一口回绝。Acorn 不得已开始进行自主研发工作，将原有复杂指令集进行简化，恰好满足了处理器芯片的设计要求。与此同时，来自剑桥大学的计算机科学家史蒂夫·弗伯和索菲·威尔逊完成了简化指令集的微处理器设计，这就是著名的精简指令集（RISC）架构处理器。由于这是精简指令集架构的第一代处理器，性能上自然比不过当时如日中天的 Intel 80386。然而它也并非一无是处，由于采用了精简指令集，取指令和指令译码工作量在指令周期内大幅降低，使得芯片的功耗很低，只有 Intel 80386 的 5% 左右，更加适合移动端使用。

1990 年，当时的苹果公司正准备推出 Pad（平板电脑）产品。苹果公司瞄准了成本和功耗都极低的精简指令集处理器，便出资约 150 万英镑收购了 Acorn 42% 的股份。Acorn 进行了重组，并改名为 ARM（Advanced RISC Machine 的缩写）。当时的苹果公司已经在美国小有成就，在苹果公司光环的加持下，ARM 公司的前景可以说是一片光明。虽然在重组后的几年间，ARM 公司的业绩并不突出，但随后它改变了商业策略，凭借芯片设计优势，以授权的方式，把自己设计的架构或者 IP（知识产权）转让给其他公司。

获取 ARM 公司的授权可以通过三种方式，分别是架构/指令集层授权、处理器内核层授权和使用层授权。其中，架构授权允许合作伙伴使用 ARM 公司已经设计好的架构进行处理器设计，华为公司的海思处理器就是以架构授权的方式获得的；处理器内核层授权是指被授权方只能根据自己的产品对处理器的功率和功耗进行修改；使用层授权是 ARM 公司专门为合作伙伴定制一个优化版的处理器，ARM 公司不仅提供技术支持，还依据合作伙伴的业务特点针对性地进行专门的优化。这样，ARM 公司不再生产芯片，只通过对外授权并收取版税的方式获利。同时，由于不生产处理器，就不用背负重资产，企业财务风险大大降低，ARM 公司成为"小而美"公司的代表之一。

ARM 处理器一般分为 A 系列、R 系列和 M 系列。A 系列主要面向手机和电脑，R 系列主要针对相机、硬盘控制器等，M 系列主要面向智能手环、传感器等。1993 年，ARM 公司将产品授权给美国德州仪器公司。通过与德州仪器公司的合作，ARM 公司在业界赢得了声誉。从此之后，越来越多的公司（包括三星、夏普）和 ARM 公司建立了合作关系。1998 年，在移动设备领域已经成为王者的 ARM 公司在美股上市。之后苹果公司推出的移动终端处理器都基于 ARM 设计，广泛应用于 iPod（苹果播放器）和 iPhone（苹果手机）等家喻户晓的产品。不仅如此，谷歌推出的安卓系统同样基于 ARM 处理器打造。2008 年，ARM 架构的芯片出货量达到了惊人的 100 亿颗。

ARM 的成功也打破了全球 x86 架构独大的市场格局。英特尔和 Windows（微软开发的操作系统）的"Wintel"联盟看起来坚不可摧，但在微软嗅到了 ARM 的成功后，在 2011 年便宣布下一版本的 Windows 开始支持 ARM 架构，让人大跌眼镜，这也标志着 x86 在处理器芯片市场上的垄断地位土崩瓦解。如果我们复盘这个过程，会发现 ARM 的成功是天时地利人和，正好赶上了移动互联网大爆发的时机，iOS、安卓系统、鸿蒙系统等都是基于 ARM 开发的。全球绝大多数的手机和平板电脑的芯片，都是基于 ARM 架构定制而成的。同时，ARM 架构也成功打入了数据中心领域，中国移动、中国电信、中国联通 5G 网络中的算力，已经有相当一部分 ARM 架构的处理器。华为鲲鹏、昇腾 AI 芯片、飞腾等基于 ARM 架构的 CPU 在数据中心领域发挥着越来越重要的作用。2017 年，ARM 对大小核架构进行升级，支持 8 个微内核，对 AI 和图像处理进行了专门优化。2018 年，搭载 8 核 CPU 和 GPU Turbo 2.0 技术（华为开发的图形处理加速技术）的华为麒麟 980 芯片上市，同时华为面向广大消费者推出搭载该芯片的华为 Mate20 手机。2020 年，ARM 对 v8 架构进行最后一次大升级，推出了 A78 处理器，三星的 S20 就是基于这个芯片打造的。同年苹果宣布"抛弃"英特尔，新发布的 MacBook（苹果笔记本电脑），搭载自研的 ARM 架构 M1 芯片，凭借低功耗、持久续航、性能卓越等优势获得了消费者的广泛赞誉。

2021 年 3 月，ARM 正式发布了 v9 架构。v9 架构对芯片进行了重大升级，根据 ARM 公司的官方介绍，此次升级重点在以下几个方面。第一是增强向量计算能力。第二是支持原生机器学习技术，也就是从 ARM v9 开始，处理器芯片能够自带 AI 能力了。这两个技术的升级主要采用了新的 SVE2（第二代可伸缩矢量扩展指令集）浮点扩展指令，通过加速浮点运算，让处理器可以支持 2 048 位的超宽字长运算。第三是对数字信号处理（DSP）进行了增强，提升了对音乐和视频文件进行解码的性能。第四是安全性方面的改进，包括内存标签扩展功能、机密计算架构功能、机密领域功能的安全改进，其中内存标签扩展功能主要解决内存缓存溢出和释放后重用的安全问题，机密计算架构功能可以保护关键代码和数据不会被非法读取修改，这主要针对一些安全级别需求较高的领域设计。除此之外，ARM v9 还完全兼容 v8 的指令集。

说完国外的处理器产品，我们接下来重点介绍一下国内的处理器产业。随着国际形势的变化，半导体行业全球一体化的分工格局逐渐被打破，尤其是在芯片领域面临"卡脖子"风险。国内也早已意识到这一外部转变，并早早布局了芯片科技产业，先后涌现出了包括华为海思、飞腾、海光等在内的一大批科技巨头，其中华为海思更是成为国人骄傲，用持续的钻研打造那颗闪烁的"中国芯"。

早在 1991 年，华为就成立了专门设计集成电路的 ASIC（专用集成电路）中心，两年之后华为研发出第一块 ASIC 芯片。很快到 2003 年，华为研发出了千万门级别的 ASIC，之后华为正式将原来的 ASIC 中心改名为海思半导体有限公司。海思半导体主要有两个产品，一个是面向移动终端的麒麟处理器，另一个是面向数据中心的鲲鹏处理器。在 21 世纪的头 15 年，无论是英特尔或 AMD 的 x86 架构还是 IBM 的 Power（IBM 开发的一种精简指令集架构）架构，数据中心的处理器市场几乎被西方国家垄断，指令编译器、操作系统和上层应用之间已经建立了完整且高不可攀的生态体系，要想打破这种商业关系，犹如虎口夺食。冒着极大的商业风险，华为海思成立了鲲鹏研发团队，专门针对数据中心处理器领域进行研发，目标就是做出在性能上对标英特尔和 AMD，且在 x86 以外的鲲鹏生态体系。功夫不负有心人，终于在 2019 年年初，华为发布第一款面向数据中心的 PC 处理器芯片，即"鲲鹏 920"（Kunpeng 920）计算芯片，这款芯片面世之后迅速"一石激起千层浪"，在业界产生极大的反响。时任华为董事会董事、战略 Marketing 总裁徐文伟在发布会上介绍，该处理器基于 ARM 架构，采用 7 纳米工艺打造，专门为服务器设计，内部采用优化的分支预测算法，改进了内存子系统等，使服务器的计算性能有了飞跃提升。同时，鲲鹏研发团队还设计独立研发的编译器配套产品，可以提升应用在鲲鹏 920 上运行的性能。华为以鲲鹏处理器为中心，逐渐构建了基于鲲鹏的闭环生态，为后续多种应用在鲲鹏服务器上运行保驾护航。与此同时，全部搭载鲲鹏 920 的旗舰系列中的"泰山"（TaiShan）系列三款服务器也一道发布。

飞腾处理器和华为海思类似，都是基于 ARM 的架构授权并进行独立自主设计的。"飞腾"品牌在汉语中有很深层的含义，饱含了第一代飞腾人对这个品牌的期待，即以上下求索之心、夜以继日的奋斗，带领国产芯片翱翔九天。自飞腾公司成立以来，其致力于国产高性能、低功耗通用计算微处理器的设计研发和产业推广，同时联合众多国产厂商，提供基于国际主流技术标准、中国自主先进的信息系统整体解决方案，助力中国行业数字化转型升级。飞腾也是国内首家基于 ARM v8 架构永久授权来实现核心内核自主设计的公司，其通用 CPU 包括服务器 CPU、桌面 CPU、嵌入式 CPU。飞腾的 FT-1000 和 FT-1500 已经成功应用于我国千万亿次超级计算机"天河一号"和"天河二号"，其中"天河二号"已经广泛应用在宇宙、海洋、工业设计制造、生物和医疗领域的科研中。除了学术领域，飞腾在适配国产操作系统方面也是较为完善的，先后与麒麟、统信等国产操作系统进行深度适配。

除了飞腾，中国另外一家"国产之光"也不得不提，那就是海光半导体公司。提到海光，我们先从它的成长史说起。前文介绍了英特尔和 AMD 的竞争历史，由于 x86 架构指令集拥有多项专利壁垒，两家公司都不希望其他公司进入其核心市场。AMD 收购 ATI 后，其财务状况急转直下。为了减轻财务压力，AMD 改变了经营策略，一方面放弃芯片制造，重点投入 CPU 的研发设计；另一方面，对 AMD

的 x86 IP 进行转授权。2016 年，天津海光在 AMD Naples 的架构授权下开发 CPU，并轻松依靠 x86 成熟的生态占领了国内部分市场。当然，海光绝不是坐享其成，相反，其持续对原有的 Naples 架构进行了多方面修改，优化了整数性能，提升了浮点性能吞吐量。此外，在加密算法方面，融入了国内安全加解密指令，包括 SM2、SM3 和 SM4 等，也对超标量和多指令架构进行了诸多优化。通过不懈努力，当前海光已经设计并量产了"海光一号"及"海光二号"两代兼容 x86 生态的产品，在通信、IT 等多个领域开拓了市场，我们有理由相信，海光的明天会更加美好。

  2020 年，注定在历史上是不平凡的一年，新冠肺炎疫情依然肆虐，芯片市场也仍旧是"狂风暴雨"。NVIDIA 宣布以 400 亿美元收购 ARM 公司，AMD 宣布不会将后续 Zen 架构设计授权给海光，华为受到了第三轮禁令。芯片技术乃国之重器，一味避重就轻，依赖外部技术，在关键时刻就容易被对手"卡脖子"。近年来，国内的高科技公司对如何掌握芯片这项核心技术进行了深入探索，并逐步打破外部的钳制。我们欣喜地看到，华为、飞腾、海光等公司正在打造软硬件结合的全栈生态系统。但是对整个中国来说，只有这几家公司是远远不够的。如今国内从事芯片产业的企业如雨后春笋般涌现，芯片产业发展也迎来了资金、人才的持续投入和政策的扶持，我们相信中国芯片一定能够就此崛起。

智能加速芯片，智能技术的未来

  可以跟 CPU 相提并论的，被业界称为"第二颗大芯片"的是 GPU。GPU 概念的雏形出现在 1963 年，当时伊凡·苏泽兰在麻省理工学院发表了名为《画板》的博士学位论文，其互动式电脑制图的构想奠定了计算机图形学的基础。1984年，美国硅图公司推出了面向专业领域的高端图形工作站，之后其产品不断发展，但由于价格昂贵，在消费级市场未能普及。1995年，美国3dfx公司发布了史上第一款面向消费级市场的3D图形加速卡Voodoo。随后的几年，AMD和ATI（2006年被AMD公司收购）分别发布了TNT系列与Rage系列GPU。CPU终于从繁重的像素填充任务中解脱出来。

但是，要论当今GPU领域的市场领袖，那必须是NVIDIA。它的处理器芯片在消费级市场和企业级市场占有率预估超过90%。而且随着AI技术在世界范围内的全面发展，NVIDIA很有可能会像苹果主导智能手机那样称霸算力时代。其公布的2020财年第四季度财报中显示，当季总营收超过50亿美元，同比上涨61%，而2020财年全年的总营收约为167亿美元，同比涨幅达53%。事实上，全球主要科技企业如谷歌、微软、AWS（亚马逊云科技）、特斯拉，以及几乎所有的AI公司都在使用NVIDIA的GPU。

1993年，华人黄仁勋、Sun公司的克里斯·马拉科夫斯基和卡蒂斯·普利姆共同创建了NVIDIA。最初他们看到了图形游戏的广泛市场机遇，研发专用芯片来加速电子游戏中3D（三维）图形渲染，提升画面的显示效果。1995年，NVIDIA开始推出第一款面向游戏主机的多媒体加速器NV1，它包括图像处理、声卡等功能，由于产品性能非常好，在游戏机中被广泛使用。不过此时游戏市场也逐渐从传统游戏机转向PC。当时的微软公司开发出了基于Direct 3D标准的图形编程接口，Direct 3D是微软公司DirectX SDK集成开发包中的一部分，其可以应用于多媒体、娱乐、即时3D动画等广泛和实用的3D图形计算中。Direct 3D在硬件方面具有良好的兼容性，编程方式很快得到了广泛的认可，可以支持用户加速图形渲染工作，各家显卡产品很快都开始支持 Direct 3D。这一技术发展趋势使 NVIDIA 决定将重心从游戏主机的加速器转向 RIVA128、RIVA128ZX 等 GPU，这些产品同时还能够支持 Direct 3D 和 OpenGL（开放图形库）标准。不仅如此，这些产品在能效上也超越了当时的竞争对手 ATI 和 3dfx。1999 年，NVIDIA 凭借技术实力终于在美国成功上市。紧跟着 NVIDIA 推出了业界著名的 GeForce 显卡，并且将 GPU 的概念推上历史舞台。后来 NVIDIA 又收购 3dfx，正式超越 ATI 成为行业领袖。

随着业务越做越大，NVIDIA 开始不满足于只生产支持 3D 渲染功能的专用 GPU。NVIDIA 看到了英特尔在 x86 指令集上的成功，为了增强黏性并简化应用开发，让 NVIDIA 所生产的 GPU 变得更加通用化，随即研发出软件平台 CUDA（统一计算架构）。该平台可以将 GPU 作为 C 语言编译器。为了实现软件统一的目标，后续 NVIDIA 的所有 GPU 产品都支持 CUDA 平台。受到 AMD 收购 ATI 的刺激，英特尔也在芯片组中增加了 3D 图形加速器。在主要 CPU 厂商都不使用 NVIDIA 产品的情况下，NVIDIA 只能凭借技术优势提升性能。随着基于 CUDA 的 GPGPU（通用图形处理单元）在高性能计算领域的优势越来越大，AI 领域的深度神经网络技术也在 GPU 芯片的加持之下实现重大突破，并在计算语音识别、视觉处理等领域得到迅猛发展。

NVIDIA 成立至今，伴随着不断的技术进取，配合着强大的研发力量，其长期占据着行业生态链的顶端，已经成为美股市值最高的科技企业之一，并且对外宣称有意愿收购 ARM 公司，意图形成"GPU+CPU"的"双轮"驱动芯片版图。

手机 SoC 之"三国演义"

不同于服务器 CPU，手机处理器基本都采用了 SoC 架构，在一颗小小的芯片上集成了 CPU、GPU、光电传感器和通信模组等器件。CPU 负责整台手机的控制和逻辑计算工作，整个 SoC 的性能很大程度上取决于 CPU 的主频、核数等性能指标；GPU 负责手机中的图像渲染；光电传感器主要负责将感知到的光电信号发送给 CPU 进行处理；通信模组主要负责无线通信的信号处理。

在最近十多年的智能手机市场中，随着芯片工艺制程的进步和消费者市场的激烈竞争，目前市面上的手机高端 SoC 呈现"三分天下"的局面：苹果 A 系列、高通骁龙和海思麒麟。

2010 年 6 月 8 日，史蒂夫·乔布斯在美国旧金山发布了全新一代 iPhone 4，开启了苹果智能手机时代。相比手机的影响力，苹果自研芯片"A4"为 iPhone 4 提供了强大的"算力"，让 iPhone 4 成为一款具有划时代意义的产品。在过去的 10 年间，每年秋季的苹果发布会被誉为科技界的"春晚"，因为每年这个时候，苹果都会发布全新一代的 iPhone，而新一代 iPhone 必然搭载全新一代的 A 系列自研芯片。2020 年 10 月发布的 iPhone12 系列手机上搭载的是 5 纳米工艺 A14 Bionic 芯片，至此，苹果 A 系列共发布了 14 款产品，每一款产品都堪称拥有同一代产品中性能最为强悍的芯片，配合其生态闭环的 iOS，为用户提供着卓越的掌中"算力"体验。

当今智能手机市场中，按操作系统类型划分可以分为苹果阵营和安卓阵营。在安卓阵营中，海思麒麟崛起之前，高通骁龙占据了绝对的霸主地位。骁龙系列（Snapdragon）是高通公司旗下移动处理器和 LTE（长期演进）调制解调器的品牌，是高通推出的高度集成的"全合一"移动处理器系列平台，覆盖了入门级智能手机、高端智能手机、平板电脑以及下一代智能终端。骁龙处理器同样也是高度集成的 SoC，结合了基于 ARM 的微处理器内核和业内领先的宽带通信技术，为智能手机提供了强大的 3D 图形功能、多媒体功能以及超长的续航时间。2013 年之前，骁龙处理器分为 S1、S2、S3 和 S4 四个级别。在此之后，骁龙处理器从入门款到旗舰款主要分为 200、400、600 和 800 系列。在 2020 年 12 月 1 日发布的最新一代骁龙 888 处理器，与苹果 A14 芯片一样采用 5 纳米工艺制程，为小米、OPPO 和三星等安卓阵营旗舰机型提供强大的"算力"支持。

在我国半导体行业落后于西方发达国家几年甚至十几年的背景下，华为自主研发的海思麒麟芯片后来居上，在竞争激烈的手机 SoC 市场杀出一条血路。海思半导体公司成立于 2004 年 10 月，是华为的全资子公司，前身是创建于 1991 年的华为集成电路设计中心。2009 年，海思研发出了第一代手机处理器麒麟 K3V1，定位于低端手机市场，但是其性能相比同年发布的高通芯片差距较大。2012 年，高通系列产品全面升级，开始领跑手机 SoC 市场，华为也发布了当年体积最小的四核 A9 架构处理器 K3V2，但是由于其 GPU 的兼容性问题，无法满足智能手机的游戏性能需求，因此也没有太大的影响力。尽管饱受市场质疑，但是海思依然没有放弃自研芯片之路，终于在 2014 年推出了新一代 SoC——麒麟 910，采用 28 纳米制程，以及兼容性更好的自研 Mali-450GPU，大大缩短了与高通 800 的性能差距。之后，海思趁热打铁，在同年又发布了升级款麒麟 920 芯片，采用了"4+4"的八核架构（4 个 ARM Cortex-A15 和 4 个 ARM Cortex-A7 结合），并且第一次集成了华为 LTE-Advanced 通信模组，凭借同年发布的荣耀 6 以及搭载超频版芯片麒麟 925 的 Mate7，终于实现了逆袭，在高端手机市场站稳了脚跟，并在后续与高通的竞争中越战越勇。2015年上半年海思发布第一款64位麒麟930，下半年发布麒麟950，这两款芯片是麒麟的得意之作，采用了16纳米制程和ARM A72架构，节能效率提升40%，单核性能提升20%~60%，并搭载最新款Mali T880 GPU，成为2015年性能最强的处理器，将同一时期高通发布的骁龙810远远甩开。2016年发布麒麟960，第一次使用ARM A73架构。2017年发布麒麟970，采用了10纳米工艺并集成神经网络处理器。此后的三年麒麟980、990、9000相继发布，不断提升芯片工艺制程和计算性能，凭借"华为+荣耀"的产品组合占据了稳定的市场份额，与高通骁龙、苹果A系列形成了三足鼎立的市场格局。

指令集之争

冯·诺伊曼有多厉害

前面我们讲过，在数字计算诞生之初，早期的计算机稳定性差、计算缓慢、体积庞大。操作员要用一系列开关和电缆对计算机进行编程才能完成一次计算，编程过程既复杂又容易出错，往往需要几周时间。人们迫切需要一款简单高效的计算机架构。

20世纪40年代，著名数学家约翰·冯·诺伊曼针对当时的计算机架构提出了两大问题：第一个是十进制方式会导致计算机内部结构变得异常复杂，因此建议采用二进制；第二个是开关连线会大大降低计算机的运行效率，因此建议将控制计算机的程序存储在存储器中。在此基础上，他提出了一套新的计算机架构。在这个架构下，计算机被分成5个独立的模块：控制程序运行的控制器、负责数据运算的计算器、用于存储指令和数据的存储器、输入设备和输出设备。处理信息的单元（即控制器和计算器）与存储信息的单元（即内存）相互分开，并允许以相同的方式在内存中存储指令和数据，在执行程序时，指令和数据会一条一条传给控制器和计算器（即CPU），这样就可以实现流水线作业，大大提高CPU的运行效率。同时，该架构还引入了四步指令周期：从内存中获取指令、译码指令、执行指令、将结果存回内存。这一具有革命意义的架构影响了至今大多数计算机的设计。

指令集架构，CPU的上帝视角

大家都知道，CPU采用的是基于二进制的"0"和"1"的数字系统。在CPU内部，有一个个微小的晶体管，这些晶体管就像开关一样，通过施加电流或电压信号控制开或关的状态来表示"0"和"1"。通过将开关按照特定的排列方式连接在一起，就形成了用来执行计算的基本的布尔逻辑运算符：与、或、非。例如，一个开关本身可以将1转换成0，称作逻辑"非"运算符。两个开关串联组成一个逻辑"与"运算符，两个开关并联组成一个逻辑"或"运算符，这些开关排列就叫逻辑门。将这些逻辑门进行不同的组合就能构建成各种通用的功能模块，比如具有计算功能的加法器、具有存储功能的寄存器等。将这些功能模块连接在一起可以实现更复杂的逻辑功能，进而构建成特定的执行单元。CPU中最重要的执行单元之一是ALU（算术逻辑单元）。所以，从硬件上来看，CPU就是用多种方式将很多个不同的专用处理单元连接起来构成的。

那么，这些专用处理单元和上层软件又有什么关系呢？上层软件是如何在CPU上运行起来的呢？指令集架构就是连接上层软件和底层硬件的桥梁。指令集架构（ISA）是指CPU用来完成计算和控制的一套指令的集合，它就像是一个指导规范手册，规定了CPU能够做的事情。假如我们把CPU比作一个玩具机器人，那么在制造这个玩具机器人之前，要先构思玩具机器人需要有哪些功能，比如可以向前/向后/向左/向右移动，这些就是指令。CPU是负责计算的，所以它的指令就是加减乘除、与或非等。

指令集架构主要规定了指令格式、寻址访存（包括寻址范围、寻址模式、寻址粒度、访存方式、地址对齐等）、数据类型和寄存器。指令集通常有运算指令、传送类指令、转移类指令、控制类指令。运算指令包括加、减、乘、除这样的算术运算，与、或、非这样的逻辑运算的指令以及移位指令；传送类指令的作用是把数据或地址传送到寄存器或存储单元中，例如将数据从存储器送到通用寄存器，或者从通用寄存器送到I/O接口；转移类指令则是完成类似if-else这样的高级语言编写的复杂程序所需要的指令，其作用是改变程序的执行顺序；控制类指令是暂停处理器、清除标志位等对CPU进行控制的指令。

一条指令通常由操作码和操作数两部分组成，如图4-1所示。操作码规定该指令要执行的操作类型或性质，如取数（load）、做加法（add）或输出数据（store）等。操作数指定了要运算的数据及其所在的存储单元地址，比如将寄存器X中的A与内存位置Y中的B相加。因此，指令集架构不仅决定了CPU所提供的功能，也决定

操作码	操作数	操作数
做加法（add）	寄存器X	内存位置Y

图4-1 指令的组成部分

了指令的格式和 CPU 的架构。x86 和 ARM 就是两种不同的指令集架构。

计算机能读懂的语言是机器码，但对人来说由 1 和 0 组合的二进制序列既难写又难读，于是出现了用英文字母代表操作码的汇编语言。然而汇编语言不便于进行数学描述，而且不可移植，于是又出现了高级语言。高级语言是面向计算过程和问题的语言，只与解题的步骤有关，因此程序员通常可以忽略指令集架构，而只需要关注把要计算的问题转化成高级程序设计语言的表达式、语句、过程/函数、对象，不用再去碰那些难写难读的机器指令序列。将高级程序设计语言"翻译"成机器语言的工作则是由编译器来完成的。编译器负责根据指令集架构的定义，通过对程序代码的词法分析、语法分析、语义分析等工序，将程序员编写的代码转化成一条条 CPU 可执行的目标码。在设计 CPU 硬件电路实现（CPU 微架构）时，指令集架构被作为设计规范，指导 CPU 研发人员设计 CPU 核心实现方式。因此，指令集架构是 CPU 选择的语言，而微架构是指令集架构的具体实现。这意味着，即使不同的公司创造了不同的微架构设计，也可以运行基于同一套指令集架构的代码。比如，同样是 x86 指令集架构的英特尔和 AMD 的 CPU，它们采用了不同的 CPU 微架构设计。

指令集的两大派系

指令集架构一般分为复杂指令集和精简指令集两大类。复杂指令集的代表是 x86，国际数据公司发布的数据显示，2020 年全球服务器市场 x86 架构的营收占比超 92%。精简指令集的代表是 ARM、RISC-V、MIPS（无联锁管级的微处理器）、PowerPC（增强精简指令集的性能优化-性能计算）和 SPARC（可扩充处理器结构），其中，ARM 目前占据了 95% 以上的移动计算市场；RISC-V 是近几年发展起来的开源指令集架构，正逐步在嵌入式系统中应用；MIPS、PowerPC 和 SPARC 发展较为艰难，有逐渐退出主流市场的趋势。

　　复杂指令集和精简指令集是随着计算机指令系统的发展先后出现的。在 20 世纪 60 年代计算机发展初期，计算机运算速度和内存访问速度不够快，存储容量也非常小，程序存储在内存中，CPU 在运行程序时每次都需要访问内存，这就会产生很多取指令时间，运行效率自然也就比较低下。为了提高计算机的运行效率，人们想到通过设置一些功能复杂的指令，把软件常用的功能改为由硬件的指令系统实现，让一条指令完成尽可能多的任务，这就是我们所说的复杂指令。所以，一开始 CPU 都遵循复杂指令集架构。随着 CPU 的发展，越来越多的指令加入，指令集越来越复杂，复杂指令集的问题逐渐暴露：首先，设计太复杂了，什么指令集都需要硬件来实现，硬件电路越来越多，就要求硬件具备越来越高的集成度，需要更高的设计工艺；其次，每个指令的长度不一，导致执行时间长短不一，CPU 内部很难实现流水作业，就算 CPU 的主频提升了，计算核心也避免不了无谓的等待时间；最后，为了处理复杂指令集，CPU 内部需要集成的晶体管越来越多，这样单位面积上集成的电路越来越多，导致功耗越来越大。此外，在使用过程中，人们也发现复杂指令集中各种指令的使用频率差别很大，一个程序的运算过程中所使用的 80% 指令，只占整个指令系统的 20%，即取、存和加这些简单的指令。也就是说，复杂指令集内部设计了那么多指令，有 80% 的指令几乎很少使用。

　　为了解决复杂指令集的这些弊端，20 世纪 70 年代，精简指令的思想诞生了。加州大学伯克利分校教授大卫·帕特森等人提出指令集应该只包含那些使用频率很高的少量指令，再辅助定义一些必要的支持操作系统和高级语言的指令即可。按照这个原则发展出了精简指令集。在 80 年代初，以斯坦福大学的 MIPS 和加州大学伯克利分校的 SPARC 为代表的精简指令集架构处理器发布。

精简指令集具备以下特点：第一，每个指令的长度都是一样的，这样可以大大简化从存储器取指令的工作，不用像 x86 那样在取指令时判断每条指令的长度；第二，采用简单的寻址模式，简化了 CPU 访问存储器的控制逻辑；第三，指令数量少，指令功能简单，基本上一条指令只完成一个操作，这样可以简化指令的执行过程，方便指令的并行化执行，从而提高计算性能。在早期的复杂指令集中，CPU 要频繁访问内存获取指令和数据，这拖慢了执行速度；在精简指令集架构中，CPU 只访问寄存器，所有数据都要从内存暂时读到寄存器中，从而提升了执行效率。随着复杂指令集的发展，x86 架构的计算机现在也采用了类似的工作原理，出现了"高速缓存"的概念。由于 CPU 内部访问寄存器"缓存"的读写速度远快于访问内存，高速缓存就是将 CPU 刚用过或者循环使用的一部分数据暂时存放在缓存中，这样 CPU 再次调用这部分数据的时候就会快很多。

为了方便读者更好地理解复杂指令集和精简指令集的区别，我们来举个简单的例子，如让 CPU 完成"把大象放进冰箱里"这个任务。对于复杂指令集的 CPU，它可以识别"把大象放进冰箱里"这条命令，所以只需要一条指令来完成。对于精简指令集的 CPU，它不能识别"把大象放进冰箱里"这一条命令，就需要将这一命令分解为三条指令完成：第一条，把冰箱门打开；第二条，把大象放进去；第三条，把冰箱门关上。可以看到，复杂指令集因为一条指令完成所有操作，所以硬件电路设计相对复杂，同时因为使用了较少的汇编语言，所以编译器相对简单。精简指令集采用三条指令完成所有操作，所以硬件电路设计相对简单，同时因为需要把程序翻译成多条可执行命令，所以对于编译器的要求较高。当然，实际情况要比这个复杂得多。

艰难的抉择

20 世纪 80 年代，精简指令集的呼声很高，学术界一致认为精简指令集才是指令集架构未来的发展方向，而复杂指令集是过时的、落伍的设计。甚至复杂指令集的典型代表英特尔也面临着复杂或简单的艰难选择。如果选择精简指令集，意味着复杂指令集这么多年积累的生态优势没有了，相当于从零开始。于是英特尔选择了一个折中的办法，在维护 x86 苦心经营起来的市场地位的同时，推出一款基于精简指令集的 CPU 新型号——80860。虽然这款 CPU 的发布顺应了学术界的呼声，但并没有取得市场的成功。事实证明，当用户面临兼容性和高性能二选一的时候，用户会选择兼容性。毕竟兼容性问题更直接，可能会导致很多软件甚至操作系统都无法使用。由此可见，计算产业的生态非常重要。若不是英特尔和微软形成 Wintel 帝国，并吸引众多软件开发者组成生态圈，引导用户形成使用依赖，用户对 x86 也不会有这么强的"忠诚度"。后来英特尔又推出了一款基于精简指令集的 CPU——80960，市场仍然不见起色，最终英特尔才放弃精简指令集的道路。然而，英特尔的这些尝试也没有白费，在奔腾及以后的 CPU 中，英特尔一直在不断吸取精简指令集的长处，不断提升 x86 架构处理器的内部流水线效率。

复杂指令集和精简指令集各有优劣势，没有绝对的好与坏，如表 4-1 所示。复杂指令集和精简指令集已经在逐步走向融合，互相学习，取长补短。英特尔 CPU 也借鉴了精简指令集的设计理念，比如 x86 CPU 中的"微程序"，在实际工作中，这些"微程序"会把复杂指令集分解成一个个相对简单的指令来执行，类似精简指令集的模式。2005 年苹果通过引入 Rosetta（转译器）将原来 IBM 的 PowerPC 指令集转译为 x86 指令集，运行指令从精简指令集迁移到复杂指令集。2020 年苹果发布 M1 处理器，该处理器基于 ARM 架构，为了让原来能在 x86 架构上运行的程序可以运行在 ARM 架构上，将 Rosetta 更新为 Rosetta2，将原来英特尔的 x86 指令集转译为 M1 的 ARM 指令集，这样就可以兼容原来的应用程序。

表 4-1 复杂指令集和精简指令集的对比

复杂指令集	精简指令集
复杂的指令集架构，原生的处理器指令集架构	精简的指令集架构，产生于 20 世纪 80 年代初
指令执行周期需要几个时钟周期	一个时钟周期执行一条指令
基于硬件的设计，使用硬件电路来完成更多指令	基于软件的设计，编译器承担了更多的任务，用更少的指令编写更高效的软件
指令对 RAM 需求量少	指令对 RAM 需求量多
指令长度不固定	指令长度等长
指令数量多	指令数量少
程序源代码长度较短	程序源代码长度较长
控制器实现方式绝大多数为微程序	控制器实现方式绝大多数为硬件电路

如上所述，随着计算机技术的发展，这两种指令集一直都在互相借鉴、不断发展，在体系架构、操作运行、软硬件、编译以及运行时间等诸多因素中做出平衡，以满足不同应用的需求。精简还是复杂？其实没有最好，只有最合适。

RISC-V 异军突起

顶尖名校的优等生

RISC-V 指令集诞生于 2010 年，其开源的理念配合精简的架构从诞生之初便吸引了学术界和工业界的广泛关注。中国工程院院士、计算机专家倪光南曾多次在公开场合表示："未来 RISC-V 很可能成为世界主流的 CPU 之一，从而在 CPU 领域形成英特尔、ARM、RISC-V 三分天下的格局。"

RISC-V 中的字母 V 是罗马数字 5，代表"第五代"。前面提到过，20 世纪 80 年代加州大学伯克利分校的大卫·帕特森教授提出了精简指令集的概念，并在 1979—1988 年近 10 年的时间里，带领团队以精简指令集概念为基础，设计并迭代了四代指令集，并完成了基于指令集的处理器架构设计及芯片流片。这四代指令集代号分别为 RISC-I、RISC-II、RISC-III、RISC-IV。在之后的 20 年，x86 和 ARM 脱颖而出，并迅速占领半导体市场，RISC-IV 却没有继续向后演进。

2010 年，还是在加州大学伯克利分校，克尔斯特·阿萨诺维奇教授和他的团队想为他们的项目找到一款符合如下四点要素的指令集：

- 易于实现（Simple to implement）
- 高效（Efficient）
- 易扩展（Extensible）
- 可不受限制地分享成果（No constraints to sharing our work with others）

显然，封闭复杂的 x86 指令集、需要昂贵授权的 ARM 指令集及其他例如 MIPS、SPARC 等多种指令集都不能令团队满意。最终他们决定自己动手，联合同校的大卫·帕特森、Yunsup Lee、安德鲁·沃特曼组成小组，花费几个月的时间共同升级了 RISC-IV，一起创造出了 RISC-V 指令集的原型。经过 4 年的完善与推广，这款指令集逐步由校园走向了市场。

一款指令集的发展壮大与良好的行业生态密不可分。RISC-V 开发团队于 2015 年成立了 RISC-V 基金会，这是一个非营利性组织，旨在建立一个开放、协作的软件和硬件创新者社区，推动 RISC-V 技术发展及生态建设。在之后的几年时间里，除学术机构外，基金会还吸引了半导体行业商业巨头、芯片设计公司、软件工具开发公司及投资公司的加入。2020 年 3 月，RISC-V 基金会将法律实体从美国迁移至瑞士，并更名为"RISC-V 国际协会"。协会网站显示，截至 2021 年 5 月 31 日，协会成员已经达到 250 家以上。

与此同时，国内 RISC-V 相关的学术及产业气候也在近几年间逐渐形成。2017 年 5 月，第六届 RISC-V 研讨会在上海交通大学召开，RISC-V 成功吸引了国内半导体行业的目光。2018 年 7 月，上海市经济和信息化委员会出台扶持政策，明确支持从事 RISC-V 相关研发的企业。2018 年 10 月，中国 RISC-V 产业联盟和上海市 RISC-V 专业委员会成立。同年 11 月，中国开放指令生态（RISC-V）联盟在浙江乌镇召开的世界互联网大会上宣布成立。行业组织从 IP 核开源共享、软件工具链开发、大学计划、国际沟通等多方面加速推动了 RISC-V 在中国的发展。值得一提的是，RISC-V 国际协会作为该指令集生态建设最核心的组织，其最高级别会员共 13 家，其中的 11 家是中国公司（截至 2021 年 5 月 31 日），包括阿里巴巴、华为、中兴通讯等商业巨头，也包括中科院计算技术研究所、中科院软件研究所等科研机构，还有上海赛昉科技有限公司、北京希姆计算科技有限公司等初创芯片公司，可见 RISC-V 在国内发展势头之猛。

简约而不简单

RISC-V 的蓬勃发展并非偶然，一切可以归因于这款指令集简约但不简单的设计哲学。

精简

x86 与 ARM 在半导体架构之争中一路突围，成为各自领域的强者。为了保证软件栈生态的延续，指令集的每次迭代必须为向后兼容考虑，可谓"欲戴王冠，必承其重"。相反，RISC-V 占据后发优势，它不需向下兼容老旧的指令，从开发伊始便以精简指令集概念为设计原则，每条指令都短小精悍。相比 x86 和 ARM 经年累月产生的数千页指令集说明与上千条指令（根据定义范围不同，x86 指令集数量可以达到 900~3 600 条），RISC-V 指令集两份说明文档总共不超过 400 页的篇幅，其中 RISC-V 核心的基础模块指令仅有 40 多条。这一精简架构可以大大简化处理器架构设计，更轻松地实现多级流水架构，达到更高的时钟主频、更小的电路面积、更佳的能耗比。

模块化

RISC-V 指令集模块化的设计思想使芯片设计人员能够灵活选择不同的模块，并进行组合以满足不同的应用场景，这让它在行业内独树一帜。ARM 的指令集架构从 ARM v7 开始进行分叉，形成了 A、R、

M 三个系列分支，彼此之间并不兼容。当工程师使用 RISC-V 指令集进行芯片设计时，他可以根据目标场景在 RISC-V 提供的模块库中进行选择，以"基础模块（必选）+ 多个扩展模块（可选）"的规则选取子指令集，这种如同搭积木一样的裁剪思路可以有效地降低处理器架构实现时的复杂度。同时，RISC-V 指令集在设计之初也预留了大量的编码空间用于用户的自定义，支持开发人员进行指令的灵活扩展和定制。

开源

RISC-V 指令集选择了 BSD（伯克利软件套件）开源协议，其开源的特性允许任何用户在遵守宽松的开源规则前提下对指令集自由使用和修改，也允许用户对基于指令集开发的上层处理器架构进行发布和销售，这些商业行为都不会受到 RISC-V 基金会的限制。对于基于 RISC-V 指令集进行处理器架构设计的厂商，它们可以采取不同的商业策略对设计成果进行销售。当然，由于指令集本身开源，当前生态内大部分的 RISC-V 处理器也都采用了开源提供的模式。

除了以上三个最显著的特点外，RISC-V 指令集在设计时也汲取了其他指令集发展中所碰到的教训，让它自身更加规整、更加现代。正是这些特性让 RISC-V 这个"后来者"脱颖而出，在行业内受到越来越多的关注与青睐。

百家争鸣之势

从 RISC-V 指令集到产出实体芯片、交付终端客户，还需要经过芯片架构设计、制造、加工、封测等关键工业流程，涉及 IP 设计公司、芯片设计公司、终端品牌厂商等多个商业角色。经过近年来的发展，RISC-V产业链已经逐步成形。

2015年7月，RISC-V开发团队成立商业化公司SiFive，提供基于RISC-V指令集架构的商业化处理器IP、开发工具链、开发环境解决方案。处理器IP根据业务场景分为E核、S核、U核三大产品线，与ARM架构的A、R、M产品线直接对标。2018年8月，SiFive中国团队在国内成立独立运营的上海赛昉科技有限公司，为国内客户提供服务。作为每届RISC-V研讨会贡献演讲分享最多的企业，SiFive在不断扩展着生态的边界。2018年11月，全球硬盘大厂西部数据宣布未来旗下硬盘处理器和控制器都逐渐转移支持RISC-V架构，并预测使用该架构的处理器将来会有超过10亿颗量级的出货量。西部数据开发的SweRV处理器架构家族主要针对硬盘控制领域，当前西部数据已经将SweRV内核IP进行开源允许第三方使用。除此之外，谷歌公司在2017年年末开源了基于RISC-V指令集的处理器IP BottleRocket，NVIDIA公司于2016年开始基于RISC-V指令集对代号为Falcon的GPU架构进行重构。

在国内，RISC-V的开源特性让它既可避免缴纳指令集授权费用，也可以规避政治法律风险，使它成为中国众多芯片设计企业除ARM架构之外的另一个选择。

2018年6月成立的芯来科技是国内首家专注自研商用RISC-V处理器IP的厂商，公司针对不同应用场景可提供差异化的处理器IP解决方案。2019年8月，国内闪存及MCU（微控制单元）领域的领先企业兆易创新推出了GD32V系列通用MCU产品，该产品处理器内核"Bumblebee"为兆易创新与芯来科技联合开发。内核架构基于32位RISC-V指令集，与ARM Cortex-M3内核相比，该处理器在同样主频下可以获得更高的性能，同时降低近一半功耗。

2017 年年初，智能穿戴技术领域前沿企业华米科技成立华米人工智能实验室，致力于可穿戴芯片的研发。2018 年 9 月，华米公司发布了芯片"黄山一号"。这是第一款基于 RISC-V 指令集设计的智能穿戴芯片，芯片同时集成 AI 神经网络处理模块，支持本地化处理 AI 任务，对心率、心电、心律失常等进行实时监测与分析。2019 年 6 月"黄山一号"已流片量产并用于华米 AMAZFIT 系列智能产品。

2018 年 4 月，阿里巴巴全资收购中天微系统有限公司，并于同年将中天微和达摩院自研芯片业务进行整合，成立平头哥半导体有限公司。2019 年 7 月，平头哥发布了基于 RISC-V 指令集架构的玄铁 910 处理器，其 16 核 2.5GHz 主频的性能可以与 ARM v8 的高性能处理器 Cortex-A72 进行对标。处理器目标场景为 5G、自动驾驶、AI 等高端领域。平头哥同时强调，未来将对玄铁 910 处理器进行开源，帮助全球开发者快速开展芯片原型设计。

2020 年 12 月，赛昉科技发布了天枢系列处理器。该系列处理器基于 64 位 RISC-V 内核，采用 12 级流水线和 7 纳米工艺制程，频率最高可达 3.5GHz。天枢处理器是 RISC-V 领域最先实现硬件虚拟化的处理器，可支持 KVM（基于内核的虚拟机）等主流虚拟机软件。该处理器的出现说明 RISC-V 已经逐步扩展到高性能处理器领域。

乘风破浪会有时

RISC-V 作为指令集领域的"后浪"，在指令集设计上占有后发优势，其相关的硬件生态已经在蓬勃发展，但其软件生态想与已成气候的"前浪"角逐还有很长的路要走。

首先，指令集与操作系统绑定形成的生态墙是 RISC-V 不得不面对的挑战，例如当年 PC 领域的 Wintel 联盟与现在移动领域的"ARM + 安卓"。当前 RISC-V 在一些碎片化的市场领域比如物联网（IoT）进行发力，以精简开源的优势攻克定制化市场，这也导致 RISC-V 很难形成一个统一的上层软件栈生态。其次，经过多年的发展，ARM 的软件开发工具相对具备过硬的质量和宽阔的商业广度。但是 RISC-V 的开发工具还比较匮乏，例如 RISC-V 的软件开发 IDE（集成开发环境），大部分由芯片公司牵头基于开源方案来做独立定制，当前的商业化 IDE 很难适配不同公司的芯片产品。软件生态的不完善导致商业公司在做关键选择时，RISC-V 可能会尴尬地被作为 ARM 的备选方案。

虽然软件生态有着种种需要克服的困难，但从另一个角度来看，RISC-V 指令集从校园走向世界还不到 10 年时间，近年来随着全球范围内各个组织联盟及商业公司的共同发力，RISC-V 指令集已经从物联网领域切入并向 MCU、高性能计算等领域扩展，其配套的软件生态也必定会日趋完善，毕竟，RISC-V 指令集以其独特的设计理念，为半导体产业中追求更低成本、更高效解决方案的从业者们提供了更多的可能。

第五章
异构计算——平台多样

异构计算的出现

何为异构,为何异构

技术的发展如同历史的发展一样,总是螺旋式上升的。云计算通过使用 x86、ARM 等通用性 COTS(商用现货产品)硬件和虚拟化技术来承载个人或行业应用,实现数据中心内大部分基础或增值功能。一方面,云计算使用户可以快速、按需地从云计算服务商获取不同层级的算力服务[包括计算、网络、存储等 IaaS(基础设施即服务)服务以及 PaaS(平台即服务)服务、SaaS(软件即服务)服务等],并基于实际业务需求进行自动部署、弹性伸缩、故障隔离和自愈等;另一方面,数据中心的网络设备功能不再依赖于专用硬件,资源可以充分灵活共享,实现新功能的快速开发和上线。然而,当面向 5G、AI、超算、AR/VR(增强现实/虚拟现实)、云游戏等计算 I/O(输入输出)、网络密集型应用时,x86、ARM 等以 CPU 为单一计算单元的通用算力并不能满足超低时延、高可靠(低抖动、低丢包）的网络要求与并行计算能力的要求。

以 CPU 为核心的通用处理器难以满足日新月异、快速迭代的业务需求，这与 CPU 自身的设计原则和架构有关。CPU 强调通用性，需要支持复杂的逻辑判断，这样会引入大量的分支跳转和中断的处理，使得 CPU 的内部结构异常复杂，存储单元与控制单元占据了大量的空间，计算单元的比重被降低了。因此，CPU 的通用架构决定了其擅长统领全局的调度、管理、协调等复杂串行逻辑处理，如图 5-1 所示，而不擅长并行数据处理，比如处理编解码转换、报文转发、加解密等任务。CPU 遵循冯·诺伊曼架构，其核心就是存储程序，顺序执行，像是个古板的管家，主人吩咐的事情他总是一步一步来做。但是随着人们对更大规模与更快处理速度的要求的增加，这位管家渐渐变得有些力不从心。于是，大家就想，能不能把多个处理器放在同一块芯片上，让它们一起来做事，这样效率不就提高了吗？没错，这就是并行计算概念产生的初衷。

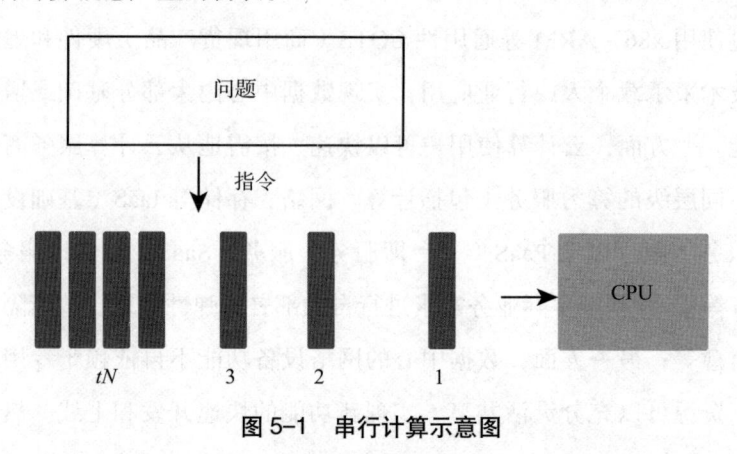

图 5-1　串行计算示意图

并行计算一般是指同时使用多种计算资源解决计算问题的过程，是提高计算机系统计算速度和处理能力的一种有效手段。并行计算的基本思路是将许多指令同时进行计算,并将计算的过程分解成多个阶段,之后以并发的方式来加以处理。相比串行计算,并行计算可以划分为时间并行和空间并行。时间并行即指令的流水线处理,比如工厂生产手机的时候分为4步:准备零件—组装—测试—包装。如果不采用流水线,一台手机在完成上述4个步骤后,下一台手机才进行生产,耗时且影响效率。如果采用流水线技术,就可以同时生产多部手机。这就是并行算法中的时间并行,在同一时间启动两个或两个以上的操作,大大提高计算性能。空间并行则使用多个处理器并发执行计算,如图5-2所示,即通过网络将两个以上的处理器连接起来,同时计算同一个任务的不同部分,或者单个处理器无法解决的大型问题。比如小王一个人包饺子,从和面、拌馅、擀皮到最后包成饺子,可能需要两个小时,但如果爷爷、奶奶、妈妈、孩子齐上阵,各自负责包饺子环节中的一个,也许30分钟就搞定了。这就是并行算法中的空间并行,将一个大任务分割成多个子任务,加快解决问题的速度。

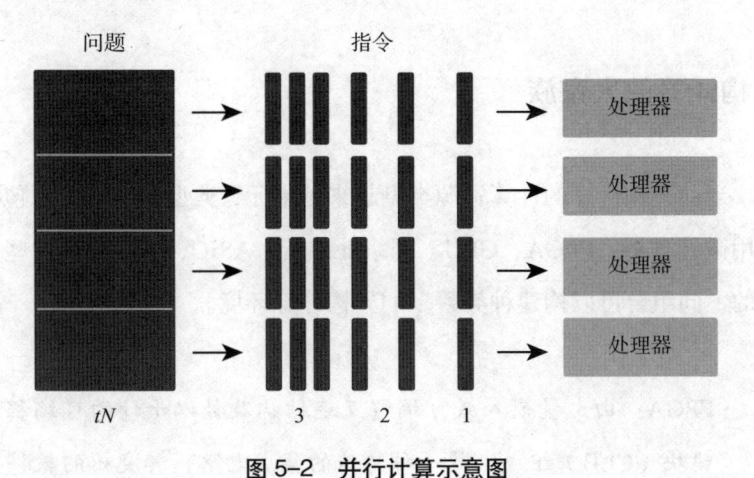

图 5-2 并行计算示意图

其实，基于运行的处理器架构来区分的话，并行计算也分为同构并行与异构并行。例如，多核 CPU 是同构并行，"CPU+GPU"或 FPGA 的多处理器则是典型的异构并行。

CPU 的微架构已经非常成熟，半导体工艺制程突破 5 纳米以来，依靠工艺进步提升 CPU 性能的空间急剧缩小，摩尔定律逐渐走向终结。因此，单纯依靠 CPU 的处理能力来满足业务高并发、低时延需求的方式无论在性能、功耗还是成本上都将不可持续，需要将处理工作分配给加速硬件以减轻 CPU 负荷，利用硬件模块替代软件算法以充分利用硬件所固有的快速特性（硬件加速通常比软件算法的效率要高），从而实现性能提升、成本优化的目的，这就是业界常说的硬件加速技术。

引入硬件加速的计算架构又称为异构计算。相对通用计算（又称同构计算）来说，所谓的异构，就是 CPU、SoC、GPU、ASIC、FPGA 等各种使用不同类型指令集、不同体系架构的计算单元，组成一个混合的系统，执行并行和分布式计算的特殊方式。

异构计算的大家族

当前异构计算的计算资源类型越来越多元，典型的计算资源包括通用微处理器、FPGA、GPU、网络处理器、ASIC、SoC 等，这些资源的不同组合可以构建种类繁多的异构计算环境。

- FPGA：由大量嵌入式可编程互连结构及数以千计的可编程逻辑块（CLB）组成，是一种特殊的集成电路，其突出的软件可动态加载的特性，使得其在加速领域适应性非常广泛，主要缺点是开发门槛高、技术难度大。在FPGA上运行的任务通常使用诸如VHDL（超高速集成电路硬件描述语言）和Verilog等硬件描述语言创建。FPGA芯片主要由美国厂商英特尔和Xilinx（赛灵思）提供。

- GPU：专注实现视频数据的处理，比如视频渲染、编解码，同时在AI领域有着成熟应用。缺点是功耗较大、成本相对较高，目前NVIDIA、AMD都有成熟解决方案。

- 网络处理器：专注于数据报文的转发，一方面它支持转发规则的灵活配置，另一方面基于多核架构实现高性能数据转发。这是高性能路由平台的主要方案，一般各路由器厂商均有自研芯片，第三方厂商以EZchip为代表。

- ASIC：可以基于特定的应用进行定制，其数字电路由硅片中永久连接的门和触发器组成，因此功能无法变更，主要应用在成熟稳定的算法类应用，比如安全加解密算法。英特尔、Mellanox（迈络思）、谷歌、华为、寒武纪等公司均有产品。

- SoC：是一种集成电路，在一个芯片上集成了计算机或其他电子系统的部分组件。SoC功耗较小，占用面积较小，成本也较低，因此在移动终端产品、边缘计算等场景中应用成熟。SoC多为ARM架构，主流公司为Marvell（美满科技公司）、Mellanox、华为等。

几种异构硬件加速方案在成本、功耗、开发难度等方面的对比参考表5-1。

表 5-1　异构硬件加速方案对比表

芯片类型	FPGA	GPU	网络处理器	ASIC	SoC
成本	中	高	低	低	中
功耗	中	高	低	低	中
开发难度	高	中	中	低	中
可重用性	支持	支持	不支持	不支持	支持
典型应用	低时延应用、未固化的算法	视频图像处理	大容量数据转发	固化的算法	低功耗场景

从应用场景角度分析，在成本、功耗和开发难度上，ASIC 方案具有绝对优势，但是其支持的加速功能和性能固化，且不可重用，降低了灵活性，更适合成熟稳定的算法类应用；在实现形态上，ASIC 更多的是以处理器芯片组方式实现，独立板卡方式相对较少。比如英特尔在最新处理器芯片组中集成的 QAT（快速辅助技术），可以实现常见的加解密、压缩等的加速。

FPGA 方案则相对平衡，具有重新加载软件实现不同加速功能的特性。另外，随着 FPGA 的处理能力越来越强，一块 FPGA 可以被配置为多个功能单元，比如同时支持流量卸载、视频编解码和机器学习。同时，每一个功能单元还可以提供给多个上层业务来使用，以充分发挥 FPGA 设备性能。FPGA 方案一般以 PCIe（高速串行计算机扩展总线标准）标卡方式与通用处理器组成异构系统，实现加速功能。

GPU 是面向视频处理等大规模并行计算的成熟方案，其强大的软件生态，使得在边缘计算场景中涉及的视频渲染和转码、AI 的推理和训练都需要采用 GPU 来实现。目前业界也有采用 FPGA 来实现 AI 相关推理加速的方案，但是其面临软件生态方面相对不成熟的问题。

网络处理器则是面向大容量数据协议转发的专用处理器，一般应用在高端路由设备中。5G UPF（用户面功能）这类高吞吐的转发需求，也可采用网络处理器方案来加速。

在数据中心场景中，SoC 方案主要运用在网络加速与计算加速方案中，如阿里云的神龙架构。

GPU/AI 加速卡

无处不在的应用

GPU 是异构计算中的新星，它驱动的上层应用存在于千行百业，与大家的日常生活息息相关。当我们"刷脸"打卡进入办公区时，是人脸识别应用告诉系统我们是谁；当我们在微信上收到语音消息并选择转为文字时，是语音识别功能将语音转为文字输出；当我们开着弹幕看视频时，弹幕可以自动"躲开"人像，是 AI "语义分割"识别出人像边界，使弹幕跳过人像，减少弹幕对观看效果的影响；当我们在手机上使用购物、音乐、新闻类软件时，AI "推荐"功能可识别出我们的喜好，直接推送与我们经常浏览的信息相似的内容。这样的例子不胜枚举。

总体而言，我们可将上述应用分为三大类：AI、多媒体渲染和高性能计算。

- AI，也可称为机器学习，是指机器通过统计学算法，对已有数据、知识或经验进行学习，生成经验模型，利用经验模型在相似的情景下做出决定或预测。AI 包含训练和推理。训练是指利用大量训练样本，不断修正模型，最终得到准确率较高的推理模型。推理是指利用训练好的模型进行预测，如在视频监控应用中，GPU可对视频中的人、动物、车等进行分类。由于GPU广泛应用于AI场景，因此我们经常把GPU称为AI加速卡。

常见的AI应用有机器视觉特征识别、语音识别、推荐等。机器视觉特征识别又可分为图像分类、目标检测、语义分割和实例分割。它们在技术实现难度上逐渐递增。通俗些讲，图像分类是指识别图像中的多种对象，包括人、动物、植物、地点等，如安防领域的人脸识别、互联网领域的基于内容的图像检索。目标检测是指既要识别出图中的物体，又要知道物体的位置，即"图像分类+定位"，如行人检测、自动驾驶。语义分割是指在识别出物体类别、位置的基础上，标注每个目标的边界，如地理信息系统（卫星遥感影像，自动识别道路、河流、农作物、建筑物及其边界）、医疗影像分析（识别病灶及其边界）。实例分割即在识别目标类别、位置、边界的基础上，区分同类物体，如视频分析。

- 多媒体渲染，是指对图片或者视频中图像进行着色、抗锯齿（使物体边缘更加细腻、逼真）、增强逼真的光影效果等操作，使图像或视频更加立体逼真。常见的应用有云游戏、云VR/AR、云视频、电影渲染等。

- 高性能计算，是指利用超级计算机进行并行计算。超级计算机往往是一个服务器集群，集合了成千上万甚至更多的处理器（CPU、GPU等）、内存、存储、网络资源。大家知道的超算中心，如美国橡树岭国家实验室"Summit"超级计算机、美国加州劳伦斯利弗莫尔国家实验室的"Sierra"超级计算机、中国国家超级计算无锡中心的"神威·太湖之光"等，就属于高性能计算集群。这些集群承载的业务量往往巨大，比如基因组数据分析、天体物理、癌症研究、系统生物学等。[1]

独特之处

上一小节中提到的业务应用，在近几年迅速增加，随之将产生爆发式增长的数据量。擅长并行计算的GPU/AI加速卡可极大地提高此类应用所需的计算能力。

由图5-3可以看出，CPU由若干个核心及一部分缓存组成，GPU则由大量的小核心和较大容量的显存组成。CPU擅长串行处理逻辑控制密集的运算，像一个项目里的"总统领"，指挥大家如何干活；GPU擅长并行处理逻辑相对简单的算数密集型运算，像无数个同时工作的小处理器，"众人拾柴火焰高"，这样一来，GPU就可在最短的时间内完成计算量巨大的任务。

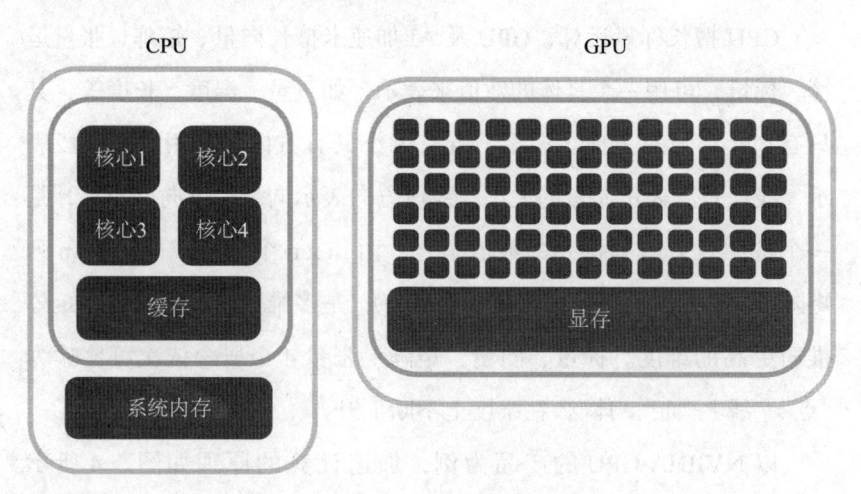

图5-3 CPU与GPU架构对比

GPU 与 CPU 的区别，可从设计目标、内部架构、适用任务三方面进行分析。

设计目标

CPU 运行复杂程度高，针对各种不同的数据行，其在逻辑判断后有大量的分支跳转和中断。GPU 重在对大量趋同计算的并行处理，运行复杂度低，擅长处理类型统一的、无相关性的大规模数据。

内部架构

CPU 的逻辑核心复杂，大部分晶体管用于控制、缓存。GPU 的逻辑核心简单，大部分晶体管用于算数处理。

适用任务

CPU 适合运行数据结构不规则、逻辑复杂的串行程序。GPU 适合处理数据耦合度低、高度并行化的计算任务。

CPU 擅长标量运算，GPU 及 AI 加速卡擅长向量、矩阵、张量运算。标量，可用一个具体的数值来表示，如重量、温度、长度等，其只有大小，没有方向。向量，既有大小又有方向，可用有向线段表示，线段长度表示向量的大小，线段方向表示向量的方向。矩阵，是一个按照长方阵列排列的数值集合，由 m×n 个数排成的 m 行 n 列矩阵，简称 m×n 矩阵。张量（Tensor），是多维数组，将向量、矩阵推向更高的维度。标量、向量、矩阵、张量 4 个概念依次可比喻为"点""线""面""体"，在维度上不断上升。

以 NVIDIA GPU 的产品为例，加速计算的原理如图 5-4 所示。将计算密集型运算交给 GPU 处理，剩余的交给 CPU 处理，整体加速应用所需的运算。

图 5-4 加速计算的原理

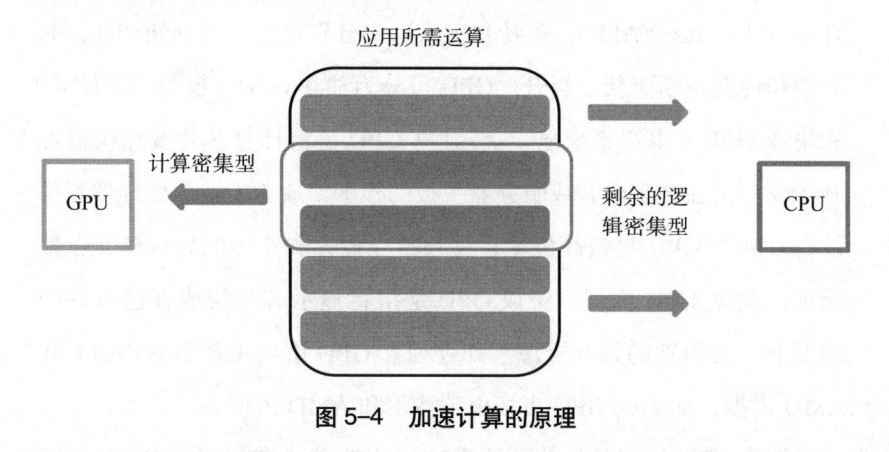

除了 GPU，业界还有其他 AI 加速卡产品，如谷歌的 TPU（张量处理器）、华为的神经网络处理器。谷歌的 TPU 面向 AI 训练和推理，处理器上有成千上万个矩阵乘法单元，是擅长矩阵运算的 ASIC 芯片。华为的神经网络处理器是集成了计算单元、存储系统、控制单元的 SoC。其芯片上的计算单元具有矩阵乘法运算、向量运算及基础的标量运算能力。

虽然业界 GPU 及 AI 加速卡产品底层架构不同，但它们实现的功能相似，都可以用来加速向量、矩阵、张量运算。除此之外，GPU 及部分 AI 加速卡还具备对图像或视频进行编码和解码的能力。

GPU/AI 加速卡的"前世今生"

在数字货币市场和游戏玩家热烈追捧 GPU 的背景下，NVIDIA 在 1999 年发布了图形芯片 GeForce 256，它被称为图形芯片市场开天辟地的产品。NVIDIA 将 GeForce 256 定义为"具有集成变换、照明、三角设置/裁剪和渲染引擎的单芯片处理器"。随后，GPU产业不断发展，NVIDIA、AMD、英特尔三家巨头分别推出一系列新产品，其架构和性能不断更新、提升。GPU可分为独立GPU（也叫独立显卡）和集成GPU（也叫集成显卡）。独立GPU是将计算芯片及相关器件制作成一个独立于电脑或服务器主板的板卡，成为专业的处理器硬件设备。独立GPU具备高位宽、高频独立显存和更多的处理单元，性能远比集成GPU优越。集成GPU是指将显示芯片集成在已有的处理器上，无单独的显存资源。如今独立GPU市场主要由NVIDIA和AMD占据，而集成GPU市场由英特尔和AMD占据。

作为GPU计算领域公认的全球领导者，NVIDIA在1999年之后陆续推出了分离式渲染架构（芯片上各计算模块相对专用的架构，顶点着色器只为顶点着色，片段着色器只为片段着色）的GeForce 2到GeForce 7六代系列产品。此种架构，在顶点着色任务较重而片段着色任务轻的时候，片段着色计算模块会保持空闲，导致整体资源利用率低。NVIDIA之后推出统一渲染架构（芯片上各计算模块相对通用，如既可以为顶点着色，又可以为片段着色）的Fermi、Kepler、Maxwell、Pascal、Volta、Turing、Ampere等系列产品，解决了分离式渲染架构资源利用率低的问题。之后，GPU架构的更新主要体现在计算模块的增加上，最终体现在GPU浮点计算能力的提升上。当然，这个过程伴随着芯片制造工艺的不断提升。NVIDIA的GPU，从2008年GT200系列的65纳米制程，历经12年，逐步升级到了RTX3000系列的7/8纳米制程。整个过程中，单位面积芯片上晶体管数量提升了20多倍。

以NVIDIA GPU为例，每个GPU卡上有若干个SM（流处理单元），每个SM中包含大量CUDA core（核心）、Tensor core、RT（光影追踪）core。CUDA core 是单精度处理核心，用于基本的并行像素运算。Tensor core 可进行大量的 4×4 矩阵乘加运算，可用于 AI 类应用。RT core 可用来创造生动的光影、反射、折射及其他先进的光影效果，在云游戏、云 VR/AR 应用中发挥了至关重要的作用。随着 GPU 不断更新换代，其"用武之地"不断丰富，从最初的图像处理发展到现在的 AI、多媒体渲染等，其具备的运算能力，从简单的像素运算到大量的张量运算，再到实时处理光影效果使画面逼真、立体，经历了不断提升、不断丰富的过程。以下扼要列出 NVIDIA GPU 架构的发展历程。

- Fermi 架构[2]：2010 年发布，40 纳米/28 纳米制程，每个 SM 中含 32 个 CUDA core。
- Kepler 架构[3]：2012 年发布，28 纳米制程，每个 SM 中含 192 个 CUDA core 和 64 个双精度计算单元。
- Maxwell 架构[4]：2014 年发布，28 纳米制程，在 SM 中做了适当减法，每个 SM 中含 128 个 CUDA core。
- Pascal 架构[5]：2016 年发布，16 纳米/14 纳米制程，增加了 SM 的数量，SM 中依然在做减法，每个 SM 中含 64 个 CUDA core 和 32 个双精度计算单元。
- Votal 架构[6]：2017 年发布，12 纳米制程，将 CUDA core 拆开，每个 SM 中含 64 个 FP32 core、64 个 INT32 core、32 个 FP64 core，以及 8 个第一代 Tensor core。
- Turing 架构[7]：2018 年发布，12 纳米制程，每个 SM 中含 64 个 FP32 core、64 个 INT32 core、8 个第二代 Tensor core、1 个 RT core。

• Ampere 架构[8]：2020 年发布，7 纳米制程，每个 SM 中含 64 个 FP32 CUDA core、4 个第三代 Tensor core。

AMD 同时提供独立 GPU 和集成 GPU，其独立 GPU 分为 Radeon（镭龙）和 Instinct 系列。Radeon 系列主要用于游戏、专业视觉，其微架构经历了 RDNA[9]（7 纳米制程）、RDNA2、RDNA3 的发展。Instinct 系列主要用于 AI 机器学习应用，微架构经历了 GCN（次世代显示核心）、CDNA[10]、CDNA2 的发展。GCN 架构旨在带来时尚的电脑游戏体验，激发超凡的内容设计和创作，将计算性能提升至全新水平[11]。

雨后春笋般的国产产品

2000 年以后，国内 GPU/AI 加速芯片产品出现并蓬勃发展，其应用逐渐覆盖终端、PC、数据中心服务器。国产 GPU/AI 加速卡的发展落后于国产 CPU。GPU 结构没有控制器，无法单独工作，必须由 CPU 进行控制调用。直到 2014 年，长沙景嘉微电子股份有限公司才成功研发出国内首款高性能、低功耗 GPU 芯片。GPU 技术难度很高，美国高科技分析公司 Moor Insights&Strategy 首席分析师莫海德曾表示："相比 CPU，开发 GPU 要更加困难，而 GPU 设计师、工程师和驱动程序的开发者都要更少。"国内人才缺乏也是国产 GPU 发展缓慢的重要原因之一。在芯片行业，一般来说，培养一位拥有丰富经验并且能够根据市场动态及时修改芯片设计方案的成熟工程师，至少需要 10 年。[12]

国产 GPU/AI 加速芯片的算力参差不齐，有只适用于终端设备的芯片、适用于 PC 以及工作站的 GPU/AI 加速卡，以及适用于数据中心的独立 GPU/AI 加速卡。截至目前，据不完全统计，国内已有 30 余家 AI 芯片供应商，如华为、寒武纪、燧原科技、比特大陆、百度、天数智芯、登临科技、摩尔线程、平头哥[13]等；具有代表性的产品有华为昇腾系列芯片，寒武纪思元系列加速卡，燧原科技云燧系列加速卡等。国内 AI 芯片针对的应用场景中，智能安防、物联网和智能语音最为热门。

华为自研达芬奇架构神经网络处理器，代表产品为昇腾 310 和昇腾 910，面向数字中心、边缘、消费终端和物联网场景，可为平安城市、自动驾驶、云业务和 IT 智能、智能制造、机器人等应用场景提供完整的 AI 解决方案。寒武纪产品面向通用型云端训练和边缘或终端推理，具有思元系列 AI 芯片、终端智能处理器 IP、云端智能芯片及加速卡、边缘智能芯片及加速卡以及基础系统软件平台。燧原科技产品基于可编程芯片设计理念，面向数据中心的高性能云端训练和推理，可广泛应用于互联网、金融、教育、医疗、工业及政务等场景。

FPGA

FPGA 为何而生

每一项新技术的产生都是为了解决已有的问题。在 FPGA 诞生之前，ASIC 芯片已经广泛应用于各行各业。ASIC 是一种具有固定功能的芯片，其功能来源于客户的明确需求。比如客户需要一个 10 厘米高的水杯，ASIC 的功能就是生产一个 10 厘米高的水杯，如果生产出来后客户要求水杯具备保温能力，水杯就需要重新进行设计、测试、投产。对ASIC厂家来说，只有"水杯"真正投产并售卖给客户才能产生收益，而ASIC从需求分析到投产是一个漫长的过程，需求的变更（要求保温）、设计的缺陷（杯底不稳）最终都会导致投入了大量人力、物力、财力的ASIC流片化为泡影。通常来说，实际只有1/3的芯片设计能够投入生产，这使得只有芯片投产才能获得收益的ASIC公司非常头痛。业界需要一种通用的、高灵活性的器件对ASIC的设计进行验证，由此罗斯·弗里曼创建了Xilinx公司。1985年，Xilinx公司推出了第一款FPGA器件XC2064，ASIC制造商开始使用FPGA进行芯片仿真，以提高流片成功率。FPGA就如同提供了一堆基本的乐高颗粒，要组成高楼还是大船，全凭使用者来设计。随后的几十年中，市场需求与硬件架构不断碰撞，半导体工艺水平随摩尔定律持续上升，FPGA功耗不断下降，一个芯片能够提供的"乐高颗粒"数量从数千增长到数百万。FPGA的应用领域已经不再局限于ASIC的仿真验证，目前，车辆、工业、医疗、数据中心以及AI等众多场景都已经广泛使用FPGA。同时，FPGA厂商为用户提供了芯片设计EDA（电子设计自动化）工具，设计开发流程也在不断优化，从而提高FPGA最终的可用性和易用性。

在FPGA之前，不只有ASIC，还有CPLD（复杂可编程逻辑器件）等一系列可编程器件，FPGA与它们相比有哪些不同呢？

FPGA与ASIC

FPGA与ASIC的对比情况如表5-2所示。

表 5-2　FPGA 与 ASIC 的对比情况

	FPGA	ASIC
功能定义	面向一类场景，需求不确定	面向具体应用，需求明确
灵活性	可重编程	定制功能，不可修改
功耗	较大	较小
研发上线时间	较短	较长
定位	需求频繁调整，规模较小场景	需求固定，规模较大场景

CPLD 与 FPGA

CPLD 也是一种可编程器件，但是其与 FPGA 相比在编程粒度上有很大不同：CPLD 基于逻辑块编程，可编程颗粒度较大，可编程的逻辑资源量最大达数万个，可实现功能较简单，比如电源管理控制模块管理上电顺序；FPGA 基于逻辑门编程，可编程颗粒度更小，逻辑门的数量也达到了数百万量级，可实现复杂的逻辑功能，比如数据中心网络转发功能实现。

FPGA 是什么

FPGA 的全称是 Field Programming Gate Array，译为现场可编程门阵列，名字虽长但非常关键，其给出了 FPGA 的三大特征：门阵列、可编程、现场。下面我们从 FPGA 的硬件结构、软件开发和配置流程三个方面去解释这三大特征。

FPGA 的硬件结构——我们的乐高有哪些零件

我们在玩乐高的时候通常会将零件分门别类，虽然每套零件都不同，但都有一些基础零件，FPGA 上的模块也是这样。图 5-5 给出了 FPGA 芯片的基础架构，支撑 FPGA 通过编程实现各种各样的特性的基础模块，总的来说包括三类：可编程逻辑块、输入输出模块（IOB）和可编程互联总线（PI）。

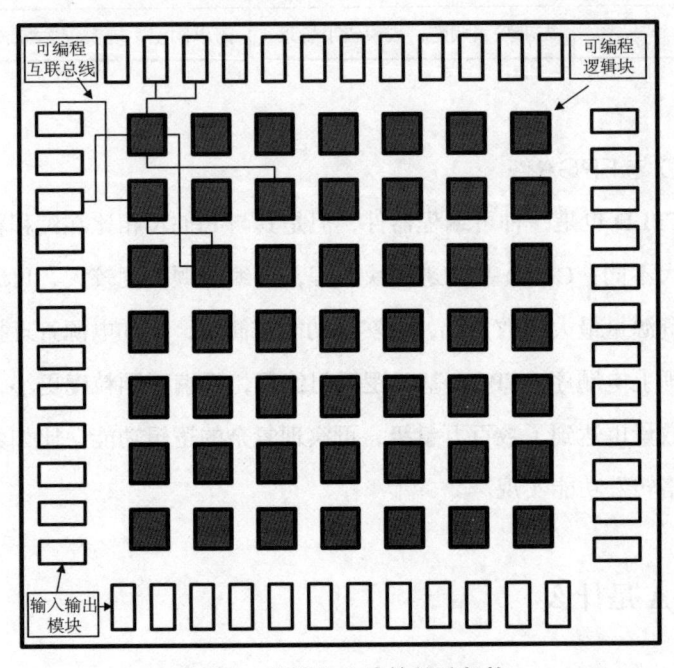

图 5-5 FPGA 芯片的基础架构

可编程逻辑块

门电路是半导体器件实现各种功能的最基本的单元，FPGA 的门电路实现就隐藏在可编程逻辑块这个概念中。可编程逻辑块是 FPGA 中构成可编程逻辑的主要资源。既然可编程逻辑块是可编程资源，那么这是如何实现可编程性的呢？这就要从可编程逻辑块的组成结构讲起，包括逻辑片和查找表（LUT）。图 5-6 简明地给出了可编程逻辑块、逻辑片与查找表结构上的包含关系。

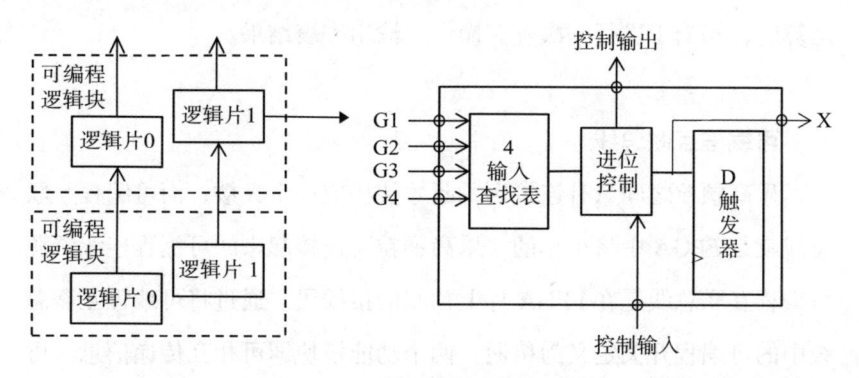

图 5-6 可编程逻辑块的构成

每个可编程逻辑块包含两个逻辑片，每个逻辑片包含查找表、触发器等组件，这里提到一个重点概念：查找表。查找表是可编程逻辑块实现可编程的重要基础元素，查找表的数量是评价 FPGA 器件规格的重要参数之一，也表征了 FPGA 器件的容量大小。ASIC 的逻辑是通过固定的门电路结构实现的，FPGA 作为可编程器件，其门电路实现需要保证可配置，查找表本质上就是一个可配置的 RAM 存储器，通过将数据写入 RAM，那么一个固定输入就会得到一个固定输出，从而实现门电路逻辑。我们以图 5-7 给出的一个三输入一输出的

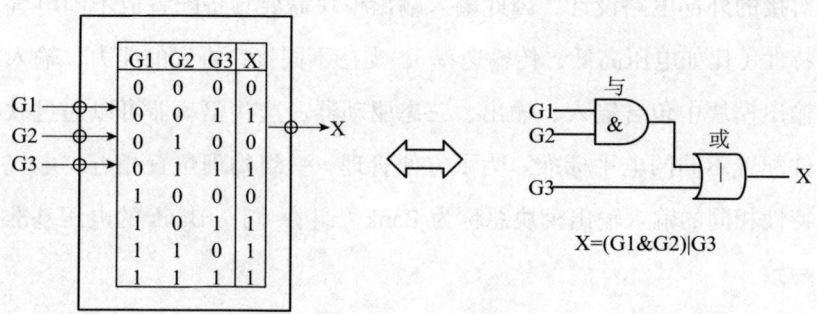

X=(G1&G2)|G3

图 5-7 查找表的可配置实现

查找表为例来说明配置 RAM 是如何实现一个与或门电路的。在实际开发中，全部可能的计算结果会写入查找表，而当信号输入需要进行运算时，相当于进行一次查表操作，输出查表结果。

可编程互联总线

乐高颗粒之间只有连接到一起才能拼成一个大楼，而可编程互联总线就是 FPGA 中将小小的"乐高颗粒"连接起来的可编程连线资源。可编程互联总线是在 FPGA 片上预制的接线段，通过将可编程互联总线中的可编程开关定义为接通，两个功能模块即可相互传递信息。可编程互联总线也类似于存在接线员时代的老式有线电话预埋的通话线缆，当我们想要和朋友通话时，首先要由接线员把两家的线接通。连线的长度、工艺等决定了信号的传输速度。

输入输出模块

由于 FPGA 芯片不会独立工作，需要具备与外部电路的接口，这就需要输入输出模块发挥作用。输入输出模块分布在芯片的周边，每个输入输出模块都可以作为输入或输出使用，实现与外部电路的 I/O 交互。由于 FPGA 可编程，在设计硬件的时候并不知道芯片需要对接的外部电路设计，因此输入输出模块需要具备配置成不同电气特性（比如电压高低、传输速率）、支持不同接口协议的能力。输入输出模块中包含输入、输出、三态驱动器，这些驱动器可以通过软件配置不同的电平标准。为了方便管理，一组物理位置相近、电气特性相同的输入输出模块总称为 Bank（组），同一 Bank 的电压基准一致。

FPGA 开发流程——如何设计我们的乐高模型

FPGA 硬件已经提供给我们足够的零件，那么如何设计以实现最终的功能呢？前面我们提到要配置 RAM 的存储信息、配置可编程互联总线的开关、配置输入输出模块的电压大小，这听起来就是在做硬件配置，没错，FPGA 的编程是基于硬件的编程。FPGA 开发语言是 Verilog 或 VHDL，是一类硬件描述语言，描述的是硬件电路逻辑结构和功能。同时，为了将描述的电路与 FPGA 硬件对应起来，并且进行测试和调优，FPGA 厂家会提供自有的 EDA 工具，即 FPGA 专用的软件开发工具（如 Xilinx 的 Vivado、英特尔的 Quartus），包括设计、调优等工具，帮助完成 FPGA 的开发实现。下面我们简要介绍 FPGA 开发的基本流程，如图 5-8 所示。

功能定义 → 设计输入 → 功能仿真 → 综合优化 → 综合后仿真 → 布局布线 → 板级调试

图 5-8　FPGA 开发的基本流程

功能定义

FPGA 有丰富的器件规格可供选择，因此，在开发设计初期，也需要做好需求分析和功能规划，从而根据需要的逻辑资源数量、I/O 端口数量、功耗要求等参数选择适合的 FPGA 器件。这就如同想用乐高拼一个孙悟空，需要多少红色、黄色、黑色的零件需要提前规划并准备好。

设计输入

设计输入可以是原理图也可以是代码。原理图即调用元件库器件直接描述器件构造，直观但可移植性差；代码输入即采用 Verilog 或

VHDL 描述设计，与芯片工艺无关，可移植性好。原理图可以类比你利用在电脑中虚拟的模块库粗粒度地拼出了孙悟空的图像，代码就像用文本文件记录了要制作的孙悟空有眼睛、鼻子、嘴巴，各自的尺寸、颜色以及连接关系。

功能仿真

功能仿真是对输入的电路设计进行逻辑功能验证，发现错误就重新修改设计输入。这个时候就能验证你的设计是不是个孙悟空了。

综合优化

综合是将比较高级抽象的描述转化成低层级的描述，说得更容易理解一些，就是将设计输入转化成由与门、非门、或门、触发器、RAM 等底层逻辑单元构成的逻辑连接网表。不过，这时形成的网表还没有转化为真实的门电路连接，所以被称为逻辑连接网表。综合时也可以就性能和时序等要求进行设计优化。这个时候就是 EDA 工具把你设计的孙悟空转化为了乐高颗粒的连接关系。

综合后仿真

综合后仿真用于检查综合的结果是否与原设计保持一致。

布局布线

布局布线就是将描述门电路连接逻辑的网表实际对应到 FPGA 器件资源上。布局是综合考虑速度和面积，然后选择合适的位置，实现特定功能电路；布线是在布局完成后，利用片上的可编程连线资源，将各个元器件合理地连接到一起，最后生成配置文件。

板级调试

板级调试是将配置文件加载到 FPGA 上实际运行，从而对代码进行分析，也称作在线调试。板级调试主要是为了发现仿真中未发现的 FPGA 设计错误、板级交互中存在的问题以及信号干扰等问题。我们可以通过示波器或逻辑分析仪等测试设备观察信号，也可以通过片上嵌入的逻辑分析仪，将检查采样的数据存入存储器中供开发人员调试。这个时候就要将孙悟空拼起来进行调整了。

FPGA 的配置——模型拼成

开发完成后就可以进入 FPGA 使用的最后一个步骤了，即 FPGA 的配置。这一节充分表明 FPGA "现场" 可编程这一特点。在 "现场" 可编程这一概念提出之前，可编程器件或者只能一次烧写，或者重新烧写前需要专业设备对芯片内容进行擦除，而在采用 SRAM（静态随机存储器）架构的 FPGA 芯片诞生后，下电即可清除内部数据，这就实现了在用户使用现场的可编程能力。FPGA 上电后会进入配置模式，配置数据完全加载到 FPGA 后开始初始化，初始化完成即进入用户模式，FPGA 代码开始实际运行在芯片上，按用户设计提供相应功能。FPGA 器件有多种配置加载方式。

JTAG 方式

JTAG 口是一种标准接口，JTAG 模式下配置文件直接烧写到 FPGA 的 SRAM 中，由于断电后 SRAM 中数据清零，再次上电需要重新烧写。

AS 方式

AS 又称主动配置方式，上电时 FPGA 控制外部存储器以及初始化流程，由 FPGA 向配置器件主动发送读取数据信号，引导配置流程。

PS 方式

PS 又称被动配置方式，由外部器件作为控制器控制配置过程，把 FPGA 当作存储器，将数据写入 FPGA 中，实现对 FPGA 的配置。

FPGA 产业情况

在 FPGA 领域，Xilinx 和英特尔两大公司在市场和技术上均占有垄断性地位，在占有约 90% 的全球市场份额的同时，掌握上万种专利技术。FPGA 的发展除了依赖硬件本身的工艺、设计等外，其 EDA 工具也是重要的一环，因此对后续跟进的新兴厂家而言，需要投入大量人力和时间攻克技术壁垒以及解决不完善的产业链问题。国产 FPGA 由于研发起步晚，产品暂时仅能完成低端系列替代，相关产业链也暂不完善，整体与国外存在较大的差距。目前国内 FPGA 厂家，如复旦微电子、紫光同创、安路科技等公司也在不断追赶，仍需进一步成长。

前面我们提到，随着 FPGA 的发展，应用领域已经扩展到车辆、工业、医疗、通信、数据中心以及 AI 等各行各业。在数据中心的应用中，最著名的就是微软的 Catapult 项目，其将 FPGA 部署到数据中心服务器中，加速 Bing（必应）搜索。AWS 则将 FPGA 作为公有云服务对外售卖，开启了 FPGA as a Service（FPGA 即服务）的公有云服务模式。在 AI 领域，虽然如 TPU 一类的 ASIC 芯片层出不穷，

GPU 一类的可编程芯片如日中天，但 FPGA 作为一类灵活、低功耗、低时延、高性能的芯片仍占有重要的一席之地。最具影响力的即依赖 Catapult 平台组件的微软 Brainware 项目。技术与需求的不断碰撞引导了 FPGA 的不断更迭和创新，未来 FPGA 仍有广阔的空间不断发展和演进。

ASIC 和 SoC

纵观半导体发展的历史我们会发现，为了更高的效率以及更低的成本，才华横溢的集成电路设计工程师一直发挥着他们天马行空的想象力，创造出尽可能切合应用场景的新架构。沿着"通用"到"专用"这一维度一路向前，在 CPU、GPU 与 FPGA 之上还存在着 ASIC 和 SoC 两大芯片架构。

ASIC，极致专注

ASIC 即专用集成电路。顾名思义，"专用"是指芯片设计的目的便是面向特定用户及特定场景，针对某一个固定算法，从集成电路级别追求芯片架构的最优化。ASIC 的概念在 20 世纪 60 年代被提出，早期的 ASIC 使用基于晶体管或 MOS（场效应管）的门阵列技术，例如仙童公司于 1967 年基于 DTL（二极管晶体管逻辑）与 TTL（晶体管-晶体管逻辑）阵列开发的 Micromatrix 系列芯片。1982 年 Sinclair 公司推出了 ZX 系列 PC，其产品所采用的 ZX81 八位处理器被认为是 ASIC 成功商用的典型案例。随着 20 世纪 80 年代半导体集成电路工艺、设计软件以及测试技术的不断发展，ASIC 的设计也向着大规模集成电路逐步迈进。

如前所述，我们可以把FPGA理解为一个灵活的工程队，他们会按客户要求构建需要的工程建筑，例如桥梁、水渠、高速公路甚至大型游乐园，同时如果客户愿意，这些建筑可以被改建、加盖甚至被推翻重建。为了满足这样灵活改建的需求，这个工程团队必须具有完备的工程人员及充足的建筑材料，有些人员及材料也许在最后成型的建筑中并没有使用到，但委托的客户也必须为这些"冗余"付出成本。如果我们在项目开始就把FPGA工程队需要构建的建筑结果固定下来，那么便可以舍弃掉冗余的材料及人员，并在原有基础上采用更大胆或更直接的设计及构造方法，这样构建出来的结果便是ASIC。

ASIC的定制根据设计方法不同可以分为"全定制"及"半定制"。全定制需要集成电路设计团队对全部芯片内部电路进行专门的优化设计以达到芯片的最佳性能，就像一座工程建筑所有的细节均需要从头设计。这种设计方法需要大量人力、物力投入，周期较长，一般适合一些产量巨大、架构规模相对小、性能要求高的应用场景，例如一些复杂的模拟电路或具有强复用性的数字模块IP。半定制时工程师可以使用大量标准的逻辑单元进行芯片电路的构建，这些逻辑单元已经局部布局完毕，并且经过了可靠性验证，例如各类门电路、存储单元、乘法器等。有了底层模块的支撑，设计者能够以更短的周期完成定制设计，提高了芯片的成品率，但这也在一定程度上增大了芯片的布局面积。

定制化设计使得ASIC芯片电路与工艺高度一体化，单位算力的能耗相较CPU、GPU、FPGA更低。去除冗余模块会大大减少芯片面积，使得单芯片的成本更优。同时，定制化也是一把"双刃剑"，定制会导致芯片设计开发周期长，投放市场及推广速度较慢。目标领域及算法的固定也使得芯片在技术发展快速的领域存在着如果算法被淘汰则芯片也会同时被市场淘汰的风险。另外，成本也是一个相对的概念。如果工程建筑所处的大环境有很大的变动或升级的可能，那么FPGA的灵活特性便占有相当大的优势。但当一个行业涉及的需求及技术日趋成熟时，ASIC便会逐渐占据主流应用市场。例如，在5G发展的早期阶段，FPGA广泛应用于基站设备，它的可编程优势会让设备厂商节省设备硬件重新开发的费用及周期。当5G进入大批部署阶段时，FPGA芯片与ASIC的批量成本差异将不能覆盖它灵活性所带来的隐形成本收益，定制ASIC便成为厂商不得不考虑的选择。

当前ASIC大量应用于移动通信设备、智慧城市、区块链运算、自动驾驶等领域。这些领域所面对的复杂场景往往对算法效率及芯片成本有着苛刻的要求，所以很难通过标准的通用型方案来解决问题。

在AI领域，谷歌于2015年6月的开发者大会上推出了计算神经网络专用芯片（TPU），该ASIC芯片专门为其深度学习算法Tensor Flow（基于数据流编程的符号数学系统）设计，主要应用于AlphaGo（阿尔法围棋）系统、谷歌地图、谷歌相册和谷歌翻译等软件中，支持搜索、图像、语音等密集算力场景。之后谷歌在2017—2021年4年间将TPU架构迭代至第四代TPU v4，同时还推出了可配置超过上千颗TPU芯片的算力阵列TPU Pod。使用4 096块TPU v4整合成的TPU Pod可以提供超过一个exaflop（每秒百亿亿次浮点运算）的计算能力，实现目前全球最快的超级计算机"富岳"的两倍性能。谷歌TPU系列使用强定制ASIC的理念不断突破着算力的底层硬件瓶颈。在国内，寒武纪科技于2016年发布了世界首款商用神经网络处理器——"寒武纪1A"（Cambricon-1A），面向智能手机、安防监控、可穿戴设备、无人机和智能驾驶等各类终端设备。在之后的两年里，寒武纪先后发布了该系列的升级款"寒武纪1H"（Cambricon-1H）及"寒武纪1M"（Cambricon-1M）。其中"寒武纪1M"作为第三代产品使用了台积电7纳米工艺，能耗比达到5Tops/W[①]，单个处理器核即可支持卷积神经网络（CNN）、RNN（循环神经网络）、SOM（自组织映射神经网络）等多样化的深度学习模型，更进一步支持支持向量机（SVM）、k-NN（k近邻算法）、k-Means（k均值聚类算法）、决策树等经典机器学习算法，可广泛应用于计算机视觉、语音识别、自然语言处理等智能处理关键领域。

在自动驾驶领域，算法的延迟与自动驾驶系统安全性密切相关。使用ASIC芯片方案有助于提升自动驾驶图像计算的实时性，同时又能获得相较GPU方案更低的功耗性能，便于解决方案在车规场景的实际落地。北京地平线机器人技术研发有限公司于2015年成立并专门从事边缘AI芯片的研发。该公司于2017年正式发布了征程1处理器，并在2019年推出了中国第一款车规级汽车智能芯片征程2。2020年9月，征程3车载AI芯片正式发布，该芯片是地平线基于自研的BPU2.0架构、针对高级别辅助驾驶场景推出的新一代高效能车规级AI芯片。征程3不仅支持基于深度学习的图像检测、分类、像素级分割等功能，还支持对H.264和H.265视频格式的高效编码。该ASIC解决方案已经被理想、奇瑞、长安等前沿车企认可并采用。

在通信领域，思科于2019年推出Silicon One ASIC芯片家族，并在2021年将该家族产品增加至10款。首发的Q100是业界首款仅单个ASIC即可突破10Tbps[②]性能的路由芯片。该产品线旨在满足下

---

① Tops/W用于度量1瓦特功率下1秒可执行多少万亿次操作。——编者注
② 1Tbps约为10^{12}比特每秒。——编者注

一代互联网 TOR[①] 交换机到网络运营商汇聚层、核心层的所有应用需求。

SoC，群策群力

让我们继续使用工程队来比喻。我们可以把 CPU 想象成一个经过某些规则严格训练出来的团队，这些培训的规则是通用的、普适的。任何复杂的工作其实都可以层层拆分成通用的步骤后进行解决，只是拆分后需要 CPU 这个通用的团队投入多倍甚至数百倍于 ASIC 的时间来完成运算。那么有没有将 CPU 的通用性和 ASIC 的专注性结合在一起的定制方案呢？答案是肯定的，那就是 SoC。

对于 SoC，其实半导体业界并没有给出非常明确的定义，可以这样理解，如果一款芯片架构中包含一个或多个处理器内核，同时有多个负责其他功能的高度集成电路模块，那么便可将这款芯片归类为 SoC。从 SoC 的名称就能看出来，它并不是一个缩小版的 CPU，而是由多个个体组成的系统，是一个团队。我们可以把 SoC 形象地比喻为由多条公路串联起来的全功能片上社区，这个社区包括核心处理器、存储、外设接口、总线、时钟模块、电源模块等。

20 世纪 80 年代的 PC 浪潮催生了 SoC。20 世纪 70 年代，计算机内部设备通常是大而笨重的电路板，板上放置大量的逻辑门芯片对来自 CPU、磁盘驱动器等外设的数据进行编解码。随着 PC 的销量不断攀升，工程师试图将 CPU 与主板上的其他 ASIC 集成在同一个芯片上。1991 年，AMD 发布了 AMD 286 系列主控，该芯片用于当时

[①] 一种数据中心的布线方式，即在标准的 42U 服务器机柜的最上面安装接入交换机。——编者注

刚刚起步的笔记本电脑市场，片内集成了 AMD 的 80286 处理器内核与总线控制器、DMA（直接存储器存取）控制器、中断控制器和时钟发生器，虽然它仍然需要外部 RAM、显卡等器件，但这种集成的设计思想使 AMD 268ZX/LX 成为第一个真正意义上的 SoC。

20 世纪 90 年代是手机 GSM（全球移动通信系统）时代的早期，当时的一款手机中可能包含十几个芯片，体积庞大，在国内被形象地称为"大哥大"。手机制造商不断思考着如何在越来越小的空间内放入越来越多的器件，同时还要保证设备的使用时间。ARM 在这个时间点开始崭露头角，其精简指令集架构的内核天生具有更低的功耗，与移动终端设备具有极好的契合度。ARM 公司开始将其指令集架构授权给其他芯片制造商，让它们将 ARM 内核集成到各自的芯片产品中。

随着时间进入 21 世纪，2001 年基于双核 ARM SoC 的 iPod 发布，之后第一款 iPhone 于 2007 年推出，其主控 SoC 中包含了 ARM 内核、GPU 显核以及大量的内存颗粒。与此同时，手机内还包括基带 SoC、蓝牙、Wi-Fi、触屏控制等多个模块，这在当时是革命性的设计。苹果也在之后的迭代中不得不考虑如何将更多的芯片放到 SoC 主控中。手机行业的蓬勃发展为 SoC 提供了更广阔的舞台，移动互联网的兴起使终端设备对功能的多样性和性能需求大大增加，SoC 开始集成多 ARM 核、GPU、数字信号处理、相机处理单元、神经网络单元等模块。

SoC 追求的是平衡。对 CPU 来讲，主板有足够的空间做外设扩展，将大量的外设集成在一颗芯片中反而没有性价比，所以 CPU 最多集成的是 GPU 显核。对手机或其他便携终端来讲，其内部 SoC 更关注的是性能、功耗、面积、稳定性的均衡。如果任何一项格外强势，其就会挤压其他项的空间。同时，在芯片向着高集成度方向设计时，我们还必须考虑封装大小、良率、调试难度等问题。所以，对于不同的 SoC 制造商，即使它们面对相同的应用领域，所规划的 SoC 包含的模块也不尽相同。另外，相比 CPU 的多核架构，SoC 为了兼顾性能峰值表现和低功耗也会做多核设计，但并不是均衡内核，常见的设计是一个大核配合多个小核，以兼顾芯片的性能与续航。当我们使用手机运行各种大型游戏时，所有大小核共同运转，大核拉高了总体的处理能力，提供了短时间内的高性能算力。当我们关闭游戏让手机处于待机状态时，耗电量最大的大核关闭，小核运行低性能需求的任务，以此来降低总体的功耗。

国内的芯片厂商在 SoC 领域不断发力。对 SoC 设计厂商来说，SoC 内的每一个模块都可以称为 IP，SoC 中的 IP 既可以自行设计也可以从第三方公司购买，复用成熟的 IP 可以使芯片制造商大幅降低研发成本和缩短开发周期。当前消费级市场的大多数终端设备采用了基于 ARM 指令集架构的 SoC 方案。ARM Cortex 系列处理器内核是 ARM 家族中占据处理器 IP 市场的核心系列，国产 SoC 厂商例如华为海思、紫光展锐、晶晨股份、全志科技、国科微等，正在借助 ARM 处理器 IP 逐步实现多领域产品的国产化，逐步扩大国产芯片的市场占有率。例如，智能手机领域有华为海思的麒麟 990 和紫光展锐的虎贲 T7520，智能高清机顶盒领域有晶晨 S912、全志 H616、海思 Hi3798 等 SoC 产品。

DPU

当前，异构计算体系不可避免地面临一系列的问题，包括价格昂贵、各种加速硬件生态封闭不开放等。在数据中心领域，除了"CPU+GPU"这种异构架构被广泛应用于图形图像渲染、AI、超算中心外，"CPU+FPGA"等其他异构组合的应用范围还相当有限。但是近些年来，内嵌各种异构芯片（FPGA、ASIC、SoC）的智能网卡大放异彩，阿里巴巴甚至宣称其带智能网卡的基础设施为新一代软硬融合虚拟化架构，引领产业的发展方向。智能网卡为何能成为异构计算领域的新宠呢？

随着 5G、AI、大数据、边缘计算技术的不断发展，云游戏、XR（扩展现实）、超高清直播、用户画像等新型应用不断涌现，人类生产生活的方方面面都在数字化。国际数据公司预测，到 2025 年，全球数据领域的数据规模将增长到 175ZB[①]，并将集中存储和处理于云数据中心和边缘节点之中。这些爆炸式增长的数据量的产生、传输、处理、存储、分析等都会对硬件的性能、带宽、延时、空间、功耗、成本等构成极大挑战。

数据量越来越大。分布式云原生应用的发展，使得数据中心网络传输的带宽也在快速升级，叠加东西向流量。据英特尔估计，数据中心内部的流量每年以 25% 的增长率增长。当前数据中心大规模商用的主流数据带宽是 25Gbps[②]，部分云厂商数据中心的带宽已达 100Gbps，未来 3~5 年，相信 50Gbps，甚至是 100Gbps 的网卡将成为主流。带宽的逐步增大意味着许多现有的网络数据处理架构会逐渐无法满足更高性能的处理要求，例如基于内核的 TCP/IP（传输控制协议 / 互联协议）网络协议栈处理会逐步被用户面加速 DPDK 取代，但是软件实现的任何加速能力都依赖 CPU 资源的消耗，并随着网络

---

① 1ZB ≈ 10^{21}B。——编者注
② 1Gbps 约为 10^9 比特每秒。——编者注

带宽的增加而增长，这在性能、成本、功耗等各方面都是不可持续的。

除此之外，云数据中心内的租户数量庞大，且网络时刻处在变化之中，要做到针对每个租户 VPC（虚拟私有云）的隔离与跨域访问，需要非常精细的流控策略与极高的执行效率，kernel-bypass（内核旁路）的 SR-IOV（单根 I/O 虚拟化）直通技术无法满足。因此，OVS（开放虚拟交换机）会占用大量的 CPU 核，导致给第三方应用的 CPU 资源捉襟见肘。中国移动曾测试过，在一台有 40 个物理核、25Gbps 网卡的服务器中，vSwitch（虚拟交换机）转发面要消耗 7~8 个物理核才能达到 512B 数据包的线速转发，若上线 100Gbps 网卡，整台服务器上的 CPU 基本上都需要绑定给 vSwitch，服务器上的业务应用将面临无核可用的窘境，这在以成本为重的公有云服务商中，是完全无法接受的。

在虚拟化架构中，物理机（Host）中的控制模块也会占用一定的资源，并且存在跟用户争抢 CPU 资源的问题。一方面，云服务商希望把更多的 CPU 资源售卖给用户，并减少管理控制面的开销；另一方面，云计算多租户运行于同一个环境里，势必会增加安全风险，虚拟机逃逸、运维误操作都可能对租户业务造成影响，因此最好也将虚拟化功能卸载掉，但虚拟化 Hypervsior（虚拟机监视器）的功能卸载更为复杂，不仅涉及软件的更改、硬件的适配，而且涉及整个云计算系统架构的重构。

高性能计算、嵌套虚拟化等裸金属实例的需求，给当前的云计算运行环境带来了极大的挑战。比如，我们很难把网络 VPC、分布式存储等后台 I/O 工作负载添加到用户的实例之中，无法做到弹性发放，无法实现物理机的高可用，也会面临很多 I/O 接口不一致的问题。

当前，可以说解决云计算领域中上述问题的关键就在智能网卡，也就是现在比较火热的软硬一体虚拟化。通过将云的网络、存储、管理甚至是虚拟化功能卸载至智能网卡，可以充分利用卡上芯片的快速特性，以及计算集群的可编程性、灵活性，实现超越物理机的性能，节省服务器资源，降低能耗，同时提升安全性，降低维护难度，如图5-9所示。

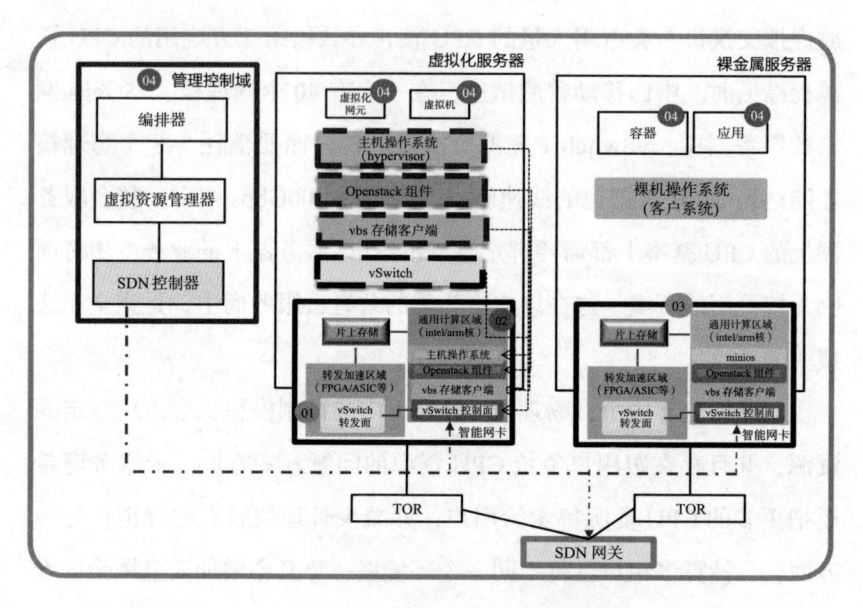

图 5-9 数据中心带智能网卡的服务器架构

正如 NVIDIA CEO（首席执行官）黄仁勋在 NVIDIA GTC（GPU技术大会）上所讲，智能网卡 DPU 将和 GPU、CPU 一样成为未来计算架构的三大基石之一，未来整个云计算架构的演进就是围绕智能网卡展开的。定制化服务器的设计是为了适配智能网卡，上层云平台的软件架构设计也是为了匹配智能网卡的硬件能力，从而更好地实现软硬件协同。智能网卡作为未来数据中心的"牛鼻子"，牵引着整个产业向前演进。

算力走向何方

多样性发展成为必然趋势

当今，算力的发展已经呈现出多架构共存、多技术融合、多领域协同、多行业渗透的新特征。x86、ARM、RISC-V等通用计算架构与GPU、FPGA等异构计算架构共存、相互结合的模式将伴随应用发展、技术演进以及国际形势的复杂多变成为行业发展的必然趋势。

首先，从技术演进角度看，随着千行百业走向数字化、智能化，AI技术将迎来爆发。AI场景下，要求计算速度快、并行度高，于是擅长逻辑控制和串行计算的通用CPU架构稍显力不从心。同时，近些年来摩尔定律几近失效，通用CPU的性能提升受到制约，远不能满足AI深度学习的强大算力需求，因此CPU与GPU、FPGA等异构计算芯片相结合的多样性算力应运而生，尤其是在视频监控、云游戏、机器学习等场景得到广泛应用。

其次，从算力应用角度看，当前全社会对于算力的需求已不再局限于数据中心，天气预报、自动驾驶、运动场上的鹰眼回放等多元化的应用场景都需要强大的算力，算力的部署已经扩展到了云、网、边、端等全场景、全领域。传统x86架构虽然在数据中心领域仍处于垄断地位，但ARM、RISC-V等其他架构从手机、物联网等端侧算力向数据中心算力渗透，不断拓展自己的"疆土"；在不同场景中，对不同算力的合理利用、不同计算单元的高效协作变得日益重要。

最后，需要指出的是，当今复杂多变的国际形势也成为多样性算力发展的助推器。经过几十年的发展，计算产业已经成为一个深度全球化的产业。各国都认识到，当算力成为全球经济发展的核心生产力时，只有打破传统单一算力的垄断，构建多样性算力体系，才能保障信息产业的供应链安全。ARM架构独特的授权模式，引导华为、苹果、AWS等具有芯片设计能力的企业，购买指令集架构授权，自己设计芯片，再与代工厂合作生产芯片。基于芯片向上构建基础软件、上层应用等一整条生态链，虽然整个周期会相对较长，但是能形成长期稳定安全的多样性算力供应链和生态圈。

异构计算架构的多样性

当前，数据中心内常见的异构平台有GPU、FPGA和ASIC，用户可以根据自己的业务特征、规模、成熟度等因素来选择合适的异构平台，通过提高指令复杂度、并行度的方式来提升硬件的处理性能，达到系统级别的整体最优。CPU就像一个大厨，所有的菜谱都牢记于心，但是如果让大厨也去负责做菜之前的大量重复动作（洗菜、切菜等备菜工作），则会导致他一天做菜的份数明显减少。因此，非常有必要请一个熟练的备菜人员（异构加速硬件）来承担大厨的备菜工作，这样大厨就能专心按照菜谱做菜，整个餐厅（系统）的运转效率也会提高。一方面，大厨和备菜工的工作效率在不断提高（优化CPU和加速器性能本身）；另一方面，备菜人员备好的菜需要及时传送到大厨手中，大厨才能做出美味佳肴。因此，备好的菜（数据）如何在大厨和备菜人员之间高速流动，就是异构计算架构追求的优化目标，即优化主机CPU与加速硬件之间的数据交互。

当前异构加速服务器架构主要有以下4种。

第一，以计算为中心的架构，如图5-10所示。该架构是当前数据中心应用广泛的一种经典架构，FPGA、GPU、ASIC等专用硬件加速器通过 PCIe 将加速器连接在一起，或单独作为 CPU 的协处理器，分担 CPU 的一些计算密集型任务，以此来提升整个系统的处理能力。

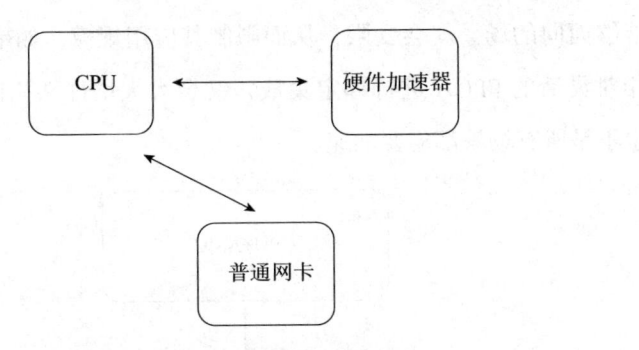

图 5-10 以计算为中心的架构

第二，以数据为中心的架构，如图 5-11 所示。通过 DPU（当前主要指智能网卡）卸载大量的消耗 CPU 的 I/O 操作，甚至是一部分软件功能，并且可以直通加速器，不需要 CPU 中转，从而提升整体系统性能。

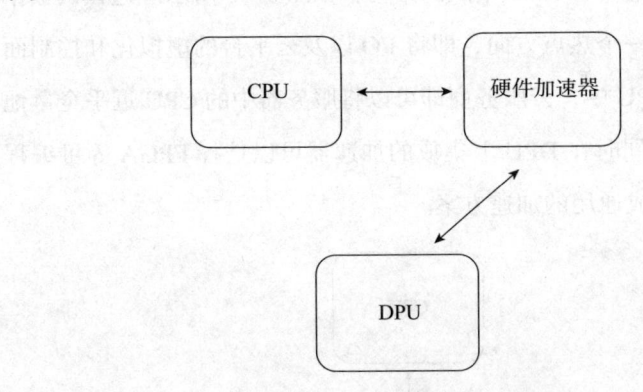

图 5-11 以数据为中心的架构

第三，CPU 和加速器集成的架构，如图 5-12 所示。CPU 需要与加速器频繁共享大量数据，把 CPU 和加速器集成在一起（类似于

SoC），可以大幅提升 CPU 和加速器之间数据交互的性能。但这种架构一个明显的缺点是通用的 CPU 与相对专用的加速器捆绑在一起，能够面向的场景就会受限，从而限制其应用规模；如果采用 CPU 与相对灵活的 FPGA 进行绑定集成，又会大大增加架构的成本，毕竟也不是所有场景都需要加速。

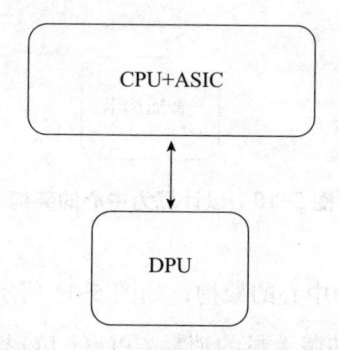

```
┌──────────────┐
│  CPU+ASIC    │
└──────┬───────┘
       ↕
┌──────┴───────┐
│     DPU      │
└──────────────┘
```

图 5-12　CPU 与加速器集成的架构

第四，加速器和 DPU 集成的架构，如图 5-13 所示。这在云数据中心中也成为一个热点方向，即将 I/O 以及云平台的虚拟化和控制面功能卸载至 DPU 中，云服务商即可以将服务器中的 CPU 近乎全量地售卖给用户，同时在 DPU 上集成的加速器可以选择 FPGA 等可编程芯片，从而形成通用的加速方案。

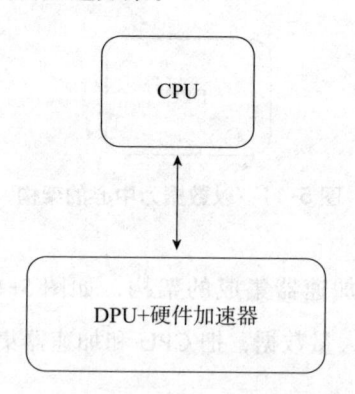

```
┌──────────────┐
│     CPU      │
└──────┬───────┘
       ↕
┌──────┴───────┐
│ DPU+硬件加速器│
└──────────────┘
```

图 5-13　加速器与 DPU 集成的架构

在上述4种异构加速服务器架构的基础上，还可以通过RDMA（远程直接内存访问）高速网络的方式构建异构计算加速器阵列，支持更大规模、更高性能需求的应用场景，但需要注意的是，位于CPU的工作负载与卸载至加速器集群的工作负载的数据交互不能过于频繁，否则中间的网络通道可能会成为瓶颈，最理想的情况是除了输入和输出的数据交互外，其他整个数据的加工处理流程都在加速器中实现。

第三篇
算力就是生产力
——新基建之心

摩尔定律揭示了近 30 年来单颗芯片处理能力的提升规律，是信息技术进步的直接体现，但是这 30 年全球数据总量的爆炸式增长还是超过很多人的预期。数字经济的发展比你想象的要快得多。在此背景下，如何借助运营商建设的管道资源，将地理上分散于各处的算力资源调度起来，完成实时的、超大规模的复杂计算和数据处理，成为算力时代急需解决的问题。这一篇，让我们从芯片中跳脱出来，看看算力技术的演进，以及云计算、边缘计算、大数据和 AI……

第六章
云计算，看不见、摸不着的算力服务

计算之争，谁能笑到最后

一项新技术在发展初期往往存在多个方向，但逃不脱向前发展的规律。当单个芯片或单台服务器的算力在计算速度、性能、成本等方面出现瓶颈时，单纯靠芯片的堆叠是不能满足超大型计算需求的。这个时候，超级计算（简称超算）、集群计算、并行计算、分布式计算、网格计算、云计算等新名词就应运而生了。

超级计算机，指的是能够处理普通计算机无法处理的海量数据并执行高速运算的超大型计算机，其基本组件与普通计算机无异，但规格和性能强大许多。超级计算机硬件由数千个相连的处理器组成，具有超高的数据存储量和超快的数据处理能力。超级计算机的计算性能在过去几十年里呈指数级增长。1964年美国CDC发布世界首个超级计算机——CDC6600，每秒完成300万次计算，比今天用的手机的计算速度还慢。

超级计算机在密集计算、海量数据处理等领域发挥着重要的作用。从和我们生活息息相关的天气预报到国家的军事应用，超级计算机关系着一个国家安全、经济和社会发展的方方面面。可以说，超级计算机就是计算机世界中最璀璨的明珠。在超算领域，美国、日本、法国、德国等国家实力都很强。相比之下，我国超算虽然起步晚，但发展非常迅速。1983 年，国防科技大学研制出了中国第一台超级计算机——"银河一号"，中国因此成为世界上第三个研制出超级计算机的国家。随后的几十年里，中国一次又一次向世界超算领域贡献自己的智慧。2010 年，"天河一号"超级计算机研制成功，峰值运算速度达 4 700 万亿次/秒，一跃成为世界第一。2012 年，"天河二号"再登世界超算之巅，峰值性能提升至 5.49 亿亿次/秒。接下来，"曙光"系列、"神威"系列等超级计算机也接连问世。在世界超级计算机排行榜上，"天河二号"摘取六连冠，"神威·太湖之光"实现六连冠。和目前热闹的云计算、边缘计算相比，由于应用场景聚焦于高精尖领域，超算就像一个"高冷的公主"，少有人知。

20 世纪 80 年代，PC 逐步普及，闲置计算机资源变得越来越多。为了有效利用这些闲置资源，业界提出了分布式计算和并行计算。分布式计算，是将巨大、复杂的问题拆成许多小问题，将各个小问题交由不同的计算机处理，最后将结果进行综合。并行计算是将任务或应用拆分成多个子任务，分配给不同的处理器单元，各个处理器单元需要协同执行子任务。虽然都是大型任务拆分，但两者仍有一定区别。分布式计算的任务包之间具备独立性，允许任务包存在计算错误，且对实时性无要求。并行计算的每个任务都是必要的，且任务之间非独立，各个任务需协同配合，关联性大，任务处理协同性高，对实时性要求高。此后，又有专家学者提出了一些其他的计算模式，如集群计算、网格计算等。集群计算是指两个以上节点机器构成一种集合，各个节点机器上部署同种程序、应用等实现相同的效果，各个节点之间互为备份均可以独立服务，目的是提高集群的可用性、可靠性、可扩展性，如高可用性集群、负载均衡集群等。网格计算汲取了超算、分布式计算、集群计算等多种计算的长处，希望通过网络连接闲置算力，实现接近超级计算的效果，本质上属于分布式计算的一种。下面我们将对网格计算进行详细介绍。

20世纪90年代，伴随着互联网迅速发展，网格计算出现了。这个时期出现了一些具有代表性的项目如FAFNER、SETI（搜寻地外文明计划）和I-WAY。网格计算的主要思想是通过网络把计算机节点连接起来提供超级计算能力。在这种计算模式下，分散在不同物理位置的成千上万台计算机可通过网络连接，组成一台"超级计算机"，每个计算机都是网格计算的一个节点，形状类似网格结构，所以被称为网格计算。在执行计算时，网格计算会将任务进行分片，每个节点分到的是任务片段，由总控节点实现最终返回结果的汇总计算。网格计算具有两个优势，一是数据处理能力超强，二是能够充分利用网络中的闲置计算能力，从而实现计算资源、存储资源、数据资源、信息资源、知识资源、专家资源等的全面共享。[1]通过网络连接的计算机仅仅依靠网络连接是无法做到协同工作的，如何建立开放性的标准是网格计算发展中面临的一大难题。

到1995年，网格计算出现了奠基性的研究项目，如Globus、Legion等。其中Globus研发项目，对网格计算的研究和发展起了重要的推动作用，最经典的网格体系结构五层沙漏结构就是基于Globus项目演化而成的。五层沙漏结构即构造层、链路层、资源层、汇聚层和应用层。构造层用于对局部资源的控制并向上提供被访问能力。链路层定义了网格事物处理所需通信和鉴别的核心协议。资源层建立在链路层上，实现对不同节点的资源监控、资源计费统计等，需要通过管理协议与资源信息协议实现。汇聚层注重对各个节点的资源编排调度，以实现广度资源共享。应用层由客户调用下层的应用程序组成，实现网格服务。网格计算开放性标准建立主要在于对链路层和资源层的协议的标准化、广泛化，如此才能屏蔽掉网格中各种资源的分布、异构特性。

进入21世纪，网格计算从实验室走向广泛研究和应用。万维网的出现让网格计算有了更加可靠的网络保障，基于五层沙漏结构推出全新的网格体系结构，即开放的网格服务体系结构（OGSA）。网格服务体系结构支持多个协作接口和动态管理的扩展。与五层沙漏以协议为中心的结构、资源共享不同，该体系结构侧重于以服务为中心、服务共享。目前网格服务体系结构已经成为网格架构的主要研究方向。越来越多的国家、公司和组织宣布投入网格计算的研发，从初期的美国、欧洲国家推广到中国、马来西亚、日本、韩国、泰国等，公司如IBM、SUN、微软、惠普、英特尔、Compaq、爱立信、日立、宝马等，组织如全球网格论坛（GGF）、企业网格联盟（EGA）、开放网格论坛（OGF）。国家层面的关注和资金支持、产业界的大力支持、多个高校的已有知识积累，使网格计算在近年来迎来了全球化飞速发展，在天文、生物、高能物理、金融仿真、区域网格化构建等领域均有突破。网格计算目前虽发展迅速，但仍存在诸多局限，如基础理论、关键网格技术仍未成熟，商用转化能力有限等，相信通过不断的突破，网格计算将为未来经济发展做出巨大贡献。

虽然出现了诸多计算形式，但是这些不同的计算形式受限于制造成本问题，在规模商用、用户推广方面存在困难。云计算是分布式计算、并行计算、集群计算和网格计算的进一步发展，是这些计算形式的商业延伸和实现。它是基于网络的计算，能够向各种互联网应用提供硬件服务、基础设施服务、平台服务、软件服务、存储服务。如果把超算比作超级赛车，它可以很快将你带到目的地（获得计算结果），那云计算就是一辆公共汽车，可以承载众多乘客（资源共享），云计算面向服务、共享的特性显而易见。云计算共享的理念，从没有改变，历史也不断见证着云计算从稚嫩走向成功与辉煌。

云计算大发展，技术与经济共振

没有寒彻骨，哪来扑鼻香

"云计算"概念从提出到现在已有 15 年，这 15 年是算力发展的重要阶段。云计算使得算力突破单台计算机瓶颈，带动算力从量变产生质变，现已成为全社会信息数字化的首要技术，极大地推动了社会经济的发展。当今社会，对普通用户来说，计算、存储已经可以像水电一样去获取和使用了。然而 15 年前，云计算是在什么样的背景下产生的呢？

21 世纪初，在出版社经营者 O'Reilly（奥莱利）和 MediaLive International 之间的一场头脑风暴论坛上首次提出了 Web 2.0 概念。Web 2.0 是相对于 Web 1.0 而言的。在 Web 1.0 时代，通常由网站雇员主导，生成内容供用户浏览，到了 Web 2.0 时代，越来越多的用户在从互联网获得所需应用和服务的同时，也将自己的数据上载到网络上共享与保存，从而催生出博客（Blog）、内容聚合（RSS）、百科全书（Wiki）和社交网络（SNS）等典型的 Web 2.0 应用。随着 Web 2.0 的产生和流行，那些网站，尤其是视频和图片共享网站每天都要接收并处理海量的数据。同时，为了给用户提供新颖而有吸引力的服务，网站软件的开发周期越来越短，新的功能每月、每周甚至每天都在增加。网站的拥有者逐渐意识到只有提升网站的处理能力、加快对新业务的响应速度才能在激烈的竞争中生存。因此，他们需要一个基础设施平台，能够提供充足的资源、灵活的处理能力来保证其业务增长。然而，基础设施的扩容成本和维护成本对绝大多数网站来说都是一笔非常大的投资，而且随着业务量的快速增长，投资要不断追加，几乎没有哪个网站能承受。如何安放"野草般"疯狂生长的数据，满足公众和企业对计算资源的渴求？于是云计算的内在需求就出现了，倒逼计算技术进行革新。[2]

当网站拥有者苦于寻求解决方案的时候，另一边，芯片、磁盘等计算存储硬件产品正遵循着摩尔定律周期性地增强处理能力，算力逐渐变得廉价。于是拥有大量服务器和存储设备的数据中心逐渐进入大家的视野，被认为可以用来处理大量数据和复杂问题。与此同时，借助于网格计算、分布式计算和并行计算技术的快速成熟，同时也借助于运营商不断建设的健壮的管道资源，人们可以利用在地理上分散于各处的资源，完成大规模、复杂的计算和数据处理。这就是云计算。

所以说，云计算的诞生是用户习惯和需求、技术演进带来的自然演变的过程。现今对云计算的定义有多种说法。最广为接受的是美国国家标准与技术研究院（NIST）给出的定义：云计算是一种按使用量付费的模式，这种模式提供可用的、便捷的、按需的网络访问，进入可配置的计算资源共享池（资源包括网络、服务器、存储、应用软件、服务），这些资源能够被快速提供，只需投入很少的管理工作，或与服务供应商进行很少的交互。

十几年来，云计算的发展历程就是云计算技术本身不断变革和服务模式不断创新的历程。

2006年，亚马逊第一次推出了商用云计算服务，发布了AWS S3（简单存储服务）和EC2（弹性计算云）两款产品，这使得企业可以通过"租赁"计算容量和处理能力来运行企业的应用程序。但是，当时对于这种商业模式外界并不看好，大家普遍认为云计算投入高、利润薄，并且存在很大的技术不确定性。直到AWS独立发展一年多之后，IBM、甲骨文、惠普等传统软硬件厂商才开始逐渐意识到云计算是一个新技术浪潮的信号。

2007年，谷歌相继推出了Gmail（谷歌邮箱）、Google Earth（谷歌地球）、Google Maps（谷歌地图）等产品。在这一年的发布会上，谷歌的CEO施密特表示，随着互联网网速的提高和互联网软件的改进，"云计算"能够完成的任务越来越多，90%的计算任务可以通过云计算的方式来完成。

同年，IBM推出了"蓝云"（Blue Cloud）计算平台，为客户带来即买即用的云计算平台。它包括一系列的自动化、自我管理和自我修复的虚拟化和云计算软件，使来自全球的应用可以访问分布式的大型数据中心，从而使数据中心在类似于互联网的环境中运行计算。

2008年10月，微软推出了Windows Azure操作系统。接着在第二年推出Azure云服务，Azure被认为是微软继Windows取代DOS（磁盘操作系统）后的又一次颠覆转型——通过在互联网架构上打造新的云计算平台，让Windows由PC延伸到云上。

2009年，阿里云成立，中国移动云计算平台"Big Cloud"（大云）计划启动，国内云厂商、运营商等开始探索云计算，至此中国才真正开启追赶美国云计算的步伐。一两年以后，腾讯云、百度云及三大运营商纷纷开始对外提供云服务。

2010年，NASA（美国国家航空航天局）和Rackspace共同发起了 OpenStack 开源项目。得益于行业众多技术专家的贡献，OpenStack 日益成为云平台的首选，包括运营商在内的大多数公司在部署 NFV 网络时，为实现对自己的系统和网络的自主掌控，选择了 OpenStack 平台。

2014 年，在虚拟化的技术发展了几年后，崇尚技术为先的谷歌开始另辟蹊径。为了解决虚拟机资源使用效率低、难以快速启停和调度的问题，谷歌把自研的基于容器的调度管理系统 Borg 开源，并命名为 Kubernetes。

2015 年，各大运营商预见了未来业务和网络的发展趋势，同时也看到传统网络在满足高带宽、大流量业务方面的缺陷和不足，于是纷纷引入虚拟化、云计算和 SDN 等 IT 界的技术，探索运营商网络的 NFV 转型之路。

2016 年，Docker、Kubernetes 成为云计算中主要的实现方式，各大公有云供应商、电信运营商纷纷战略性投入容器研究。Kubernetes 与 Docker 结合，逐渐在 PaaS 领域树立起不可动摇的地位。

2017 年，3GPP 发布 5G SA 架构设计，引入 SBA（服务化架构）和云原生等概念，对传统的电信设备进行根本性改造，采用容器化技术构造电信网元。至此，5G 与云计算的结合更加紧密。云计算与电信行业结合成为趋势，越来越多的电信企业开始探索网元的云化改造。

2018 年，公有云市场基本形成寡头优势。2018 年高德纳报告数据表明，AWS、Azure、阿里云合计占全球 IaaS 市场的 70%，市场份额仍在持续增长，寡头优势延续至今（依据 2019—2020 年数据）。

2020—2021 年，国外以 AT&T（美国电话电报公司）为代表的电信巨头的云策略从涉足公有云服务转为专注做网，陆续从自建公有云和网络云转变为与云服务商微软合作，从边缘计算深化到 4G/5G 核心网，逐步迁移至 Azure 云。通过合作，AT&T 可以借助微软的云边技术、AI 及应用等快速构建 5G 服务和生态，微软可以借助 AT&T 分布广泛的机房、独有的网络能力等，构建云网边一体的产品服务。国内运营商仍在大力发展自有公有云服务，推动云网融合策略演进。

总之，云计算的不断创新和发展，给市场、经济和新的服务模式带来了巨大的活力。

一夜好风吹，新花一万枝

2012—2018 年，UCloud、青云、金山云、天翼云、京东云、七牛云等相继成立，这标志着云计算形成了更广范围的风暴，一个属于云计算的全新时代到来了。2013 年，Azure 和 AWS 相继登陆中国市场，希望借此获得中国云计算红利。阿里云则瞅准时机将市场推向海外，历经两年，站点覆盖全球，成为全球第三大公有云供应商。同年，中国移动发布公有云平台（即移动云），云计算实现从公有云向相关行业的跨行业扩展。2017 年，华为历经几番战略摇摆，终于专门成立了 Cloud BU，发布华为云，历时 4 年华为云成为国内营收第三的公有云公司。在 2014—2018 年这几年中，不论是全球市场还是中国市场，云计算都迅速崛起。国际数据公司于 2021 年 5 月发布的《全球半年度公有云服务跟踪报告》显示，2020 年全球云计算市场同比增长 24.1%，收入总额达 3 120 亿美元。

短短 15 年间，云计算为什么发展如此迅速？有很多原因，其中之一是各项云计算技术的开源，降低了中小型企业进入云计算行业的门槛，更多玩家得以加入，这就加速了技术和产品的成熟。此外，政策扶持、经济迅速发展、社会认同度逐年升高，以及云计算及相关领域技术的持续发展和不断演进，成为云计算发展的重要驱动力。

政策方面，以美日为首的国家敏锐地觉察到云计算对经济发展的重要作用，纷纷出台相关政策。美国联邦政府于2009年发布《联邦云计算发展战略》，其核心体系为后续云计算行动打下基础；2010年德国宣布启动《云计算行动计划》，为中小企业提供专门的技术和资金支持，力争到2020年借助云计算产业推动数字经济总产值大幅增加；2010年，日本发布《云计算与日本竞争力研究》报告，指出将从完善基础设施、改善制度、鼓励创新三方面推进日本云计算发展。相比发达国家，我国相关政策发布较晚。2012年科技部推出《中国云科技发展"十二五"专项规划》征求意见并报批国务院；2015年国务院发布第5号文件《国务院关于促进云计算创新发展，培育信息产业新业态的意见》，该意见成为引导我国家云计算发展的最重要的政策之一；2020年4月，"新基建"概念提出，明确云计算是未来新基建的重要组成部分；2020年8月国务院国资委下发《关于加快推进国有企业数字化转型工作的通知》，旨在促进国有企业数字化、网络化、智能化发展；2021年5月，国家发展和改革委员会（以下简称国家发改委）、中央网信办、工业和信息化部（以下简称工信部）、国家能源局联合印发了《全国一体化大数据中心协同创新体系算力枢纽实施方案》，明确提出布局全国算力网络国家枢纽节点，加快实施"东数西算"工程，构建国家算力网络体系，统筹规划算力布局，充分发挥资源优势，推动全国网络、能源、算力、数据实现一体化协同。国家政策对云计算的大力扶持，让云计算从国家层面获得政策支撑、投资注入和应用引导，云计算得以全面发展。

经济方面，随着我国经济建设的不断深入，中国已经成为仅次于美国的世界第二大经济体。这得益于改革开放基本国策。第一，从云计算的角度，我国开放国门，拥抱外部市场，国际市场竞争的大环境也成为促进我国云计算企业迅速发展的重要因素。由于受到国外云计算服务商的竞争冲击，优胜劣汰意味着只有不断进步才能快速发展。第二，经济的腾飞意味着各行各业更多需求的出现。目前物联网、"互联网+"等都要求海量的连接和数据处理能力，单台服务器处理性能有上限，无法满足海量数据的处理需求。如果自建互联网数据中心机房，既要求前期极大的资金投入，又要求在后期的运营维护期配备专业的运维人员，这对公司的资金和技术储备都有较高要求，只有较大体量的公司才能支撑。第三，资本强势注入不断带动云计算发展。近年来，在率先拥抱云计算的互联网行业内，出现众多涉及如游戏、打车、外卖、团购等业务的新兴公司，这些新兴公司如雨后春笋般涌现，巨额并购案频发。2010—2020年年底，我国互联网企业的并购事件共计542起。云计算的出现，使得互联网行业试错成本、创新成本降低，互联网发展也不断推动着云计算向前发展。

用户方面，社会整体知识水平提高，用户消费习惯改变，互联网思维被越来越多的人接受。中国高中阶段毛入学率从2000年的42.8%增长到2010年的82.5%，到2020年更跃升至91.2%。越来越高的受教育程度，提高了民众对互联网、云计算等新兴事物的接受能力。2019年，全球互联网人口突破总人口的50%。2020年3月，我国网民规模更是达到了9.04亿人，全民上网已成为事实，互联网已经渗透到生活的方方面面，成为云计算发展的一大助力。2019年年底突如其来的新冠肺炎疫情，对经济产生巨大的冲击。云计算在疫情中发挥了重要作用，例如线上视频会议、应急公共卫生服务平台、健康大数据平台等。另外，疫情也大大加速了持续多年的市场教育行为，对客户上云观念的培育起到了显著的推动作用。人们意识到互联网化、数字化、云化势在必行，长期利好云计算的市场推广。

技术环境方面，云计算技术不断发展和演进。在标准、开源、产业的共同推动下，云计算技术逐步丰富，从基础硬件到应用，各项技术协同发展。在 IaaS 层面，芯片和硬件技术飞速发展，芯片制程工艺向 5 纳米、3 纳米演进，硬件能力增强，单比特成本大幅下降。在虚拟化层面，虚拟化、容器化、云原生等技术逐步成熟，使得硬件资源被更细粒度分割和管理，计算服务的灵活性大大增强。此外，开源技术也大大降低了准入门槛，OpenStack、Docker、Kubernetes 等开源技术的兴起，极大地推动了云计算市场发展。在 PaaS 层面，中台概念的提出，让企业更加注重提升效率，避免重复性工作，功能抽象化能力逐步增强，PaaS 储备日渐丰富。在 SaaS 层面，软件即服务模式流行，对软件进行付费即可使用全套服务被越来越多的企业接受，SaaS 类应用服务市场仍处于上升势头，差异化竞争凸显。在网络通信技术层面，互联网 Web 2.0 的出现开启了全民互联网时代，HTML5（超文本标记语言 5.0）、智能手机、便携电脑等的推广，为用户从世界各个角落访问云服务提供了可能。近年来，4G、5G、短距离传输技术的发展为云计算广域、局域场景提供接入能力，特别是随着 5G 的商用，大连接、低延迟、大带宽的特性为云计算提供了更多可能性。在其他技术层面，AI、大数据、云计算三位一体的公有云成为行业共识。云计算为 AI、大数据提供高性能的计算、数据存储能力。云计算与各项技术间存在着千丝万缕的联系，与各项技术深度融合，必将形成"1+X ≈ ∞"的技术叠加效应。我们相信未来无限可能，技术融合创造的新能力将推动科技不断向前发展。

历史不会停止自己的脚步，科技也会不断向前发展，未来的某一天，云就在你身边，算力触手即达。

云计算也是一门经济学

云计算的发展史，本质上也是一段共享经济的发展史。云计算作为一种全新的IT资源利用形式，充分体现了共享经济的特征。这些经济特征使整个商业的生态发生了很大的变化，也让云服务的提供者、使用者在企业治理、商业竞争等方面呈现了很多不同于传统企业的特征。

云计算行业，包括专门的云计算服务提供商，如亚马逊、腾讯、阿里巴巴等，以及云计算的使用者，主要是指以租代买，通过租用云计算提供者的资源进行生产经营活动的企业和客户。通过分离云资源的支配权与使用权，出现了小规格算力的租售形式，实现了云计算资源的共享和复用，实现了经济与社会价值最大化利用。

首先，云计算将云服务使用者的固定成本转化成了可变成本。从经济学上看，固定成本和可变成本的属性存在着很大的差异。固定成本是企业的一次性投入，是企业组织生产、开展经营活动的前提，不管企业生产经营活动的效果如何，固定成本都是企业需要背负的重要支出。可变成本是在企业真正开展了生产和经营活动时才真实产生的费用。过去，企业使用的IT资源主要依靠自行购买、维护和管理，属于固定成本。在云计算出现之后，这些IT资源变成了可以按需购买、按量付费的东西，因此就转变成了可变成本，这极大地降低了企业开展生产活动的门槛。

其次，云计算具有很强的规模经济特征。云计算的构建需要很多基础设施，涉及庞大的固定成本开支，包括电力、机房、机架、空调制冷设备、服务器、网络带宽等的投资和建设。但在相关基础设施建成后，其进一步扩张所需要的边际成本逐步降低，这就决定了随着云服务提供者规模的扩大，其平均成本将会呈现迅速下降的趋势。

最后，云计算具有很强的虹吸效应。当某些云计算提供商的产品更丰富、服务质量更高、口碑更好时，就能吸引更多的云计算使用者使用相关服务，这也是为什么云计算提供者主要集中在全球少数几家云计算提供商，形成寡头效应。当然，随着行业寡头的形成，越来越多的云计算使用者也担心被个别企业绑定，纷纷将自己的应用同时部署在多个云上，通过负荷分担或业务迁移的方式来避免店大欺客。

反过来，共享经济在推动社会经济发展的同时也在不断重构整个云计算产业，进而推动云计算的发展。云计算能力的提升不再完全依赖于大型计算设备，而云计算企业的重点也从最初的兴建数据中心转化到如何更好地挖掘闲置计算资源上来。"让现有的计算资源物尽其用，提升性能，而不是一味增加新的计算设备"成为云计算企业不断思考和完善的问题，算力价值最大化成为企业的追求，推动了包括软硬件融合、异构计算等计算技术的发展和繁荣。

开源，为云计算引航的灯塔

回顾整个云计算的发展历程，多次提到了开源。开源是什么呢？开源即开放源代码。源代码公开就意味着完全免费、随意使用吗？非也。软件在追求"自由"的同时，不能牺牲程序员的利益，否则将会影响程序员的创造热情，世界上现在有数十种被开源组织认可的开源许可协议来保证开源工作者的权益。开源许可证是对开源技术进行规范的授权合同，即授权协议书，其中常见的开源协议有 GPL（通用公共许可证）、BSD、MIT、Mozilla、Apache 和 LGPL（宽通用公共许可证）等。开源许可证对使用开源软件的责任和权利的明确规定，让开发者可以最大限度地保护自己的软件权利。在涉及软件版权纠纷时，开源协议是非常重要的证据之一。明确了权利和责任，开源给开发者提供了更好的合作和发展平台，促进了技术的交流和革新。从 1991 年开源的思想和理念为大众所接受，到 2010 年 NASA 开放 OpenStack 源码，合作共荣的产业共识推动了云计算产业一步一步向前发展，开源在云计算发展中的重要意义不言自明。

图 6-1 给出了云计算开源体系，并列出了近年来云计算产业中影响力较大的开源项目。从图中可知，云计算开源体系包含了整个云计算领域的方方面面，重点包括硬件、数据面、网络控制、基础设施、PaaS、编排与分析、集成等。

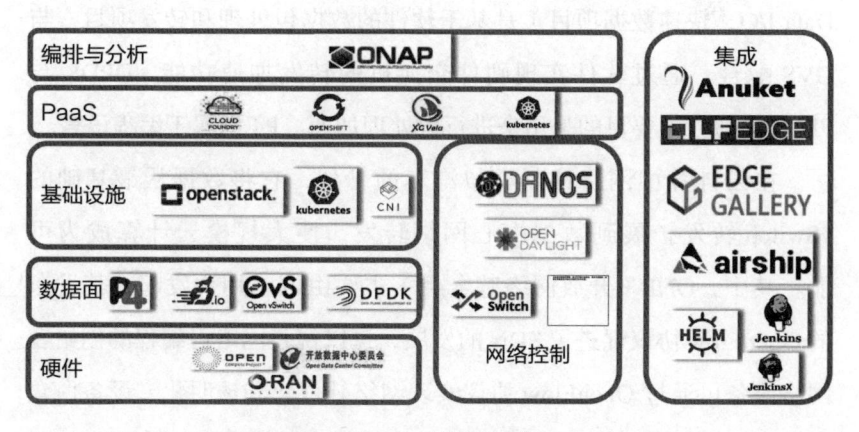

图 6-1　云计算开源体系

如果把整个云计算开源体系比作一辆汽车，硬件就犹如汽车的基础材料，可以被浇铸成各式各样的汽车组件，是整个汽车的基础底座。硬件的开源组织主要包括 OCP（开放计算项目）、ODCC（开放数据中心委员）、O-RAN（开放无线接入网）。其中，OCP 由脸书在 2011 年发起，目的是与 IT 产业共享高效的服务器和数据中心设计。

ODCC 由百度、腾讯、阿里巴巴、中国电信、中国移动、中国信息通信研究院、英特尔联合发起，致力于打造中国数据中心产业的开放平台，秉承"开放、创新、合作、共赢"的宗旨，基于市场需求促进技术创新与产业合作。O-RAN 在 2018 年由全球网络运营商发起，其目标是在世界各地发展无线接入网 RAN，开放无线接入网络，推动无线领域硬件通用化、白盒化。通观这些项目，我们可以看到硬件开源、硬件通用化是一大趋势。

在云计算中数据面犹如汽车的螺丝钉，它连接着汽车的各个组件，负责为云计算基础设施提供数据链路。OVS 是开源的软件化 vSwitch，负责为云计算组件建造虚拟传输链路，实现数据传输。FD.io（Fast Data I/O，快速数据项目）是基于软件的数据包处理和转发项目，与 OVS 配合，通过软件实现硬件交换机的转发加速功能。DPDK 与 FD.io 类似，主要目的是用来进行包处理加速。P4 则属于编程语言。

在云计算中网络控制类似汽车的骨架，它将数据从最基础的 vSwitch 转发扩展到数据中心网络转发，使大规模云计算成为可能。其中，ONF（开放网络基金会）主要由网络用户发起，其发布的 OpenFlow 协议促进了 SDN 的发展，可以说是网络可编程的创始者。网络设备可通过 OpenFlow 协议实现网络软件化和透明化、设备白盒化。ONF 中比较有名的项目是 ONOS（开源网络操作系统），SDN 控制器就是基于此标准实现，并扩展功能，成为后来 ONF 对抗 ODL（Open Daylight）的一个重量级网络操作系统。ODL 开源项目主要由网络设备商发起。与 ONF 由网络用户发起不同，ODL 不希望拘泥于一种 OpenFlow 南向接口，其希望更关注于转发和控制分离，为其非标准化硬件留下很大空间。其中，转发面的交换机操作系统成为当前的焦点，DANOS（分解的网络操作系统）是致力于构建开源的网络操作系统，希望将网络设备真正开放化和可编程，Open Switch NOS 就是其中一种 DANOS 希望支持的网络操作系统。

在云计算中基础设施管理类似汽车的设计管理者，它通过对大大小小的众多组件进行管理和组合，最终打造出一辆可以运行的汽车。如前所述，OpenStack 是一个开源的云计算管理平台项目，是一系列软件开源项目的组合。组合后的它才能像汽车一样，发动机提供动力，刹车片提供阻力，方向盘可操作方向，最终成为一个整体，提供云计算基础服务。OpenStack 的开源开启了一个云计算的时代。另外一种云计算资源管理项目 Kubernetes 主要用于管理容器化的工作负载和服务。与 OpenStack 类似，它以松耦合架构的设计理念，集成了很多其他开源的项目或被其他开源项目集成［如 Docker、CNI（容器网络接口）等］。与传统虚拟化不同的是，每个虚拟机都拥有自己的操作系统，不同的容器则需要共享操作系统，属于进程级隔离，因此可以实现秒启动，Kubernetes 项目就为容器提供了包含部署、迁移、扩展、编排等系列管理能力。

在云计算中 PaaS 能力抽象类似汽车中变形金刚的小部件，它既能作为部件组成大众甲壳虫、雪佛兰跑车，又能组成大黄蜂。它是一个底层能力的抽象，容器也是底层基础设施的一种能力抽象。近年来涉及能力抽象层较多的是云原生组织。云原生是指在云环境中构建、运行、管理应用程序的一套技术体系和管理方法。CNCF（云原生计算基金会）致力于维护和集成开源技术，支持编排容器化微服务架构应用，通过技术优势创造一套新的通用容器技术，Kubernetes 是其中之一。从底层能力抽象角度来看，Kubernetes 也属于能力抽象的一种，其他的 CNCF 云原生项目如 Envoy Proxy 可提供微服务通信，CoreDNS 可实现云原生 DNS（域名系统）服务器和提供服务发现能力。CouldFoundry 是第一个业界开源 PaaS 平台项目，它提供了一个应用云原生的交付模型。OpenShift 是由红帽推出的，面向开发人员，通过提供开发平台，帮助开发者提升开发效率，实现敏捷开发。XGVela 项目由中国移动于 2020 年 5 月在 Linux 基金会发起，致力于构建电信级云原生 PaaS 平台以支撑网络功能和服务的快速设计、灵活创新、便捷管理。

在云计算中编排与分析类似汽车的中控系统，控制着每个组件协同配合，使得汽车可以在公路上飞驰。2017 年中国移动与 AT&T 联手实现 OPEN-O 与 ECOMP 的融合，成立 ONAP（开放的网络自动化平台）。该项目旨在加快业务创新速度，简化或降低设备的互操作性和集成难度，增强对基础设施的监控和保障能力，实现云内组件运行的自动化、智能化。

在云计算中集成类似汽车的组装师，小到一颗螺丝钉，大到整个车架、中控系统，可以说没有集成，就没有云计算呈现出来的全貌。Anuket（原 OPNFV：Open Platform for NFV，NFV 开放平台）以集成为基础，加速引入 NFV 产品和服务以提升电信网络的建设和运营效率。LF Edge 中的 Akraino、Edge Gallery 等开源项目也属于集成类，具体介绍可参见边缘计算相关开源项目。其他的 Airship、Jenkins、Helm、JenkinsX 等均是可用于自动化配置和管理的开源工具。

开源加速了云计算技术和产业的发展，进而创造出巨大的商业价值。15 年前，云计算还仅限于设备虚拟化，互联网时代仍未开启。如今，公有云通过自服务即可申请到与互联网相连的云资源。云计算的出现不仅给世界经济带来了新活力，而且促使不少原来只提供硬件、软件的 IT 公司向云服务转型，物联网、互联网、电信、政府、医疗等各个行业向云化转型加速，"上云"成为潮流。

"一虚多"，云计算的关键技术

如果说云计算是一种规模经济，那么它需将物理资源集中、池化，形成一定规模后，才能充分利用更高级的技术手段实现资源利用率等的提升，从而提高经济性。规模就是将各类资源进行整合，既包括成片的资源、相同的资源，也包括零散的资源、异构的资源。整合的资源可按需分配。经济就是充分利用资源，将利用率挖掘到极致，减少浪费。发挥规模经济的关键技术就是虚拟化，通过虚拟化技术实现"一虚多"。

虚拟化技术是指软件在虚拟的基础上而不是真实的基础上运行，是一个既能提升资源利用率又能简化管理的解决方案。虚拟化技术可以把一台计算机虚拟出多台逻辑计算机同时运行。每台逻辑计算机上又可安装不同的操作系统，使得多个应用程序可以在相互独立的空间内运行而互不影响，从而显著提高计算机的工作效率。当前主流的"一虚多"技术有虚拟机技术和容器技术。

虚拟机是一种通过"仿真"的手段实现算力分配的技术，组成虚拟机的各个部件实际上并不存在，却能看得见，就像是全息成像的假人一般。麻雀虽小，五脏俱全，虚拟机有着独立的操作系统及 CPU、内存、磁盘、网卡等设备，操作系统甚至可以与物理机的操作系统不一致，只不过虚拟机操作系统对这些 CPU、内存、磁盘、网卡等设备的访问会被翻译为对物理资源的调用实现：虚拟 CPU 对应物理 CPU 时间片，虚拟内存对应物理内存片段，虚拟磁盘对应一个后端磁盘阵列 / 分布式存储卷、本地文件或本地裸机卷等，虚拟网卡对应一个 vSwitch 端口、一个物理网卡端口等，如图 6-2 右上所示。虚拟机管理器是实现这些虚拟设备的仿真程序，它安装在 Host OS（物理机操作系统）中，负责生成虚拟设备视图，并将对虚拟设备的访问转化为对物理资源的调用的翻译工作，如对虚拟机磁盘某个文件的数据读取翻译为对 Host OS 上名为 disk 文件的数据块 1 的读取（将名为 disk 的文件仿真为虚拟机磁盘）。正是通过虚拟机管理器的这种仿真，使得在 Guest OS（客机操作系统）及安装在 Guest OS 中的业务系统看起来就像是运行在真实的物理机中一样，用户感受不到差异。

容器则是一种通过"隔离"的手段实现算力分配的技术。组成容器的各个部件均是真实存在的，只是被容器管理程序隔离起来组成一个看似完整的小实体，就像是我们每个人在社会上都是真实存在的，但又被分割成一个个的小家庭一般，每个小家庭均有自己的命名空间，比如"大毛""二毛"，每个容器内各自独立命名，互不冲突，如图 6-2 右下所示。被隔离的小实体包括用户（user）、进程（process）、网络（network）、设备（device）等多种类型的命名空间，

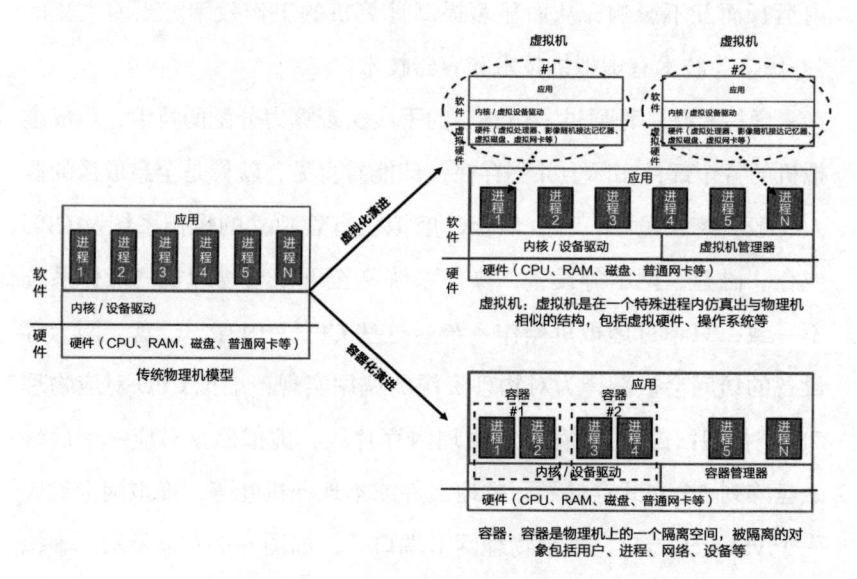

图 6-2　虚拟机和容器原理图

比如不同命名空间内均可存在 admin 用户、均可存在 id 为 1 的 init 进程、均可配置 192.168.1.1 这个 IP、均可存在 /tmp 目录。容器就是这些不同命名空间聚合在一起的小实体（也可以部分共享物理机命名空间）。容器运行时（Runtime）是实现这些逻辑对象隔离和命名空间的管理程序，它同虚拟机管理器一样，安装在 Host OS 上，它负责隔离的进程还包括一组特殊的 OS 进程，并将 Host OS 内核的部分功能映射到这组 OS 进程内，构成了 Guest OS，使得在 Guest OS 中及安装在 Guest OS 中的业务系统看起来就像是运行在真实的物理机中一样，也正如运行在虚拟机内一样。

虽然虚拟机和容器均为虚拟机化技术，但是二者有着本质区别。虚拟机是一种独立的实体单位，相当于一个独立的小社会，有自己的小政府（内核），而容器只是大社会中的一个小家庭，没有自己的小政府。很显然，虚拟机的启停包括对内核的启停，弹性程度相较容器低得多，额外资源消耗也多，但独立性、隔离性和安全性要好得多。因此，虚拟机和容器技术各有优缺点、互为补充，选择哪种技术，则需要根据业务需求来确定（也可以同时选择两种）。

从工程实施角度看，一虚多通常分两个阶段共同实现。

一是规划建设阶段，根据设计规划构建标准的云计算资源池，包括两类资源和一类连接。两类资源指计算资源（包括 CPU、GPU 等）和存储资源（包括分布式存储、磁盘阵列），一类连接指将上述两类资源连接在一起形成服务实例（计算资源分片、存储资源分片可聚合为虚拟机或容器实例）的网络。

二是运营运维阶段，云计算资源池在投入生产后，即可为用户提供服务，根据用户的需求从资源池中切割出小片资源，组合成所需虚拟机或容器。可分为三个主要步骤（以及关联动作，如认证鉴权、计费结算等）。

第一，提出需求：云计算平台的接口模块提供标准的接口供用户调用，用户通过调用这些接口提出虚拟机或容器的创建请求，请求中包括资源的种类及数量，比如 CPU 两个、内存 8GB、磁盘 50GB 等，也可以包括对虚拟机的特殊要求，比如需要 Linux 虚拟机、需要 ARM 处理器等。

第二，按需调度：接口模块将收到的合理请求传递给调度模块，调度模块负责收集和维护资源池内各节点（服务器、存储设备等）的资源使用状态，根据需求调度出满足要求的节点，并通知该节点上的执行模块创建虚拟机或容器。为了提高资源利用率，"弹性"资源（如 CPU 利用率是动态变化的资源）可进行"超分配"，即节点可以分配出超出总量的资源，超分配比例可以根据资源实际使用量灵活调整。

第三，服务交付：执行模块在收到虚拟机或容器创建的命令后，根据用户所申请的资源，切分出相应大小的资源片，并组成完整的虚拟机和容器对外进行交付。

通过云计算的一虚多能力，用户可获得刚刚好的资源，且无须为资源过剩买单。云计算服务提供商则可以通过精细控制的资源切片分配方式，提高资源利用率，甚至可以根据资源的实际使用情况，按一定比例超分配资源（比如某用户申请了 4 个 CPU，但 CPU 利用率仅有 30%，剩余的 70% 中，可以预留 30% 以备不时之需，40% 分配给其他用户使用）。

IaaS、PaaS、SaaS，云计算的三种基本服务

云计算服务基于分层结构，分别为 IaaS 层、PaaS 层、SaaS 层，

如图 6-3 所示。每层的云计算服务都提供不同级别的控制、灵活性和管理，用户可以根据需要选择合适的服务集合。

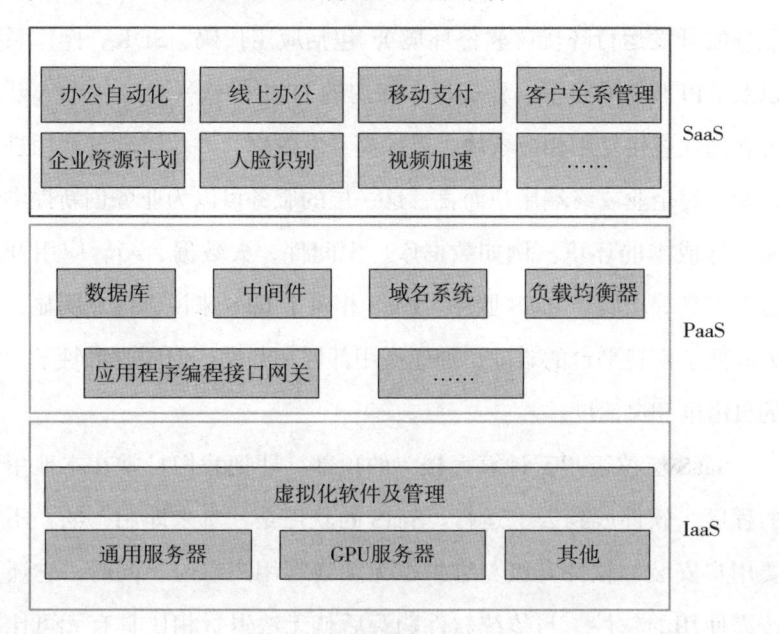

```
┌─────────────────────────────────────────────────┐
│  办公自动化   线上办公   移动支付   客户关系管理  │
│                                                 │  SaaS
│  企业资源计划  人脸识别   视频加速    ……         │
└─────────────────────────────────────────────────┘
┌─────────────────────────────────────────────────┐
│   数据库      中间件     域名系统   负载均衡器   │
│                                                 │  PaaS
│   应用程序编程接口网关         ……                │
└─────────────────────────────────────────────────┘
┌─────────────────────────────────────────────────┐
│          虚拟化软件及管理                        │
│                                                 │  IaaS
│   通用服务器     GPU服务器      其他             │
└─────────────────────────────────────────────────┘
```

图 6-3　云服务模式分层

如果把云计算比作大楼，那么 IaaS 便是"云计算大楼"的底层部分。通过这一层，服务商利用虚拟化技术将 CPU、内存、网络等 IT 硬件资源池映射成虚拟资源池，终端用户（企业）通过网络获得自己需要的计算和存储资源，运行自己的业务系统。在这种方式下，用户不必自建基础设施，通过付费即可租用这些资源。像云主机、云桌面、容器、GPU 虚拟机、对象存储、文件存储等均属于 IaaS 服务。IaaS 是最简单的云计算交付模式，也是目前业界同质化竞争最严重的服务模式。相比其他服务模式，IaaS 服务的自由度、灵活度非常高，客户可根据喜好选择操作系统、安装所需软件，相当于拿到了一台网络主机。凡事都有两面性，自由度高的同时也带来了维护的复杂度，对用户来说，用户仍需要关心主机上的各类软件。

PaaS层属于"云计算大楼"的中层部分，这一层可为用户提供业务的开发运行环境（软件环境），包括应用代码、SDK、操作系统以及API（应用程序编程接口）在内的IT组件或平台，供个人开发者和企业直接复用相应模块，以提高开发效率，并仅对软件使用进行付费。对企业或终端用户而言，这一层的服务可以为业务创新提供快速、低成本的环境。例如数据库、中间件、大数据、AI、应用开发协作工具等均属于PaaS服务。PaaS相对于IaaS来说，优点明显，大大降低了搭建平台的难度，加速应用部署和开发，但同时牺牲了一定的自由度和灵活度。

SaaS层位于"云计算大楼"的顶部，即把我们日常在本地用到的程序、软件放到云上运行。SaaS的软件是"拿来即用"的，不需要用户安装，软件升级与维护也无须终端用户参与。同时，它还是按需使用的软件，与传统软件购买后就无法退货相比具有无可比拟的优势。也就是说，SaaS除了可以为用户提供网络、基础设施、软件外，还可以用极其简便的方式为所需软件提供前期部署、后期运维等一系列服务，可谓全面周到。例如企业邮箱系统、在线办公系统等均属于SaaS服务。SaaS服务相对于前两种服务来说，显然更加方便快捷，用户可以直接使用软件而无须其他开发工作，但它逃脱不了两面性定律，性价比相对较低，应用以通用性见强而多不可按需定制，对庞大、系统架构复杂的软件来说不一定能完全享受其增益。

多种云服务模式的出现，对现有企业软件应用设计产生了巨大影响，如应用模块拆分、软件平台化等得益于云服务模式中不同层级服务封装的思想。随着云服务种类的进一步丰富，越来越多的服务类型基于以上三种服务演变而生，例如NaaS（网络即服务）可以从网络产品的不同服务层次实现 IaaS 和 PaaS 类的服务，BaaS（区块链即服务）是一种基于区块链的 PaaS 或 SaaS 服务。

云计算服务的大家族

云计算虽然源于虚拟化技术，但作为一种服务模式不应局限于技术本身。按照 Anything as a Service（一切皆服务）的交付理念来看，近年来随着各类信息化技术的发展和繁荣，云计算大家庭的服务也已经从虚拟化云主机和云存储这些云服务鼻祖孵化出了越来越多的"家族姻亲"。任何一种新型技术只要能够很好地服务封装，理论上都可以入驻云计算大家族。我们一起来看看这棵枝繁叶茂的云计算服务家族树（如图 6-4 所示）都有哪些枝丫。

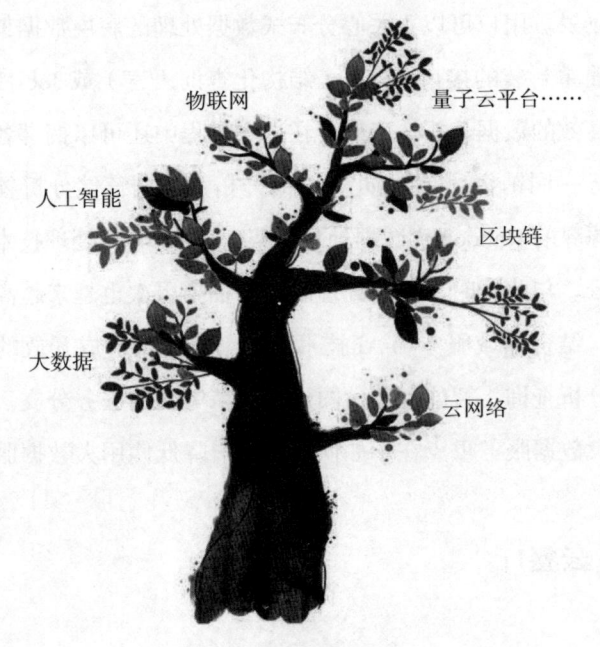

图 6-4　云计算服务家族树

大数据服务——"表兄弟"

大数据服务（Big Data as a Service）是云存储的"表兄弟"。按照麦肯锡的定义，大数据是一种规模大到在获取、存储、管理、分析方面远远超出了传统数据库软件能力范畴的数据集合。随着云计算集群规模增大和数据存储规模激增，带有海量数据规模（Volume）、高速数据处理（Velocity）、多样数据类型（Varity）和高应用价值（Value）即"4V"特点的数据处理技术越来越被用户接受和熟知。用户已经不仅仅满足于把海量数据存储下来，如何基于存储下来的多样性数据进一步挖掘数据价值，成为更加迫切的技术服务需求。因此并行任务分布式数据处理、实时流数据处理、海量数据存储等典型技术开始以 PaaS 云服务方式提供，以满足不同数据类型、不同实时性要求下的数据分析场景。用户可以不关心分布式数据处理的底层数据架构，只需要调用简单封装的接口、SQL（结构化查询语言）或 Job 任务即可进行快速高效的数据分析。当然，在这个过程中还可以捆绑各类云存储类型服务一同销售，"哥俩儿"一同开拓大数据存储分析领域的市场。例如开源界的 Hadoop 大数据处理框架、Spark 等流处理技术等都开始孵化入云。与此同时，数据处理服务的抽象层次也越来越高，不断开枝散叶，结合领域服务和 AI 技术面向细分场景形成开放的搜索引擎、交互式分析查询、智能推荐、图计算引擎等新的服务分支。云计算承载下的大数据服务重点在于如何帮助用户降低使用大数据服务的门槛。

AI——云餐厅

AI 服务（AI as a Service）是一类看似技术古老却活力焕发的云

服务家族分支。随着云上海量数据的增多和异构计算数据处理能力大幅增强，公有云已经完美解决了 AI 部署和运行成本高昂等问题，将 AI 应用迁移、重构到云平台，直接使用云上的 AI 服务成为大势所趋。百度、阿里巴巴、华为等云服务商都相继发布了各自的"云 +AI"战略。云上一体化、提供便捷的 AI 服务能力已经成为公有云服务商比拼的重要方向。

　　AI 云服务是如何经营家族产业的呢？它们主要以平台和能力方式组建"云餐厅"，不断招揽 AI 应用"食客"。如图 6-5 所示，AI 脱离不开的训练数据是"食材"，这些"食材"可以源于公开数据或客户自有数据。AI 平台承载在云基础设施上，通过各类工具组件和算法框架构建自己的机器学习平台，形成加工食材的"厨房"。"厨房"训练好的各类 AI 基础能力算法可发布"菜单"到推理平台，就像给"大堂上菜"一样。"菜肴"除了涵盖智能语音、自然语言理解、机器视觉、智能数据分析四大类通用算法能力的"家常菜"外，还可以面向不同家庭、工业、泛娱乐等场景沉淀一些特色能力"菜系"。通过直接调用推理平台上的 AI 能力，应用可以像"食客"线上点餐一样，在云上推理

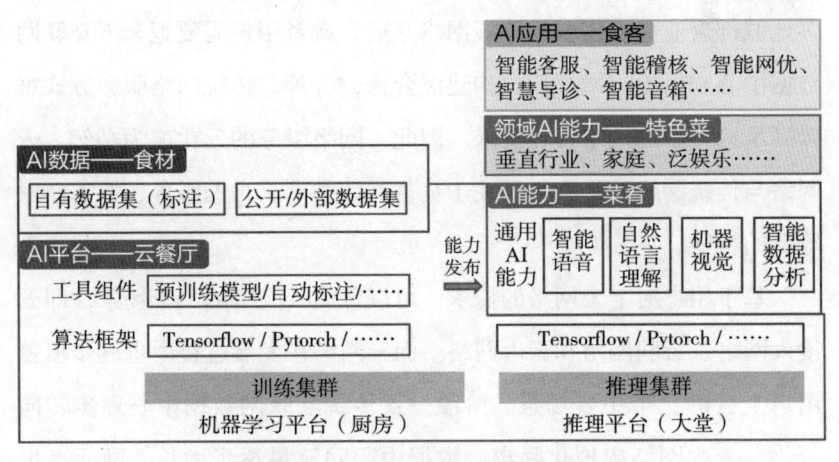

图 6-5　AI 云服务餐厅的经营

平台直接构建应用。这里机器学习平台就像餐厅的"厨房",推理平台就像"大堂",AI 平台资源池规模及其提供工具的先进性决定 AI 云服务的竞争力,而"菜肴"的丰富度和精细程度是智能化产品的核心。

云网络——家族润滑剂

云网络是 IT 和 CT(通信技术)融合的产物。它并不是要重建一张新的网络来取代现有的网络基础设施,而是在现有网络基础上通过网络虚拟化等技术重构网络,实现业务更加灵活高效互联,是云计算家族中必不可少的润滑剂。本质上看云网络其实是一种网络服务,是一张面向企业租户和应用的虚拟网络。这个家族分支源于云上租户安全隔离的需求,基于 VPC 和安全组的技术实现是最直接的隔离方式。云网络实现的是数字经济连接,可以是单应用内连接计算、存储、数据库等,也可以帮助连接企业/互联网数据中心/总部/分支/物联网终端/个人移动端等。随着大型互联网企业和传统企业上云需求不断增多,用户对云上的网络管理需求也与日俱增。比如,用户在云上多地域部署业务,需要多地域网络互通,或者用户需要把云下互联网数据中心和云上网络互通,构建混合云,等等。传统网络服务方式难以满足这些新的网络管理要求。因此,网络服务的云化成为必然。云网络与传统网络的最大区别在于具备弹性共享、自助服务、按需获取等云的特征。

基于用户对上云网络的需求,可以分成云网络的三个场景,即云接入网络、云间网络和云内网络。而云网络在发展过程中也逐步覆盖用户上云的三个主要场景。阶段一:传统互联网数据中心逐步转向云化,云内网络虚拟化隔离,数据中心间流量逐步增长。网元虚拟化 NFV 首先通过将传统路由器、负载均衡器、交换机甚至通信网络的核心网元采用虚拟化形态承载，为后续网络的灵活编排组合打下了坚实的基础。阶段二：DCI（数据中心互联）的混合云组网成为主流，overlay 这种在基础网络架构上叠加虚拟化技术模式开始普遍应用于云间、云内、云接入网。阶段三：多云需求不断增长，云网络重点实现多云协同。多云场景下，云网络需要解决多云异构网络的互联互通，并以统一云网络管理、资源快速调度、弹性使用、灵活切换等诉求为核心目标，构建云网络管理和运维方面的能力，实现可灵活配置的云间互通。

区块链——安全保障的潮大哥

区块链服务本质上是一种结合区块链技术的新型云服务，简单来说是在云上给用户提供了一种安全可信的分布式信息处理服务。区块链是一种构思巧妙的分布式信息安全架构，可以算是在信息世界保障安全的潮大哥。

在介绍区块链如何成为云家族一员之前，我们先来看看区块链技术的基因内核。"区块链技术之父"斯科特·斯托尔内塔是密码学和分布计算领域的知名专家，他最早于 1989 年思考区块链技术，当时随着电脑和互联网技术的迅速发展，他开始考虑如果未来所有文件电子化后如何解决文档记录准确性的问题，如何区别真实的记录和被篡改的记录。于是他与密码学专家斯图尔特一起开始研究这个有意思的问题。他们设想去构建一个网络，能够让所有的数字记录在被创造的时候就传输到每一个用户那里，这样就没有人可以篡改这个记录了，这就是最早区块链概念的诞生。其核心基因就是通过去中心化的点对点方式直接交互记录重要信息，实现数据共享。区块链采取单向哈希算法，每个新产生的区块严格按照时间顺序推进，时间的不可逆性和不可撤销，导致任何试图入侵篡改区块链内数据信息的行为易被追溯，被其他节点排斥，因此造假成本极高，从而形成巧妙的安全保障。

区块链能成为云上的服务，还要看它的普适性。区块链技术在金融交易方面的应用是最显著的，常用的是数字货币、银行交易等，甚至未来可能改变整个现有的货币甚至金融体系。此外，区块链技术还可以广泛应用于版权保护、物流追溯、智能合约等丰富的场景，促进人与人之间直接建立信任关系。正是由于应用场景的逐步丰富，需要降低区块链的使用门槛，因此区块链进入云家族。区块链与云结合有两种方法：一个是区块链在云上，另一个是云中的区块链，即区块链服务。区块链服务是指云服务商直接提供类比特币、以太坊等区块链的实例服务，并越来越多地将区块链技术集成到云服务场景的生态环境中，应用不需要再关心如何搭建一个区块链的服务系统，就可以快速建立自己所需的开发环境，基于区块链提供的搜索查询、交易提交、数据分析等一系列操作服务，更快地验证自己的概念和模型。同时，区块链服务还可以提供一些工具用于帮助应用创建、部署、运行和监控区块链。

物联网服务进入无人区

如果说区块链服务追求的是建立人与人的信任网络，那么云家族的另一个重要分支物联网云服务平台则带大家进入了一个物与物互联的网络。通过将各种信息传感设备与网络结合形成一个万物互联世界，可实现在任何时间、任何地点的人、机、物互联互通。

物联网的应用场景很多，包括工业、家庭、个人穿戴等领域。为了使越来越多的物理对象互联，在没有人工干预的情况下通信、协作和行动，需要依赖物联网平台来实现智能对象的管理和自动化。早期物联网环境都是由不同的供应商技术混搭而成的，这些技术形成了一个复杂且多样的生态系统，如果没有统一的集成基础，这些生态系统就会变得支离破碎。因此，需要有一个物联网平台或整体解决方案为所有联网设备提供一个"汇聚点"，用于收集和处理它们通过网络传递的数据。

物联网云解决方案的主体是由云计算使能的物联网平台。物联网平台可以在云上提供安全可靠的设备连接能力，支持设备数据采集上云，并提供方便快捷的设备管理扩展能力，支持物模型定义、数据结构化存储和远程调试、监控、运维等，和边缘计算、大数据分析、容灾备份等云服务产品结合，整体优化IT性能并降低成本。从长远来看，基于云的解决方案不仅更具成本效益，还提供了更好的安全性、数据移动性，增强的员工协作能力。

当然，云服务家族随着算力和技术的迅猛发展还在蓬勃壮大，其服务内容呈现分布式、融合化和泛在化的特征。随着云化服务理念的深入人心和社会的广泛接受，安全能力、通信能力、量子云平台等一切皆有可能，这里也无法一一列举。相信未来云家族的服务能力将会更加丰富，更加润物于无形地渗透到我们生活的方方面面。

多样的云服务

随着客户对云计算承载形态需求的丰富，云服务的商业交付模式也呈现多样化特点，逐步形成公有云、专有云、私有云和混合云等多种场景。即使云的内核技术相似，用户对资源的控制程度、云网管理方式、基础设施资源的所属等也存在差异，就像云服务在不同场合穿上了大方合体的衣服满足不同的行业需求。表6-1给出了几种主流的云服务模式。

表6-1 主流云服务类型分类特点

分类	类比	硬件资产归属方	云平台建设者	资源共享/独享方式	客户接入网络方式	定制化程度	运维管理方式
公有云	休闲大众的装扮	云服务商	云服务商	共享	公网为主、云专线	无定制化	云服务商
私有云	居家服	客户/云服务商	云服务商	独享	数据专线/VPN	强定制化	客户/云服务商
混合云	化装舞会礼服	云服务商为主，部分归属客户	云服务商，部分由客户建设	部分共享，部分独享	数据专线/VPN/公网/云专线	可能涉及定制化	云服务商
专有云	泳装	云服务商	云服务商	独享	数据专线/VPN	无定制化	云服务商
行业云	护士服、行业制服	云服务商/客户	云服务商	行业内共享	数据专线/VPN	有一定行业定制	云服务商

公有云指多个客户共享资源，由云服务提供商通过标准化产品满足客户需求的云服务模式。其核心是面向公众客户的服务，具有安装简单、成本低廉、可扩展性强等特点。在公有云模式下，云资源池由云服务商统一构建，云服务商负责云平台搭建并负责整个基础设施的

运营和运维管理。云资源面向所有的用户提供服务，任何人可以在任何地点、任何时间来申请使用统一非定制化的公有云产品和服务，各个客户之间共享云资源，并提供一定的逻辑隔离和安全防护能力。公有云服务主要面向中小企业和个人客户，是云服务最亲民的服务形态。

私有云指单个客户独享资源、基于定制化资源满足客户需求的云服务模式。其核心是面向企业用户的服务，具有按需定制、安全性高、可控能力强等特点。在私有云模式下，云资源池通常构建在企业自己的数据中心内部或客户指定的第三方数据中心，基础设施归属及基础设施管理运维通常是企业自身或者是由企业委托的第三方，私有云资源仅面向企业内部服务，具有数据安全性高、IT基础架构可控力强等特点。私有云服务主要面向自有互联网数据中心或对数据隔离和自主控制度要求较高的中大型企业，金融、通信、互联网企业往往都会有自己的私有云，这部分云建设往往只承载内部应用系统，就像云服务小姑娘在自己家里穿着最称心、最舒适的居家服，可以随心随性地定制。

混合云是指客户独享本地私有云资源，同时与其他客户共享公有云资源，并通过网络（如VPN、专线）将公有云和私有云进行互联以及统一管理的云服务模式。由于完全自建私有云投资成本巨大，完全使用公有云满足了灵活性却丧失了安全性，因此一些具有全球业务、分支互联或想要降低用云成本的企业用户，开始提出将自建的私有云和通用的公有云共同使用并享有一致性的用户体验，混合云模式便应运而生。混合云兼具公有云的可扩展性和灵活性与内部部署数据中心基础设施的安全性和强可控性等特点。在混合云模式下，云平台搭建者为企业自身或第三方服务商，企业侧基础设施归属和管理运维由企业自身完成，而公有云基础设施归属和管理运维由公有云服务商完成。

专有云是近两年随着客户对隔离和性能要求的提升与避免过度定制的技术平衡，而提出的新的服务形态。专有云指客户独享专属云资源及服务，包括两种情况：一是公有云服务商使用公有云技术栈及产品，在客户侧或指定机房部署搭建云平台，实现公有云服务在客户侧本地进行私有化输出，同时满足客户部分定制化需求的云服务，如阿里云的 Apsara Stack；二是租户在公有云资源池上独享计算、存储、网络等专属资源及云服务，与公有云上其他租户资源物理或逻辑隔离，如华为云、移动云的资源专属/全栈专属专有云。由于使用公有云同栈技术及产品体系，与公有云服务同根同源，且客户可享受不同程度的资源独享服务、满足客户部分定制化需求，因此专有云也兼具公有云和私有云的特点及属性。

行业云是指云服务商向某一特定行业提供的云服务，从行业营销属性角度对云服务进行分类，如金融云、医疗云、政务云等。一般同一行业内对行业云具有同质行业需求且行业云解决方案在一定程度内可进行快速复制。行业云是专有云或私有云行业属性的体现。就像云服务小姑娘穿上了不同行业制服的职场形象。

随着行业数字化转型和行业上云的趋势越发明显，各行各业的云化场景以及行业特性积累也越来越多。例如党政军行业云关注于信息保密和安全，可能对硬件及芯片提出特殊的要求；医疗行业可沉淀很多特色 SaaS 类应用集成于医疗云，例如云胶片、云心电、云影像、云病理、云会诊、云超声、云 EMR、医疗数据安全云存储等内容；金融行业对业务连续性要求较高，往往要求两地多中心等灾备保障，实现业务就近接入的性能及体验要求。因此未来行业云的发展必将成为趋势，也将云计算赋能各垂直行业的触角深入千行百业。

云计算路在何方

经过 15 年的发展，云计算已经极大地促进了人类经济社会的发展，成为驱动数字经济发展的核心基础。2020 年中国政府提出了"新基建"发展理念，其中云计算作为七大领域之一，是"新基建之基"。那么云计算的未来在哪里？总体来说，其有多技术深度融合发展和沉淀更多服务能力这两大重要发展方向。

多技术深度融合发展

前面介绍过，云计算是个大家族，姻亲众多，从云计算衍生出大数据、区块链、AI 等高价值技术或应用，但它们更像是孩子长大了，为了理想奔赴远方，作为母体的云计算技术需要从这些孩子上得到反哺。一方面，利用 AI、大数据等技术打造智能化云计算，实现云资源自动化、智能化的弹性伸缩，保障上层应用的自动化、智能化扩缩容、容灾备份等，进而提升云计算的运营运维效率，促进云计算技术架构演进，提升云计算的资源利用率；另一方面，利用区块链技术促进云资源池安全加固等，可以打造更加安全可信的云计算交易和服务；再一方面，云计算和网络将更加深度融合，云计算服务提供商仅仅提供云资源服务已经无法满足客户的需求，一键入云、一键入多云、网资源和云资源共同弹性伸缩，按需计费等服务发展需求，要求云计算服务提供商面向客户提供云资源和网资源的一体化规划、一体化供给和一体化服务。云网深度融合是技术、产品、运营与服务并行驱动带来的深层次变革，是实现云和网的敏捷打通、按需互联的前提。最后，随着 5G 的到来，5G 架构内生支持边缘计算，使得云计算将向更加靠近客户的地方延伸，可向客户提供高可靠、低时延、安全隔离的边缘云计算服务。由此可见，通过构建"衍生-反哺"的良性循环，形成共促、共生的云计算服务生态，可充分发挥高价值技术的红利，进一步挖掘云的潜能，向客户提供更加有价值的算力服务。

沉淀更多服务能力

云计算产业发现到现在，已迸发出"百花齐放、百家争鸣"的勃勃生机。首先，技术的不断成熟和服务能力的不断加强，IaaS、PaaS、SaaS服务将不断完善。以PaaS为例，不仅通用的中间件、数据库等PaaS将不断丰富，未来还将涌现出更多的面向不同行业的行业类PaaS服务，极大地方便了上层应用的开发，节省了巨大的开发时间和社会成本。其次，受限于传统的私有云维护成本高等问题，公有云或混合云将进一步开疆拓土，成为云计算市场的主流。最后，云计算逐渐行业化。早期的云计算会简单地划分为公有云和私有云，而未来云计算将出现一个新的模式，那就是行业云，如政务、金融、医疗、教育等行业云。行业云不仅可以构建在公有云平台上，也可以架设在私有云平台上，通过行业云可以整合大量的行业资源，从而为企业的发展赋能。从这个角度来看，行业云在产业互联网时代，将迎来更多的机会。

从当前的发展趋势看，"云"的下一步将是"算"，将丰富的算力资源通过服务化封装，与应用、行业、网络更加深入地融合，给云计算带来更多更新的服务模式。春雷之中孕生机，云计算将会在算力发展大潮中朝一个未知而又更高精尖的方向演进，让我们拭目以待吧！

第七章
边缘计算，算力在你身边

边缘计算，有多边缘

什么是边缘计算

数据是绝大部分行业最核心的资产。在传统的云计算模式下，数据处理需要通过网络传给远端的大型数据中心进行集中处理，但用户与云数据中心距离较远，这导致在远距离网络传输过程中可能会有数据丢失和泄露的风险。随着我国技术创新和数字化转型的加速，自动驾驶、智能工厂、物联网等新型业务兴起，低数据传输成本、高数据隐私性以及数据处理实时性要求显著提升，传统集中化的云数据中心面临挑战。要想解决这一问题，我们就需要将云计算等更加丰富的计算能力向靠近用户的网络边缘延伸，通过在用户本地提供计算服务来处理一部分实时性要求高、安全性要求严的数据，于是边缘计算诞生了。

边缘计算是随市场业务发展和网络性能提升而产生的，它是一种新型计算技术和服务形态。本节通过从生物世界的"边缘计算"类比切入，为大家简述边缘计算的发展历史和概念，让大家更形象地理解边缘计算的核心概念。

生物世界也有边缘计算

为了让大家形象地理解边缘计算，我们可用自然界的章鱼来类比分析一下边缘计算（如图 7-1 所示）。作为无脊椎动物中智商最高的一种动物，章鱼可谓是自然界中的边缘计算的"祖师爷"，章鱼拥有巨量的神经元，60% 的神经元分布在它的 8 条腕上，脑部却仅有 40%。章鱼在逃跑、捕猎时异常迅速敏捷，8 条腕相互配合、合理分工，从不缠绕打结，这得益于章鱼类似分布式计算的"多个小脑+一个大脑"。换句话说，章鱼的每一条腕都会"独立思考"，这样一来，大脑的压力就被分担了，即便是遇到危险，章鱼的 8 条腕也可以分别控制自己向 8 个不同的方向游动，从而避免产生"绕在一起"的现象。章鱼的这种思考方式，就是所谓的边缘计算，即将部分数据通过网络分发到更靠近用户的地方来计算，从而缓解核心部分的运算压力，降低网络传输时延，形成更高的计算效率，同时节约计算成本。

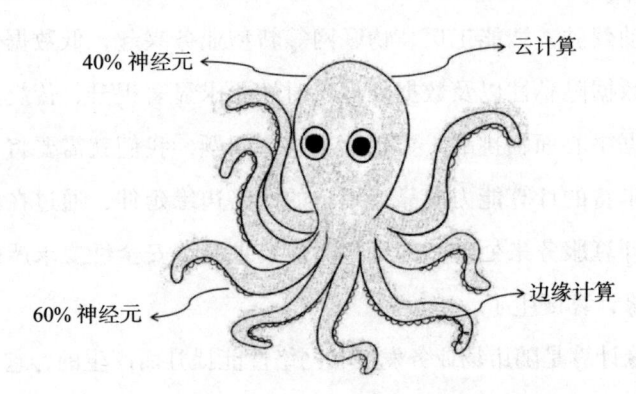

图 7-1　章鱼与边缘计算

缘起边缘，多方混战

边缘计算的起源可以追溯到20世纪90年代，阿卡迈公司率先推出了CDN服务，CDN在接近终端用户的地方设立传输节点，这些节点可以结合用户访问内容（网页和视频等）进行缓存和调度。因为CDN的调度分发节点通常部署在靠近终端用户的地方，所以"边缘计算"这个概念第一次在CDN领域提出。截至2003年，阿卡迈的CDN承担了全球15%~30%的业务流量。阿卡迈雄心勃勃，其希望借助庞大的用户群体和广泛分布的CDN机房，将CDN节点包装成"分布式计算"或"边缘计算"节点，为客户提供云服务。但限于当时网络带宽较低，移动互联网尚未兴起，低时延、高可靠的业务需求也未显现，传统的云计算服务仍占据主流，"边缘计算"并未风靡一时。

2012年，思科提出了雾计算，它被定义为迁移云计算中心任务到网络边缘设备执行的一种高度虚拟化的计算平台。云计算架构将计算从用户侧集中到数据中心，让计算远离了数据源，但这同时会带来计算延迟、拥塞、低可靠性和安全攻击等问题，于是在云计算发展了大约10年后的2015年，修补云计算架构的"大补丁"——雾计算兴起了。雾计算就是本地化的云计算，是云计算的补充。云计算更强调计算的方式，雾计算更强调计算的位置。如果说云计算是WAN（广域网）计算，那么雾计算就是LAN（局域网）计算。如果说CDN解决的是TCP/IP本地化缓存问题，那么雾计算解决的就是云计算本地化计算问题。2015年11月，思科、ARM、戴尔、英特尔、微软及普林斯顿大学边缘实验室共同宣布成立OpenFog联盟。

边缘计算的热潮也涌向了电信行业。2014年，ETSI（欧洲电信标准化协会）成立了移动边缘计算（MEC）规范工作组，正式宣布推动MEC标准化。其基本思想是把云计算平台从移动核心网络内部迁移到移动接入网边缘，实现计算及存储资源的弹性使用。MEC 位于无线接入网内，接近移动用户，由此可以实现超低时延、高带宽，也就做到了提高服务质量和用户体验。随着研究的深入，ETSI 将 MEC 中"M"的定义也做了进一步的扩展，使其不再局限于移动接入，也涵盖 Wi-Fi 接入、固定接入等其他非 3GPP 接入方式，将 MEC 从电信蜂窝网络延伸至其他无线接入网络。2017 年 3 月，ETSI 把 MEC 中的"M"重新定义为"Multi-Access"（多接入），"移动边缘计算"的概念也变为"多接入边缘计算"。以 ETSI 的 MEC 架构为指导，电信运营商纷纷开始涉足边缘计算领域：美国运营商 AT&T 积极推出 Akraino、Airship 等开源项目，形成边缘计算开放方案，在 AR/VR 应用、自动驾驶和智能城市方面开展实验；德国电信与韩国 SK 合作成立了边缘计算公司 Mobil EdgeX 来专门开展边缘计算业务；中国三大运营商也正积极开展结合网络能力的边缘计算试点，以网带云，充分发挥 5G 网络低时延、大带宽、广连接的特点和边缘云的资源能力优势，将算力与网络有机地结合起来，为垂直行业提供算网融合的基础设施服务。

在产业方面，2016 年，华为、中国科学院、中国信息通信研究院、ARM 等企业和科研机构共同成立了边缘计算产业联盟。该联盟的成立旨在推动边缘计算的发展，并搭建边缘计算产业合作平台，推动 OT（操作技术，多指工厂内的自动化控制技术）和 ICT（信息与通信技术）产业开放协作。

2016 年以来，公有云服务商基于丰富的 PaaS 能力和 SaaS 产品等一整套完善的技术堆栈和成熟的云生态，将"AI+ 物联网"能力无缝扩展至边缘设备，并希望将更多的公有云服务延伸至边缘。云服务商发展边缘计算的模式主要是将云能力以轻量化、易部署的形式下沉到用户端，倾向内置云原生的技术，呈现多样化发展的态势。

第一，面向物联网场景。云服务商依托已有的云服务能力，加速智能化连接，积极布局边缘级设备和边缘云计算能力。AWS 在 2016 年上线了边缘计算物联网平台 GreenGrass，支持对物联网设备进行边缘数据采集、本地数据处理和双向控制操作，并在 2018 年新增了机器学习能力。微软在 2017 年发布了 Azure IoT Edge 产品，该产品可以将计算能力由核心侧的 Azure 云端推送至边缘设备。阿里云在 2018 年推出首个物联网边缘计算产品 Link Edge，侧重园区、物联网的边缘计算市场。

第二，拓展园区、工业、交通等垂直行业，云服务商尝试边缘计算软硬件一体化产品的布局。AWS 在 2019 年发布了软硬一体化的 Outposts 产品，内置 AWS 云服务，并可上联 AWS 核心云进行远程管理，以租赁形式部署在用户侧。AWS 同时发布了边缘硬件设备 Snowball Edge Compute，支持 AWS 的 EC2、S3 实例服务，也支持 GPU 增强款实例，满足边缘 AI、图形图像处理等业务需求。

第三，基于自有或合作 CDN 节点形成面向特定或通用场景的边缘计算服务。2019 年，阿里云基于运营商边缘节点和自有 CDN 构建了边缘节点服务（ENS），一站式提供靠近终端用户的、全域覆盖的弹性分布式算力资源。腾讯云复用 CDN 节点、海外入网点（PoP）和运营商 MEC 机房，构建边缘可用区，发布的 ECM（边缘计算机器）产品现已广泛应用于实时音视频通信、游戏加速、视频直播、在线教育、云游戏等场景。

OT 界也希望通过边缘计算深耕垂直行业，拓展业务场景。OT 界主要以工控设备为载体，大力发展基于物联网场景的边缘计算应用，在工业现场终结实时性业务，实现上云数据的清洗和过滤，提高云平台运行效率。

边缘计算的定义

上一节我们了解了边缘计算的历史和当前的产业情况，那么到底什么是边缘计算呢？本节从业界定义来解释边缘计算[1]的内涵。边缘计算是一种分布式计算和网络技术组合发展的新型计算架构，而由于不同行业的视角不同其定义也不尽相同。

ETSI和通信运营商认为边缘计算是在移动网络边缘提供IT服务环境和计算能力，强调靠近移动用户，以减少网络操作和服务交付的时延，提高用户体验。该定义更多地从移动网络环境出发，强调提供IT服务和计算能力。

通信运营商认为边缘计算是在网络边缘提供计算和网络服务，强调使用边缘侧的算力提高计算能力，同时满足客户网络需求，以提供更高质量的边缘业务服务。该定义更多地从算力能力出发，强调计算和网络能力。

高德纳认为边缘计算描述了一种计算拓扑，在这种拓扑结构中，信息处理、内容采集和分发均被置于距离信息更近的源头处完成。该定义从比较抽象的宏观信息处理层面强调了信息获取处理的源头位置。

维基百科认为边缘计算是一种优化云计算系统的方法，在网络边缘执行数据处理，靠近数据的来源。该概念强调了网络和数据处理位置，并强调了边缘计算是一种基于云计算的优化方法。

边缘计算产业联盟与工业互联网产业联盟认为边缘计算是在靠近物或数据源头的网络边缘侧，融合网络、计算、存储、应用核心能力的开放平台，就近提供边缘智能服务，满足行业数字化在敏捷连接、实时业务、数据优化、应用智能、安全与隐私保护等方面的关键需求。该概念的视角比较全面，除了位置，还强调了平台的服务化及其与物的连接。

中国开源云联盟从云计算角度给出边缘云的定义：边缘云计算（简称边缘云），是构筑在边缘基础设施之上的云计算模式，能够支持与中心云计算协作，在靠近事物、数据源头的网络边缘侧，提供可弹性扩展的云服务能力，具有低延时、大带宽、多连接等服务特点。

上述边缘计算的各种定义虽然在描述上各有差异，但基本都在表达一个共识：边缘计算是在更靠近终端数据的网络边缘上提供与云计算类似的算力服务。随着边缘计算形态的多样化和分散更加广泛，部署下探到省市、区县甚至工厂和园区内部，算力形态可以是池化的云资源、一体化算力和端侧异构独立算力。其核心特点包括以下4个方面。[1]

联接互通

联接性是边缘计算的基础，它体现了网络特性。所联接物理对象的多样性及应用场景的多样性，需要边缘计算具备丰富的联接功能，如各种网络接口、网络协议、网络拓扑、网络部署与配置、网络管理与维护。联接性需要充分借鉴吸收网络领域的先进研究成果，如SDN、NFV、NaaS、WLAN（无线局域网）、NB-IoT（窄带物联网）、5G等，同时还要考虑与现有各种工业总线的互联、互通、互操作。

靠近用户

边缘计算的部署属性强调靠近网络分流的边缘侧和数据获取的源头。靠近网络边缘有利于缩短网络传输距离，降低时延；靠近数据的第一入口，拥有大量、实时、完整的数据，可基于数据全生命周期进行管理与价值创造，将更好地支撑预测性维护、资产管理与效率提升等创新应用，并通过本地化的处理降低数据传输成本。

跨界融合

OT、IT 和 CT 的融合是行业数字化转型的重要基础。边缘计算作为"OICT"（运营、信息、通信技术）融合与协同的关键承载，需要在靠近数据源和用户的位置为用户提供计算、存储等基础设施，同时以开放平台为载体，为用户提供云环境、PaaS 能力和相应的边缘业务，在用户近端实现更安全、实时的智能化业务。

环境约束

由于部署位置与传统云计算大型数据中心不同，边缘计算产品需适配工业现场或相对恶劣的工作条件与运行环境，如需要防电磁、防尘、防爆、抗振动、抗电流/电压波动等情况的工作环境。在工业互联场景下，对边缘计算设备的功耗、成本、空间也有较高的要求。边缘计算产品需要考虑通过软硬件集成与优化，以满足各种约束条件，支撑行业数字化多样性场景。

在边缘计算业务发展的驱动下，算力的分布式化、多样化、泛在化将成为趋势。同时，算力的发展，也使得边缘计算一跃成为跨界赋能的使能先锋。

边缘计算缘至何处

边缘计算的特性在于计算能力的分布式下沉和靠近用户，对边缘计算节点部署位置的选择主要从降低时延、疏解拥塞、数据不出厂和降低部署成本这 4 个维度来考量，同时兼顾不同的商业模式（如为垂直行业提供专云专网），综合决定边缘计算节点部署的位置。

前面我们说过，边缘计算是将计算节点分布式部署在网络边缘，那么其部署位置就和网络架构密不可分，因此，结合网络的接入、汇聚、骨干的分级部署特征，边缘计算部署的位置可分为用户侧现场级边缘计算和网络侧通用边缘计算（如图 7-2 所示）。

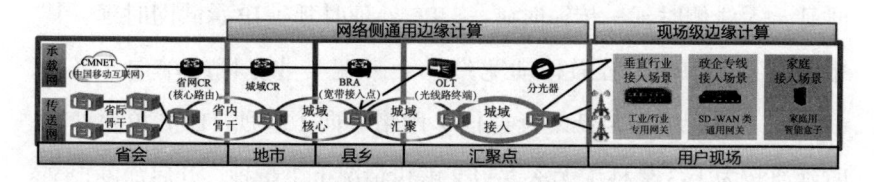

图 7-2　边缘计算部署位置及分类

用户侧现场级边缘计算

用户侧现场级边缘计算通常部署在客户的企业园区或厂区。企业客户一般要求核心数据如产线数据、设备状态数据等不出园区，同时具有安全隔离等功能，只有在企业侧的园区机房部署边缘计算才能满足相关数据安全需求。以 5G 工业互联网为例，为满足现场级边缘计算需求，用户要求将 5G 网络的数据转发功能 UPF 下沉到企业侧的园区机房，园区内的各类终端通过 5G 基站直接将相关数据通过 UPF 分发到企业侧的边缘计算平台，由边缘计算平台上的各类应用提供诸如产线控制、质量检测等生产性功能。用户侧现场级边缘计算可以在物联网设备上集成一体化解决方案，也可以通过建设边缘云的方式来提供算力更为强劲、功能更为丰富且灵活的计算服务。

网络侧通用边缘计算

网络侧通用边缘计算节点具体部署的下沉位置往往和具体业务的时延要求紧密相关，在这里我们需要指出，边缘计算的部署位置并不是越低越好，因为部署位置越低，边缘计算服务覆盖的范围就越小、部署成本也越高，所以我们需要结合业务的实际网络、算力等需求合理选择边缘节点。

以 5G 接入为例，根据 5G 业务单向时延理论估算，5G 单项业务时延 = 无线侧时延 + 传输时延 + UPF 处理时延 + IP 承载网时延。其中无线侧 eMBB（增强移动宽带）大带宽类业务网络单向 5 毫秒，uRLLC（超高可靠与低时延通信）网络单向 1 毫秒，UPF 单项处理时延通常为 1~3 毫秒（无深度报文解析情况下 1 毫秒，开启深度报文解析情况下 3 毫秒），传输网单向时延通常为 2~10 毫秒。IP 承载网时延通常与业务服务器的部署位置有关。如果业务服务器与 UPF 在同一个省内，则时延通常在 10 毫秒左右；如果业务服务器与 UPF 不在同一个省内，有跨省传送的需求，则时延通常在 30 毫秒左右。

网络侧通用边缘计算的下沉位置要结合高清视频、AR/VR、云游戏等业务对带宽和时延等的需求，因地制宜地选择。中国移动针对高清视频、AR/VR、云游戏等业务进行了外场试点，测试发现，将 UPF 和边缘计算部署在地市侧，且对应的业务平台也部署在地市侧，基本可以满足上述业务需求。但面向未来车联网自动驾驶等场景，我们初步估计地市侧通用边缘计算无法满足高级别自动驾驶需求，需要进一步下沉到区县甚至靠近道路的位置。网络侧通用边缘计算通常采用云资源池的方式，通过虚拟化、容器化技术，并叠加通用和行业 PaaS 能力，面向各行各业提供灵活敏捷的差异化服务。

与云计算一脉相承的边缘计算

基因相似的哥俩儿好

说边缘计算是云计算的"小弟",是因为边缘计算和云计算一脉相承,基因相似。边缘计算平台本质上是在边缘硬件上构建的云计算平台,同样可提供 IaaS、PaaS 和 SaaS 服务。但是由于边缘侧节点数量较多、位置分散、机房环境条件参差不齐,边缘计算平台承载的通常为云游戏、自动驾驶、工控等时延敏感类业务,因此其在技术特点上会与云计算有些许不同:一是管理轻量化,边缘节点资源有限,相比云计算大而全的管理系统,边缘管理组件会按需进行适当剪裁;二是资源异构化,边缘节点会优先选择开销更小的虚拟化技术,会存在裸机、虚拟机、容器等多种计算模式;三是具备软硬件加速能力,边缘业务具有低延时、高带宽、密集计算等特征,需要边缘计算提供加速能力,需要引入 FPGA、GPU、ASIC 等加速硬件;四是具备边缘自治能力,由于边缘节点分布分散,位置偏远,现场运维条件有限,边缘计算平台需要自动化、智能化手段加持,当边缘节点与核心节点之间的网络中断时,边缘节点可以实现本地运维和故障自愈。

值得注意的是,边缘计算这个"小弟"并不能取代云计算这个"大哥"的位置,相反,两人是"亲兄弟",边缘计算的出现填补了云计算服务无法覆盖的业务场景,同时与云计算这位"大哥"时刻进行着沟通与协同。因而我们在讨论边缘计算时往往不能完全独立于云计算,而应在云-边-端的整体框架之下,将边缘计算视作中心云在靠近用户侧下沉的一种边缘云形态。如前所述边缘计算的"章鱼理论",章鱼"一个大脑+N个小脑+无数神经末梢"结构和"中心云+边缘云+终端"的分布式架构（如图 7-3 所示）极为相似，各式各样的终端在采集到海量数据后，将需要实时处理的小规模、局部数据就近在边缘云上处理，将复杂、大规模的全局性任务交由中心云汇总和深入分析，中心云与边缘云通过云管平台的统一管控、智能调度，实现算力的优化分配。

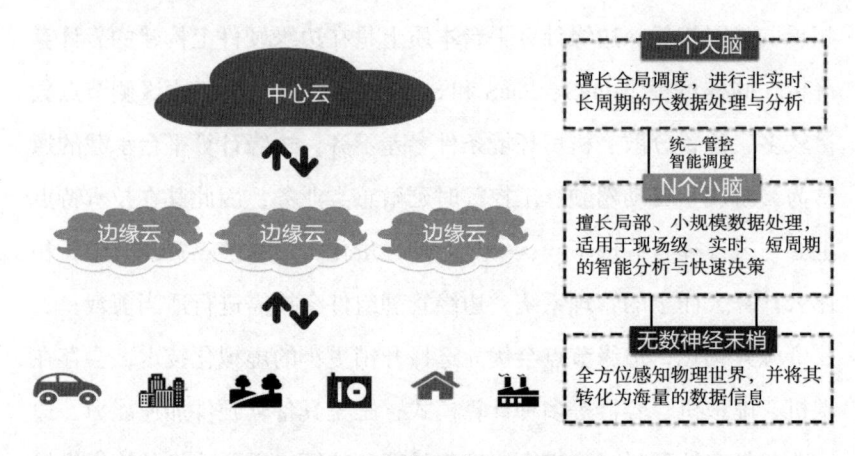

图 7-3　云边协同的"章鱼理论"

打虎亲兄弟

　　正如上节所说，云计算与边缘计算不是割裂的，二者需要通过紧密协同才能更好地满足人们生活、生产、工作和社会治理等需求，从而最大限度地体现云计算与边缘计算的价值。云计算具有算力强、存储多、规模大等特点，而边缘计算具有对数据处理的实时、快速、安全等特点。现如今，面向用户、家庭、行业以及新领域的多种业务场景，均会涉及"云"和"边"的协同、"边"和"边"的协同。打虎亲兄弟，云侧和边侧在面对业务提出的难题时，都是并肩作战的。

云边协同的主要功能包括资源协同、数据协同、智能协同、应用管理协同、业务编排协同、服务协同、安全策略协同等多个方面。

- 资源协同：重点指云和边在计算、存储、网络等基础设施资源层面的协同。计算资源协同指的是在边缘云资源不足的情况下，可以调用中心云的资源进行补充，并满足边缘云应用对资源的需要。存储资源协同指的是当边缘云存储不足时，可以将一部分数据存到中心云中，在应用需要的时候通过网络传输到客户端，从而节省边缘云的存储资源。网络资源协同指的是边缘云与中心云的连接网络可能存在多条，在边缘云和云计算的某一条链路发生故障或拥塞的情况下，云管理系统可以选择备用链路或者通过其他节点进行接续的方式继续传递数据。
- 数据协同：重点指数据可以在云和边之间可控有序地流动，形成完整的数据流转路径，高效、低成本地对数据进行生命周期管理与价值挖掘。中心云具备海量的数据存储、丰富的算力资源，其可以存储大量温冷数据，或是执行AI训练等算力需求较高的计算任务。在中心云和边缘云建立起完整的数据通路，可以合理利用带宽资源，边缘云通过端侧收集到海量数据，在边缘云进行初步的筛选和处理后，回传至中心云，在中心云进一步挖掘数据价值。
- 智能协同：是指边缘节点按照AI模型执行推理，实现分布式智能；云端开展AI集中式模型训练，并将模型下发边缘节点。智能协同会被应用在智能安防、智慧工厂、自动驾驶等很多主要面向行业的云边场景中。一方面，其可以借助中心云进行海量算力的AI模型训练，对大量样本进行特征学习，形成特定算法模型并不断修正，生成适合场景的 AI 模型；另一方面，其借助边缘低时延优势，进行 AI 推理，可以实现端侧数据的实时处理和快速反馈。云和边之间搭建智能协同机制，用于 AI 模型的推送、原始数据的收集和传输等。

- 应用管理协同：重点指边缘节点提供应用部署与运行环境的能力，中心节点主要提供应用开发、测试环境以及业务的生命周期管理能力，包括应用的推送、安装、卸载、更新、监控及日志等。中心节点可以将已经存在的应用镜像传送到不同的边缘云进行孵化启动，完成对应用的高可用保障和热迁移。同时，边缘节点也具备应用的生命周期管理能力，比如安装、启动、停止、自愈等，当边缘节点和中心节点之间出现故障断连时，边缘节点进行生命周期管理，保障应用在边缘云的业务不受影响。

- 业务编排协同：重点指边缘节点提供模块化、微服务化的应用实例，云端可提供按照客户需求快速建立应用的业务编排能力。在云边协同的场景中，中心云和边缘云的应用部署需要统筹考虑，在中心云可以具备业务编排组件，提供云边业务的编排管理，将模块化、组件化、微服务化等应用整合成可以对外提供完整服务的业务，并且根据资源和网络情况部署到合适的节点中。

- 服务协同：重点指边缘节点按照云端策略面向客户提供 SaaS 服务，云端提供 SaaS 服务在云端和边缘节点的服务分布策略，以及云端承担的 SaaS 服务能力。由于资源有限，边缘云需要依据用户需求，合理部署 SaaS 服务，中心云可以根据用户需求和资源情况，合理制定 SaaS 服务分布策略，并实现云边

SaaS 服务的协同。
- 安全策略协同：边缘节点提供了部分安全策略，包括接入侧的防火墙、安全组等；中心云则提供更为完善的安全策略，包括流量清洗、流量分析等。在安全策略协同的过程中，中心云如发现某个边缘云存在恶意流量，就可以对其进行阻断，防止恶意流量在整个边缘云平台中扩散。

此外，在车联网、云游戏等场景中，还涉及不同地域的边边协同。边边协同可以实现小范围内更低时延、更高效率的通信。比如在车联网的场景中，车辆在不断行驶的过程中需要不断地从一个边缘节点切换到另一个边缘节点，要求自动驾驶等应用在不同的边缘节点同时进行部署或者热迁移，以满足边缘节点间切换的实时性需求，最终实现业务的无缝切换，满足业务 SLA（服务等级协议）质量要求。当然，在边边协同场景中离不开云边协同场景，中心云需要根据应用的不同时段要求、不同地域要求，将应用进行部署，并下发策略实现应用的平滑迁移。云边与边边的协同场景综合使用，可以促进业务的广域连续性覆盖。

兄弟同心，其利断金

云边协同、边边协同在面向 C（用户）、H（家庭）、B（行业）、N（新业务）场景中均有体现，所谓兄弟同心，其利断金，通过云边高效可靠的资源协同、数据协同、智能协同、应用管理协同、业务编排协同、服务协同、安全策略协同等技术，能够给用户带来新体验、新模式、新生态和新价值。

场景一：云游戏——资源应用和数据协同

云游戏是以计算为基础的游戏方式，其本质为交互性的在线视频流，在云游戏的运行模式下，游戏在云端服务器上运行，并将渲染完毕的游戏画面或指令压缩，然后通过网络传送给用户。我们可以将其形象地理解为远程超强服务器中拥有众多虚拟电脑，玩家可在其中一台电脑中进行游戏，游戏的画面与声音通过网络传输至终端（PC、移动终端、机顶盒等），玩家可通过输入设备（鼠标、键盘、手柄等）对游戏进行实时操作。云游戏作为一种与云计算等技术相融合的产物，其区别于端游、页游、手游、主机游戏等类型的游戏，具备游戏资源云化、运行过程云化、游戏内容跨平台、瘦客户端性、计算和网络强依赖、平台化管理6个典型特征，这就有效解决了传统游戏依赖终端性能、成本较高、下载费时费力、无法跨平台等问题。"云游戏"对网络实时性、稳定性，以及云端算力的高效性要求极高，为获取较低的网络时延与抖动，提升玩家体验，当前业界普遍将游戏业务中图像视频渲染的模块放在边缘云，将游戏中的操作、信令类的控制模块放在核心云，通过资源协同、应用管理协同、数据协同等云边协同手段，在保证用户接收游戏视频流无卡顿、无延时的同时，保证不同用户间的操作互通，即保证了云游戏的游戏体验。

场景二：高清视频——数据协同

近年来，随着消费者对于视频清晰度需求的不断提高，市场正在从高清向超高清演进。超高清视频的高分辨率、高帧率和高动态范围可以让画质更精细、更流畅、更真实，宽色域、高色域、高色深让色彩更丰富、更精准，三维全景声使声音更具空间感和方位感。超高清视频的优点是其具有非常强的临场感和实物感，对现实场景有最为细腻逼真的还原。就体育赛事的转播来说，超高清视频是体育迷的福音。但是高清视频的传输也对网络带宽提出了新的需求，面对这个问题，云边协同就有了用武之地。这里主要应用了数据协同，当用户上传视频文件时，可以将请求就近分流到边缘平台上，由边缘平台基于用户设备的类型信息选择满足用户分辨率需求的格式，并对视频进行处理、本地存储或者文件下发，高画质视频文件在网络闲时再上传到远端云平台。当用户下载视频时，管理系统本着"小弟"搞不定才需要"大哥"出手相救的原则，只有当本地存储的视频无法满足用户需求时，管理系统才将用户的视频业务请求转发到远端中心云，由中心云为用户提供服务，完成高画质视频业务的处理和下发。这样可以有效缓解网络压力，合理高效地利用网络资源。

场景三：视频监控——应用数据智能协同

从 21 世纪初的"科技强警战略"到城市报警与监控系统建设，再到"平安城市""天网工程"和"雪亮工程"，政府不断出台相应政策，加强社会安防综合治理，推进立体化社会安防防控体系建设。视频监控可以说是维护社会稳定、预防和打击暴力恐怖犯罪的重要手段。在云边协同时代，通过数据协同、智能协同、应用管理协同等技术，视频监控可以实现从"看得到"到"看得清"再到"看得懂"的能力升级，从"被动监控，事后调查"到"主动识别，提前预警"的安防模式转变。如图 7-4 所示，在靠近监控终端的边缘云可以部署人脸检测模型、人流监控模型、周界检测模型等，对终端数据进行实时的处理，降低处理和反馈时延。在中心云可以建立数据库，在网络闲时，将原始图片等从边缘云上传到中心云，实现温冷数据的存储，为 AI 模型训练提供素材。在中心云，还可以建立起 AI 训练模块，对

AI模型进行训练和修正，定期将模型推到边缘云，提供更高效、更高精度的识别算法。

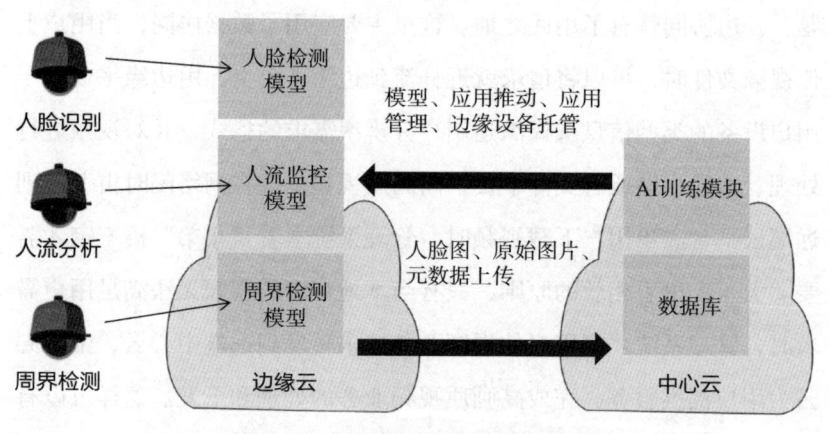

图7-4 视频监控云边协同示意图

场景四：车联网——云边、边边、边端协同

在面向未来的车联网场景中，不仅需要云边协同，还需要边边协同。车联网技术的发展，将赋予交通出行新的生命力。车辆不再是冰冷的载具，而是"听得懂""看得远""跑得稳"的好帮手。车辆能够"听得懂"，带你去任何你想到达的目的地；车辆能够"看得远"，在载你行驶的过程中，眼观六路，耳听八方，时刻关注周围环境变化，提前做好准备；车辆能够"跑得稳"，在遇到任何紧急或者危险情况时，都能够载你平稳度过，不出任何差错。让车辆成为这样"智能"的好伙伴正需要云、边、端紧密配合、无缝联动、数据协同，构建以车辆和边缘云为核心的自动驾驶分级决策平台以及以云端为核心的5G智能交通平台。如图7-5所示，通过端边协同，如车车通信、车路通信等，可以实现精准低时延控制、精准定位；同时通过在边缘云上构建管理系统和信息中心实现边边协同，解决单车感知受限问题，降低车载系统的计算复杂度，实现区域化的安全质量保证和管理。而中心云侧的 5G 智能交通平台可发挥集中大数据处理的优势，进行全网动态车辆数据分析和远程非实时性管理控制。

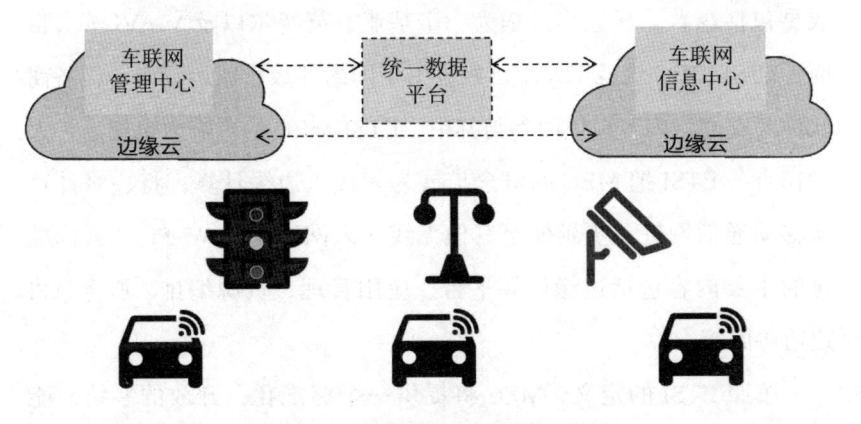

图 7-5 车联网的云边协同示意图

边缘计算的赛场

边缘计算的社区与生态

为了推动边缘计算产业发展，运营商和厂商均积极推动在传统 CT 标准化组织开展边缘计算方面的标准化研究和制定工作，同时积极借鉴 IT 产业经验，依靠开源组织加速边缘计算应用落地。本节将向大家介绍业界主流的标准和开源项目的最新发展情况。

边缘计算标准化发展

ETSI MEC 规范工作组

ETSI 于 2014 年成立了 MEC 规范工作组，正式宣布推动 MEC

标准化，项目希望在移动网络边缘为应用开发商与内容提供商搭建一个基于云化技术与 IT 环境的服务平台，并通过该平台开放移动通信网络侧信息，实现高带宽、低时延业务支撑与本地管理。联盟的初创成员包括惠普、沃达丰、华为、诺基亚、英特尔以及 VIAVI 等。目前，ETSI MEC 规范工作组已经吸引了国内外数百家运营商、设备商、软件开发商、内容提供商参与其中，ETSI MEC 的影响力也逐渐扩大。2016 年，ETSI 把 MEC 的概念扩展为多接入边缘计算，将边缘计算从移动通信网进一步延伸至其他无线接入网络（如 Wi-Fi）。其标准化的主要内容包括边缘计算平台、应用管理、资源编排、服务 API、边边协同等。

　　按照 ETSI 的定义，MEC 将提供一个标准化、开放的系统，能够支持多种虚拟化技术，应用程序能够发现主机上可用的应用程序和服务的能力，并将请求和数据定向到一个或多个主机。如图 7-6 所示，MEC 整体架构包括管理编排域和基础设施域两部分，其中，管理编排域包括 MEC 编排器、MEC 平台管理器和虚拟化基础设施管理器；基础设施域包括 MEC 应用、MEC 平台和虚拟化基础设施。

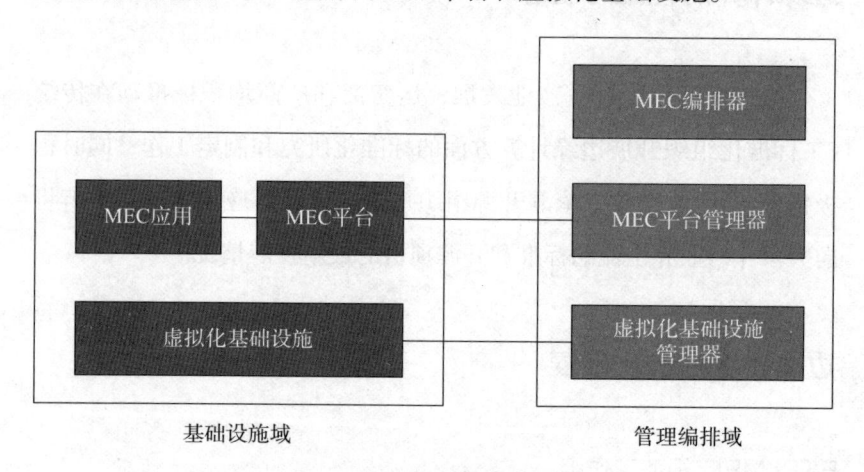

图 7-6　MEC 整体架构图

2017年年底，ETSI MEC规范工作组已经完成了第一阶段基于传统4G网络架构的部署，定义了MEC的应用场景、参考架构、边缘计算平台应用支撑API、应用生命周期管理与运维框架以及网络侧能力服务API（定位/带宽管理）。其主要定义了MEC的分层架构，并围绕运营商已有的NFV架构进行了扩展和映射。2019年年底，ETSI MEC规范工作组完成了第二阶段标准的制定，主要聚焦于包括5G、Wi-Fi、固网在内的多接入边缘计算系统，重点覆盖基于NFV的MEC参考架构、端到端边缘应用移动性、5G核心网集成、切片、基于容器的应用部署、V2X（车对外界的信息交换）支撑、Wi-Fi与固网能力开放等研究项目，从而更好地支撑MEC商业化部署与固移融合需求。ETSI MEC规范工作组还鼓励各会员单位和参与公司积极提交MEC概念实践案例，征集各大公司开展的MEC实际落地的工作。国内联通等运营商的边缘计算主要参考了MEC架构。

虽然ETSI MEC规范工作组在多个领域开展了富有成效的研究工作，为MEC产业链的各家单位提供了第一手宝贵的学习和参考文献，但是其离预期的引领MEC标准化、实现商用落地的目标还有很大差距。首先，由于该工作组被欧洲的设备商和运营商把持，它们在其中具有较大的话语权，却缺乏有效的MEC实践支撑，因此，大量的标准文稿都存在"技术浓厚，落地困难"的问题。其次，标准文稿中所涉及的MEC参考架构封闭性极强，虽然其在NFV架构基础上进行延伸，但没有过多地考虑实际部署、运营商网络架构和通用的云计算架构，基本没有实现设备和虚拟化之间的解耦，没有细化接口定义，这和MEC开放、开源的宗旨背道而驰，也使得产品开发落地困难。

3GPP 的 5G 及 MEC 标准

3GPP 是一个成立于 1998 年 12 月的标准化组织，也是运营商和设备商研究并制定 5G 相关标准的主要标准化组织。

3GPP 在 2018 年发布了首个 5G Release 15 标准版本，制定了全新的服务化架构，如图 7-7 所示。5G 网络架构主要由控制面网元和用户面网元组成，控制面网元主要包括统一数据管理、接入与移动性管理功能、会话管理功能（SMF）、策略控制功能、认证服务器功能、能力开放功能器等网元；用户面网元主要由 UPF 组成，UPF 主要实现流量的转发和分流等功能。5G 网络还引入了全新的网络切片机制，利用切片可以将网络分为多个物理隔离或逻辑隔离的网络，以满足千行百业的定制化网络需求。

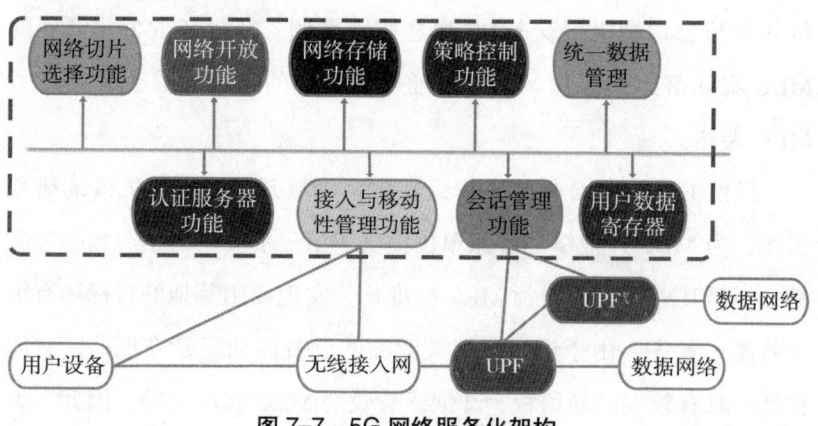

图 7-7　5G 网络服务化架构

3GPP 5G Release 15 标准原生支持边缘计算的能力，主要是通过对转发面网元 UPF 进行了机制性的创新设计，其通过将 UPF 按照功能要求拆分为锚点 UPF 和分流 UPF 两类 UPF 以支持 UPF 的分层部署，如图 7-8 所示。其中分流 UPF 可以根据特定的规则如目的 IP 地址或源 IP 地址将数据流分发到不同的锚点 UPF，进而将数据流转发到不同的数据网中。针对边缘计算，分流 UPF 可以将需要进行边缘分流的数据流量转发到与边缘计算相关联的锚点 UPF 中，然后由锚点 UPF 将数据流输送到边缘计算平台。UPF 的分层化设计，使得 5G 用户的数据流向不再是单一、共享的，而是可以根据业务的需求进行差异化疏导。

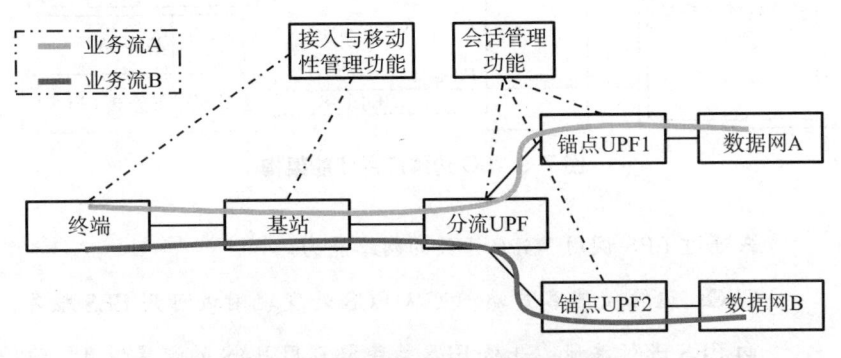

图 7-8 5G 网络边缘计算分流架构

同时，3GPP SA6 工作组基于各垂直行业应用的业务需求，引入边缘使能层的概念，旨在为上层行业应用提供低时延、高连续性、安全可信、可管可控的边缘网络服务。在终端（UE）侧及边缘网络侧分别引入 EEC（边缘使能客户端）及 EES（边缘使能服务端）功能模块，在网络侧引入 ECS（边缘配置服务器）功能模块，其中各模块的功能如下，如图 7-9 所示。

- AC：应用客户端，安装在终端上的客户端应用，与边缘网络侧 EAS 之间传输应用数据流量。
- EAS：边缘应用服务器，安装在边缘平台上的边缘端应用服务器，支持向 EES 发起注册，当终端发生切换时源 S-EAS 可从 EES 处获取目的 T-EAS 信息并进行应用会话迁移。支持直接

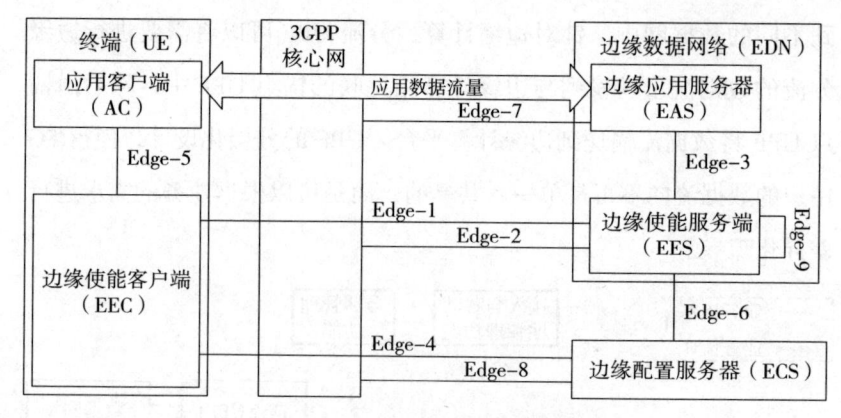

图 7-9 5G 边缘应用使能架构

或通过 EES 调用 3GPP 开放的网络能力。

- EEC：边缘使能客户端，可从 ECS 处发现附近可用 EES 服务，向 EES 进行注册，并从 EES 处获取可用 EAS 的配置信息。运营商的 ECS 的信息可静态配置在终端中或由运营商动态下发至终端。

- EES：边缘使能服务端，支持向 EEC 提供配置信息，可向 EAS 提供终端位置、QoS 及 T-EAS 等信息并根据北向 EAS 的需求调用 3GPP 开放的网络能力。支持按需发起 EAS 实例化流程等操作。

- ECS：边缘配置服务器，支持向 EES 提供注册功能，并向 EEC 发布可用 EES 的连接信息，可作为 API 调用者使用 3GPP 开放的网络能力。

ITU 的 MEC 和边缘云标准化

ITU 是联合国的一个重要专门机构，也是联合国机构中历史最长的一个国际组织，其涉及移动网络和云计算的各个工作组从不同方面开展边缘计算和边缘云相关的标准定义，如面向物联网的边缘计算需求标准、CDN 的边缘计算需求和架构标准。ITU 的边缘计算相关工作主要集中在 ITU-T SG13 工作组，ITU-T SG13 工作组结合分布式云的整体架构，将云计算的分布式化分为中心云、区域云和边缘云，分析了边缘云、MEC 和边缘计算甚至雾计算之间的关联。中国移动在 SG13 工作组牵头定义了一系列边缘云管理需求、分布式云协同框架等标准。

与 3GPP 重点关注移动网络中的边缘计算不同，ITU-T SG13 工作组在固定、移动、Wi-Fi 等不同接入方式融合下的边缘应用寻址、边缘业务连续性保障、边缘业务一致性体验、边缘计算能力开放架构和功能等边缘计算关键使能技术等方面展开了研究。中国移动于 2020 年 3 月启动了"边缘应用寻址的场景和需求"与"边缘计算能力开放架构和关键技术"的标准研究。"边缘应用寻址的场景和需求"项目主要研究边缘应用寻址的典型场景、需求以及支持固移融合的边缘节点调度架构和技术方案。目前，中国移动已梳理了一些重要场景，包括 EAS 的首次调度、终端移动引起的 EAS 的重新调度以及不同接入方式下的边缘应用服务的调度等，并梳理了不同场景需要解决的关键问题。"边缘计算能力开放架构和关键技术"项目主要研究在边缘侧能力开放的架构、功能需求、接口和能力调用流程等。

CCSA 的 MEC 标准化

CCSA（中国通信标准化协会）于 2002 年 12 月 18 日在北京成立，由通信运营企业、制造企业、科研单位、高校等联合开展通信技术领域标准化活动。在 CCSA 的多个领域及工作组，均开展了边缘计算相关的标准化研究工作。

基于 3GPP 标准中支持边缘计算的相关网络功能要求和 ETSI 标准中对边缘计算系统架构的研究，CCSA TC5 下设的核心网工作组率先于 2018 年 2 月在国内开展 5G 边缘计算核心网关键技术研究以及基于 LTE 网络的边缘计算总体技术要求的行业标准制定，在之后的三年，运营商面向多接入边缘计算的 5G 核心网增强技术研究、5G 核心网边缘计算总体技术要求、5G 核心网边缘计算平台技术要求、5G 核心网边缘计算平台测试方法、5G 边缘计算安全技术研究报告、5G 边缘计算安全技术要求、5G 边缘计算能力开放技术要求等一系列核心网边缘计算制定了相关标准并进行了研究。

2020 年年底，中国移动在 CCSA TC7 下设的无线通信管理工作组牵头开展边缘计算运维管理总体技术要求和边缘计算编排器技术研究等工作，预计在 2023 年完成标准发布。

此外，CCSA TC610 和 CCSA TC606 均成立了边缘计算工作组，组织联盟成员共同讨论 MEC 领域商业发展需求和典型应用场景，研究产业需求、场景解决方案，结合试点试验和商业案例，形成研究报告、产业案例，探索边缘计算典型商业模式，共同推进边缘计算行业技术与标准的融合发展。

边缘计算开源社区

与标准化组织定义标准需求、架构和接口的重心项目不同，边缘计算开源社区更注重各类物联网场景及 MEC 能力平台的实现。开源社区主要聚焦于如下三类任务：定义需求、解决方案集成和各类组件的实现。由于开源项目众多，项目的开放度很高，更新速度也很快，无法一一列举，本文仅介绍当前相关的主要开源项目。

LF Edge

2019年Linux基金会成立了Linux Foundation Edge开源组织（以下简称LF Edge），LF Edge以推动物联网、电信运营商、制造企业和云生态系统的跨行业合作，加快边缘计算创新，挖掘新用户需求，促进边缘计算项目之间的协调为愿景，为独立于硬件、芯片、云或操作系统的边缘计算建立一个开放的技术框架。

LF Edge吸引了大量业内知名厂商参与，其中包括ARM、戴尔、爱立信、慧与（HPE）、华为、IBM、英特尔、瞻博网络、高通、红帽、三星等，各大厂商家积极推动组织发展，并成立了Akraino、EVE、Edge xFoundry等约10个边缘计算相关的开源项目。项目以蓝图的方式组织，涵盖各种边缘计算场景和用例，涉及5G、AI、边缘IaaS/PaaS、物联网等领域。此外，LF Edge根据项目的成熟度对项目进行了划分，其中Akraino和Edge xFoundry是两个成熟度较高的开源项目。

- Akraino由AT&T发起，以端到端边缘计算场景的最佳实践为出发点，构建完整可用的边缘计算开放基础设施和应用程序技术栈。研究内容涉及边缘基础设施、中间件、API、网络应用等，旨在提高运营商、供应商、物联网的边缘云基础设施能力，以边缘环境为基础提供一套分布式、高可靠、无人值守的各类边缘云解决方案。
- Edge xFoundry由戴尔EMC和VMware发起，以建立一个通用的符合云原生准则的物联网边缘通用框架为目标，支持多种连接协议、多节点管理等功能，是一种适用于物联网设备的通用数据收集平台，可以在任何边缘工业网关上运行，也可以在传感器和云之间建立网络接层。

- Edge Computing Glossary 是一个提供边缘应用统一定义的协同文档，便于行业对各自概念理解一致。
- EVE（on prem Edge）由物联网软件制造商 Zededa 发起，其目标是提供边缘硬件的虚拟化能力，从而更有效地分配任务负载、减少延迟。
- Home Edge 由三星发起，面向消费者物联网业务，适用于家庭场景的物联网设备，提供一个基于 Run-Anywhere 服务层的智慧家庭操作系统。

OpenStack 基金会

OpenStack 基金会是孵化云计算基础设施的成熟平台，其与边缘计算相关的项目主要聚焦于虚拟化和基础设施能力。其中两个最主要的项目是 Airship 和 StarlingX。

Airship 项目成立于 2018 年 5 月，由 AT&T 主导，英特尔重点参与。项目定位为云基础设施的自动化部署、配置、生命周期管理工具，支持通过 YAML 文档设计部署并更新云环境，当前工作重点是实现 OpenStack 的容器化部署，实现 AT&T 的一组自动化部署工具集的开源。

StarlingX 项目成立于 2018 年 5 月，由风河与英特尔主导，作为部分 Akraino Blueprint 的基础设施层提供方，项目基于 OpenStack 的发布版本，围绕边缘特性，提供高可靠、低时延、分布式的增强型云平台，可支持容器云或虚拟机云。项目核心内容是实现边缘基础设施层的集中运维管理，包括基础设施编排、配置管理、主机管理、故障管理、软件管理、服务管理等。

CNCF

CNCF（云原生计算开源软件基金会）是目前最为活跃的开源社区之一，其致力于在跨公共、私有和混合云等环境中提供容器、服务网格、微服务等云原生技术的解决方案。目前 CNCF 包含 80 多个项目，有来自 177 个国家的近 1 000 个组织的 110 000 多名贡献者，其白金会员包括全球知名的公共云服务提供商和企业软件公司等。CNCF 社区与边缘计算相关的项目聚焦于以云原生技术提供面向边缘侧的云边协同框架及边缘侧节点的技术栈方案，例如 KubeEdge、K3S、OpenYurt 及 SuperEdge。KubeEdge 由华为提供开源原始代码，架构上包含云端和边缘侧两部分，依托 Kubernetes 的容器编排和调度能力，实现云边协同、计算下沉、海量设备的平滑接入；OpenYurt 针对边缘场景中网络不稳定、云边运维困难等问题，对原生 Kubernetes 无侵入地增强，重点提供了边缘节点自治、云边运维通道、边缘单元化的能力；K3S 为 Rancher 公司提供的开源轻量级 Kubernetes 发行版，主要为物联网和边缘计算提供边缘侧整体 Kubernetes 集群方案，并增强了与 ARM 系统架构的兼容度。在支持自身社区边缘计算相关项目发展的同时，CNCF 也积极寻求与其他开源社区在边缘计算上的合作，例如 2018 年 CNCF 与 Eclipse 基金会共同成立了新的工作组，致力于推进在物联网边缘场景中支持 Kubernetes。

国内开源项目 EdgeGallery

在国内开源领域，EdgeGallery 是由华为主导，中国信息通信研究院、中国移动、中国联通、华为、腾讯、紫金山实验室、九州云和安恒信息 8 家创始单位共同推出的基于 5G MEC 架构的边缘计算平台框架项目，该项目旨在构建 MEC 边缘的资源、应用、安全、管理的基础框架，在边缘侧开放网络服务能力。同时，社区积极探索 MEC 生态建设，在架构设计上兼容异构的边缘基础设施，提供生态接入的平台和工具。

揭开边缘计算的神秘面纱

5G 边缘计算技术框架

揭开边缘计算的神秘面纱，5G 边缘计算技术参考架构分为接入终端、网络连接、边缘基础设施、核心服务能力、应用及业务 5 个层面。5G 边缘计算技术框架如图 7-10 所示。

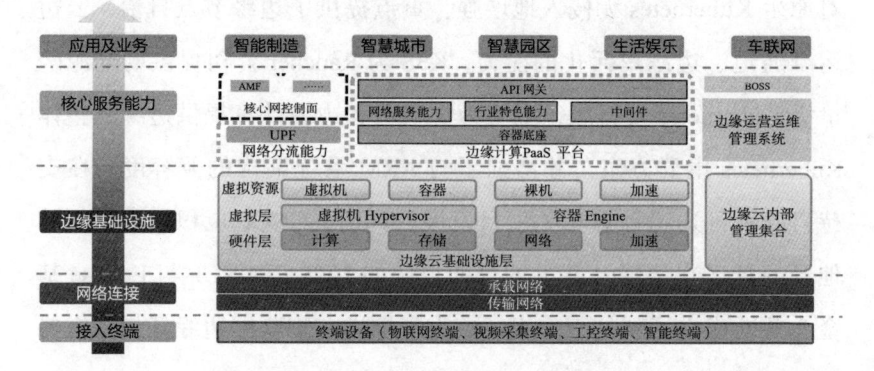

图 7-10　5G 边缘计算技术框架

接入终端包括各种智能终端、视频采集终端、物联网传感器、控制器等信息采集和控制指令执行设备，是边缘计算服务系统与用户交互的媒介，也是端侧边缘最丰富的形态。

网络连接为边缘计算节点间及边缘计算节点与中心云间提供网络

连接能力。承载网络和升级后的传输网络都可以为边缘计算业务提供三层网络连接能力，边缘计算业务可以通过创建VPN实现业务流量的隔离，保障业务数据的底层网络安全性。

边缘基础设施为边缘计算业务提供异构算力资源，包括计算资源、存储资源、硬件加速等基础资源，为上层业务提供硬件或虚拟化资源支撑。计算资源需要支持多样化部署，可以选择通用服务器、ARM架构服务器、OTII（开放电信基础设施）服务器、专用硬件以及各种定制化硬件，以满足边缘环境对基础设施资源的需求。基础资源可以对上层MEP（移动边缘计算平台）的PaaS平台、UPF等边缘网元及边缘应用提供虚拟机或容器等虚拟化服务能力，实现基础资源共享。

边缘计算的核心服务能力由下沉的5G核心网用户面转发设备UPF、边缘计算PaaS平台、边缘计算运营平台、边缘网管系统、网络能力开放平台及BOSS系统6个关键部分组成。

- UPF作为5G核心网业务面网元，主要支持终端业务数据的路由和转发、数据和业务识别、转发策略的执行等能力。UPF可以下沉到用户侧部署，例如部署在省中心、地市或者园区，从而达到降低用户数据转发时延的目的。它直接接受5G核心网会话管理功能的控制和管理，依据会话管理功能下发的各种策略执行业务流的处理。其中除了边缘必备的UPF能力，配合边缘计算的丰富网络服务还可以进一步将定制化的核心网部分下沉到用户侧。

- 边缘计算PaaS平台提供应用程序的运行和开发环境，PaaS平台支持将各系统对外暴露的服务聚合起来，所有要调用这些服务的应用都需要通过PaaS平台提供的能力进行访问。边缘计算 PaaS 平台对外提供网络能力及 IT 通用能力，PaaS 平台可以通过开放的 Restful API 方式或服务运行平台方式提供能力，供平台上运行的边缘计算应用调用，实现网络分流等，这部分将在边缘 PaaS 平台能力小节详细展开介绍。

- 边缘计算运营平台是边缘计算业务的管理实体，提供边缘应用生命周期管理的功能。边缘应用生命周期管理支持对边缘计算的业务类型进行新增、修改和删除等，扩展边缘计算业务类型，孵化开放的边缘应用市场，为业务实现边缘计算侧云网融合业务提供流程的统一开通服务。

- 边缘网管系统对内实现对 UPF、边缘计算 PaaS 平台等虚拟化电信网元的生命周期管理能力，具备虚拟网元的 FCAPS（错误、配置、计账、性能和安全）管理能力，包括虚拟资源、物理资源相关的配置、性能、告警和性能阈值告警监控等网络管理能力，是边缘网络侧能力的内部维护大总管。

- 网络能力开放平台作为大网应用的调用入口，实现能力的全网统一开放和运营管理，可对外提供大网通信能力，包括语音、拨号、短彩信、QoS 保障等。

- BOSS 系统为边缘计算业务提供计费及业务开通等能力的支持，为边缘计算提供用户订购管理、计费、出账、结算等运营管理能力，负责登记客户资料、维护客户信息、管理用户订购服务的提供、实时地根据不同产品和套餐的资费标准计算业务的消费金额。该系统是边缘业务后端的"账房先生"。

应用及业务层是指可以部署在边缘计算节点的各种应用，例如智能制造、智慧城市、智慧园区、生活娱乐、车联网等各领域的应用都可以通过边缘计算的核心服务能力部署到边缘节点，以提供低时延、大带宽、高安全的业务体验。

5G 边缘分流

在通用型的 5G 网络中，所有类型业务流量都将无差别地通过部署在数据中心的用户面设备 UPF 进行通信网内的处理，进而疏导至互联网或其他数据网络。因此，5G 网络的边缘分流能力是开展边缘计算的基础和前提。

为了实现边缘分流的效果，5G 网络给出了 4 种解决方案，可以满足不同类型的业务要求。

- DNN（数据网络名）分流模式：所有的 5G 用户都默认配置一个 DNN，在默认 DNN 下，用户的数据流量默认将疏导到互联网。为支持边缘计算分流，我们可以为用户的特殊流量出口定义不同的 DNN 名字，并为特定的 DNN 名字配置专用的 UPF 设备进行对接。当用户想访问不同出口网络时，就需要将终端发送数据时所携带的 DNN 信息填写为相应出口 DNN 名字，进而 5G 网络可以根据 DNN 名字选取到对应的 UPF，最终实现将数据流量分流到边缘计算所对应的特定园区网络中。
- ULCL（上行分类器）分流模式：相较于 DNN 模式，该模式省去了终端进行烦琐的 DNN 名字填写和修改的过程，由 5G 网络来充当"快递分拣员"的角色，5G UPF 根据终端发出的数据流目的 IP 地址等信息进行筛检，进而将园区的业务疏导至园区的 UPF，实现园区边缘分流，将非园区业务送回对接互联网出口的 UPF。

- BP（分支节点）分流模式：该模式要求终端能够支持 Multi-homing（多宿主）功能。此时，网络将会给终端分配多个 IPv6 的源地址，使得终端可以根据不同的业务选用不同的源地址进行业务发送。网络则根据数据包中源 IP 地址的不同来完成园区业务和互联网业务的区分与筛检，进而实现不同数据流到园区 UPF 和互联网出口 UPF 的分别送达。
- LADN（本地数据网络）分流模式：该模式可以理解为 DNN 分流模式的进阶版。在该模式下，终端应具备一定的自动配置能力，其可以根据用户是否在园区的范围内来动态调整访问园区业务时所使用的 DNN。网络进而可以根据 DNN 的变化来完成承载用户访问业务的 UPF 调整，最终实现用户在园区内的数据由园区 UPF 来承载的边缘分流效果。

边缘硬件基础设施

数据中心经历了数十年的发展历程，随着 IT 技术不断提升，当前的发展日新月异。新兴业务需求和计算模式的不断变化，尤其是包括 5G、自动驾驶、物联网、智能工厂等边缘计算业务的异军突起，使得集中化部署的 IT 基础设施和通用硬件形态逐渐显露出不足之处。上述新型业务都要求数据处理的实时性和高效性，但集中化数据中心离数据源太远，通过传输网络将数据发送到数据中心进行处理，一是对于网络带宽要求太高，二是不满足业务超低时延的处理需求。在边缘侧直接提供计算能力恰好解决了上述问题，本节我们来谈谈边缘算力的本源——边缘硬件体系。

由于边缘计算部署位置分散，面临的物理环境复杂，对应的温度、湿度、电磁辐射等环境条件也都参差不齐，边缘硬件必将存在多种形态。我们将边缘计算所处环境分为五大类场景：

- 标准数据中心：该环境中边缘计算数据中心的温度、湿度等没有特殊要求，通常采用标准化的机架式通用服务器。为支持图像渲染、AI等需求，其也可以在通用服务器的基础上叠加GPU、FGPA卡等异构算力。
- 普通机房：该环境中大量边缘机房为普通办公楼甚至是居民楼、商铺等普通民用建筑。首先，鉴于这类边缘机房无固定油机，其空调过滤效果有限，空调的制冷稳定性无法得到保证，当制冷系统故障或长时间停电时，机房温度可能会达到40℃甚至45℃以上，而且随着机房内部署设备逐渐增多，温度问题将会更加严重，边缘硬件需要在温度适应性上进行特殊设计。其次，普通机房的承重和空气洁净度都无法跟标准的数据中心相比，边缘硬件的重量和防尘也需要进行专门设计。此外，很多普通机房的机架比较窄，边缘硬件尺寸需要符合边缘机房尺寸要求。综上所述，针对普通机房，边缘硬件需要在尺寸、温度、防尘等方面进行专门设计。
- 现场级环境：很多园区的现场级环境受限于厂区或园区的环境，需要像普通机房场景要求一样，针对边缘计算通用服务器的温度适应性、防尘、尺寸、重量等进行特殊化设计，此外，也可以采用即插即用软硬一体化交付的一体机或者一体柜设备。
- 室外开阔地区：因为周围的配套设施不够健全，而且也不需要庞大的标准数据中心,在该环境中模块化数据中心应运而生。模块化数据中心的优势在于通过产品模块化解决数据中心的建设问题,能够在短时间内提供稳定可靠的IT设备基础环境。相比传统大规模数据中心,模块化数据中心具有良好的适应性和可扩展性,在普通厂房或者露天环境中都可以使用。同时,这样可缩短土地审批、建筑施工等不可控的建设周期。这种环境中,人们只需要到现场布置一个像集装箱的模块化数据中心,接通供电和网线,并做好软件安装配置,即可以提供计算服务,极大提高运营效率。此外,模块化数据中心也可提供预集成模式,即在出厂之前完成软硬件预集成,运抵部署位置后即插即用,通过网络与集中数据中心互联,避免边缘资源成为信息孤岛。在自动化方面,模块化数据中心也有极大优势,通过远程管理,打通模块化数据中心整体运营流程,实时监控内部各部件的状态,通过AI技术和自动化工具,可实现模块化数据中心的可视化呈现。模块化数据中心还具备快速的扩展能力,数据中心内有多种型号的边缘服务器、无线小站、传输设备、交换机等网络设备、制冷设备等,不同模块经过灵活的组合拼接,就可以迅速扩展成规模较大的边缘数据中心,承载更多的边缘计算业务。

- 特殊场景:针对室外的小型计算服务需求,人们需要对边缘计算服务器做专门的防雨、防盗等的处理;针对矿区、核电等特殊场景,人们还需要对边缘计算服务器做专门的防爆、防尘、防辐射等处理,以满足恶劣环境要求。比如在矿井里面,因为有大量的粉尘,传统的风冷服务器就非常容易出现故障,这时需要对服务器进行液冷处理,同时,考虑到矿井会出现塌方等问题，工作人员还需要对服务器进行防爆处理，确保在塌方情况下硬件也能正常工作。

针对以上边缘环境和业务需求，各大云服务服务商、运营商和设备商等都在不断探索适合在边缘部署的硬件设备形态，以尽可能满足大部分场景需求，统一边缘硬件服务器的相关标准，降低边缘硬件服务器的定制化要求，降低部署成本，提升部署效率。

2017年，中国移动联合中国电信、中国联通、中国信息通信研究院和英特尔在ODCC发起了OTII项目，旨在制定面向边缘场景的服务器行业标准。在对业务和数据中心环境进行了一系列调研分析的基础上，项目逐步确定将定制一款面向5G及边缘计算的深度定制、开放标准、统一规范的服务器。OTII服务器有哪些特点呢？首先，OTII支持x86、ARM计算架构，同时也支持GPU、FPGA、AI专用芯片等多种PCIe标卡形态的硬件加速设备；其次，OTII在解决机架空间限制方面具有极大的优势，设计之初即考虑适配600毫米或800毫米深的机架；再次，在环境温度适应性上有大幅改进，支持更大的温度范围；此外，大家在设计上采取了一定的防尘措施，尽量避免扬尘对芯片的损害，从而在空气质量方面有更高的宽容度；最后，具备更强的抗电磁干扰和抗震能力。除此之外，OTII还具备更加便利和友好的维护性，遵循统一的远程管理接口等显著特点，这也成为OTII服务器率先在边缘计算场景实现硬件标准化和产品服务化的原因所在。

2018年，诺基亚在OCP中提出一种名为OpenEdge的边缘服务器方案。该服务器深度在450毫米以内，能安装在600毫米深度的电信机柜中。采用前维护、支持更宽的温度范围，这些特点也都提升了其对边缘数据中心的适应性。该服务器是一个3U多节点形态，支持1U和2U的半宽节点，集中供电。每个节点都是单路CPU，无双路CPU节点，整个服务器最多支持5个计算节点，该方案的优势是它一次可以部署多个节点，这样相对降低了部署的复杂度，但是灵活性较差。

2019年，AWS在re: Invent全球大会上发布了针对边缘场景的Outposts产品，它是42U整机柜，配置计算和存储服务器，运行不同的EC2实例类型、容器、数据库及其他AWS服务，无缝连接到AWS云，在客户侧可以即插即用。考虑到综合成本等因素，Outposts和AWS公有云数据中心使用的硬件相同。

在存储方面，中国移动在CCSA推广分布式融合存储方案。分布式存储技术和产品近年来发展迅速，依靠其高可扩展且性能随规模线性增长的优点，逐渐替代磁阵并在业界广泛应用。当前分布式存储主要分为分布式块存储、分布式文件存储、分布式对象存储三种存储类型，相互之间无法实现统一纳管，数据无法互通，硬件资源难以共享，通常作为独立的存储系统提供服务。在边缘计算场景中，存储类型需求多样，由于机房空间有限，多种类型存储统一管理、资源共享、数据互访需求强烈。在此背景下，分布式融合存储的概念被提出。分布式融合存储将各类型存储服务进行高度融合，通过统一标准接口，向上提供资源调用和运维管理能力，实现不同类型存储服务的灵活组合，提供"万能"存储产品。

白驹过隙，随着云、网、边、端的快速协同发展，对于边缘数据中心、边缘算力和边缘存储的需求还会持续增加，模块化数据中心、OTII边缘服务器，分布式融合存储等产品和方案的提出，让硬件、操作系统、上层应用等形成了闭环。在整个开放的生态环境里，各系统可以有序对接。相信开放的生态和标准会极大地促进边缘计算业务更快更广的应用。

边缘云平台技术

虚拟化和容器技术构成了边缘云平台的两大基石，在边缘计算整体架构中发挥着承上启下的作用，向上承载边缘计算业务，为业务提供所需算力和编排服务；向下纳管各类资源，根据需求统筹分配。在资源统筹和算力服务的过程中，边缘云平台表现出一种相较集中云来说更为突出的特征——"接地气"。这一特征具体体现在算力质量、服务轻量化和管理自愈三个方面。

算力质量

边缘计算业务相较集中云来说，对计算能力和延迟更为敏感，服务提供商必须追求极致，优化平台性能，以迎合业务对算力质量的需求。

计算能力是包含网络传输能力、计算速度和存储吞吐性能的综合指标。不同业务的需求有高有低，而边缘云平台承载的业务具备一定的随机性，这就要求它"十八般武艺样样精通"，既能提供大颗粒虚拟化和容器，又能提供原子服务化的函数服务等计算能力。同时，边缘云平台采用各种技术手段尽可能地提升计算能力，包括使用硬件加速卡（如GPU、FPGA）等技术提高并行计算能力，采用硬件卸载（如智能网卡）、软件优化（如DPDK）等技术提升网络传输带宽、连接数，采用固态硬盘等技术提高存储吞吐性能，一切性能优化手段只为更接地气，以充分满足业务的差异化需求。

延迟不仅仅指网络延迟，还包括高并发数下的请求响应延迟，前者要求较高的网络质量，后者要求计算系统的并发能力和实时性。提高网络质量的手段有融合算力感知的算网一体方案、无损网络技术等，提高系统并发能力和实时性则需要从内核的调度算法等方面进行优化，采用微内核、实时性内核等技术。

服务轻量化

由于边缘计算所处的环境和算力资源存在局限性，边缘云平台需更加关注部署环境及资源的有效利用。前面介绍过，边缘云数据中心相较集中云"小而多"，大量的数据中心机房星罗棋布，虽说这样更贴近用户，但机房环境参差不齐、服务器数量有限。边缘云平台自身管理和运行都是需要消耗资源的，如果大量的资源用于平台本身，资源利用率就会明显下降；对微型机房，如果不做优化，那么边缘云平台自身的资源消耗可能高达 30% 以上。本着将有限的计算服务能力尽量用于提供对外服务的原则，我们需要采用云平台轻量化管理、节点拉远等手段，尽可能降低平台自身消耗，尽可能将更多算力资源用于业务服务，并且要求平台软件设计具备一定的弹性，能够适应各种规模资源池。

管理自愈

由于边缘云平台所处的位置分散且偏远，运营运维人员无法下沉，运营运维中心一般在地市甚至云端，因此边缘侧的远程维护需求更加迫切。同时，考虑到边缘侧环境恶劣容易导致边缘计算服务随时可能掉线的特殊性，这就要求边缘云平台具备轻维护、高自愈、易修复等能力，做到完全无人值守而可靠性不降低。

边缘云平台"承上"满足多样化业务需求,"启下"实现了对资源统一管理。正是因为其"接地气"地发挥了承上启下的作用,边缘云平台才显得卓尔不凡,为边缘计算这波浪潮的迅速发展奠定了基础。但正如章鱼的 1 个大脑、8 个小脑的设计一般,边缘云平台并非独立的算力孤岛,还需在云-网-边-端的整体协同框架下,通过云网协同、云边协同、边边协同等形成算力的汇聚、数据的汇聚,最终实现对"地域随选,就近计算"的整体布局,更好地支撑边缘计算这块庞大的市场业务,带来巨大的经济效益和社会效益。

边缘计算 PaaS 平台能力

作为实现跨产业能力融通的纽带,边缘计算 PaaS 平台能够打破信息孤岛,实现边缘侧 IT-OT-CT 系统服务间数据、网络和服务的打通,满足企业客户尤其是大型企业级客户定制化需求,加快开发和实施交付速度。边缘计算 PaaS 平台能力包含边缘网络能力、通用 IT 能力和垂直行业能力等多类能力。其中边缘网络能力包括无线定位、分流、DNS 规则等;通用 IT 类能力包括应用生命周期管理、数据库、中间件等丰富应用运行必备的能力;垂直行业能力提供面向垂直行业应用沉淀的特色能力,如视频编解码的多媒体服务、云游戏、物联网等能力。边缘计算 PaaS 平台框架如图 7-11 所示,我们来详细看看这三类 PaaS 平台能力可以如何大显神通。

边缘计算 PaaS 平台可以为上层应用提供丰富的网络开放能力,包括能开代理能力、位置服务能力、网络分流能力、QoS 服务能力等关键网络能力。能开代理能力允许被授权用户通过边缘计算 PaaS 平台使用中国移动大网的通信能力,具体包括短信、彩信、语音、拨号

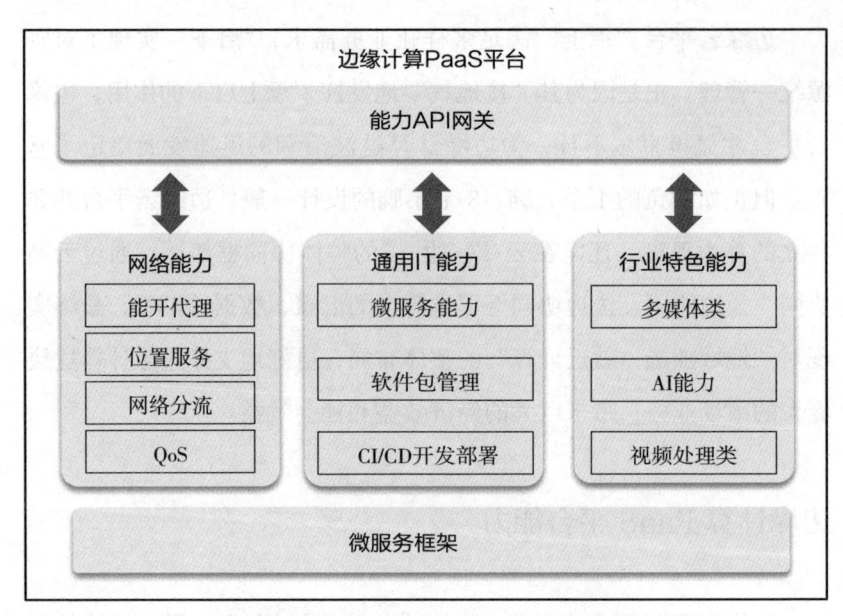

图 7-11 边缘计算 PaaS 平台框架图

等服务；位置服务能力允许被授权用户通过边缘计算 PaaS 平台获取特定手机号码的位置信息，并结合用户在移动网络内的身份信息和业务信息等实时内容，提供个性化的定位服务；网络分流能力允许第三方应用在 5G UPF 上针对分流条件进行灵活设置，比如设定针对某一个特定 IP 地址的流量都分流到某一特定的网络或端口上；QoS 服务能力允许第三方应用基于边缘计算 PaaS 平台对特定用户进行 QoS 保障能力设定，以提升其差异化的用户服务能力，提高用户业务使用满意度。

通用 IT 能力主要包括微服务能力、软件管理、开发集成部署和数据分析处理等应用下沉时所必需的开发运行环境。例如，微服务框架使得平台能够为第三方应用提供基本的服务治理功能，支持服务注册、服务发现、服务发布、服务代理和熔断限流等功能。软件管理能力可在平台边缘提供分布式软件仓库，提供本地化容器镜像、软件包等安全校验及安全存储。开发集成能力可基于业界主流的持续集成和持续部署工具链，为第三方应用提供端到端的开发验证和集成交付环境。此外，针对第三方应用服务，PaaS 平台还可提供应用负载均衡、业务管理及性能状态监控管理等功能。

边缘计算 PaaS 平台可基于具体业务场景需求，向第三方应用提供垂直行业特色服务能力。由于这部分具有强烈的行业属性，其往往是自上而下地从应用场景中剥离出应用共性能力，如多媒体和视频监控行业常用到的视频编解码能力、AI 算法视频识别能力等，工业控制领域的多接入协议转化服务、数据采集等。边缘侧跨行业能力往往需要逐步打破行业壁垒，实现跨界融合。工业互联网已形成较完备的闭环平台能力，除了信息化能力还包含工业控制 PLC（可编程逻辑控制器）、SCADA（数据采集与监视控制系统）等能力，但由于工控领域对精细控制、移动性管理和隔离网络的特殊需求，需要和低时延、确定性网络开发能力集成合作，激发新的应用活力。通过与丰富的第三方行业合作伙伴合作，引入开放集成模式，边缘计算 PaaS 平台逐渐具备承载丰富行业应用的核心能力。

前程似锦，锦绣画卷

垂直行业对边缘计算需求旺盛，包括超低时延、超强算力、信息安全、数据不出场、大容量数据传输和确定性组网等需求。根据当前 5G 业务开展的情况，我们可以将垂直行业市场细分为 15 个应用场景，其中 70% 为"5G + 边缘计算"应用场景，主要涉及的行业门类包括制造业、交通、能源、娱乐、医疗、农业、金融、教育等。本书针对客户需求量大的场景门类，选取了智能制造、云游戏、车联网及智慧安防4个典型行业的6个典型应用场景，针对各场景中边缘计算的主要业务诉求及解决方案开展了重点分析。

智能制造主要是2B（对企业）类业务，普遍是局域类场景，其关键在于提供低时延、高可靠的网络，以实现工业级别的高精确阈值控制和实时分析。部署在工厂附近的边缘计算基础架构可以帮助实现该目标。此外，边缘计算可以提供跨层协议转换，实现工业网络的统一接入以及相互协同，并利用工业物联网、机器视觉等技术对采集到的本地数据进行实时处理。同时，一些企业还将工业控制器部署到边缘计算侧，以便对产线机械臂进行集中协同控制，满足制造行业柔性制造需求。

云游戏主要是广域覆盖的2B或2C（对消费者）类业务。基于5G网络、边缘计算和切片技术，提供5G边缘游戏云方案，满足云游戏对于边缘网络的大带宽、超低时延、实时处理能力需求。将云游戏服务器下沉到边缘云，实现本地分流、本地渲染、本地计算等功能。基于边缘云的统一云游戏版本管理，可以达到即连即玩、防止盗版、防止外挂和体验优化的效果，充分扩大玩家数量，利用碎片化时间提供新型文娱体验。

车联网中的自动驾驶场景对边缘计算最重要的需求是低时延和实时处理能力，对时延、可靠性要求严苛，需要利用5G和边缘计算构建集人、车、路、网、管、边、云于一体的车联网，实现区域内信息采集、计算、融合，配备高精度地图和高精度定位系统，为辅助驾驶、交通监测、交通管理、出行服务、道路优化提供支撑。根据服务对象，自动驾驶提供的可能是2B或2C类业务，且普遍要求广域覆盖。

智慧城市涉及公共安全、综合治理、城市管理、民生服务等广泛领域，有 2B 类业务以及 2C 类业务，且需要在城市广域覆盖，利用"5G+边缘计算"等新技术为智慧城市运营生态提供共创、共享平台，支撑智慧城市可持续发展。

基于"5G+MEC"打造智能制造

智能制造是《中国制造 2025》重点实施工程之一，发展智能制造是推动中国制造业由大变强的根本途径。新一代 IT 技术如 AI、大数据、工业互联网、5G、边缘计算等与制造业深度融合，正在引发影响深远的产业变革，形成新的生产方式、产业形态、商业模式和经济增长点。

某家电集团是家电制造企业的先进代表，根据对其旗下空调、冰箱等不同类型工厂的调研发现，工厂面临的主要痛点是工厂内生产网络改造和智能化升级。"5G+边缘计算"可以满足工厂内敏捷连接、业务实时性、数据优化、应用智能、安全与隐私保护等方面的需求，是实现分布式自治、工业控制自动化的重要支撑。

应用场景需求分析

原有产品检测系统普遍采用"工控机+工业相机"的离线方式部署（如图 7-12 所示），当系统升级改造时，工程师需要逐个升级工控机，效率极为低下，工控机无法和云端互动，成为分散化的信息孤岛。此外，工厂内工控机数量众多，车间连线杂乱，一旦连线损坏，需要长时间恢复生产。

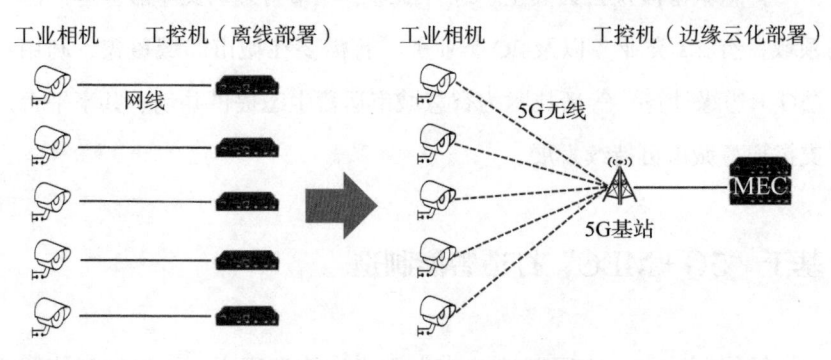

图 7-12 生产方式比对示意图

利用"5G+MEC"对产品质量检测系统进行网络环境改造，可以极大提升整个系统的升级改造效率。产品检测系统对"5G+MEC"网络及算力需求如表 7-1 所示。

表 7-1 "5G+MEC"网络需求

业务场景名称："5G+MEC"机器视觉产品检测		
场景类型		局域类
网络指标	上行带宽	单个终端 20Mbps[①]
	下行带宽	单个终端 1Mbps
	端到端时延	30 毫秒
可靠性		双机容灾，99.999% 可靠要求
服务器		RH2288 V5
GPU		NVIDIA-Tesla V100 图形加速卡-16GB-PCIe 3.0 x16
存储		要求存储时间 6 个月，需求 1.2T/ 终端
安全性		要求数据不出园区

① 1 Mbps 约为 10^6 比特每秒。——编者注

基于"5G+MEC"的企业单园区智能制造解决方案

基于"5G+MEC"的智能制造解决方案，即在园区部署5G基站和边缘计算能力，5G核心网则部署在运营商机房，如图7-13所示。利用本地分流将生产终端产生的相关流量数据直接分流到园区内的边缘计算平台，边缘计算平台解析获取的业务流量完成业务控制。

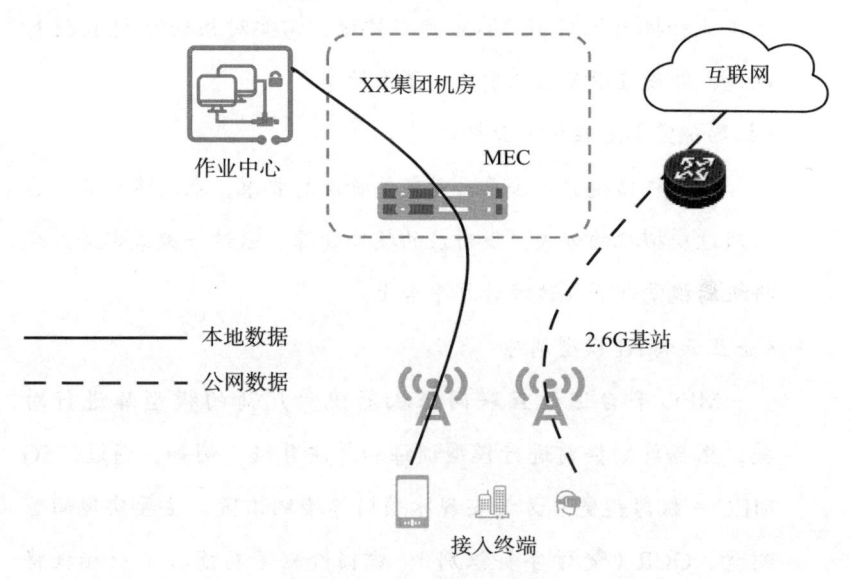

图7-13　解决方案架构图

在本方案中，通过部署"5G+MEC"，MEC边缘计算平台取代了原有的工控机，把工控机上的机器视觉监测软件部署在MEC边缘云上来实现产品检测。改造后的业务流程如图7-14所示。

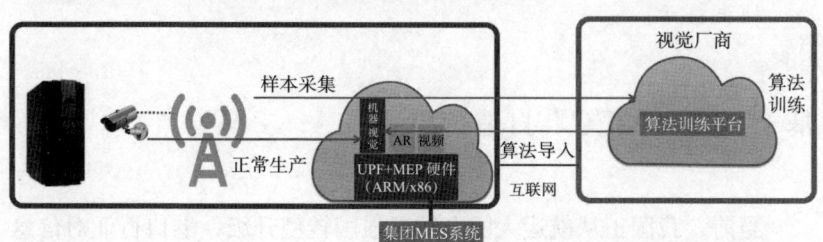

图7-14　基于"5G+MEC"的机器视觉产品检测生产流程示意图

第七章　边缘计算，算力在你身边

整个方案的核心技术点包括以下三个方面。

- 工业相机与 5G 连接

由于工业相机不支持 Wi-Fi，所以每台相机与一台 CPE（客户终端设备）通过网线进行连接，通过 CPE 接入 5G 网络。由于工业相机采用 GigE Vison 通信协议，需要对相机的 SDK 进行改造，并设置满足检测要求的图像帧率。

- 机器视觉部署在边缘云平台

根据机器视觉算法平台对硬件资源的要求，在边缘计算平台上通过虚拟机的方式提供对应的硬件资源。通过一键式部署方式，将机器视觉部署在边缘计算平台上。

- 企业云端 AI 模型训练

MEC 平台通过互联网跟机器视觉厂商的模型库进行对接，根据计划提前进行模型训练和算法升级。例如，通过"5G MEC + 机器视觉"方案实现冰箱门体检测工段，主要实现间隙测量、OCR（光学字符识别）、破损检测等功能。工业相机将门体照片上传至边缘计算平台，边缘计算平台运行搭载尺寸测量、瑕疵检测、部件完整性检测的视觉软件。同时，视觉软件通过网络将边缘计算平台的处理结果反馈至生产终端，完成工序指定的外观尺寸是否达标、表面划痕和脏污次品剔除、部件缺失提示。

基于"5G + MEC"打造智慧港口

当前，我国正从航运大国向航运强国转型升级，港口行业对信息化、自动化、智能化的需求十分强烈。"5G+MEC"智慧港口的探索，对港口智能化的发展具有很强的指导和示范作用，对未来打造无人化港口、提升港口作业效率将产生积极意义，必将促进港航业的发展。

"5G+MEC"在港口业存在丰富的应用场景，涉及龙门吊远程控制、智能理货、无人机巡检、内集卡自动驾驶等典型业务场景，智能监控示意图如图 7-15 所示。

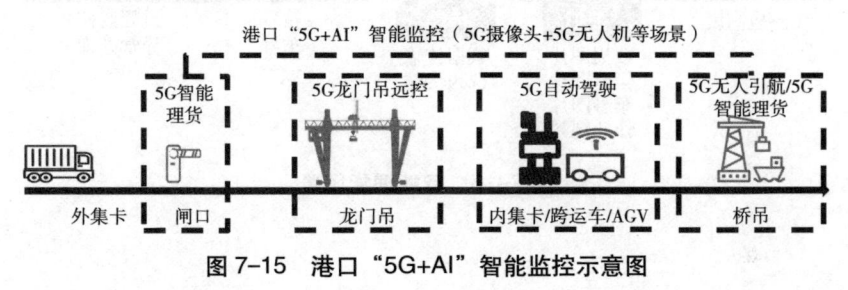

图 7-15　港口"5G+AI"智能监控示意图

应用场景需求分析

5G 龙门吊远程控制

目前码头 70% 的集装箱是通过龙门吊进行转运的，因此龙门吊是港口作业的关键设备。传统龙门吊的作业存在三大痛点：第一，设备利用率低，只有 30%，转场难；第二，司机长期低头弯腰作业，颈椎、腰椎等容易患上职业病，工作环境恶劣，招人困难；第三，高空作业，存在安全风险。

5G 智能理货

智能理货是指基于 5G 网络将岸桥处摄像机拍摄的高清视频实时传回中控室理货业务系统，系统利用 AI 视觉识别技术对视频数据进行分析处理，实现对岸桥下关键作业信息的智能识别，如图 7-16 所示，主要包括作业箱号识别、拖车车顶号识别、ISO码识别、作业状态自动确认、异常作业处理情况记录、存储作业视频录像等，以及保存五面完整箱体图片以供集装箱验残等功能。

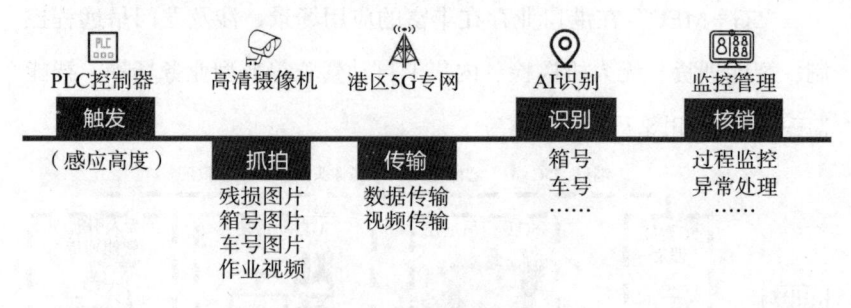

图 7-16 智能理货场景

5G 无人机巡检

港口拥有全国最大的原油码头和储油罐区，大量的进口原油通过输油管线送往内陆。港口花费了大量的人力物力在输油管线的安全巡检上，但是目前的人工巡检方式反应速度慢，工作强度大，存在安全隐患。无人机由于具有成像高、分辨率低、使用灵活、机动性好、便于紧急出动作业等优点，既可进行定期普查又可对突发事故进行应急详查，性价比高，尤其适合距离长、范围广、宽度窄的油气管道区域排查。

5G 内集卡自动驾驶

基于 5G、车路协同、高精度定位等技术，在路口部署 RSU（路侧单元）通信单元，与 5G 基站配合实现港区内集卡自动驾驶，如图 7-17 所示，将现有成熟卡车平台改造成为 L4 无人驾驶卡车，成本相对 AGV（自动导引车）低廉，且由于其导航方式不需要对港区进行基建改造，相比 AGV 方案投入少、运行灵活、适用面广。

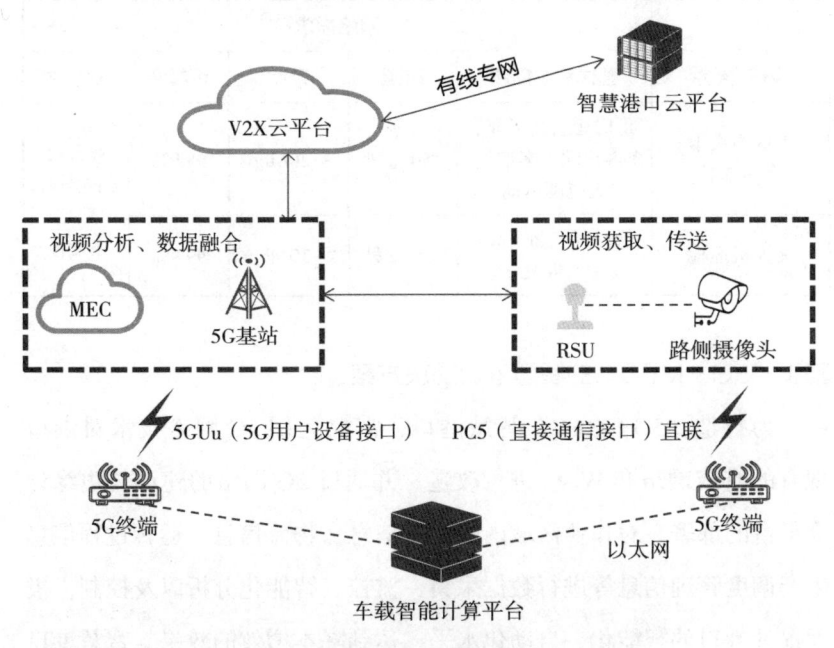

图 7-17 港口无人驾驶集卡车方案拓扑图

5G 龙门吊远程控制、5G 智能理货、5G 无人机巡检、5G 内集卡自动驾驶等业务场景对 5G 网络的需求如表 7-2 所示。

表 7-2 港口业务场景对网络的需求分析表

场景描述	整体需求描述	网络需求			
		时延	带宽	可靠性	安全性
龙门吊远程操作——控制部分	超低时延、高可靠	<18 毫秒	≤ 2Mbps	99.999%	业务与公网隔离，数据不出园
龙门吊远程操作——视频部分	低时延、高可靠、大带宽	<50 毫秒	≥ 30Mbps	99.9%	
智能理货	高可靠、大带宽	<200 毫秒	≥ 30Mbps	99.9%	

（续表）

场景描述	整体需求描述	网络需求			
		时延	带宽	可靠性	安全性
港区内集卡自动驾驶	低时延、高可靠、多客户端、多遮挡、大范围运动	<50毫秒	≥20Mbps	99.9%	业务与公网隔离，数据不出园
无人机巡检	低时延、高可靠、大带宽	<50毫秒	≥30Mbps	99.9%	

基于"5G+MEC"的智慧港口解决方案

为打造"5G+MEC"智慧港口，需要运用 5G 网络技术对港口现有的有线网络和 Wi-Fi 进行改造，并通过 5G 网络的建设与边缘计算平台的部署，对作业区域内的设备信息、物流信息、运转过程信息、生产调度管理信息等进行数据采集、监控、智能化分析以及控制，极大提升港口的智能化、自动化水平，达到降本增效的效果。智慧港口总体分层解决方案如图 7-18 所示。

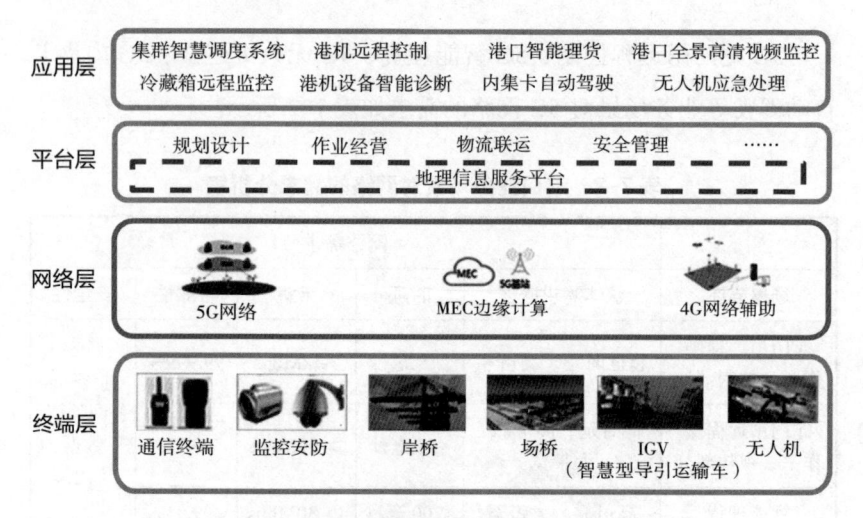

图 7-18 智慧港口整体方案示意图

终端层

将龙门吊、集卡车、无人机等终端接入设备进行网联化改造以支持 5G 传输协议。各类终端可同时承载 TOS（码头操作系统）、集群语音、视频、数据等多种业务。

网络层

在港口部署一张覆盖全港口的 5G 网络，以实现网络承载、超大带宽、超低时延、海量连接和专业运营。同时，为了满足不同业务对网络的不同需求，依托 5G 切片技术打造多个 5G VPN，不同需求的业务可以承载在不同的 5G VPN 中，还可以在 5G VPN 中引入本地分流 UPF 和边缘计算平台，使得网络整体具有时延降低、传输节省、数据安全、开放能力四大优势。

平台层

以地理信息系统为平台，以港口码头、集装箱堆场等重点场地管理业务为导向，通过丰富的二维、三维表现形式，对港区各类地理信息、设备进行统一电子标签管理，实现在一张图上呈现港口内全部基础信息和动态实时数据信息，并满足交互响应的实时性。同时，系统支持框架扩展，能与未来更多平台资源逐步整合。

应用层

业务应用实施和模型建立严格贴合港口业务发展实际需求，充分考虑港口内部运行管理特点，解决港口作业当前面临的困境，有效实现与其相关联系统的数据共享和数据交互，增强可用性。

根据智慧港口总体解决方案诉求，结合某港口的实际网络情况，网络部署方案如图 7-19 所示。

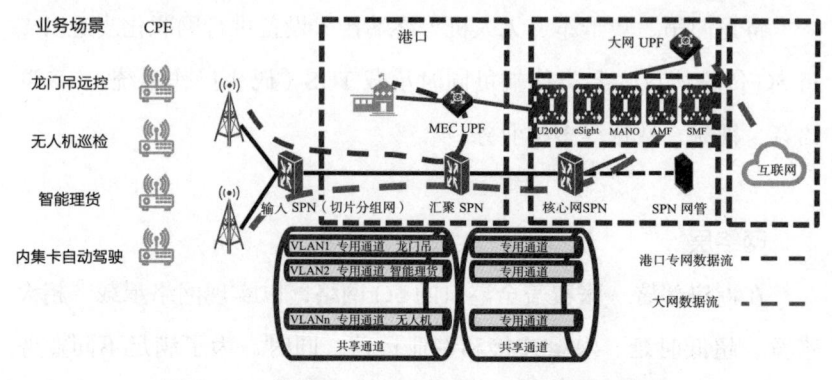

图 7-19 某港口"5G+MEC"网络部署示意图

5G 无线接入侧

用户业务前端通过 5G CPE 或专用 5G 终端接入 5G 基站,通过 "5G+边缘计算切片网络",与用户数据中心建立端到端的快速可靠的连接。

边缘计算

通过将 MEC 部署在港口侧由客户提供的边缘机房,实现本地分流能力,识别用户数据并分流到港口园区内的服务器,保障业务安全,缩短内容传输时延,提升业务体验。

5G 核心网侧

港口龙门吊、智能理货等终端侧设备通过覆盖港区的基站附着到 5G 网络,利用本地分流机制将相关终端产生的数据通过 UPF 分流路由到边缘计算平台 MEC,并接入港口服务器,实现端到端网络打通。

基于"5G+MEC"智慧港口解决方案的部署和应用探索，将为整个行业、整个社会带来深远的影响。

- 充分利用新型新技术，探索智慧港口新应用。依托 5G 网络，大型港口可以进行轮胎式龙门吊作业管理、视频回传等，未来随着 5G 技术深入应用，"5G+MEC"智慧港口必将探索出更多的新应用。
- 用新型技术提升客户经济效益，助力交通强国建设。龙门吊实现远程控制后大大提高了作业效率，预计将减少设备投资 50%，降低改造和维护成本，改善司机的作业环境。同时，这样能够减少 2/3 的驾驶员，节约 70% 的人员成本，进而降低企业的生产成本。
- 推动港航业的无人化发展，产生深远的社会效益。5G 远程龙门吊作为智慧港口的先行探索，对港口智能化的发展具有很强的指导和示范作用，对未来打造无人化港口、提升港口作业效率将产生积极意义，其必将促进港航业的发展。

基于"5G+MEC"打造云游戏

传统主机游戏由于制作精良、场面宏大深受广大游戏玩家的追捧，但其对终端的性能要求较高，需要玩家购买价格高昂的设备，这令不少潜在玩家望而却步。云游戏把流媒体技术引入了游戏领域，将游戏渲染等核心计算功能放在云端，尽可能降低对游戏终端硬件的要求，使得在中低端硬件上也可以运行资源消耗极大的游戏大作。

应用场景需求分析

通过将终端的渲染能力移到边缘节点，结合"5G+MEC"的超低网络时延，用户不受终端能力限制，即可免安装、免升级地畅玩高品质的游戏，云游戏成了 5G 时代游戏厂商抢占用户流量的重要入口。

云游戏对网络的带宽和时延要求都很高，要求端到端时延小于 20 毫秒，下行带宽大于 50Mbps，以确保用户体验，同时要求在靠近用户位置的边缘侧提供多样的计算服务，包括能够提供虚拟机、容器等 IaaS 资源以及边缘渲染等 PaaS 服务。云游戏的具体需求如表 7-3 所示。

表 7-3　云游戏的应用场景需求

网络指标	上行带宽	单用户小于 1Mbps
	下行带宽	1080P_60FPS:15~30Mbps 1080P_90FPS:25~50Mbps 游戏帧数会随网络情况而自适应变化
	网络时延	20~50 毫秒
GPU		需要 GPU，利用率≥50%
存储		建议 SSD（固态硬盘）存储； 参考配置：内存：640G、硬盘：4T×8，SSD 960G

基于"5G+MEC"的云游戏解决方案

云游戏解决方案主要分为两个场景：一个是面向竞技比赛，这通常需要在固定场馆内为比赛选手提供职业级低时延、大带宽网络保障；另一个是面向广域覆盖场景，在移动网络覆盖的范围内为普通手机用户提供流畅的游戏体验。

针对电竞场景，因为竞赛通常集中在一个场所，所以为了保证云游戏竞赛的稳定可靠运行，可以在场馆部署一套端到端的 5G 专网，包括专用 5G 基站、专用 5G 核心网、专用的电竞游戏服务器。同时，针对电竞参与者采用特殊的手机号，场馆专用 5G 网络仅允许电竞参与者的手机号码接入，这样就可以保证电竞云游戏端到端的带宽和时延。

针对广域覆盖场景，技术人员考虑到游戏爱好者会随时随地发起云游戏请求，因此应在 5G 覆盖区域对应的地市部署边缘 UPF，并在同地市甚至同机房部署基于边缘计算平台的云游戏服务器，通过 5G UPF 将游戏流量精准分流到边缘计算平台，由边缘计算平台承载的云游戏服务器完成游戏的渲染等处理，而对应的云游戏中央服务器则主要负责相关指令的处理。

如图 7-20 所示，在靠近用户边缘的地市部署边缘 UPF 和某公司云游戏服务器，同时在某公司中心云也部署对应的集中云游戏服务器。针对云游戏，5G 网络采用 ULCL 分流方案，根据某公司云游戏服务器的 IP 地址 / 前缀，边缘 UPF 就近将云游戏流量分流到基于边缘计算平台的该公司云游戏服务器上进行渲染等处理。

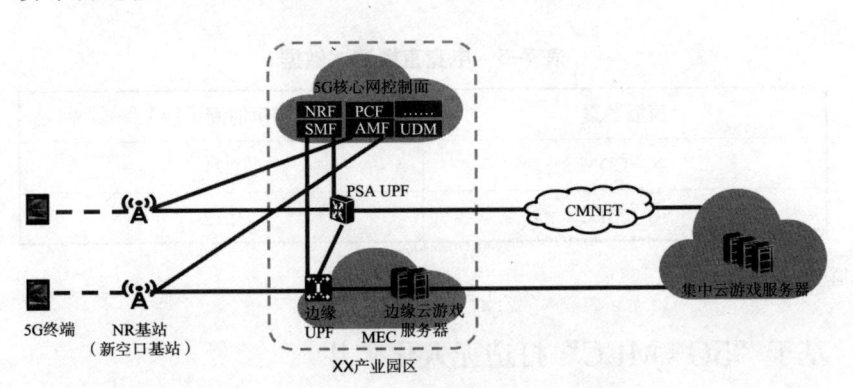

图 7-20 广域云游戏解决方案示意图

此外，考虑到云游戏用户的移动性，为了确保在任何地方都可以满足云游戏用户的业务质量要求，运营商还可以专门在 5G 网络中为不同的云游戏提供商单独划分出 5G 云游戏专用切片，各个云游戏提供商可通过其专属 5G 云游戏切片为其云游戏用户提供定制化的高等级业务保障服务，运营商甚至还可以在切片覆盖到的所有基站侧为云游戏用户预留专门的无线资源，这些预留的无线资源不允许或者有限条件允许普通用户使用。游戏提供商通过向电信运营商申请云游戏切片，可以根据云游戏用户的需求，动态地将用户接入或者移出 5G 云游戏专用切片。

云游戏试点测试数据表明，"5G+MEC"在带宽和时延方面的指标远优于 4G 网络 CDN 方案，可满足 5G 云游戏的业务需求，如表 7-4、表 7-5 所示。

表 7-4 下载测试数据表

下载场景	建连时间（毫秒）	总下载时间（秒）	平均速率（MB/s）
4G+CDN	194.6	17.694	54.402
5G+MEC	25.5	15.792	60.955

表 7-5 电竞直播测试数据

直播场景	首屏时间（秒）
4G+CDN	2.21
5G+MEC	2.12

基于"5G+MEC"打造无人化矿井

能源行业是国家经济发展的关键基础，也是人们日常生产与生活的重要依赖，在国家政策的多方推动下，我国能源行业的发展已经逐渐迈向现代化。某能源集团高度重视信息化、智能化建设，自建矿以来先后投资建设了人员定位系统、调度通信系统、井下安全监测系统、厂区及重要岗位（设施）视频监控系统、网络系统（含工业网、办公网）、多媒体会议系统、大屏显示系统、井下安全监测系统等。"5G+MEC"技术的发展也为该能源集团带来了新的ICT改造动力。

矿井无人化业务需求分析

- 生产安全

生产安全一直是矿山企业首要关注的问题，也是国家相关部委及各级政府重点关注的问题，一旦发生事故，企业必须停业整改，严重影响公司的生产和发展。通过5G、云、AI等技术实现自动化采矿、远程化作业，尽可能减少下井人数，是从本质上提高企业安全生产水平最有效的途径。

- 对优质无线通信网络需求强烈

受作业方式的影响，井下普遍部署的有线工业环网并不适用于所有的场景，传统的无线通信技术如近距离无线、Wi-Fi、4G都分别存在着传输距离短、易受干扰、时延大、切换体验不佳、上行带宽不够等诸多问题，这些问题一直制约着井下机械智能化控制的应用。5G的出现为智慧矿山系统建设带来了一种可实现灵活部署、更大带宽、更低时延、更加稳定可靠的通信技术。

- 招工难，人员流失严重

矿区大多地处偏远，井下作业条件艰苦，职业危险性高，企业职工老龄化和人才流失严重，这些是各个矿山企业面临的共同问题。通过提高矿山的自动化、数字化水平，将井下人员现场作业改为井上远程作业甚至自动化作业，改善作业环境和作业方式，一直是矿山行业追求的目标。

- 效率提升

在井下作业过程的矿石爆破、铲运、运输等环节中，各类装备存在长时间等待的情况，经常有人力闲置等待的现象。如果可以实现自动化及远程作业，井下只需要保留部分巡检人员，将作业交给井上人员通过远控方式甚至未来的 AI 来解决，这样将大幅提升人员复用度和劳动效率。

基于"5G+MEC"的无人化矿井解决方案

本方案基于 5G 终端及 5G 无线网络，实现了实时高清画面回传、运矿车远程开停、升降受电弓、转换道岔、开启照明、鸣笛警示等功能，方案组网如图 7-21 所示。

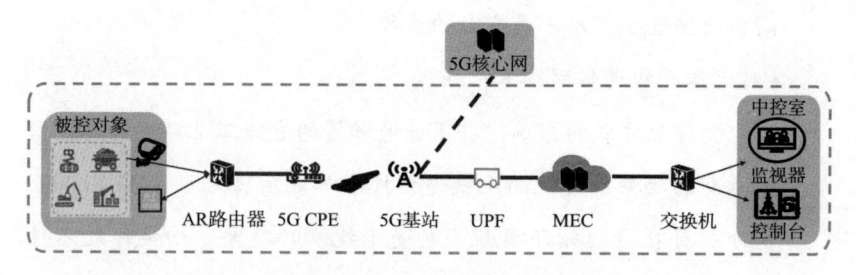

图 7-21 某铁矿"5G+智慧矿山"组网示意图

由于铁矿内部存在磁场干扰严重、巷道吸收信号、巷道弯道多等诸多难题，行业专家深入矿井现场，为井下 430 米场景完成运矿车"5G+远程驾驶"解决方案的设计及部署实施，成功实现了井下 430 米多个 5G RRU（射频拉远单元）基站的开通，如图 7-22 所示，安装天线上百个，完成 13 千米巷道 5G 信号全覆盖，实现井下无人作业，如图 7-23 所示。

图 7-22　井下 430 米工作面的 5G RRU 基站

图片来源：中国移动员工现场拍照

图 7-23　5G RRU 外接定向天线

图片来源：中国移动员工现场拍照

第七章　边缘计算，算力在你身边

针对运矿车的远程控制，采用"5G+MEC"的方式保证了数据的安全性和时延的可控性（≤20毫秒）。在有轨运矿车车头车尾部署两路高清视频信号，如图7-24所示，并通过5G CPE连接5G基站，通过下沉的UPF分流至铁矿的远程控制中心，远控系统向运矿车下发控制信号实现车辆的启停等动作的控制。后续随着5G端到端稳定性及可靠性的提升，可以彻底实现运矿车的远程控制。

图7-24 车头车尾各高清视频摄像头

图片来源：中国移动员工现场拍照

基于"5G+MEC"打造车联网

随着 5G 通信技术、AI、车联网、大数据、云计算等技术的不断发展，汽车行业已向电动化、智能化发展，智能驾驶已变成未来汽车发展的趋势，也成为车企共同的努力目标。某汽车行业龙头企业，是国内整车自有品牌销售冠军，建有由 500 多个专家团队组成的智能驾驶研发中心。该企业早在 2017 年就开始探索 V2X 的车联网技术，并开展了封闭道路的无人驾驶实验。

应用场景需求分析

远程驾驶作为智能驾驶体系中的重要组成，控制系统通过 5G 网络实现用户对车辆的远程控制，车辆可以实时接收远程用户的控制命令，控制车辆行为，同时实时反馈车辆自身运行状态及周边环境。利用 5G 大带宽、低时延和广连接等特性，这一案例在杭州湾指定路段区域进行试点实验。

本案例结合车企诉求，选择"5G+MEC"作为低时延、高可靠业务解决方案。涉及的应用场景主要包括自动驾驶场景的启动、行驶、停车、人工驾驶与远程驾驶的控制切换、视频传输等场景。结合 5G 网络大网部署及业务专网要求，本案例采用 5G 专网架构。同时，为保证远程驾驶的安全性，对于网络主要有以下三方面要求。

- 业务隔离需求：远程驾驶的业务数据要求与移动大网业务数据隔离，即汽车远程驾驶网络只允许制定客户终端访问，对于公网用户不可访问。同时，要求对客户 SIM 卡的网络接入进行鉴权认证，非授权 SIM 卡不允许接入。

- 物理专网需求：5G核心网网元下沉至客户内网，要求建设专用物理承载网络（只承载汽车企业业务），并具备冗余备份功能。
- 端到端网络需求：要求端到端网络通道具备大带宽保障和低时延转发能力。

"5G+MEC"远程驾驶对网络的需求分析如表7-6所示。

表7-6 无人驾驶应用场景需求

场景类型		广域覆盖
网络指标	上行带宽	50Mbps/辆，路侧单元上行34Mbps/单元
	下行带宽	15Mbps/辆
	端到端时延	10~50毫秒（L1-L3级别），3~20毫秒（L4-L5级别）
	隔离性	使用防火墙隔离无线核心网、MEC网络、车企网络
	可靠性	交换机、防火墙、MEC均使用双平面组网，保证可靠性
	安全性	MEC的防火墙，保护终端及无线网络不被外部攻击，保护MEC上的App不被外部攻击，确保安全

基于"5G+MEC"的无人驾驶解决方案

本案例以安全、标准、统一运维三个基本原则为基础，并考虑今后V2X业务的发展，按照应用、平台、数据、网络、感知5个层次构建总体解决方案框架。整体方案框架如图7-25所示。

感知层：由视频采集前端、差分基站、交通信号控制、网联汽车、终端等系统构成，实现前端数据的直接采集。

网络层：通过光纤链路、5G专网，实现数据与前端感知层之间的上下行传输。

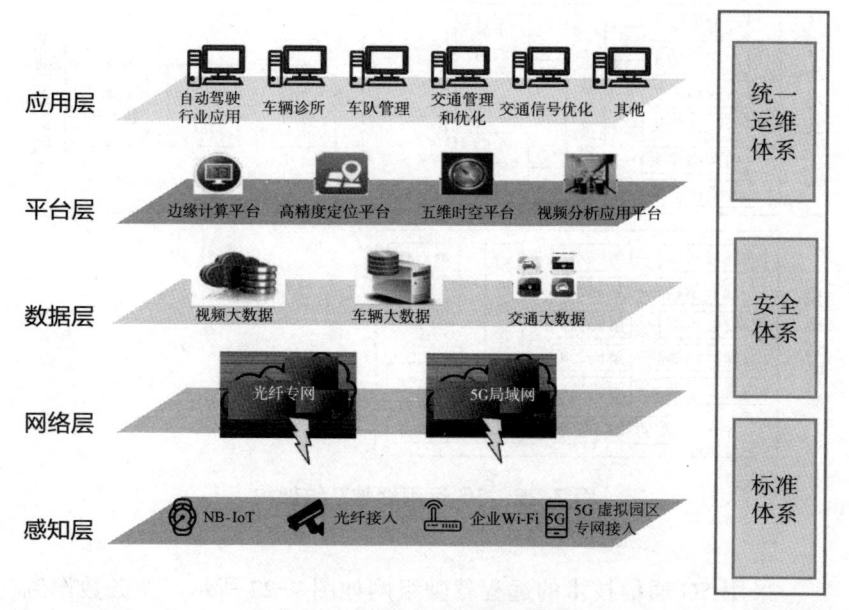

图 7-25　整体方案架构图

数据层：对于前端感知层所形成的数据，可根据区域智能网联汽车开放道路测试场后期数据运营情况，将数据划分为视频大数据、车辆大数据、交通大数据等有价值数据。

平台层：构建便于计算、高精度定位、五维时空、视频分析应用等平台支撑体系。

应用层：最终实现自动驾驶、车辆远程诊断、车队管理、交通管理和优化等顶层功能。

如图 7-26 所示，远程驾驶系统，包括两个部分：自动驾驶车辆子系统，包括高清摄像头、车辆远程控制器、通信设备 5G CPE、交换机；模拟驾驶舱子系统，包括模拟驾驶舱和操控部件。

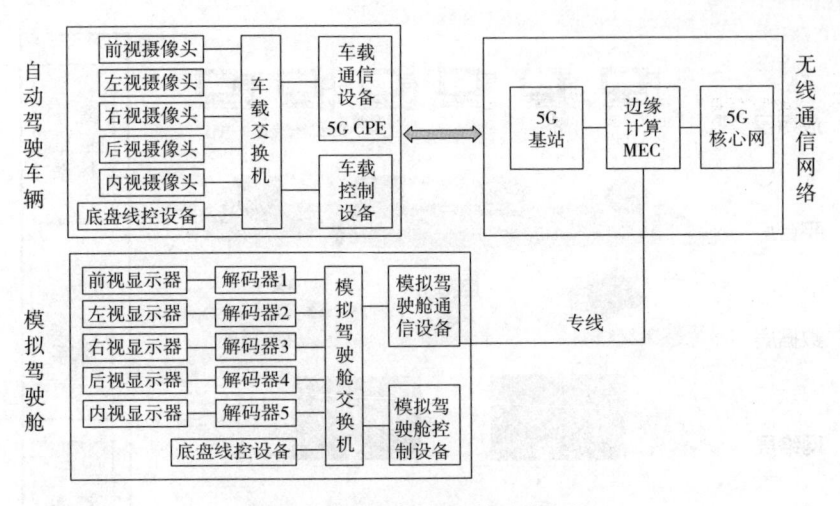

图 7-26　5G 远程驾驶系统架构

采用 5G 通信技术的远程驾驶组网如图 7-27 所示，业务数据流如图 7-28 所示。通过 5G 及边缘计算技术可以提供大带宽、低时延等网络能力满足远程驾驶业务需求；通过 5G DNN 实现远程驾驶业务在 5G 网络的专用隔离；通过 MEC 技术实现数据本地处理转发，进一步降低数据转发时延，保障业务安全，提升业务体验。

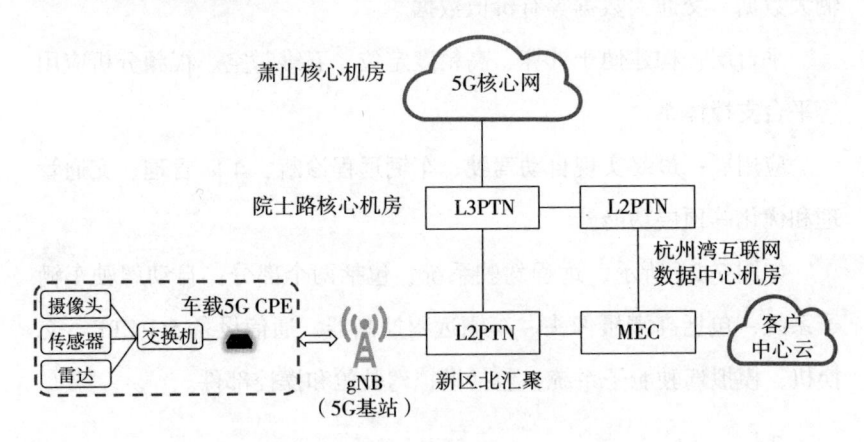

图 7-27　5G 远程驾驶组网示意图

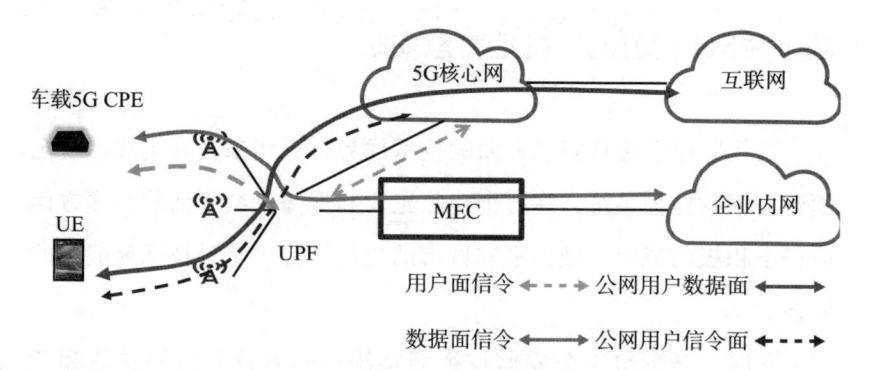

图 7-28　5G 远程驾驶数据流向图

时延试点数据显示，MEC 部署前平均时延 25 毫秒，MEC 部署后，内部道路平均时延 12.9 毫秒，如表 7-7 所示，平均上行 67.3Mbps。

表 7-7　MEC 部署后内部道路时延测试数据

时延（毫秒）	10	11	12	13	14	15
出现次数（次）	3	93	166	143	131	96
平均时延（毫秒）	12.9					

外部道路平均时延 13 毫秒，如表 7-8 所示，平均上行 70.9Mbps。

表 7-8　MEC 部署后外部道路时延测试数据

时延（毫秒）	11	12	13	14	15
出现次数（次）	111	224	151	163	144
平均时延（毫秒）	13				

基于"5G+MEC"打造智慧安防

视频监控系统具有多方面的技术优势，近年来公安机关通过全面建设视频监控系统，在打击违法犯罪和保障社会生活的秩序方面取得了积极的成效，助力平安城市的创建，促进了科技强警战略的发展。

同时，新形势下公安监控视频系统面临着许多新的挑战和危机，暴露了一些亟待解决的问题，如缺少一张科学合理的信息感知网、人脸识别应用能力不足、缺乏视频图像智能分析技术，数据信息采集单一、海量数据处理不够高效等。对此，技术改善应该探索建设立体化社会治安防控体系，全面提升案件侦查与犯罪预防的能力，推动应用模式从事后被动处置向事前主动预防转变。此外，在进一步提高信息化应用水平的同时，技术人员还要注重保障公安系统的安全性，加强运营维护管理。

公安单兵执法应用场景分析

当前公安部门单兵执法时存在如下各种问题。

- 现有的视频流处理不及时：在传统计算和网络模型下，系统需要将视频流发送到云端，云端的视频分析和处理系统再对视频流做处理，由于网络传输带来的端到端处理时延较长，系统无法满足执法的时效性需求。
- 网络带宽占用大：大量视频存储在云端，端侧视频流需要实时上传到云端，这样会给网络上行带宽带来巨大的压力。
- 不利于数据安全隐私：系统将摄像头采集的数据上传到云端，

数据传输的路径过长，这就增加了数据泄露和被劫持的风险。

针对上述问题，依托"5G+边缘计算"的高带宽、低时延特性，系统可以将视频云端处理部分布署到靠近视频源的边缘计算节点中，减少从目标出现到执法者收到信息的时延，同时提高监控效率。

单兵执法业务对网络和硬件资源指标要求如表7-9所示。

表7-9 单兵执法应用场景需求

指标要求		指标单位	指标取值	备注
网络指标	速率——下行	Mbps	30	平面单兵执法记录仪/4K VR眼镜/手机客户端
	速率——上行	Mbps	50	360度全景相机（4K，1 920P）
	网络时延	毫秒	50	单向
	时延抖动	毫秒	<50	
	丢包率	%	<1	
可用性要求	系统可用性	S	180	全年系统中断时间——网络侧

以上数据基于30路RTSP（平面）和70路抓拍机，数据保存天数180天，平均5 000每路/每天人流（张）。

基于"5G+MEC"的单兵执法解决方案

如图7-29所示，系统利用已部署的5G SA核心网络，通过将UPF下沉到边缘机房，同时在边缘机房部署边缘计算平台和单兵执法业务应用，利用下沉UPF的分流能力，将业务流量分流到边缘计算平台及单兵执法业务。

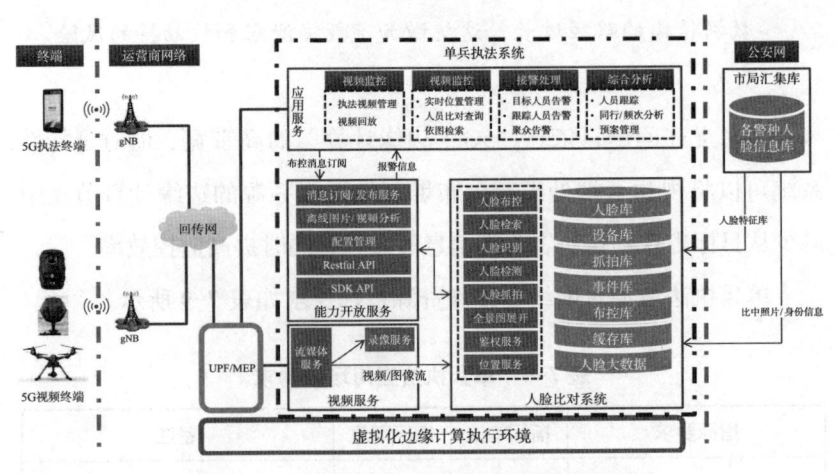

图 7-29 "5G+MEC"单兵执法系统架构图

具体方案包括：

- 端侧：通过执法人员随身佩戴的便携式高清摄像头或定点区域的 360 度高清监控摄像头，实时采集人像信息，并通过 5G SA 网络将采集到的视频实时传输到靠近执法人员的边缘计算节点。
- 网络侧：基于运营商部署的 5G SA 网络，将 UPF 下沉到靠近执法人员的边缘机房，UPF 根据提前部署的分流策略将视频流分流到中国移动边缘计算平台。
- 边缘计算平台：基于边缘计算平台提供单兵执法所需的 AI 能力和大数据处理能力，在实现图像的识别和分析后，将产生的告警信息推送到执法者手机终端单兵执法应用。
- 云端：单兵执法应用根据告警信息，向部署在云端的应急指挥中心平台主动上报告警信息，从而实现端到端的闭环处理。

本方案由数据采集、5G SA 接入、承载网络、边缘计算、视频处理及分析能力、云端应急指挥中心6个主要部分构成。其中，数据采集通过360度全景高清摄像头完成，有效地保证了视频数据的清晰程度和采集范围；5G SA技术，可以实现网络侧的数据隔离，保护公民隐私，保障数据安全，同时通过部署UPF分流设备可以有效将视频流分流到边缘计算平台，从而缩短数据传输时延，节省上行网络的带宽资源；中国移动边缘计算平台集成了大量的应用所需的AI视频识别和大数据分析能力，可以有效支撑上层应用；AI核心能力采用边缘分布部署的方式，AI模型训练、数据库、应用集中管理在中心云部署，优化了部署方式，实现了边云的高效协同。

边缘计算试点MEC部署在机房2，含UPF、MEP、边缘应用，在核心机房新建边缘节点运维管理域，利旧现有5G核心网。机房1作为机房2的备份节点，整体组网如图7-30所示。

基于"5G+MEC"的单兵执法解决方案集打、防、管、控于一体，集成了AI和大数据分析能力，实现执法流程的端到端闭环处理，有效地提高了公共安全能力，提高了紧急情况的出警和处理效率，为单兵执法和智慧公安提供最佳的网络连接条件及最优的共享型边缘计算平台能力。

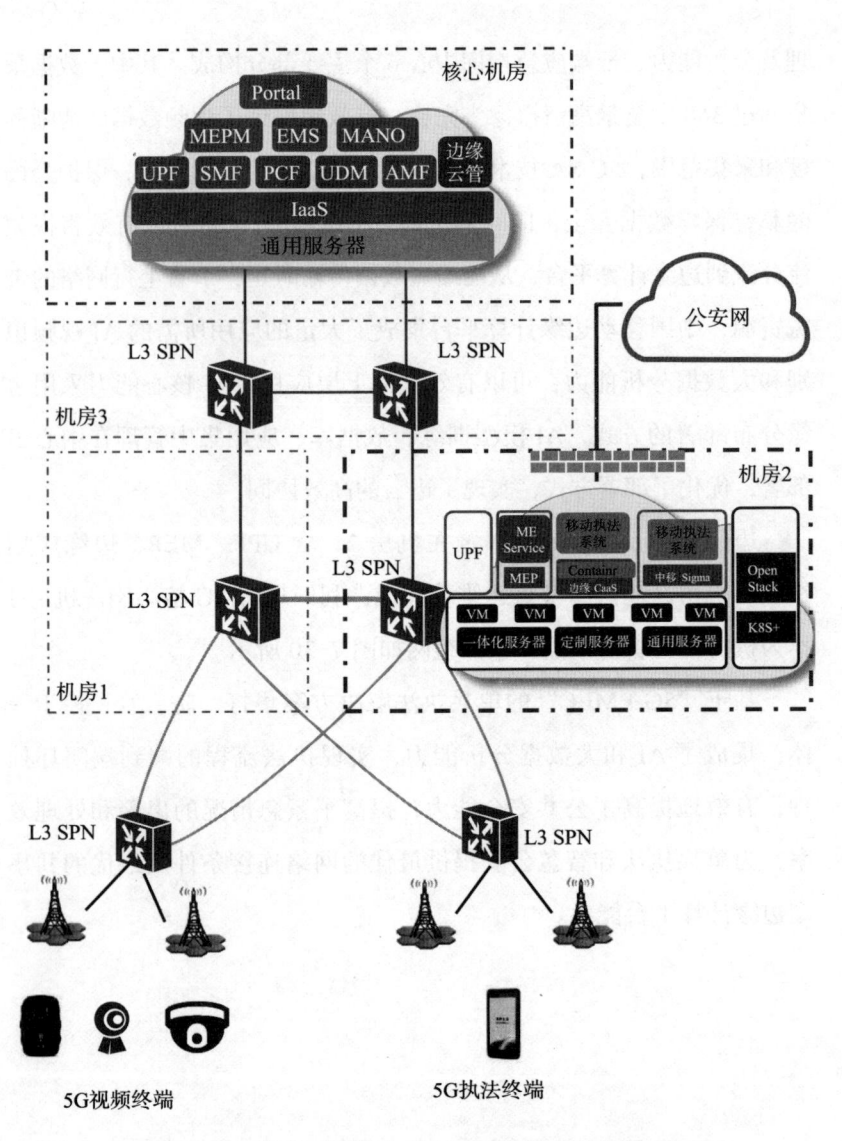

图 7-30 "5G+MEC" 单兵执法解决方案组网图

第八章
大数据,挖掘存算新价值

数据海量爆发的原动力

数据为什么变"大"

美国国家标准技术研究所的大数据工作组在《大数据:定义和分类》中指出:大数据是指那些传统数据架构无法有效处理的数据集。因此,其需采用新的架构来高效完成数据处理,这些数据集特性包括数据容量大、数据类型多样、不同领域数据差异大、数据特征动态等。

高德纳对大数据的定义是:大数据是需要新处理模式才能具有更强的决策力、洞察发现力和流程优化能力的海量、高增长率和多样化的信息资产。

《国务院关于印发促进大数据发展行动纲要的通知》(国发〔2015〕50号)中对大数据的定义是:"大数据是以容量大、类型多、存取速度快、应用价值高为主要特征的数据集合,正快速发展为对数量巨大、来源分散、格式多样的数据进行采集、存储和关联分析,从中发现新知识、创造新价值、提升新能力的新一代信息技术和服务业态。"

数据之所以变为"大"数据，是因为以下几个特征的驱动变化，业界通常用4个"V（Volume、Variety、Velocity、Value）"来说明大数据的特征。

- Volume：数据体量大。数据量从TB[①]级别跃升到PB[②]乃至EB[③]级别。截至2016年，谷歌每天分析超过950 PB的数据，而人类生产的所有印刷材料的数据量是200 PB，全人类说过的所有话的数据量大约是5 EB。国际数据公司发布的《数据时代2025》[1]报告显示，2025年人类的大数据量将达到163 ZB，比2016年创造出的数据量增加了10倍。
- Variety：数据类型繁多。包括结构化、半结构化和非结构化数据，具体表现为客户资料、话单、网络日志、音频、视频、图片、地理位置信息等，多类型数据对数据的处理能力提出了更高的要求。
- Velocity：处理速度快。在线交易时代，数据处理遵循"1秒定律"，超过这个时间，数据可能就会失去价值，如通过大数据方式检测交易欺诈、开展实时营销等。在海量数据面前，处理数据的效率决定着企业的命运。
- Value：商业价值高。大数据中蕴含着巨大的商业价值，我们通过对海量数据的汇总、挖掘、分析处理，从数据中发现信息，

---

① 1TB = 1 024 GB。——编者注
② 1PB = 1 024 TB。——编者注
③ 1EB = 1 024 PB。——编者注

提炼为知识，并凝聚为智慧，指导人们洞察当下行为、预测未来行动。

从 2015 年起，《政府工作报告》屡次提到大数据，加速了大数据产业应用和技术的快速迭代升级。第一，要实施《中国制造 2025》，坚持创新驱动、智能转型、强化基础、绿色发展，加快从制造大国转向制造强国；第二，要制订"互联网+"行动计划，推动移动互联网、云计算、大数据、物联网等与现代制造业结合，促进电子商务、工业互联网和互联网金融健康发展，引导互联网企业拓展国际市场。其中，"互联网+""物联网"和《中国制造 2025》的发展离不开大数据的技术支撑，同时，它们的发展又大大拓展了大数据的应用领域。其中，物联网提供了基础的感知层。基于物联网技术构建智能监测、远程诊断管理、全产业链追溯等新型的"互联网+"新应用，所产生的数据量要大大超过目前互联网产生的数据量。大数据则提供了高质量的数据存储和处理引擎，为"互联网+"的模式创新提供数据支撑，如互联网征信、电子商务中的定向广告，通过将获取的制造行业的数据传送到大数据平台，然后进行数据挖掘、分析，进而提升制造行业的智能化水平，辅助提升国家制造的创新能力。

数据从哪里来，到哪里去

根据国际数据公司的预测，结合数字化转型产业趋势和算力分布式发展，数据量产生的主体将由个人消费者转移到企业，届时企业产生的数据量将占到社会数据总量的 57%（如图 8-1 所示）。企业领导者将从这些海量数据信息及其价值中获得新的商业机遇，但同时也需要对收集、使用和存储数据的策略进行详细地规划和深入地价值挖掘。核心侧的数据产生，包括企业数据中心和企业云上数据，数据量能达到超10倍的增长速率。未来，PC、手机、传感器、智能汽车、终端侧的数据和娱乐平台内容数量将会更多地在企业边缘侧增长，端侧数据量降低，这也为边侧数据处理和云上处理提供了更多可能。

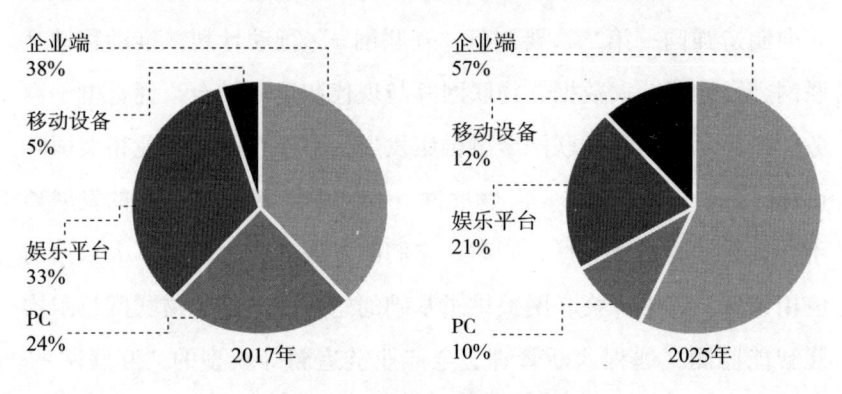

图 8-1　数据分布来源预测

数据来源：国际数据公司《数据时代 2025》报告

随着 5G 时代的到来，5G 通信网络具备的技术特征与大数据产业相辅相成、相互促进和协同发展。5G 网络 eMBB、uRLLC、mMTC（大规模物联网）三大技术的引入，也进一步增强了大数据的 4V 特性，5G 开始进入社会各行业，并进一步拓展了大数据的价值。

- 5G 通信网络的"eMBB"功能特性将极大增强大数据的"Volume"，即海量数据规模特性。中国移动 5G 商用以来，用户人均上网流量每年成倍增长，未来人们在手机上可以观看高清实时直播，可以采用 VR/AR 技术畅玩沉浸式的游戏，这将进一步推高用户的人均上网流量。伴随着上网流量提升，大数据系统需要采集的数据源将大大增加，需要处理的数据量也将成倍增长。

- 5G通信网络的"uRLLC"功能特性（低时延、高可靠）将大幅提高大数据的"Velocity"，即高速数据处理特性。由于大数据采集能力将得到进一步增强，终端与云端应用之间的数据交互时延将进一步缩短，数据传输将得到更有效的保障，云端应用对于终端的实时控制能力也将进一步增强。在5G时代，云端应用也将具备更加高速的数据处理能力，支持云端的大数据应用从终端实时采集数据、处理数据，并通过反馈给终端来控制终端的行为，例如车联网、云端机器人等应用场景。

- 5G通信网络的"mMTC"功能特性（低功耗、大连接）将成倍扩展大数据的"Variety"，即多样数据类型特性。随着共享自行车、智能家居等新业态的迅猛发展，近年来物联网连接数成倍增长。随着5G通信网络mMTC大连接技术的引入，诸如智能家居、穿戴设备、工业控制、环境监测、社会治理等物联网应用领域将支持更多的连接，并给大数据平台引入更加多样化的数据类型。基于多种类型大数据开展关联分析，必将进一步促进大数据应用百花齐放。

- 5G通信网络的"产业联合创新"特性将深入挖掘大数据的"Value"（应用价值）特性。5G通信网络的"产业联合创新"特性使其在垂直行业能够发挥更大作用。将5G终端和模组应用到各行各业，云端系统可以获取各行业大数据，并在此基础上进行关联聚合，催生更有价值的大数据应用，进而更好地服务于跨行业数据分析。同时，大数据也能进一步提升5G通信网络的运营、运维工作的自动化、智能化水平。

因此，在网络和算力发展的双重加持下，未来数据将从端、云、边、核心等各个地方产生，集中化的"大"数据汇聚向企业核心，分散化的"小"数据汇聚向本地，形成了更加广泛的大数据形态，这个过程除了"存"的范围悄然发生变化外，计算的需求也随之激增。

相互促进的算力与大数据

通过分析从对数据的处理到产生价值的过程，我们不难发现人们对数据的需求也是从最初的数据采集、清理存档到生产过程数据查询处理和数据分析挖掘。对数据的需求不仅是存储，还涉及越来越多的计算处理，因此大数据是计算和存储相融合的产物，它不仅靠存储还要靠分布式计算，计算越靠近存储越容易获得高效及时的响应。回顾从传统数据处理到分布式计算发展的过程，不难发现，过去的TB级数据是以结构化为主的，其存储和处理方式往往采用集中式的共享存储，让数据向计算靠近，往往基于价格昂贵的专用芯片和硬件一体机方式，硬件平台跨架构和兼容性较差，扩容受限，因此，这一时期Oracle传统数据库和数据仓库最为流行。随着大数据的发展，越来越多的非结构化数据出现，数据处理系统需要具备混合分析能力，在这个阶段，人们开始使用基于本地存储的分布式架构存储数据，计算开始向数据靠近，如图8-2所示。另外，硬件架构也开始基于消费级硬件，以常态化硬件故障为设计出发点，不依赖高性能、高可靠性硬件保障体系，而是基于标准通用硬件进行横向扩容，处理PB级甚至EB级的海量数据。典型的大数据处理系统是分布式MPP（大规模并

图 8-2 大数据的架构演变

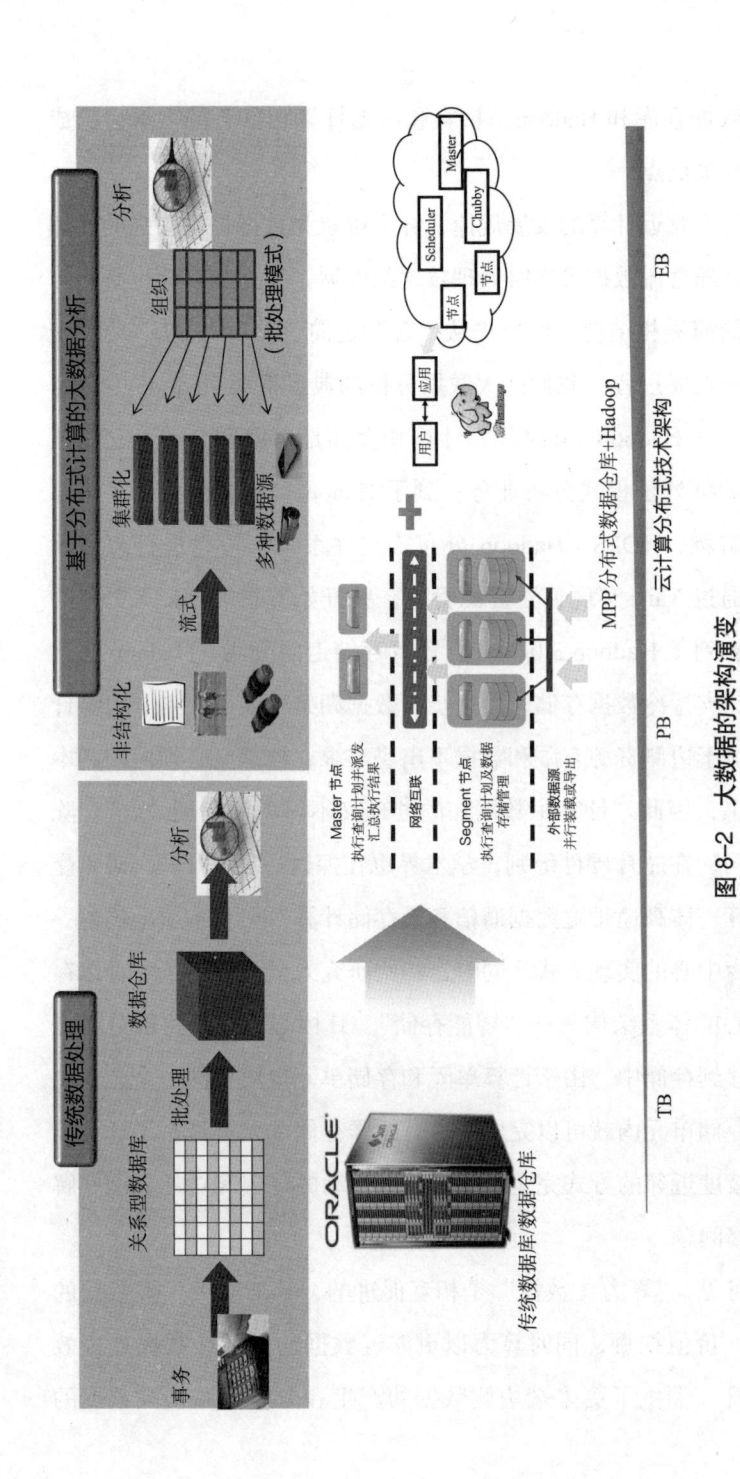

第八章 大数据，挖掘存算新价值

行处理）数据仓库和 Hadoop。扩容和数据计算相融合的需求，已成为大数据的关键点。

遵循数据靠近计算的发展规律，算力可以为数据提供更强的处理能力，并且随着流数据等实时处理技术的发展，算力和存储也必然与计算架构的演进相结合，经历先从"合"走向"分"，再从"分"走向"合"的发展过程。我们以大数据分析的典型框架 Hadoop 的自身发展为例，在 Hadoop 1.0 时代，计算和存储是高度融合的，它仅能处理单一的批处理模式分析业务；到了 Hadoop 2.0 时代，计算层与数据开始解耦，HDFS（Hadoop 分布式文件系统）可以进行海量数据存储，通过 Yarn 实现独立资源管理，并开始支持 Spark 等更多的计算引擎；到了 Hadoop 3.0 时代，计算存储走向分离，Hadoop 通过 Hadoop EC 支持冷数据存储，并逐步向数据湖架构演进。到了边缘计算时代，由于边侧资源有限和数据不出场需求，数据又必须回归到本地计算加工，因此"计算+数据"的处理又不得不回归到"合"。除了软件架构，在芯片硬件级别，学术界也在探讨一种基于冯·诺伊曼架构的存算一体高速带宽数据通信和近存储计算，但它本质上仍是一种以计算为中心的实现方式。同时，一些研究人员也提出了一种以存储器为中心的体系结构——"智能存储"。其核心思想是将部分或全部的计算移到存储中，由于计算单元和存储单元集成在同一个芯片中，因此，在存储单元内就可以完成运算，这样存储单元就具有了计算能力。这种极度近邻的方式完全消除了数据移动的延迟和功耗，彻底解决了存储墙问题。

由此可见，"算力+数据"是相互促进的，算力有助于大数据的高效分析、价值挖掘，同时算力以更靠近数据的方式让数据处理效率不断提升，催生了更多端边侧数据的产生和分层终结。大数据的

"大"随着算力的分布式化，又多了一层分布广的含义。未来每个人都将处于无处不数据、无处不计算的数字世界中。

大数据平台放大存算价值

5G 时代大数据平台架构

基于数据爆发的原动力和分布式产生的背景，在 5G 时代，端点和边缘承担的作用将愈加关键，所有数据都在这些位置进行实时交付，并为数据消费者提供实时决策、个性化服务，或为其他对延迟敏感的行动提供信息参考。从端点收集的数据是在边缘采集的，边缘是实现智能和分析的重要位置，而基于数据的情报和分析，对于加快业务响应、改进用户体验、提升企业运营效率是必不可少的。

为实现数据的及时服务、高效采集和减少交互，5G 时代大数据平台的系统设计采用就近采集、分布存储的原则，以及整体向上的汇聚方式，实时数据可直接对接到应用系统，从而实现实时业务的展现。通过采用批量数据分层存储的方式，开发者可在每一层按需得到数据，而边缘托管租户既能使用平台全网数据，又能在区域分布节点上实时管理和使用自己的个性化数据。

在 5G 时代，企业大数据平台向外部大数据客户提供"一点接入、全网服务"的能力显得尤其重要。大数据平台通过连通核心主控节点、核心分布节点和边缘分布节点，将为在各层节点接入的所有外部大数据客户提供统一、无差别的大数据访问环境。数据在边缘侧的非标数据可通过层层汇聚，剔除无效或临时数据，再逐步进行标准化数据转换，最终实现价值数据的沉淀和挖掘，如图 8-3 所示。

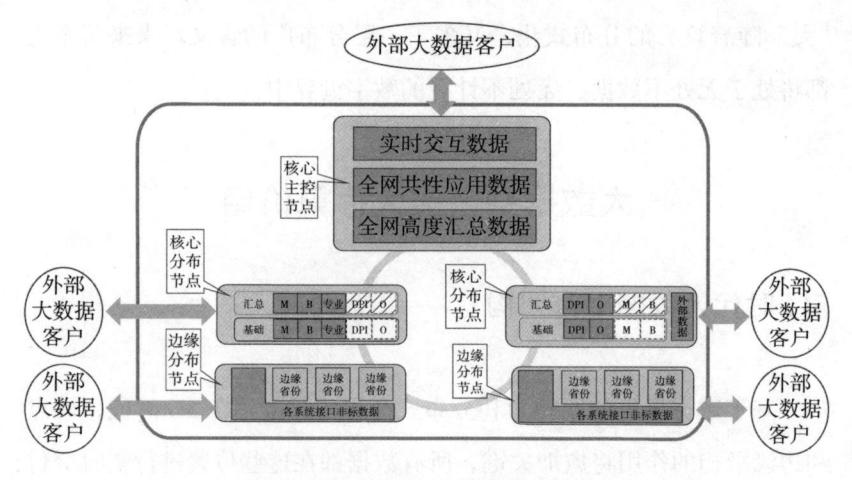

图 8-3　5G 时代大数据平台架构

大数据应用场景

　　运营商对大数据的应用主要分为对内和对外两种，对内主要分为面向市场、面向网络、面向管理三个方面，对外主要是数据价值变现。

　　对内，随着 5G 时代的来临，流量资费越来越低，依托于流量数据的内容价值则越来越高。运营商需要形成以大数据为中心的运营机制，来支撑新形势下的市场营销工作，并把内容推荐给最合适的人群。同时，运营商还要开发各类网络大数据分析应用，通过提升通信网络的自动化、智能化水平，彰显大数据的价值。目前，运营商内部大数据应用场景主要分为以下两类：一是市场类大数据应用场景，包括客户画像分析、客户离网分析、业务价值分析、营销渠道分析、流量发展分析、业务标签分析、业务推荐分析、营销方案分析、资费管理分析等；二是网络类大数据应用场景，包括移动互联网质量分析、高流量用户迁移、语音质量分析、网络健康度分析、网络流量自动调优、客户感知溯源分析、网络性能监控、基站规划选址支撑、终端投放支撑等。

对外，赋能外部大数据行业应用。在5G时代，大数据作为一种赋能性技术，将如同人类社会的基础资源水和电一样，作用于经济社会的各个层面。围绕大数据产业链，互联网、金融、通信等领域的大数据技术产品发展较快，创新此起彼伏，应用广度不断拓宽，深度不断加强。同时，电力、交通、医疗、政府、农业领域的大数据应用也明显提速。大数据赋能通信行业以外行业应用的典型实践包括智能营销推荐、社会舆情分析、个人征信评估、智能投资顾问、交通事件预警、电力负荷预测、流行疾病预测、企业经营行为监测等。5G到来之后，信息流量更高，信息发布的门槛更低，信息传播速度更快，各行各业将受益于大数据与5G的结合。

接下来让我们分行业来进一步感受数据和算力的魅力，感受大数据如何通过"数据+算力"实现存算价值的显性化。

在金融领域，大数据目前主要可以为银行、保险、证券等公司提供风险管控、运营优化、信用评估补充、客户关系管理、股价预测等方面的服务。大数据在金融领域常见的应用场景有以下几种。

- 银行大数据应用

风险管控：如某银行在为用户办理信用卡的过程中，利用中国移动用户的位置信息、欠费历史、每月话费额度等数据（数据已通过转置和加密，用户隐私不会泄露）辅助判断用户的信用等级，为用户设定不同的信用额度。

联合精准营销服务：以精准营销能力为合作基础，中国移动与客户单位采取 B-B-C 模式开展联合营销，签订框架合同，客户单位购买流量替代实物促销品，中国移动实施精准智能推广，客户单位按活动实际使用流量数额买单。如某移动为中国建设银行设计并实施精准营销活动，帮助其提升微信、微博以及电子银行的用户数量。移动公司接收银行客户号码明细，基于大数据精准营销平台制定一系列精准营销策略，并通过移动掌厅、网厅、短厅对目标客户精确推广"加微信、微博赠送流量"活动，银行按实际使用的流量数额买单。

- 保险大数据应用

　　欺诈行为分析：如保险企业利用内外部交易和历史数据，实时或准实时预测和分析欺诈等非法行为，包括医疗保险欺诈、滥用分析以及车险欺诈分析等。

- 证券大数据应用

　　投资景气指数：如国泰君安推出了"个人投资者投资景气指数"，可以对海量个人投资者样本进行持续性跟踪监测，并对账本投资收益率、持仓率、资金流动情况等一系列指标进行统计、加权、汇总后得到综合性投资景气指数。

在政府公共事业领域，大数据可应用于数据交换中心、电子政务、城市应急管理、城市建设、交通规划、城市交通运行管理、社会养老、文化建设等多个领域。例如：

- 统一的数据共享交换平台：辅助户籍、税务、信用等各公共管理部门的信息系统通过统一平台实现数据共享和交换。
- 统一的互联网政务数据服务平台：国家信息惠民试点城市实现

基础信息集中采集、多方利用；实现公共服务和社会信息服务的全人群覆盖、全天候受理和"一站式"办理。

- 大数据辅助公共科学决策：开展政府和社会合作开发利用大数据试点，完善金融、税收、审计、统计、农业、规划、消费、投资、进出口、城乡建设、劳动就业、收入分配、电力及产业运行、质量安全、节能减排等国民经济领域相关数据的采集和利用机制，推进各级政府按照统一体系开展数据采集和综合利用，加强对宏观调控决策的支撑。
- 大数据辅助城市规划：围绕实施区域协调发展、新型城镇化等重大战略和主体功能区规划，在企业监管、质量安全、质量诚信、节能降耗、环境保护、食品安全、安全生产、信用体系建设、旅游服务等领域探索开展一批应用试点，打通政府部门、企事业单位之间的数据壁垒，实现合作开发和综合利用。
- 城市应急管理：为了保障公共安全，防止在某区域因人口过度聚集造成的踩踏事件，各城市可利用中国移动各个基站下的用户数量、用户位置数据对区域人口数量和位置分布进行实时监测。

在旅游领域，大数据可应用于挖掘潜在旅游客户、优化旅游产品、指导景区运营、优化景区建设等方面。利用运营商大数据资源可以打造实时数据分析的信息化基础平台，通过对游客信息进行多维度的精准分析和有效预测，提供舆情分析、事件预警；同时通过整合旅游监管数据、旅游行业数据，为政府、旅游企业制定宣传营销策略提供有效的数据支撑，真正实现"智慧旅游"。旅游行业大数据的应用主要包括以下几个方面。

- 景区大数据服务：实时显示流量分析和客流预测，并进行有效的人群导流。根据景区管理单位或旅游局的要求，对指定区域进行人流密度和变化趋势监测，并根据管理需要智能设置分级安全阈值。
- 热门景点分析：通过热门线路分析、接待统计、旅游天数统计、人流量统计、游客来源地分析，合理安排重点省市的旅游宣传资源，为公众提供城市各景区实时热度，为其出行提供指导。
- 智能信息发布：实时发布入境欢迎、舆情预警、拥堵预警、灾害预警等信息。面向不同用户发布针对性信息，例如向景区管理人员发布安全报警信息，向游客发布欢迎及疏散等指导性信息。

在交通领域，社会经济的快速发展使城市机动车辆的数量大幅增加，通过大数据技术处理海量的交通数据如交通线路数据、车辆位置、移动速度数据、道路周边的人口密度等，可促进交通管理模式的变革。大数据技术在交通管理中的应用主要包括以下几个方面。

- 交通信息整合：我国各类交通运输管理主体分散在不同的主管部门，每个部门都有自己的信息化系统，但这些数据信息只存在于垂直业务和单一应用中，与邻近业务系统缺乏协同联动。大数据有助于建立综合、立体的交通信息体系，通过将不同范围、不同区域、不同领域的"数据仓库"加以综合，发挥整体交通功能，从而发现新价值，带来新机会。
- 城市路网实时运行状态分析：利用位置信令数据对城市路网各路段实时通行车流、车速进行监测，可为交通部门提供区域交通的路况，帮助其研判道路交通的态势。

- 道路交通规划：传统的交通管理主要依靠人工进行规划和管理，难以实现交通的动态化管理。通过对大数据的分析处理，可以辅助交通管理部门制订出合理的统筹与协调解决方案，从而减少各个交通部门运营的人力和物力，促进道路交通资源的合理利用。
- 道路拥堵预测：在对各个部门的数据进行准确提炼和构建合适的交通预测模型后，我们就可以模拟未来的交通运行状态，提高交通流量预测的准确性。例如，通过分析某双向线路的公路沿线基站位置、用户基站切换速度、基站下的用户数量等数据判断出此路段在晚高峰时段经常出现南向北方向拥堵、北向南方向畅通的情况，据此可建议交管部门在晚高峰时段采取潮汐车道等措施来缓解拥堵。

在医疗领域，随着医疗数据的急剧扩容和几何级的增长，运用大数据技术对各种数据进行筛选、分析，对疫情防控路径进行追踪，为广大患者、医务人员、科研人员及政府决策者提供服务和协助显得尤为重要。大数据技术在医疗行业的应用主要包括以下几个方向。

- 制药企业、生命科学：应用药品研发，包括对药品实际作用进行分析，并实施药品市场预测；基因测序方向，通过分布式计算加快基因测序计算效率。
- 临床决策支持、其他临床应用（包括诊断相关的影像信息）：通过临床数据对比匹配同类型的病人与用药；利用规则和数据实时分析并给出智能提示，辅助临床决策支持。

- 费用报销、利用率和欺诈监管：在公共卫生实时统计分析方面，通过统计公民健康状况，发现公共卫生疫情事件并实现路径追踪，在全球新冠肺炎疫情事件中大数据发挥了巨大价值。大数据还可应用于新农合基金数据分析，通过及时了解基金状况，预测风险，从而辅助制定农合基金的起付线、赔付病种等，防止欺诈式报销。
- 患者行为、社交网络：采集并分析病人随身携带仪器数据，通过远程监控，给出智能建议；对不同群体的就医、健康数据进行实时人口统计分析和不同年龄健康度分析；还可以通过了解病人就诊行为或路径，及时发现病人的特定就诊行为，分配医疗资源。

在教育领域，主要指在线决策、学习分析、数据挖掘三大要素，其主要作用是进行预测分析、行为分析、学业分析等，对学生在学习过程中产生的大量数据进行分析，为学校和教师的教学提供参考，及时、准确地评估学生的学业状况，发现学生潜在的问题，进而预测学生未来可能的表现。大数据在教育行业的具体应用包括以下几个方面。

- 构建学习者经验模型：如通过构建学习者经验模型，先进行线上课程评估，再进行课程设计，这种改变课程教学顺序的大数据模型能够显著提高学习者的学习成绩和教师的教学效率。
- 建立学习者行为模型：通过收集学习者在学校中的学习行为变化、完成课程状况、考试成绩等数据，研究学习者的学习行为与教学成果之间的关系。
- 构建领域知识模型：通过对教育大数据的在线决策、数据挖掘和学习分析，对现有的领域知识进行重新建模，研究学习者与知识点、学习单元、课程等内容之间的关系，并画出学习者的学习曲线，再通过对这些学习曲线进行数据分析，能够显著提高学习者的学习成绩和教师的教学效率。

- 构建学习者档案：通过收集学习者的基本学习信息，建立基本信息数据库，再通过数据挖掘、学习分析和机器学习算法，根据学习者的学习特征，将相同学习特征的学习者进行分组和聚类，建立学习者档案，从而为不同类型的学习者提供个性化的学习环境，激发学习者的学习积极性和主动性。

大数据安全与隐私计算

大数据环境中数据安全面临新的威胁和挑战：一方面，大数据平台的开放性使得蕴含海量信息和潜在价值的大数据更容易吸引黑客的攻击；另一方面，在企业利用数据挖掘和数据分析等大数据技术获取商业价值的同时，黑客也在利用这些大数据技术向企业发起攻击。大数据环境中的数据安全主要包括以下几个方面。

- 用户隐私保护：指对用户隐私信息的保护，是信息安全的一部分。对于用户隐私，我们可采取技术与管理手段进行保护，如数据加密、数据脱敏、数字水印等。大数据时代的隐私保护面临新的挑战，一方面其不仅仅局限于传统的隐私保护策略，如个人敏感信息的保护，另一方面还在于大数据时代可以基于普通非敏感数据关联分析，通过对用户状态和行为的预测，引发用户隐私泄露。

- 访问安全：数据访问安全包括用户认证、用户管理和授权管理。目前，在Hadoop中，用户认证采用simple和kerberos两种方式，用户管理采用LDAP（轻型目录访问协议）的独立身份，用户授权则采用ACL（访问控制列表）和Sentry技术来实现。
- 数据传输安全：指通过使用数据加密、报文摘要算法、安全通信协议等方法，确保数据在网络中的传输安全，防止数据丢失或泄密。
- 数据存储安全：包括存储设备自身的可靠性、可用性（设备安全），以及保存在设备中的数据的逻辑安全（应用安全）。设备安全要求存储系统具备数据备份能力、容灾能力、抗病毒能力、数据加密能力、数据恢复能力、对客户端的连续保护能力等关键特性，由此才可以确保数据存储的安全性。另外，大数据基于分布式存储架构，通过控制节点实现文件块的多副本备份，这样一来，控制节点不可避免地成为系统的瓶颈所在。一旦控制节点被攻击，整个系统将受损严重。应用安全需要通过数据加密和数据隔离来实现。当前，透明加密技术比较常见，即当数据存入时，系统会自动对数据文件加密存储，当使用者打开或编辑指定文件时，系统将对已加密的文件自动解密。文件在硬盘上是密文，在内存中是明文。文件一旦离开使用环境，由于应用程序无法自动解密，文件就无法打开，从而起到保护文件内容的效果。数据隔离主要是通过数据库、存储区、表格来隔离数据，并通过权限限制用户访问。
- 系统安全：是指通过建立系统安全工程去管控系统的整个生命周期，同时制定系统安全管理办法，采用自动或人工的方式辨识系统中的隐患，并采取有效的控制措施使其危险降到最小，从而使系统在规定的性能、时间和成本范围内达到最佳的安全级别。

5G时代的大数据来源更加广泛，数据类型多样，其中包含很多和用户隐私相关的信息。大量事实表明，大数据未能妥善处理会对用户的隐私造成极大的侵害。在5G时代大数据背景下，人们面临的威胁并不仅限于个人隐私泄露，还在于大数据对人们状态和行为的预测。例如，零售商可以通过历史记录分析得到顾客在衣食住行方面的爱好、倾向等；社交网络分析研究也表明，大数据可以通过群组特性发现用户的属性，例如通过分析用户的微博信息可以发现用户的政治倾向、消费习惯以及其他爱好。

如果想更好地使用大数据，发挥大数据价值，我们就必须解决好用户数据安全管理和隐私保护问题。如果仅仅因为担心数据安全和隐私问题而不公开数据，大数据的价值则无法体现。因此，大数据安全管理和隐私要求主要体现在：在对用户数据做好安全防护的基础上，在不暴露用户敏感信息的前提下进行有效的数据挖掘，这有别于传统的信息安全领域更加关注文件的私密性等安全属性。根据需要保护的内容不同，隐私保护又可以细分为位置隐私保护、标识符匿名保护和连接关系匿名保护等。但大数据时代数据的快速变化给隐私保护带来了新的挑战，因为现有隐私保护技术主要基于静态数据集，因此我们必须考虑如何在这种复杂环境中实现对动态数据的利用和隐私保护。

为了应对大数据给个人信息保护工作带来的巨大挑战，当前世界各国正试图通过修订或增加法律法规，扩大对于个人信息的保护范围，强化保护力度。首先，从世界范围来看，很多国家相继出台隐私保护法规，这使得隐私计算技术的应用环境日益规范。欧盟的《通用数据保护条例》被称为史上最严格的数据保护管理条例，美国的《加州消费者隐私法案》被认为是美国最严格的隐私立法。中国于 2021 年 6 月 10 日审议通过《中华人民共和国数据安全法》，推出国家级数据分类分级保护制度。日本、澳大利亚等国家也发布了多项法规，对隐私保护提出严格要求。其次，国内监管导向也为隐私计算提供了良好的发展环境。如工信部自 2016 年起多次提出要支持多方安全计算技术；2020 年年底国家发改委等四部委联合指出要加速数据流通融合，推动核心技术突破及应用，强化大数据安全保障。

基于对数据安全保护的需求驱动，隐私计算技术应运而生，它能够在保护数据隐私的基础上实现多方数据的融通应用。当前隐私计算的主流技术路线包括安全多方计算、联邦学习、可信执行环境等，但该技术尚处于启动期，产品未形成垄断格局，因而产业化应用也处于初级阶段。近年来，在监管导向、市场需求的作用下，隐私计算产品化步伐明显加快，科技巨头、初创公司等不断推出相关产品，并在金融、医疗、政务、广告等行业开展应用。其中，安全多方计算是指在参与方不共享数据且没有可信第三方的情况下，多方安全地完成协同计算，同时不泄露参与方的原始数据和计算过程信息。联邦学习是近年来崛起的隐私 AI 技术，它是一种分布式机器学习架构，参与方数据不出本地就可以通过算法协议进行交互，最终实现多方联合建模和推理预测。可信执行环境是通过硬件技术构建安全的隔离执行环境，用于存放敏感数据与代码，保证数据的机密性和完整性。此外，隐私计算还包括差分隐私、同态加密等技术。目前这几类技术既在各自领域独立发展，又呈现出相互融合的趋势，形成优势互补。因此，出于对数据价值挖掘和数据安全保护的需求，新的计算技术将会在未来帮助人们更加充分、精准、安全地使用数据。

第九章
AI，以算力换人力

AI 的发展

如今，各类 AI 应用已经悄无声息地融入我们的生活，并在各行各业得到广泛应用，然而很多人对 AI 的发展历史还不清楚。AI 其实并非近些年才兴起的，它熬过了两次低谷，经历了三次高潮，才发展成当下热门的技术。

AI 起源于 1956 年。1956 年 8 月，在美国达特茅斯学院，约翰·麦卡锡等科学家聚在一起，讨论一个天马行空的主题：用机器来模仿人类学习以及其他方面的智能。此会议确定了 AI 的目标是"实现能够像人类一样利用知识去解决问题的机器"，这催生了为大众所知的 AI 革命。

达特茅斯会议持续了两个月的时间，大家虽然没有达成普遍的共识，但还是为会议讨论的内容起了一个名字：AI。达特茅斯会议正式创立了 AI 这一术语，并且开始从学术角度对 AI 展开研究。自此，一批批 AI 学者和技术开始涌现，1956 年也就成了 AI 元年。达特茅斯会议被广泛认为是 AI 诞生的标志，并从此开启了 AI 漫长而曲折的研究历程。

AI 的起步期，第一次高潮始于达特茅斯会议之后。在这段长达十余年的时间里，计算机被广泛应用于数学和自然语言领域，用以解决代数、几何和英语问题。由于计算机应用的发展，利用计算机实现逻辑推理的一些尝试取得成功。在算法方面，感知器数学模型被用于模拟人的神经元反应过程，并且它能够使用梯度下降法从训练样本中自动学习，完成分类任务。理论与实践效果带来第一次神经网络的浪潮，这让很多研究人员和学者看到了机器向 AI 发展的美好前景。甚至在当时，有很多学者认为："20 年内，机器将能完成人能做到的一切工作。"

AI 的反思发展期，第一次低谷在 20 世纪 70 年代，AI 进入了一段艰难岁月。在这一时期，科研人员对 AI 的研究项目难度预估不足，这不仅导致他们与美国国防部高级研究计划署的合作失败，还给 AI 的前景蒙上了一层阴影。与此同时，AI 也受到很大的社会舆论的压力，大量研究经费被转移到其他项目上。当时，AI 面临的技术瓶颈主要来自三个方面：第一，计算机性能不足，导致早期很多程序无法在 AI 领域得到应用；第二，问题的高复杂性，早期 AI 程序主要是解决特定的问题，因为特定的问题对象少、复杂性低，可一旦问题上升维度，程序立马就不堪重负了；第三，数据量严重缺失，当时不可能找到足够大的数据库来支撑程序进行深度学习，这很容易导致机器无法通过读取足够量的数据进行智能化。因此，AI 的研究和发展陷入了停滞阶段。

AI 的应用发展期，第二次高潮始于 20 世纪 80 年代。卡内基-梅隆大学为 DEC 设计了一套针对特定领域的专家系统，用以实现 AI 商用化。AI 程序系统可以简单理解为"知识库 + 推理机"的组合，这套系统在 1986 年之前为公司每年节省超过 4 000 美元经费。在这个时期，仅专家系统产业的价值就高达 5 亿美元。这种商业模式之后，衍生出了一系列软件、硬件公司，如 Symbolics。在技术方面，BP（反向传播）算法被提出，用于多层神经网络的参数计算，以解决非线性分类和学习等问题。从此，AI 的发展迎来第二次崛起。

经过平稳发展期，AI 进入第二次低谷。在维持了 7 年之后，这个曾经轰动一时的 AI 程序系统宣告结束历史进程。命运的车轮再一次碾过 AI，让其回到原点。到 1987 年，苹果和 IBM 生产的台式机性能超过了 Symbolics 等厂商生产的通用计算机。从此，专家系统风光不再。在技术方面，神经网络的设计一直缺少相应的数学理论支持；之后，BP 算法更被指出存在梯度消失问题，因此无法对前层进行有效的学习；专家系统也暴露出应用领域狭窄、知识获取困难等问题。

AI 的蓬勃发展期，迎来第三次高潮。随着 AI 技术尤其是神经网络技术的逐步发展，以及人们对 AI 开始抱有客观理性的认知，AI 技术开始进入新的发展时期。1997 年 5 月 11 日，IBM 的计算机系统"深蓝"战胜了国际象棋世界冠军卡斯帕罗夫，该事件又一次在公众领域引发了现象级的 AI 话题讨论，成为 AI 发展史上的一个重要里程碑。2006 年，欣顿在神经网络的深度学习领域取得突破，人类又一次看到机器赶超人类的希望，这也是标志性的技术进步。2016 年，谷歌的 AlphaGo 赢了韩国棋手李世石，再度引发 AI 热潮。随着 GPU、异构计算等硬件设施的发展，运算能力也从传统的以 CPU 为主导转向以 GPU 为主导，为 AI 复兴奠定了基础。在算法技术方面，从最早期的算法到深度学习的兴起，多层神经网络学习过程中的梯度消失问题得到有效抑制，网络的深层结构也能够自动提取并表达复杂的特征，避免了传统方法中通过人工提取特征的问题。深度学习被应用到语音识别以及图像识别中，取得了非常好的效果。随着数据量增大、计算能力变强，深度学习的影响也越来越大，并带动了当今AI发展的高潮。随着热潮的不断爆发，AI在大数据时代迎来了第三次发展高潮。

近年来，由于新冠病毒肆虐全球，世界经济停滞，失业率大幅上升。百度提出的AI算法可以将此次新冠病毒的全基因二级结构预测时间从55分钟缩短至27秒，提速120倍，这意味着我们能够更快预测病毒的变化趋势，制定有效防控措施，还可以提高疫苗研发效率。AI多人体温快速检测方案，可以有效降低火车站、地铁等公共场所工作人员被感染的风险，另外由无人驾驶系统支撑的无接触送餐车和无人消杀作业车也可以避免交叉感染。经历过两次低谷和三次崛起，AI已经渐渐融入我们的生活，并渗透到工业、农业、医学、国防、经济、教育等各个领域，提升了人们的生活质量，给人们带来了更多的便利。

算力——AI发展的强心剂

AI产业布局涉及社会生活的各方面，如智能医疗、智能金融、智慧教育、智慧交通、智能家居、智能零售等。AI呈现螺旋式上升的趋势，学术界和产业界也一直在讨论AI应该如何往更加科学、更加透明、更加理性的方向发展。

算力是AI发展的技术保障，是AI发展的动力和引擎。反过来，AI的发展和应用又会促进算力的技术革新。伴随着AI的发展，算力也在不断提升，二者相辅相成。如今，数据量正在以指数级增长，面对海量的数据，使用 AI 算法挖掘其中的价值，必须有强大的算力支撑才能实现。非营利组织 OpenAI 的数据显示，AI 算力正以每年 10 倍的速度增长。自 2012 年以来，最大规模的 AI 训练运行中使用的计算量呈指数级增长，且翻番时间为 3.4 个月，远快于芯片的摩尔定律。2019 年 8 月，国内互联网终端数突破了 20 亿，每月超过 20 亿的注册访问量，AI 的蓬勃发展带来了算力需求的指数级增长。国际数据公司发布的报告显示，计算是 AI 的关键，算力突破推动算法创新，进而促成了第三次深度学习发展浪潮。深度学习算法本质上也是神经网络，早在 20 世纪 80 年代它就已经诞生了。2012 年欣顿课题组参加 ImageNet 图像识别大赛，他们使用的 AlexNet 模型大幅领先，取得冠军，使得深度学习算法轰动整个学术界和工业界。此 AlexNet 模型使用了比以前更加深层的网络，参数量高达千万级，同时它还使用大规模的图像样本进行训练，但算法只有一些细节上的创新。AlexNet 模型的实现基于两块 NVIDIA GTX 580 的 GPU，而当时 CPU 在短时间内难以完成这一任务。GPU 卡可提供高效的算力，用来支撑大规模神经网络模型的训练。

  AI 模型和算法对分布式、分散式的需求，以及超大规模的复杂模型处理海量数据，都需要高性能计算机的并行式计算做支撑。联邦学习等分散场景所需的分布式机器学习原生算法，使多方能够在不共享数据的情况下构建通用的机器学习模型。这需要计算环境足够安全、隐私、公正，能应对通信挑战和系统异构挑战，支撑多任务、多用户的协同，以及云、边、端融合。在 AI 发展的新阶段，算法的发展对算力及其环境提出了新的需求，相应地，支撑算力需求的体系结构也要有新的发展。

  当今计算芯片按摩尔定律发展越发失效，渐缓的计算能力增长速度将会限制 AI 技术的发展。随着 AI 边缘推理应用的发展，移动互联、工业、安防、物联网、多媒体、自动驾驶等领域中的相关应用逐渐落地。边缘计算是云计算的补充和优化，一部分 AI 应用正在加速从云端走向边缘，进入越来越小的物联网设备之中，以满足功耗、延时以及精度等需求。同时，AI 计算中心成为智能化时代的关键基础设施，它基于 AI 理论，采用 AI 计算架构，是融合公共算力服务、数据开放共享、智能生态建设、产业创新聚集的"四位一体"综合平台，可提供算力、数据和算法等 AI 全栈能力，是 AI 快速发展和应用所依托的新型算力基础设施。随着智能化社会的不断发展，AI 计算中心将成为关键的信息基础设施。量子计算提供了一条新量级的增强计算能力的思路。随着量子计算机的量子比特数量以指数形式增长，它的计算能力是量子比特数量的指数级，而这个增长速度将远远快于数据量的增长速度，这就为数据爆发时代的 AI 带来了强大的硬件基础。

总之，算力的发展为大数据发展提供坚实的技术保障，为 AI 发展提供技术支撑，是 AI 实现突破性进步的核心所在，而 AI 的进步又反过来推动算力的变革。

AI 服务——智能社会的核心引擎

在移动互联网、大数据、超级计算等新理论、新技术的驱动下，AI 加速发展，并呈现出深度学习、跨界融合、人机协同、群智开放、自主操控等新特征，对经济发展、社会进步等方面产生了重大而深远的影响。作为未来智能社会的基础支撑，从"互联网+"到"AI+"，AI 进入新的发展阶段。AI 技术的大规模、普适性发展及应用落地，全面支撑数字经济社会构建，AI将默默改变人们的学习、娱乐、生产生活方式，各领域将从数字化、网络化向智能化加速跃升。

AI在教育、医疗、养老、环境保护、城市运行、司法服务等领域的广泛应用，将极大提高公共服务精准化水平，全面提升人民生活品质。AI技术可准确感知、预测、预警基础设施和社会安全运行的重大态势，及时把握群体认知及心理变化，主动决策、及时反应，从而显著提高社会治理能力和水平，有效维护社会稳定发展。

基础设施智能化

基础设施是建设智能社会的重要环节，智能化的基础设施管理可以大幅提升社会的运行管理水平，进而实现降本增效。

交通智能化是指能够实现交通引导、指挥控制、调度管理和应急处理的智能化，可以有效提升交通出行的高效性和便捷性。交通智能化的深入发展将解决交通拥堵这一城市病。5G网络下的汽车自动驾驶、无人驾驶将逐步推广使用，智能汽车将成为仅次于智能手机的第二大移动智能终端。依赖于各种智能化基础设施提供的互联互通能力，未来自动驾驶将实现一些高等级操作，例如十字路口的红绿灯提醒及车速引导，需要各类基础设施协同感知，为车辆提供非视距的感知能力及精准的驾驶建议。智能化基础设施的广泛部署，也将从高精度定位、海量数据处理、协同决策控制等方面增强车辆的自动驾驶能力。

智慧管廊的建设能高效配置社会资源，实现市民生活多要素（水、电、燃气、网络等）的数字化管理。智能电网支持分布式能源接入，居民和企业用电将实现个性化、智能化管理。智能化的水务系统覆盖供水全过程，通过运用水务大数据保障供水质量，实现供排水和污水处理的智能化。同时，智能管网能够实现城市地下空间、地下管网的信息化管理、可视化运行。

未来城市公用设施等的智能化改造，以及数据库等信息系统和服务平台的不断完善，将推动实现设备、节能、安全的智慧化管控。未来快速发展的 AI 与算力技术将为智能化的基础设施发展保驾护航。

公共服务普惠化

公共服务关乎我们的日常生活。充分利用云计算、大数据、AI 等新一代 IT 技术，建立跨部门、跨地区业务协同、共建共享的公共服务信息体系，有利于创新发展教育、就业、社保、养老、医疗和文化的服务模式。

在智能社会中，随着智慧医院、远程医疗深入发展，电子病历、健康档案的普及应用，医疗大数据的不断汇聚和深度利用，优质医疗资源的自由流动，预约诊疗、诊间结算大幅减少人们看病挂号、缴费的等待时间，看病难、看病烦等问题将得到有效缓解。同时，具有随时看护、远程关爱等功能的智慧养老信息化服务体系为"银发族"的晚年生活提供有力保障。公共就业信息服务平台实现就业信息互联共享，就业大数据为就业提供全方位的支撑，并促进就业稳定健康发展。教育智能化将围绕促进教育公平、提高教育质量和满足人们终身学习需求持续健康发展，教育信息化基础设施不断完善，充分利用信息化手段扩大优质教育资源覆盖广度和深度，有效实现优质教育资源的共享。在数字化产业方面，数字图书馆、数字档案馆、数字博物馆等公益设施建设的智能化服务，为满足人民群众日益增长的文化需求提供坚实保障。基于移动互联网的旅游服务系统和旅游管理信息平台，实现了旅游智能化，旅游大数据的应用为旅游服务转型升级带来新机遇和新挑战。

政府决策科学化

智能化的电子政务与数据管理，要求建立健全大数据辅助决策的机制，以加速推动政府治理现代化，加快建成服务型、智慧型政府，有效改变地方政府在决策中存在的"差不多"现象，推动政府治理模式由"粗放"治理向"精准"治理转型，由"权力"治理向"数据"治理转型，由"经验"决策向"智慧"决策转型，由"静态"管理向"动态"治理转型。利用大数据平台综合分析各类风险，这有助于决策者有效预测事态发展趋势，并将问题由事后解决转向事前预测与前瞻决策，提升政府对风险的防范能力。通过政企合作、多方参与，促进公共服务领域的数据管理和共享，将政府掌握的相关数据与企业积累的相关数据进行有效利用，形成社会治理的强大合力。通过利用智能化手段高效应对群众诉求的网络平台，政府能够更好地掌握社情民意，构建阳光政府、透明政府。

AI 的使能要素

AI 的使能要素包含基础层、技术层、应用层，如图 9-1 所示。

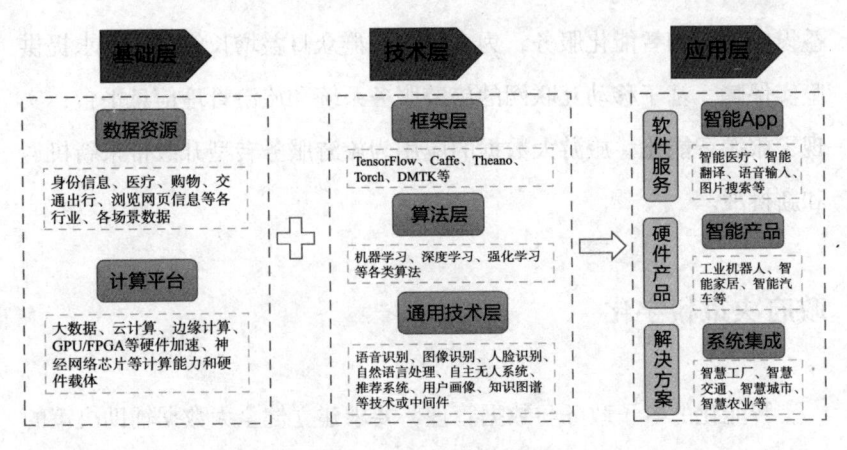

图 9-1　AI 的使能要素

基础层

算力为 AI 的基础层提供坚实的后盾。基础层划分为软件和硬件，包含数据资源和计算平台。

数据资源被称为信息时代的石油。数据分为结构化数据和非结构化数据，如图 9-2 所示。结构化数据是指具有预定义的数据模型的数据，其本质是将所有的数据标签化、结构化。对于新的数据只要确定其标签和结构，就能读取出来，例如数组、表格、网页等容易被计算

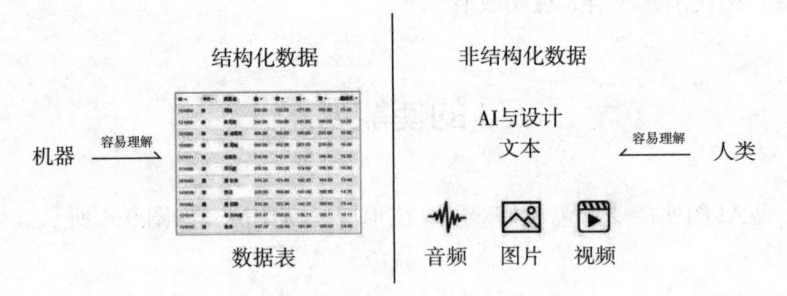

图 9-2　结构化数据与非结构化数据

算力时代　236

机理解的数据。而非结构化数据是指数据结构不规则或不完整，且没有预定义的数据模型。非结构化数据格式多样，包括图片、音频、视频、文本、网页等，它比结构化数据更难标准化和理解。

音频、图片、文本、视频这 4 种载体承载着来自世界万物的信息，人类很容易理解这些内容；但对只懂结构化数据的计算机来说，直接理解这些非结构化内容非常困难。然而 80% 的数据都是非结构化数据，因此，如何更好地理解这些数据成为 AI 发展的重要瓶颈。

另外，数据标注是大多数 AI 场景的基础，它决定了机器学习和深度学习模型的质量。标注原始数据并准备将其应用于机器学习模型和其他 AI 工作流，被称为数据标注。训练机器学习和深度学习模型，需要大量标注过的数据，以便将其用于部署、训练和优化模型。当今数据量呈指数级增长，而在任何 AI 项目中，对数据科学家而言，数据标准问题都是症结所在。根据相关统计，机器学习各类任务的时间占比如图 9-3 所示，其中数据处理消耗了 80% 以上的时间。

对于计算平台层，在支撑技术与产品方面，大数据、云计算、边缘计算的发展，为 AI 的发展提供了数据、计算、能耗方面的基础。在基础软件平台方面，智能芯片的发展促进了算力的提升，为 AI 的发展提供了计算基础，GPU 和 TPU 以及专用芯片的迅速发展显著提升了模型效果，从而促进模式识别、计算机视觉、自然语言等领域的迅速发展。

AI 芯片经历了从 CPU、GPU、FPGA 到 AI 芯片的发展历程。AlphaGo 战胜李世石，本质上是由冯·诺伊曼计算架构决定的。由此，具备强大并行计算能力与浮点计算能力的 GPU 一度成为深度学习模型训练和推理的标配。相比 CPU，GPU 具备更快的处理速度，需要

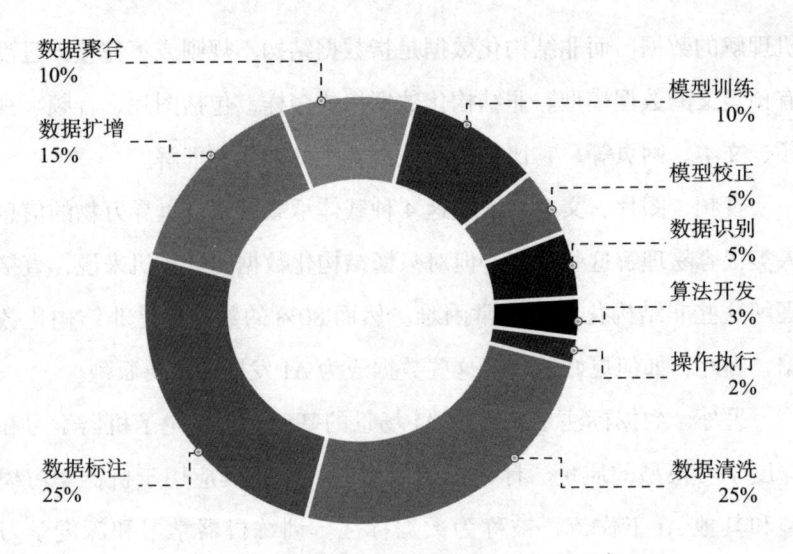

数据聚合 10%
数据扩增 15%
模型训练 10%
模型校正 5%
数据识别 5%
算法开发 3%
操作执行 2%
数据标注 25%
数据清洗 25%

图 9-3 机器学习各任务分配时间占比 [1]

更少的服务器投入和更低的功耗,因此 GPU 成为近些年来深度学习训练的主流模式。但 GPU 无法满足所有场景中的深度学习计算任务。如 L4 自动驾驶,需要识别道路、行人、红绿灯等交通状况,若使用 CPU 计算,时延则无法满足要求,恐怕车翻到河里还没发现前方是河;若使用 GPU 计算,虽然时延可以满足要求,但是功耗大,汽车电池无法长时间运行。此外,GPU 卡的费用相对昂贵,无法惠及广大普通消费者。

从本质上看,GPU 不是专门针对 AI 算法开发的 ASIC,人们需要找到既能解决深度学习训练和推理的运算能力问题,又能解决功耗和成本问题的芯片,FPGA 芯片由此诞生。FPGA 相比 GPU 具备高性能、低时延、低能耗、低成本等特点。基于 FPGA 体系结构特点,它非常适用于低时延、流式计算密集型任务处理,能有效处理海量并发的云端推断,如语音云识别场景,能为消费者提供更好的使用体验。

FPGA芯片本质上是通过预编程的方法来提升性能，在智能化的视频图像等场景下，它需要处理的内容往往是大量非结构化数据，但这类数据很难通过预编程得到满意的结果。因此，我们需要通过AI芯片，进行大量样本训练和推理交互，在形成算法模型后，集成了AI芯片和算法的智能设备，才具备智能推理能力。冯·诺伊曼计算架构是摩尔定律在AI场景下失效的根因。如何通过硬件体系架构的创新，克服"存储墙"瓶颈，实现深度学习算法的最佳运算效率，成为AI芯片架构创新发展的新方向。尽管AI芯片技术的发展已经取得了初步成果，但是AI芯片和架构设计，特别是神经网络芯片在工程领域所面临的挑战从未结束。

国外芯片巨头占据了AI芯片绝大部分市场份额，它们在人才聚集和技术领域方面都具有领先优势。美国芯片巨头企业凭借其在芯片领域多年的领先地位，迅速切入AI领域，积极布局，在GPU和FPGA方面处于完全垄断地位。具有领先地位的主要厂商及其介绍如表9-1所示。

表 9-1 AI 芯片厂商对比

厂商	产品	技术路线	市场分类	应用场景	产品介绍
NVIDIA	Tesla V100	GPU	云端训练	数据中心	NVIDIA Tesla V100 加速器基于全新 Volta GV100 GPU，Volta 是功能强大的 GPU 架构，而 GV100 是第一种突破 100 TFLOPS 深度学习性能极限的处理器。GV100 将 CUDA 核心和 Tensor 核心相结合，在 GPU 中提供 AI 超级计算机的出色性能
	Xavier	GPU	终端推理	自动驾驶	2018 年 1 月，NVIDIA 发布首个自动驾驶处理器——Xavier。Xavier 的 GMSL（千兆多媒体串行链路）高速 I/O 将其与迄今为止最大阵列的激光雷达、雷达和摄像头传感器连接起来
英特尔	Arria 10	FPGA	云端推理	数据中心	"Xeon＋Arria"混合计算单元是典型的"CPU+FPGA"架构，这种计算单元实是将一个 Xeon 服务器芯片和一个终端 FPGA 放入单个 Xeon 处理器插槽中
	NNP	ASIC	云端训练	数据中心	Nervana NNP 系列是神经网络处理器，主要针对训练阶段的计算，按照英特尔的计划，到 2020 年要将深度学习训练的效果提高 100 倍。这款神经网络处理器由英特尔和脸书一起合作设计，可以预测该芯片很大程度上会对脸书的机器学习框架 Pytorch 有很好的支持
	NCS 2	ASIC	终端推理	自动驾驶	神经计算棒二代 NCS 2 基于英特尔 Movidius Myriad X 视觉处理单元，可以在网络边缘构建更智能的 AI 算法和计算机视觉原型设备
谷歌	TPU	ASIC	云端训练、云端推理	数据中心	2018 年 3 月谷歌 I/O 大会推出 TPU 3.0，其性能是 TPU 2.0 的 8 倍，高达 100 petaflops

（续表）

厂商	产品	技术路线	市场分类	应用场景	产品介绍
谷歌	Cloud TPU	ASIC	云端训练、云端推理	数据中心	Cloud TPU 是谷歌设计的硬件加速器，专为加速、扩展特定的 TensorFlow 机器学习工作负载而优化。每个 TPU 里内置了四个定制 ASIC，单块卡的计算能力达 180 teraflop/s（每秒 1 万亿次浮点运算），高带宽内存有 64GB。这些板卡既能单独使用，也可通过超高速专用网络连接从而形成"TPU Pod"。谷歌已在谷歌云开放 Cloud TPU 的计算能力，帮助机器学习专家更快速地训练和运行模型
	Edge TPU	ASIC	终端推理	AI 终端、IP 授权	Edge TPU 的尺寸约为 1 美分硬币的 1/8 大小，它可以在较小的物理尺寸及功耗范围内提供不错的性能，支持 PCIe 以及 USB 接口。Edge TPU 优势在于可以加速设备上的机器学习推理，或者也可以与谷歌云配对以创建完整对云端到边缘机器学习堆栈
Xilinx	Versal	FPGA	云端推理、终端推理	数据中心、自动驾驶	Versal 是全球首款自适应计算加速平台芯片系列，是基于 FPGA 演化出的新架构。其使用多种计算加速技术，可以为任何应用程序提供强大的异构。Versal Prime 系列和 Versal AI Core 系列产品也于 2019 年推出

第九章 AI，以算力换人力   241

技术层

算力的发展促进 AI 技术层的提升。技术层由基础框架、算法模型以及通用技术构成。基础框架中主流的 AI 框架的时间线如图 9-4 所示。

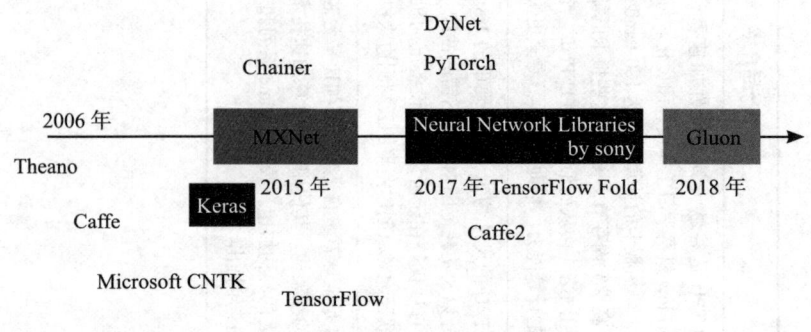

```
                        DyNet
            Chainer     PyTorch
2006 年                Neural Network Libraries
            MXNet      by sony            Gluon
Theano
            2015 年    2017 年 TensorFlow Fold  2018 年
Caffe       Keras
                       Caffe2
Microsoft CNTK
            TensorFlow
```

图 9-4　主流 AI 框架时间线

TensorFlow 是目前应用最广泛的深度学习开源软件库之一，最初由谷歌 Brain Team（大脑团队）的研究人员和工程师开发，并使用数据流图进行数值计算。图中的节点表示数学运算，边表示它们之间通信的多维数据数组（张量）。其架构灵活，可以通过单个 API 将计算部署到桌面、服务器或移动设备中的一个或多个 CPU 或 GPU 中。

Caffe 最初由杨庆佳在加州大学伯克利分校读博期间创建，之后由伯克利 AI 研究公司（BAIR）和社区贡献者联合开发。它主要攻克应用于计算机视觉的卷积神经网络。

PyTorch 是一个开源机器学习库、科学计算框架和基于 Lua 编程语言的脚本语言。PyTorch 供脸书 AI 研究小组、IBM、Yandex 和 Idiap 研究使用。现在，它已经扩展到安卓和 iOS 系统上。另外，研究人员也使用 Torch 来构建硬件实现数据流。

应用层

算力的发展推动 AI 的应用层往更广阔的领域延伸，进一步提升了应用的丰富度。从行业应用来看，除了传统行业应用，智能法庭、智能检察、智能能源、智能法务以及智能保险等领域逐渐引入 AI 技术，用以提升行业效率。在金融行业，AI 在产品、渠道和场景等层面采用自动化的智能流程，从而更加高效地服务用户。

在医疗行业，医学与 AI 产品的真正落地需要全产业链的配合，特别是在医疗的大数据融合共享和开放应用方面，助力"AI+ 医疗"产业化。近年来，AI 的广阔应用前景以及技术的爆发式发展趋势，意味着我们逐步迈入 AI 发展的黄金时期。

目前，"AI+ 医疗"行业处在成长期，"AI+ 影像"是投融资热门之一。"AI+ 核心医疗"产业链分为 AI 基础层、AI 医疗技术层与应用层。其中应用层可触达全医疗服务场景，如院内临床决策系统、手术机器人、智慧病案系统、医疗影像、药企新药研发与基因检测，目前已有大量的互联网医疗公司和传统医疗公司涌入。

AI 将助力医学知识图谱不断进步，赋能临床决策等多种应用场景。医学知识图谱为医疗信息系统中海量、异构、动态的大数据管理和利用提供了一种更为有效的方式，致力于提升系统的智能化水平。知识图谱在医疗领域的意义不仅是全局医学知识库，也是支撑辅助诊疗、智慧病案等医疗智能应用的基础。

综上所述，算力是 AI 发展的技术保障，是 AI 发展的动力和引擎，通过支撑 AI 基础设施、算法技术的发展，从而应用于各行业，促进各产业的快速发展。反过来，AI 的发展和应用又促进算力的技术革新，伴随着 AI 的发展，算力也在不断提升，二者相辅相成。

第四篇

算力网络，算网一体共生

——从水网、电网到算网

从通用计算到异构计算，算力内核多样化已成趋势；从云计算到边缘计算，算力形态的分布式特征越发明显，未来算力将无处不在；从有线到无线，由地面到天空，高速泛在的网络覆盖无处不达，万物互联的时代即将到来。网络推动算力更泛在，算力结合网络更强大，泛在的算力和网络，与AI、大数据、区块链、安全等技术深度融合，形成"算力网络"，将催生新服务、构建新模式、孕育新业态，形成继水网、电网之后国家的新型信息基础设施，真正把"算力"变为可流动的生产力资源，为千行百业提供像"自来水"一样的计算服务……

第十章
算力网络，继往开来辟新局

算力网络为何而生

古希腊伟大的思想家、哲学家柏拉图在思考人生意义时提出了一个终极哲学命题："我是谁？我从哪里来？我要到哪里去？"人类社会的快速发展，正是对这个哲学问题的不断求索，技术的发展与人类的演进其实有异曲同工之妙。

距 2006 年 8 月云计算的概念首次由谷歌前 CEO 埃里克·施密特在搜索引擎会议上提出，已有 15 年时间。这些年来，云计算已经成为 IT 产业发展的战略重点，全球的 IT 企业纷纷向云计算转型，享受"云"带来的优势。从瀑布到敏捷再到 DevOps（过程、方法与系统的统称）、CI/CD（持续集成、持续交付和持续部署），企业的开发、集成效率不断提升；从 monolithic（指软硬件一体化的设备）到模块化到微服务再到 FaaS（函数即服务），应用的架构不断解耦与细化；从物理机到虚拟机再到容器，应用的承载朝着轻量化、动态化的方向演进，部署效率不断提高；从纵向扩展到横向扩展，存储从集中式到分布式持续发展，灵活性与性能不断提升；从标量计算到矢量、空间、矩阵混合计算，计算架构异构化已成趋势，计算效率不断提高、功耗持续降低；从传统数据中心到云计算再到边缘计算，"云"的应用场景不断丰富，云效能不断提升。

与此同时，网络正朝着性能极致化、平台原生化、管控智能化、安全内生化等方向发展，与算力的结合也日益紧密。在数据中心内，网络从简单互联向无损演进，服务器间零丢包互联，使得同等规模计算集群下的算力性能翻倍；同时，全无损网络重构了计算机体系架构，计算单元 PCIe 总线实现网络化，模型训练 GPU 集群、大数据分析集群等开始涌现，极大地提升了计算性能。在数据中心外，网络从南北向单层互联向全向层次化互联迈进，接入点进一步下沉，带宽进一步增长，固移进一步融合，能力进一步开放，支撑数据-算力的高效连接，助力算力的分层分布和算力节点间的深度协同，从而实现算力的产线化分工，使算力效能倍增。

基于云计算、边缘计算到泛在计算的发展大趋势，未来社会中，在靠近用户的不同距离将遍布不同规模的算力，呈现云-边-端三级算力架构，并通过高速泛在的网络为用户提供各类个性化的服务。从百亿量级的智能终端，到全球十亿量级的家庭网关，再到未来每个城市中边缘计算带来的数千个具备计算能力的边缘云，以及国家级的数据中心枢纽节点，它们共同形成的海量的泛在算力将从各处接入互联网，计算和网络深度融合的发展趋势已不可阻挡。算力网络通过无处不在的网络把分散部署的算力资源互联，并通过对网络、存储、算力多维度资源的统一管理、协同调度，使海量的应用能够按需、实时调用不同地域的计算资源，并实现算力、网络、站址、能源等多因素的协同联动和动态全局优化，为千行百业提供像"自来水"一样即开即用、触手可达的算力服务，而这正是算力网络诞生的初衷。

什么是算力网络

"算力网络"是近年来产业界的热点，但目前人们对算力网络的概念、定义和范畴的理解还不完全统一。

我们在搜索引擎中能找到的对于算力网络的解释更多的是指一类具体的"算力网络"技术，又称为算力感知网络、算力优先网络等，是算力和网络深度融合的技术研究方向。这个层面的算力网络更多的是一种面向承载网的新型网络技术，它通过网络控制面分发算力服务节点的算力、存储、算法等资源信息，并结合网络信息和用户需求，提供最佳的计算、存储、网络等资源的分发、关联、交易与调配方式，从而实现整网资源的最优化配置和使用。

如图 10-1 所示，算力优先网络技术架构中的算力路由层为算力优先网络的核心层，其向上通过预先定义的资源和服务接口获取算力节点的算力和服务信息，并通过算力建模对算力资源信息进行抽象描述和表示，形成算力能力模版；其向下对接基础网络层，获取 IP 网络的路由与实时状态。算力路由层的算力优先网络节点包括接入节点和出口节点，接入节点面向客户端，负责服务的实时寻址和流量调度；出口节点面向服务端，负责服务状态的查询、汇聚和全网发布。当接入节点收到客户端的计算任务数据包时，它会首先确定该数据包的计算任务类型（包含服务 ID、流粘性需求属性等），并基于预先获取的计算任务类型、其他计算节点和计算性能的对应关系，确定该计算任务类型对应的至少一个其他节点和其对应的计算性能。其次，基于其他节点的计算性能，以及本地节点与其他节点之间的网络性能如链路状态，算力优先网络节点会综合考量确定执行的目标节点。最后，通过分布式路由协议，算力优先网络节点将计算任务报文路由到选择的计算节点，从而实现用户体验最优、计算资源利用率最优、网络效率最优。

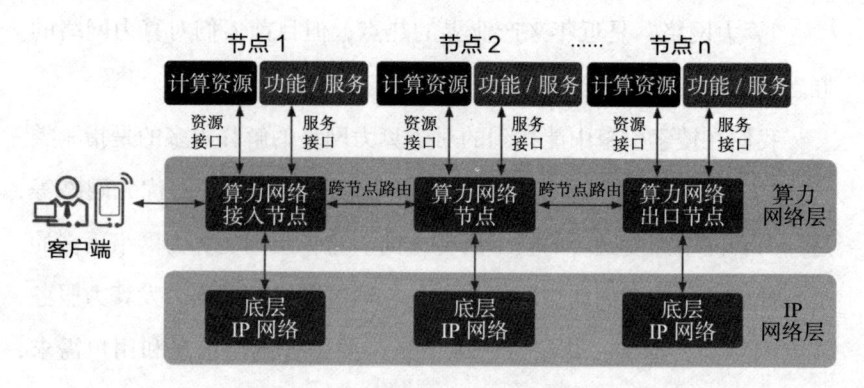

图 10-1 算力优先网络技术架构图

"算力网络"一词在运营商的网络演进规划中也被频繁提及。中国联通在 2021 年发布的《CUBE-Net3.0 网络创新体系白皮书》中讲道，"网络 + 中心云的云网融合服务将逐步演进到计算与网络深度融合的算网一体，算力网络正在成为网络技术发展的新方向"，提出以网为中心实现算力网络，并将"算网融合的新型承载网"作为未来承载网发展的长期目标；中国电信在 2020 年发布的《云网融合 2030 技术白皮书》中将算力网络和区块链等一起列入数据和算力等新型资源融合的关键技术中，并将算力网络作为云网融合的重点技术创新领域之一。互联网公司将云网络作为云服务的重要组成部分，更多地强调分布式云的概念，而网络作为底层管道为云服务，很少整体提及算力网络概念。

国家层面，近年来重点提出了国家级算力枢纽的建设，也有关于"算力网络"的相关论述。2021 年 5 月四部委联合发布的《全国一体化大数据中心协同创新体系算力枢纽实施方案》中，算力网络一词首次出现在官方文件中，主要指将"东数西算"中国家级数据中心连接起来形成的一体化枢纽设施。国家提出的算力网络主要强调对互联网数据中心、云计算、大数据的布局规划。

虽然各界对"算力网络"有着不同的理解，但从国家到产业和学术界的整体发展来看，算力网络的热度在持续升温。中国移动结合国家政策要求、产业发展和技术演进方向以及自身发展诉求，对算力网络的概念、内涵等给出了自己的见解和系统性的阐释。

算力网络是以算为中心、网为根基，网、云、数、智、安、边、端、链（ABCDNETS）等深度融合、提供一体化服务的新型信息基础设施。算力网络的目标是实现"算力泛在、算网共生、智能编排、一体服务"，逐步推动算力成为与水电一样，可"一点接入、即取即用"的社会级服务，达成"网络无所不达、算力无所不在、智能无所不及"的愿景。

算为中心，网为根基：在行业数字化转型过程中，个人及行业对信息网络的主要需求已逐渐从以网络为核心的信息交换转变为以算力为核心的信息数据处理，算力将成为IT技术发展的核心。在发展过程中，网络作为连接用户、数据与算力的桥梁，需要与算力深度融合，形成算网一体化新型基础设施。中国移动发展算力网络，将以算为中心，网为根基，充分发挥自身的网络优势，以网强算，基于广泛的网络分布和组网能力，为用户提供低时延、高可靠的算力连接，让用户享受更优质的算网服务。

ABCDNETS多要素深度融合：面向社会更广泛的业务需求，算力网络在提供算力和网络的基础上，需要融合丰富的技术要素为用户提供多要素融合的一体化服务。结合当前技术发展趋势，算力网络融合了"ABCDNETS"八大核心要素，其中云、边、端（Cloud/Edge/Terminal）作为信息社会的核心生产力，共同构成了多层立体的泛在算力架构；网络（Network）作为连接用户、数据和算力的桥梁，通过与算力的深度融合，共同构成算力网络的新型基础设施；大数据（Data）和AI是影响社会数智化发展的关键，算力网络需要通过融数注智，构建算网大脑，打造统一、敏捷、高效的算网资源供给体系；区块链（Blockchain）作为可信交易的核心技术，是探索基于信息和价值交换的信息数字服务的关键，是实现算力可信交易的核心基石；安全（Security）是保障算力网络可靠运行的基石，需要将"网络+安全"的一体化防护理念融入算力网络体系中，形成内生安全防护机制。

一体化服务：通过算、网、数、智等多原子能力的灵活组合，实现算力服务从传统简单的云网组合服务向多要素深度融合的一体化服务转变。算力网络的服务模式逐渐从"资源式"向"任务式"转变，为用户提供融合、智能、无感、极简的算网服务。

水力发展离不开水网，电力发展离不开电网，算力发展离不开"算力网络"。为了让用户享受随时随地的算力服务，发展算力网络需要重构网络，使其形成继水网、电网之后国家新型基础设施，打造"一点接入、即取即用"的社会级服务，最终实现"网络无所不达、算力无所不在、智能无所不及"。

算力网络是国家、社会、产业发展的战略要求，也是运营商转型发展的重要机遇。算力网络可支撑国家网络强国、数字中国、智慧社会战略、国家新型算力枢纽设施布局和东数西算工程，同时可为各行各业提供数智化服务，并赋能产业数字化发展，加速经济脱虚向实。中国移动算力网络通过与智慧中台、5G+的深度结合，以算为中心、以网为根基，融数注智、携链带安，打造融合互促的技术能力体系，构建产学研用协同发展的联合创新生态，进而推动数字产业化发展；同时，通过数字产业化"小生态"的精耕细作，算力网络可全方位、深层次地赋能数字经济，从而实现产业数字化的大目标，如图10-2所示。

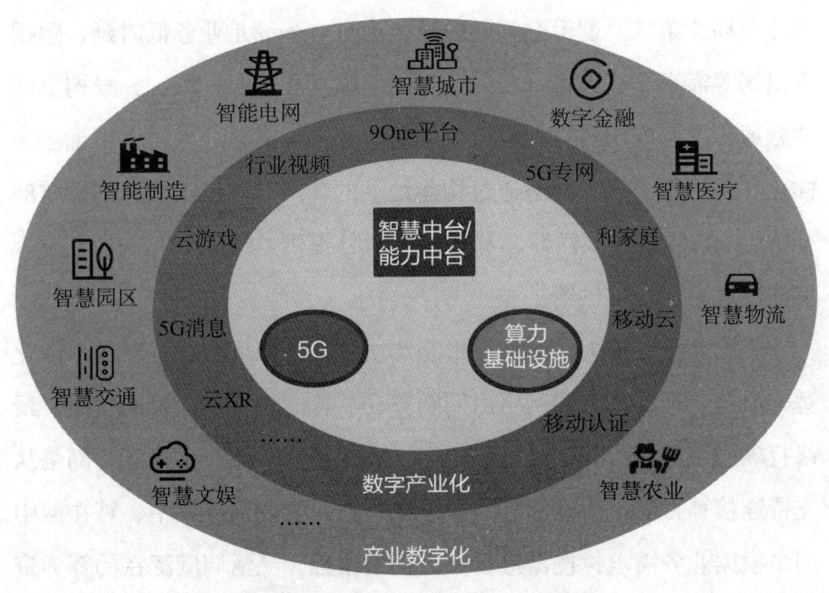

图 10-2 中国移动算力网络布局

算力网络的愿景

上节提到，算力网络诞生的初衷是希望算力能够真正流动起来，并像电力和自来水一样能够实现随用随取，进而赋能全社会数字化转型。算力网络以"算力泛在、算网共生、智能编排、一体服务"为目标，打造多种技术元素融合的新型信息基础设施，从而衍生出无感极简的"算随人选"、融合智能的"算随人动"、自由共享的"可信交易"等新型商业和服务模式。

算力泛在：以算为中心，构筑云边端立体泛在的算力体系。算力泛在包括三方面的融通。第一，物理空间的融通，面向跨区域建设的算力枢纽，以及区域内多层次的算力资源，打造高品质网络基础设施，拉通不同区域、不同层级算力资源，构建中国移动集中加边缘的数据中心布局；第二，逻辑空间的融通，为进一步满足业务低时延、数据不出场等需求，算力将呈现云边端的立体泛在分布；第三，异构空间的融通，由于应用对算力专业化的需求越来越高，计算硬件出现了多样化异构形态，算力网络通过构建统一的算网基础设施层，纳管 X86、ARM、RISC-V 等多样性芯片架构，对外提供 CPU、GPU、FPGA 等多样性算力的统一供给。

算网共生：算力与网络在形态和协议方面深度融合，形成一体化基础设施。推动算力和网络由网随算动、算网融合走向算网一体，最终打破网络和算力基础设施的边界，实现算网一体内生目标，网络从支持连接算力演进为感知算力、承载算力，实现网在算中、算在网中。网络根据业务需求，按需进行算力网络编程，灵活调度泛在的算力资源，协同全网的算力和网络资源，实现算力路由。通过灵活部署的在网计算，对数据进行就近加速处理，降低应用响应时延，提升系统处理效率，实现算网发展互促互进，共生共赢。

智能编排：融数注智，构建"算网大脑"，实现算网的统一编排和全局优化。"算网大脑"向下实现算网全领域资源拉通，向上实现算网融合类全业务支撑，融合人工智能、大数据技术，实现算网统一编排、调度、管理、运维，打造算力网络资源一体设计、全局编排、灵活调度、高效优化的能力。未来，"算网大脑"还将融合意图引擎、数字孪生等技术，实现自学习、自进化，升级为真正智慧内生的"超级算网大脑"。

一体服务：提供算网数智等多要素融合的一体化服务和端到端的一致性质量保障。一体服务包含三方面的融合供给：第一，多要素融合供给，算力网络实现了算网数智链安等多要素的深度融合，可提供多层次叠加的一体化服务；第二，社会算力融合供给，算力网络通过与区块链技术的紧密结合，构建可信算网服务统一交易和运营平台，支持引入多方算力提供者，打造新型算网服务及业务能力体系，并衍生出平台型共享经济模式，实现对社会闲散算力和泛终端设备的统一纳管；第三，数智服务的融合供给，算力网络通过提供基于"任务式"量纲的新服务模式，可以让应用在无须感知算力和网络前提下，实现对算力和网络等服务的随需使用和一键式获取，达到智能无感的极致体验。

算随人选

传统云计算的服务模式需要用户指定算力的区域，选择算力的类型、内容、大小，部分 2B 场景还需要用户自行打通到算力节点的网络。在以大型数据中心为核心的计算模式下，由于数据中心数量有限，用户尚可在有限的节点中选择最适合的节点，但在边缘计算乃至泛在计算的环境中，这种模式是不够友好的，数量庞大的节点会让算力用户望而却步，他们不知道怎么选，也不知道自己选出来的节点能否满足自己的业务体验需求。而算力网络通过纳管各级算力资源，对算力资源进行统筹调配、抽象展示，算力使用者只需在算力网络运营平台输入自己的计算、存储、网络需求和可承担的算力价格区间，算力网络就会给算力使用者自动分配最为合适的算力资源，而分配的过程是完全透明的。因此，对算力使用者而言，算力和电力和热力一样，随用随取而不必关心它的产生方式、所处位置和具体形态。

为了让大家对算随人选有更加形象的理解，我们将云计算、边缘计算、算力网络比作一家品牌连锁炸鸡店，传统的基于云计算、边缘计算的炸鸡店的个数和分店位置是提前规划好的。当一个人饿了想要吃炸鸡（需求算力）时，他通常会去一家离自己最近的炸鸡分店去吃饭，如果这家分店正好客满，那么他只好另寻他店，或者打开某款软件，根据店面的客流量以及店面与用户当前所在位置的距离选择一个可以提供最优体验的分店去吃饭。由于基于云计算和边缘计算的炸鸡店都是提前规划建设的，不可能凭空出现，如果他遇到所有分店都客满的情况，那该用户只能换另一家饭店。在有了算力网络后，用户只需要打开某款软件（算力网络平台），输入关键字"炸鸡"（算力需求），即可搜索出城市内最近的炸鸡店（算力应用），同时，这款软件可以规划出行车路线指引消费者前往（平台选择合适的算力节点并打通节点到算力使用者之间的网络连接），这也是当前各大平台软件都具备的功能。算力网络与云计算的不同在于，当所有的分店都客满的时候，算力网络可以根据客户当前所在位置，在一个有剩余算力的资源池上实时创立一家炸鸡店分店，来为客户提供服务。因此，算力网络除了可以指引用户去已有的炸鸡店外，也可以在离用户最近的地方快速建一个炸鸡店（直接拉起一个算力应用），并指引客户前往，具备十足的灵活性，这也是算随人选的精髓。

算随人动

边缘计算服务因其下沉的地理位置，通常只能在较小的区域范围内提供服务，用户当更换区域时，如果仍然连接到之前区域的边缘节点，服务在业务时延上可能就无法满足用户需求。在移动通信时代，用户希望保证语音、数据连接的连续性，但对基站的切换、核心网的交互并不关心，同样地，在边缘计算和泛在计算领域，用户只关心可提供算力服务的 SLA 和连续性，并不关心边边协同、边网协同甚至云边网协同的实现机制。算力网络可提供算随人动的持续连接，当算力使用者的位置发生变化时，算力应用或算力节点服务也会随着算力使用者的位置进行调整，从而保证算力服务不中断，并保证端到端服务的 SLA 等级。

算力网络除了持续监测用户到算力节点连接的网络质量外，还通过运营商的能力开放平台或业务的调度平台获取用户的位置信息。在检测到用户移动到某个边缘计算服务节点范围之外或者发现用户到算力节点的网络连接质量不满足用户要求后，它将重新根据客户已有的 SLA 要求选择合适的节点，并将客户应用重新部署在新的节点之上，进行应用数据同步；在同步完成之后，算力网络引导客户流量导向新的算力节点，逐步断开原有节点的连接，等所有的算力连接都导向新的节点，其就可删除原有节点上的应用，释放资源给其他算力需求者使用。

更进一步说，算力网络还可以在实时感知用户位置的基础上，结合 AI 技术，提前预判用户的移动方向，并对其所需算力进行预部署，这样就可以进一步降低算力连续性的接续时延、提升客户体验。

可信共享

当前，主流的交易模式要么是由一个统一的运营计费中心控制，要么是由多中心对接互调。只要中心存在，由于该中心具备绝对控制权，在多方参与交易的场景中就会产生不可信问题；而多中心对接互调的交易模式，具有交易流程复杂、时间冗长和不够灵活的缺点。算力网络提供的可信共享交易，是一种多方参与者都可以信赖的、共同使用的交易方式。

算力网络采用联盟链技术，由于上链节点规模较小且安全可控，因此可满足监管和审计要求。联盟链只允许授权的节点加入区块链网络，具有部分去中心化、点对点传输和加密技术共享账本架构的特点，特别适合多个算力交易主体协作场景。算力提供者加入算力网络进行认证授权后，可以实时查看自己的服务历史信息和交易信息，由于这些数据通过区块链与链上其他节点进行了共识并记录，无法被篡改，这就保证了交易信息的可靠性与可信度；算力使用者也可以通过算力网络实时查看自己的交易信息，进行对账和支付。可以看出，不同于云计算提供的中心化算力交易模式，算力网络可以使用区块链技术提供一种包含云管边端多级算力的、可信的、去中心化的新型算力交易模式。

算力网络的体系架构

算力网络体系架构从逻辑功能上分为算网基础设施层、编排管理层和运营服务层，如图 10-3 所示。

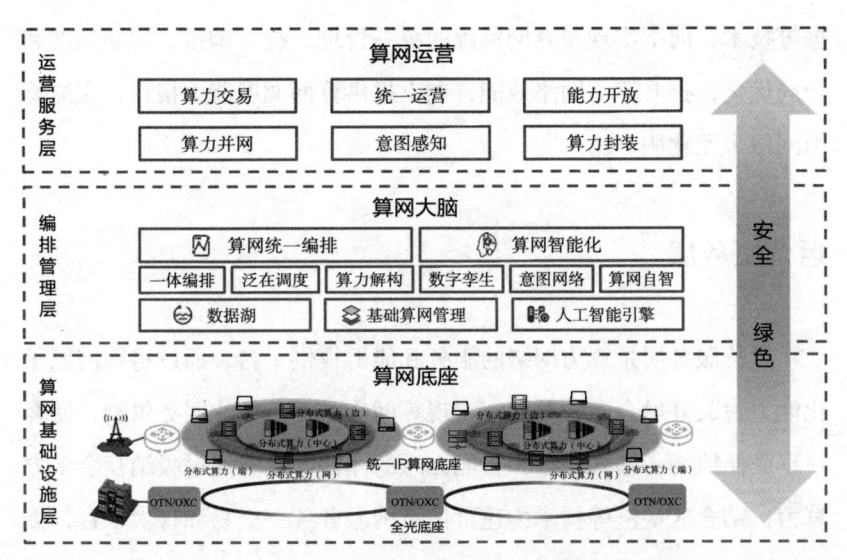

图 10-3　算力网络体系架构

算网基础设施层

算网基础设施层是算力网络的坚实底座，以高效能、集约化、绿色安全的新型一体化基础设施为基础，形成云边端多层次、立体泛在的分布式算力体系，满足中心级、边缘级和现场级的算力需求。网络基于全光底座和统一 IP 承载技术，实现云边端算力高速互联，满足数据高效、无损传输需求。用户可随时、随地、随需通过无所不在的网络接入无处不在的算力，享受算力网络的极致服务。

编排管理层

编排管理层是算力网络的调度中枢，智慧内生的算网大脑是编排管理层的核心。通过将算网原子能力灵活组合，结合人工智能与大数据等技术，向下实现对算网资源的统一管理、统一编排、智能调度和全局优化，提升算力网络效能，向上提供算网调度能力接口，支撑算力网络多元化服务。

运营服务层

运营服务层是算力网络的服务和能力提供平台，通过将算网原子化能力封装并融合多种要素，实现算网产品的一体化服务供给，使客户享受便捷的一站式服务和智能无感的体验。同时通过吸纳社会多方算力，结合区块链等技术构建可信算网服务统一交易和售卖平台，提供"算力电商"等新模式，打造新型算网服务及业务能力体系。

如何构建算力网络

算力网络的发展阶段

算力网络的发展不是一蹴而就的，而是脚踏实地、循序渐进的。当前算力网络的发展构想分为三个阶段，从基础设施到运营服务不断突破，最终实现一体共生、一体服务，如图10-4所示。

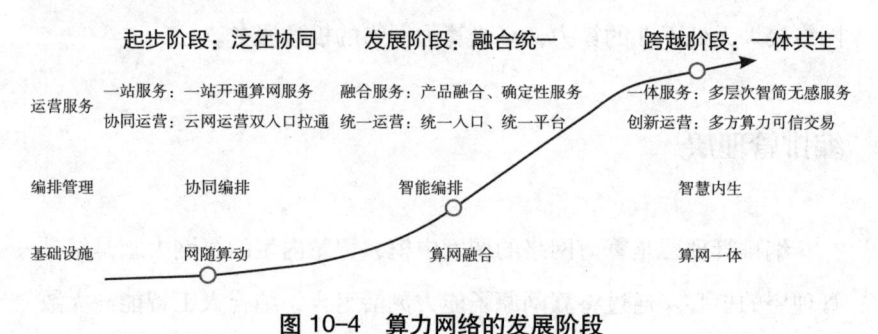

	起步阶段：泛在协同	发展阶段：融合统一	跨越阶段：一体共生
运营服务	一站服务：一站开通算网服务 协同运营：云网运营双入口拉通	融合服务：产品融合、确定性服务 统一运营：统一入口、统一平台	一体服务：多层次智简无感服务 创新运营：多方算力可信交易
编排管理	协同编排	智能编排	智慧内生
基础设施	网随算动	算网融合	算网一体

图 10-4 算力网络的发展阶段

第一个阶段是"泛在协同"的起步阶段，其本质是"协同"，重点是要追赶、提升当前的算网能力，实现算网协同。在算网布局方面，实现算力分布式布局和网连接算的协同布局，实现网随算动，但网和算根本上是两个独立的个体；在编排管理层面，实现算网的协同编排；在运营服务方面，通过协同不同的算网运营入口，算网互调，满足用户一站开通需求。此阶段产品形态无明显变化，对外呈现算网"固定"组合产品，质量分段保障，实现一站服务。

第二个阶段是"融合统一"的发展阶段，其本质是"融合"，重点是要统一算网编排并进行服务形态创新，实现算网融合。在此阶段，算持续泛在化，其与网在基础设施层面开始部分融合，虽然还是两个"身体"，但"大脑"开始融合统一，并在编排管理层面实现算和网的统一管理、编排、调度、运维；在运营层面，通过统一平台，算网对外呈现一个运营入口；在业务服务方面，通过多业务流程服务，供给真正意义上的算网"产品"；具备多维度的"资源式"量纲能力（资源指标，如算力、带宽），质量可端到端保障，孕育"智能极简"融合特色服务。第二阶段是算力网络的关键，决定第一阶段的发展节奏，也决定第三阶段的发展高度。

第三个阶段是"一体共生"的跨越阶段，其本质是"一体"，重点是要在原创技术领域进行开拓创新并引领产业发展，实现算网一体。在此阶段，算和网在协议和形态方面彻底共生，形成一套体系；算网的边界被彻底打破，"大脑"和"身体"合一，真正形成算网一体化基础设施；在业务服务方面，具备多类型"任务式"量纲能力（如单次图片识别、单位时间视频渲染），任务灵活组合后持续拓展服务范畴，并形成社会多方算力、多层次能力共享交易的新型商业模式。

此外，算力网络以网云数智安边端链多要素融合、绿色低碳、自主安全贯穿三个阶段始终,并随着发展阶段的不断演进,实现多种技术要素的逐步融合和一体共生。

算力网络的架构实现

算力网络整体技术架构分为算网基础设施层、编排管理层、运营服务层三层,其中基础设施层实现算力的广分布与网络的泛在连接,编排管理层实现算网资源的编排、调度、运维管理,运营服务层提供封装后的算网产品和用户入口。

算力网络起步阶段的逻辑架构如图10-5所示,此阶段架构目标在于实现算力网络基础设施的优化布局,使其成为国家东数西算布局的核心力量,实现算力和网络的协同,为后续算网融合奠定坚实基础。

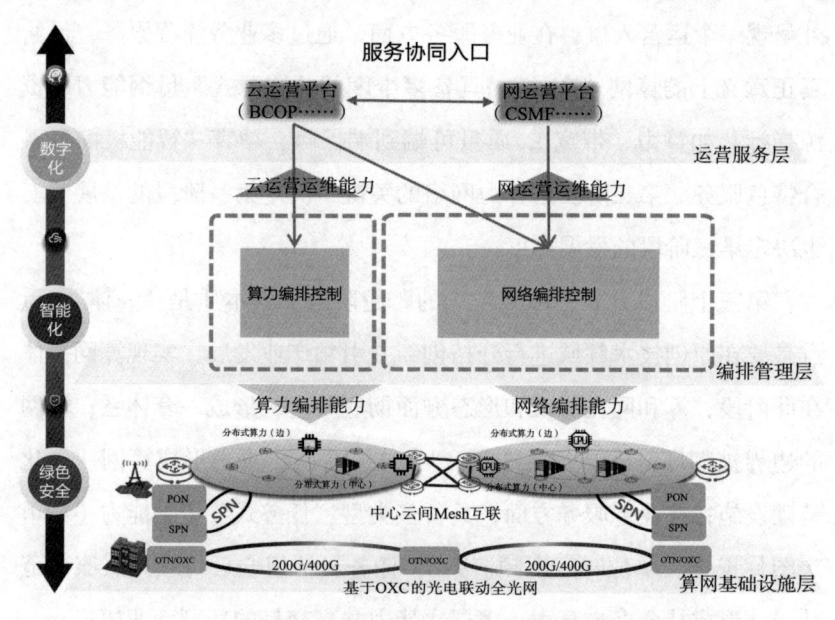

图10-5 算力网络起步阶段逻辑架构

在此阶段，基础设施层方面，算力的广分布将出现"两超"特征，即核心云超集中，可提供的算力规模持续扩大；边缘算力超分散，虽然单节点算力有限，但通过网络聚合后的算力也十分可观，算力从集中走向分布，从云向算演进。在对接国家东数西算规划要求、优化数据中心局址布局的基础上，云与云、云与边、边与边之间的协同变得尤为重要；在网络层面，从以地域为中心到以算力为中心进行网络架构调整，打通算力节点间DCI高速互联通道，并跨域拉通，同时提供多种灵活入云方式，真正实现网随算动。在编排管理层，统一云边协同框架，纳管多厂商、异构化算力节点，通过分布式云架构实现算力跨层调度；网络持续推进SDN化，可形成网络原子能力并开放接口供上层统一调用，实现网络分段跨域自动编排。在运营服务层，通过云运营入口与网运营入口的协同，均可实现云网资源的一站式开通。

算力网络发展阶段的逻辑架构如图10-6所示，此阶段架构目标在于构建算网融合的新型基础设施，提供融合统一的算网服务；其重点是构筑融数注智的"算网大脑"。

在此阶段，算网基础设施层面，随着芯片制程工艺的不断发展，端侧设备的处理能力持续提升，距离人们不同距离分散着不同规模的算力，算力布局更加泛在化，进一步实现云边端多级算力的协同。综合考虑能源、土建、成本等因素，通过算/网/能源/站址等多向量、动态全局优化，实现算随需流。在编排管理层面，通过构建融数注智的算网大脑，向下实现算网全领域资源拉通，向上实现算网融合类全业务支撑，并融合人工智能技术提升产品设计、编排调度、运维优化等方面的智能化能力。算网大脑可实现算网原子能力进一步精细化管理、自由组合和灵活调度，提升业务的敏捷性与智能化水平，同时通

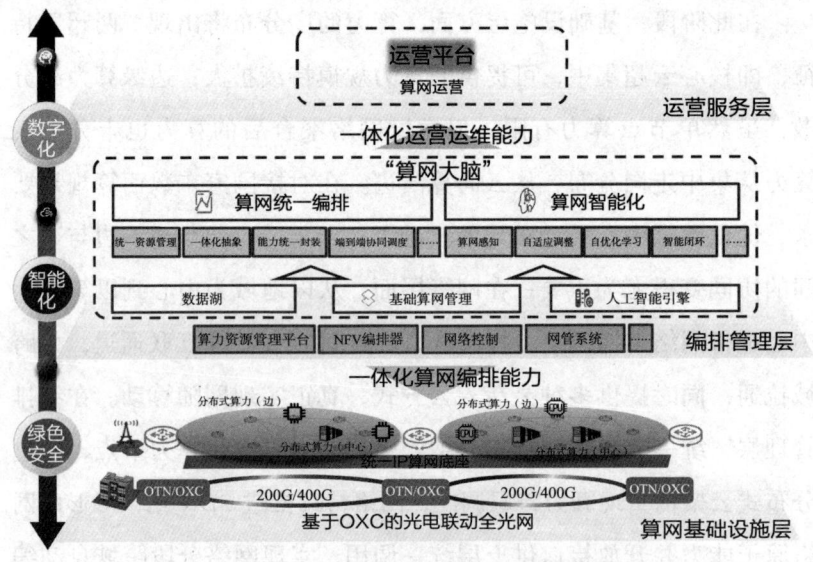

图 10-6　算力网络发展阶段逻辑架构

过算、网数据深度融合，形成完整客户 SLA 视图，提供一致性质量保障。在运营服务层面，通过构建算网统一运营平台，统一运营入口、运营主体和算网量纲，实现算网服务的统一开通、计费。

算力网络跨越阶段的逻辑架构如图 10-7 所示，此阶段架构目标在于体系化攻关算力网络的前沿技术研究，实现算网一体的全新发展，实现原创技术的引领和算网服务的模式创新，构筑自主可控的算力网络技术体系。

在此阶段，算网基础设施层，将计算要素充分池化，网络作为内部总线互联，实现转发即计算的愿景；将算力信息引入路由域，通过统一感知、控制和调度实现算力的流动。在编排管理层，引入数字孪生和意图引擎技术，基于意图引擎智能感知业务需求，通过物理与孪生网络实时交互映射，提供可预测、可视化建模和验证，实现面向客户与业务的动态保障。在运营服务层，创新性地与区块链等技术融合，

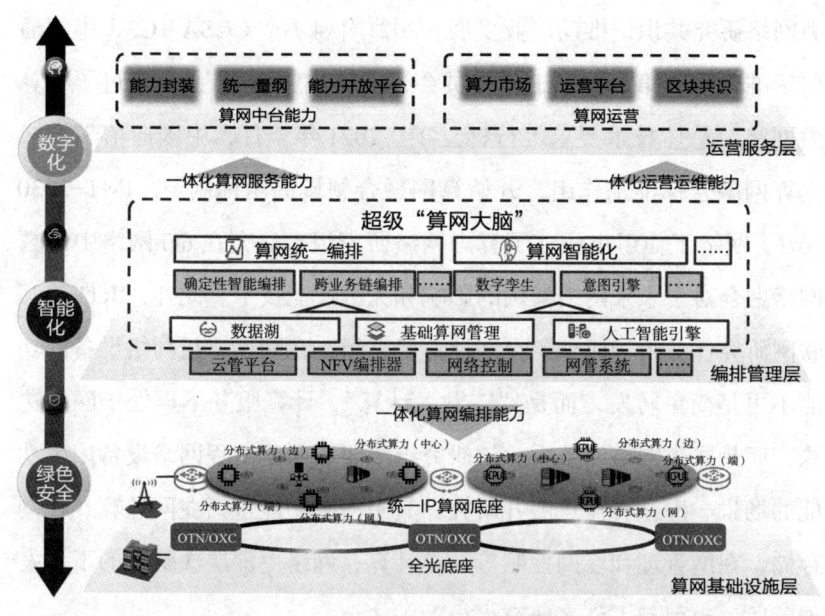

图 10-7 算力网络跨越阶段逻辑架构

充分聚合全社会分散的算力资源，以平台型共享经济服务为理念，催生算力淘宝、算力京东类型的"算力电商"等新型商业模式，同时将底层的算网能力封装，以标准 API 的方式提供第三方应用开放调用，构建更加开放、繁荣的算网生态，助力产业数字化大潮迅猛发展。

算力网络正在从理想照进现实

算力网络受到业界持续关注，成为产业发展热点。国内相关行业组织纷纷启动"算力网络"相关标准的制定。2020 年 9 月，国内未来 IP 网络研究的主要组织——网络 5.0 产业联盟成立了"算力网络特设工作组"。该工作组就目前提出的算网融合趋势下不同技术路线展开研究和探索[1]，包括算力网络[2]和算力感知网络[3,4]等，旨在达成算力网络研究共识，推动产业发展。2021年4月，CCSA TC3［中国通信标准化协会第三技术工作委员会（网络与业务能力）］通过了"算力网络"总体技术要求等行标立项。2021年7月，中国通信学会成立算网融合标准工作组，开始算网融合领域的团标制定。IMT-2030（6G）网络工作组也成立了算力网络研究组，研究在6G网络中计算、网络融合对于未来网络架构的影响和关键使能技术。此外，IRTF（互联网研究任务组）成立了在网计算研究组，在网计算指网络设备的功能不再是简单转发，而是"转发+计算"，计算服务不再处于网络边缘，而是嵌入网络设备中。该研究组主要面向可编程网络设备内生功能的场景、潜在有益点展开研究，其中内生功能包括在网计算、在网存储、在网管理和在网控制等，是计算、网络更深层次融合的下一发展阶段，也引起了许多研究人员的关注。

应用畅想，无限可能

算力网络基于区块链、云计算、边缘计算、智能调度、异构计算、融合路由等先进技术，通过算力建模、算力分解、算力抽象等手段，将全社会的算力资源整合在一起，实现计算与环境的融合，从而使人们可以动态、灵活地获取算力服务，而不必关注背后复杂的逻辑。在算力真正像热力、电力一样成为基础能源，可以随用随取之后，许多业务的部署和运营形态将有深刻的改变。

科学计算场景

科学计算如引力波验证、粒子加速器、蛋白质内部结构研究等尖端科研项目，其最大的特征是巨量数据处理，因此需要大量的 CPU、内存和网络资源，但对实时性要求不高。当前大部分科研机构、高校处理研究数据主要有两种选择：一是使用公有云算力，如 AWS、阿里云等云服务商提供的算力；二是自建高性能计算集群，甚至是超算集群。两种选择都面临着高昂的计算成本，尤其是第二种，还要面临能源、运维、折旧等成本。

如图 10-8 所示，算力网络可以有效解决高性能计算、科学计算中的计算成本问题，它通过对海量端侧、第三方云资源的吸收纳管，构建泛在算力资源池；泛在计算系统内编排管理层将待处理的数据进行分片、分析后实现算力拆解，并将不同的数据片分发至不同的算力平台进行处理；最后，编排管理层接收不同算力源返回的计算结果，对其进行算力整合后再返回结果给算力用户。在此场景下，算力网络通过充分利用社会闲置算力，提高科学计算效率，实现降本增效。

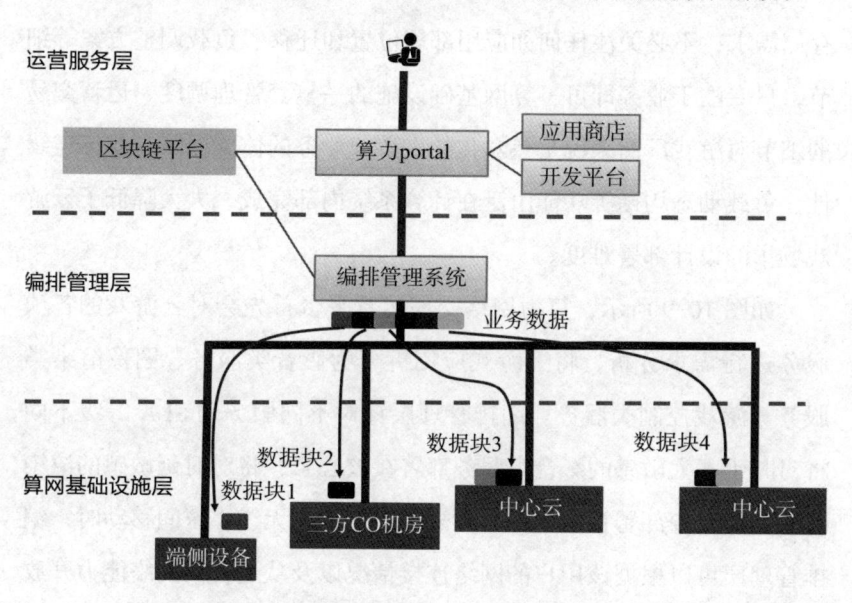

图 10-8 高性能计算场景

无忧无虑的云游戏

云游戏场景对计算、网络时延极为敏感。为获取较低的网络时延与抖动，提升玩家体验，在核心云部署游戏服务器的同时，游戏的部分服务端需要尽量下沉到边缘云，承载一些高端玩家、比赛场景的连接。在当前云游戏的边缘计算场景下，游戏厂商需要事先通过测试来设计游戏服务端应部署在哪一个边缘云节点之上。服务端算力负载超过阈值之后如何做到不同 SLA 的用户业务的迁移、云边协同？在玩家漫游出某一朵边缘云的网络覆盖区域之后，如何做到不同边缘云之间业务的倒换？这些问题以及边边、边网、边端协同等问题都涉及算网基础设施与编排管理层的协调，比较复杂，而云游戏厂商在这方面并不具备优势，这给云游戏业务本身的发展带来一定影响。

而借助算力网络，云游戏服务商只需要提出相应的网络、算力、存储需求，不必关注任何如应用部署位置和迁移、负载调整方案等细节，只专注于业务即可。算网基础设施的一整套管理调度、运营交易的细节对游戏厂商来说是黑盒化的，游戏业务的体验保障、业务连续性、负载动态均衡等功能由泛在计算系统内部完成，大大降低了云游戏场景的设计部署难度。

如图 10-9 所示，算力网络交易运营平台首先会对云游戏的各项服务进行需求分析，将云游戏应用拆分为影音类服务、图像渲染类服务、游戏控制类服务。编排管理层针对不同服务的 SLA 等级不同，将对时延不太敏感的影音类服务部署在核心云，将对时延敏感的渲染与控制类服务部署在边缘云。当云游戏用户在无线小区间移动时，编排管理层可以根据该用户的网络连接情况以及从运营商网络能力开放平台中获取的用户位置移动信息，智能化判断用户移动的方向与速度，预先在目标边缘云上拉起渲染与控制服务。当用户连接的网络质量已经不满足签约 SLA 时，编排管理层会将原有连接断开并更新连接；如果原有边缘云基础设施上的应用已无服务用户时，其可将云上服务下线，从而节省资源，最终完成云游戏场景下的算力移动性管理功能。

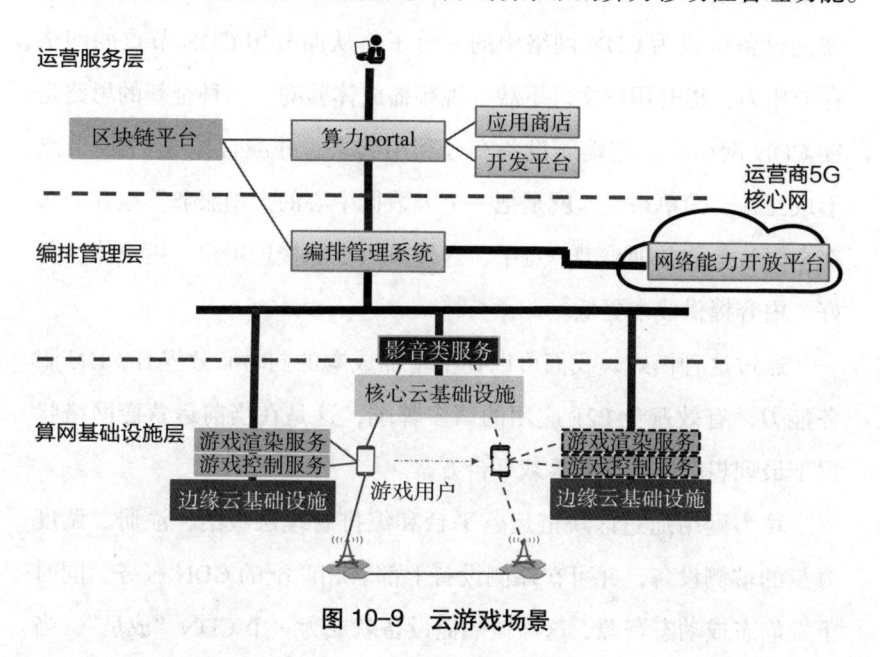

图 10-9 云游戏场景

全民 CDN

CDN 通过广泛的网络节点分布，提供快速、稳定、安全、可编程的全球内容分发加速服务，支持将网站、音视频、下载等内容分发至接近用户的节点，进而使用户可就近取得所需内容，提高用户访问的响应速度和成功率。因此，从某种意义上说，CDN 其实是一种分布式缓存技术。但由于 CDN 其核心仍然是基于集中服务器的结构，且跟地域化管制紧密相连，所以很难降低其扩展的成本。而且传统

CDN 技术在高峰时期在突发流量的适应性、容错性等方面仍然存在一定缺陷。随着用户规模的迅速扩大，CDN 应用发展受到了较大挑战。CDN 主力节点是有限的，但广泛分布的终端设备、家庭网关的数量级远超 CDN 节点，那么可不可以充分调用端侧设备的能力，让端侧设备也成为 CDN 网络中的一分子，从而分担 CDN 节点的网络、存储压力，提升用户文件下载、视频播放体验呢？一种全新的思路是在 CDN 网络中，把端侧设备充分利用起来，并配合传统 CDN 节点，形成互补。简单来说，就是把一个大数据中心的大型服务器缓存分布在全国各地的各种小型节点中，这样节点更加接近用户，用户体验更好，内容提供成本更低。

通过这种模式，我们可以在不增加成本的同时有效提升 CDN 服务能力，有效避免 P2P 应用的诸多弊端，这是在当前运营商网络状况下最理想的媒体业务承载平台方案。

算力网络通过区块链运营平台和编排管理层吸纳、注册、调度海量的端侧设备，并可在端侧设备上部署相匹配的 CDN 服务，同时下发静态或动态资源，这样该端侧设备就成为一个 CDN "成员"：当用户想访问该资源时，CDN 调度算法会将请求转发至离用户最近的、缓存了资源的终端 CDN 上，从而获得比传统 CDN 更快的访问速度。算力网络区块链运营平台会实时记录、同步端侧 CDN 设备的在线时长、资源消耗等信息，并反馈一定的"代币"作为奖励。同时，提供端侧 CDN 的用户也可以随时登录区块链平台查看自己的"账户"信息，实现可信交易。

第十一章
东数西算，算力网络的第一个目标

"东数西算"国家政策引导

随着我国数字经济蓬勃发展，全社会数据总量呈爆发式增长，数据存储、计算、传输和应用的需求大幅增长，数据中心已成为支撑各行业"上云用数赋智"的重要新型基础设施。但与此同时，数据中心供需失衡、失序发展等问题不断显现：东部算力资源紧张与西部算力需求不足并存，区域数字基础设施和应用空间亟待优化。一方面，一些东部地区对算力的应用需求大，但能耗指标紧张、电力成本高，大规模发展数据中心存在局限性；另一方面，一些西部地区可再生能源丰富、气候适宜，但存在网络带宽小、跨省数据传输费用高等瓶颈，无法有效承接东部需求。

为了解决上述问题，同时推动我国数据中心差异化、互补化、协同化和规模化发展，2020年4月—2021年7月，国家围绕数据中心的算力统筹规划，连续发布了一系列政策，提出了以"东数西算"为核心概念的多层次、一体化数据中心全国布局，如图11-1所示。

第一阶段：国家发改委、工信部等明确"新基建"范围，数据

2020年4月定地位	2021年5月定架构	2021年7月定节奏
国家发改委：明确"新基建"范围 数据中心作为算力基础设施，支撑国家产业升级、全社会的数字化转型	四部委：《全国一体化大数据中心协同创新体系算力枢纽实施方案》 提出"4+4国家枢纽节点+省级节点+边缘节点"的"东数西算"架构，打通网络传输管道，提升跨区域算力调度水平	工信部：《新型数据中心发展三年行动计划（2021—2023年）》 三年六大行动：优化布局，网络升级，算力赋能，产业链稳固，绿色低碳，安全可靠

图 11-1　数据中心国家政策三步走

中心作为"新基建"之一，被赋予支撑产业升级和全社会数字化转型的重要地位。2020年3月，国家发改委、工信部印发了《关于组织实施2020年新型基础设施建设工程（宽带网络和5G领域）的通知》[1]，明确提出加快5G网络、数据中心等新型基础设施建设进度。同年4月，国家首次对新基建的具体含义进行了阐述，提出建设以数据中心、智能计算中心为代表的算力基础设施等，吸引地方积极布局计算产业，这也是"算力基础设施"这一概念在国家层面的首次提出。

第二阶段：国家发改委等四部委首次提出"国家枢纽节点＋省级节点＋边缘节点"的"东数西算"架构。2021年5月24日，国家发改委、中央网信办、工信部、国家能源局联合印发了《全国一体化大数据中心协同创新体系算力枢纽实施方案》（以下简称《方案》）[2]。《方案》明确提出围绕国家重大区域发展策略，建设"4+4"全国一体化算力网络国家枢纽节点，即在京津冀、长三角、粤港澳大湾区、成渝，以及贵州、内蒙古、甘肃、宁夏建设全国算力网络国家枢纽节点。在国家枢纽节点的基础上，《方案》提出对于规模适中、对网络实时性要求极高的边缘数据中心，应在城市城区内部合理规划布局。随着国家枢纽节点的建成，数据中心之间的网络也将调整优化。《方案》要求建设高速数据中心直联网络，建立合理网络结算机制，增大网络带宽，提高传输速度，降低传输费用，并进一步推动各行业数据中心加强一体化联通调度，促进多云之间、云和数据中心之间、云和网络之间的资源联动，构建算力服务资源池。《方案》的发布标志着"算力网络"被正式纳入国家新型基础设施发展建设体系。

第三阶段：工信部发布"行动计划"，正式启动"东数西算"工程。2021年7月，为贯彻落实国家战略部署，统筹引导新型数据中心建设，打造数据中心高质量发展新格局，构建以新型数据中心为核心的智能算力生态体系，工信部发布了《新型数据中心发展三年行动计划（2021—2023年）》[3]（以下简称《行动计划》），确定以"统筹协调，均衡有序；需求牵引，深化协同；分类引导，互促互补；创新驱动，产业升级；绿色低碳，安全可靠"为基本原则，分阶段制定发展目标，提出建设布局优化行动、网络质量升级行动、算力提升赋能行动、产业链稳固增强行动、绿色低碳发展行动、安全可靠保障行动6个专项行动，包括20个具体任务和6个工程，着力推动新型数据中心发展。《行动计划》的发布标志着"东数西算"工程正式启动。

"东数西算"数据中心布局

"东数西算"的前提是做好数据中心布局，而数据中心布局的重点则是进行"分类引导"。工信部在《行动计划》中指出，根据能源结构、产业布局、市场发展、气候环境等要素，对国家枢纽节点、省内数据中心、边缘数据中心、老旧数据中心以及海外数据中心进行分类引导，形成数据中心梯次布局。[3]

一是加快建设"4+4"国家枢纽节点。推动京津冀等8个国家枢纽节点建设进度，满足全国不同类型算力需求。其中，对于京津冀、长三角、粤港澳大湾区、成渝等用户规模较大、应用需求强烈的节点，重点统筹好城市内部和周边区域的数据中心布局，实现大规模算力部署与土地、用能、水、电等资源的协调可持续，扩展算力增长空间，满足重大区域发展战略实施需要；对于贵州、内蒙古、甘肃、宁夏等可再生能源丰富、气候适宜、数据中心绿色发展潜力较大的节点，应重点提升算力服务品质和利用效率，充分发挥资源优势，夯实网络等基础保障，打造面向全国的非实时性算力保障基地。

二是按需建设各省新型数据中心。着力整合并充分利用现有数据中心资源，加快提高存量数据中心利用率。面向本地区业务需求，结合能源供给、网络条件等实际情况，按需适度建设新型数据中心，打造具有地方特色、服务本地、规模适度的算力服务。

三是灵活部署边缘数据中心。积极构建城市内的边缘算力供给体系，支撑边缘数据的计算、存储和转发，满足极低时延、极高性能的新型业务应用需求。引导城市边缘数据中心与变电站、基站、通信机房等城市基础设施协同部署，保障其所需的空间、电力等资源。

四是加速改造升级"老旧小散"数据中心。分类分批推动存量"老旧小散"数据中心改造升级。"老旧"数据中心加快应用高密度、高效率的IT设备和基础设施系统，"小散"数据中心加速迁移、整合，提高"老旧小散"数据中心能源利用效率和算力供给能力，更好满足当地边缘计算应用需求。

五是逐步布局海外新型数据中心。支持我国数据中心产业链上下游企业"走出去",重点在"一带一路"沿线国家布局海外新型数据中心,加强与我国海陆缆等国际通信基础设施有效协同,逐步提升全球服务能力。

"东数"如何"西算"

"东数"依赖"西算"的另一个重要前提是网络要与数据中心布局形成良好的协同效应。将传统的以行政区域为中心转变为以数据中心为核心来构建网络。同时,着重提升网络质量,以支撑算力调度和服务新动能。《行动计划》指出,网络质量的提升,应考虑国家、区域和边缘等各级数据中心。一是持续优化国家互联网骨干直联点布局,推进东西部地区数据中心网络架构和流量疏导路径优化。二是支持国家枢纽节点内的新型数据中心集群间网络直连,促进跨网、跨地区、跨企业数据交互。三是推动边缘数据中心间,及与新型数据中心集群间的组网互联,促进云、数、网协同发展。四是促进数网协同发展,通过建立数网协同联动机制,完善数据中心网络监测体系,发布网络质量监测报告等具体举措,持续推动数据中心网络需求和供给有效对接,不断提升数据中心网络支撑能力。

为此,中国移动通过光电混合交叉构建了新一代全光网,如图11-2 所示,通过优化数据传输时延,实现云间高速互联。在新平面部署 G.654E 光纤,解决无中继传输问题,实现以光为主、以电为辅的高效传输,从而覆盖头部节点,降低光缆部署门槛;老平面继续依托存量光纤,以电为主,以光为辅,解决区域内业务的疏导、复用和调度问题，覆盖全部节点。基于光电协同管控机制，新一代全光网提升了组网效率，降低了对承载资源的需求，实现了网络架构自适应。

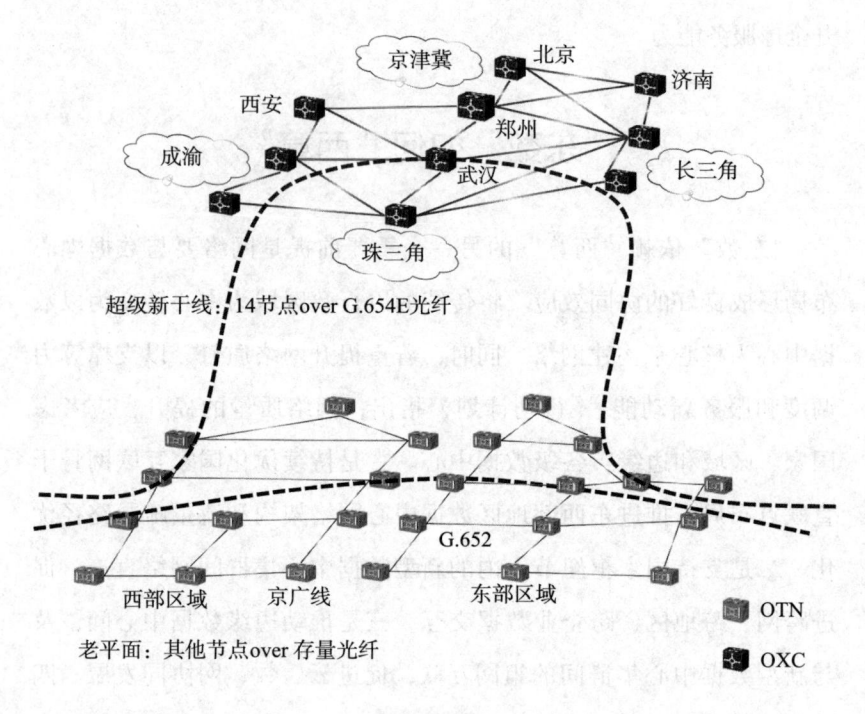

图 11-2 中国移动新一代全光网

在数据中心枢纽互联的基础上，算网一体化协同调度能力需要进一步增强。通过引入 AI、SRv6（基于 IPv6 转发平面的段路由）等技术构建新一代承载网络，算力网络向上感知智能业务，向下感知网络资源和算力资源，最终实现网络感知应用、算力，同时，通过算网协同调度，提供资源可灵活定制、算力可"按需流动"能力，保证业务快速精确地调度到最合适的数据中心。

第五篇
突破极限
——算力的未来

就在台积电、三星、英特尔对芯片制程工艺的角逐到达白热化阶段时，大家似乎越来越接受一个事实：摩尔定律也许真的要失效了。进入后摩尔时代，各国的科学家又开始跃跃欲试了，冯·诺伊曼架构的颠覆，在网计算与6G的结合，算力的"上天入地"，量子计算时代的开启……

这是最好的时代，让我们突破极限，探索算力无限可能……

第十二章
冯·诺伊曼架构是永恒的吗？

"讨厌"的墙

虽然是老生常谈，但我们能深刻感知到当今社会已经进入了大数据时代。超高速、大带宽、大容量、高密度、低功耗和低成本这些与高性能计算相关的搜索热词经常挂在每一位工程师嘴边，而AI作为一个需要训练大量数据的应用进一步加强了对高性能计算的相关需求。承载应用的算力底座从以计算为中心的架构开始逐渐向以数据为中心的架构转变，人们的关注点不再仅仅是对数据进行计算和加工，数据的"搬运"也成为各计算系统的设计重点。为了从根本上翻越数据流动过程中的"存储墙""功耗墙"，计算、存储"合二为一"成为一种突破冯·诺伊曼架构极限的好办法，因此存算一体的概念应运而生。

尽管冯·诺伊曼架构长期主导CPU微架构设计，但计算与存储的融合这一想法并不是天方夜谭。美光科技CEO桑贾伊·梅赫罗特拉就曾表示："昨天的计算体系结构不适用于明天。从长远来看，我们认为计算最好在内存中完成。"阿里达摩院发布的2020年十大科技趋势中也提到[1]，存算一体是突破 AI 算力瓶颈的关键技术，可使设备的性能翻越冯·诺伊曼架构中"墙"的限制[2]。

传统的计算机采用冯·诺伊曼架构，这一架构最重要的特征就是计算和存储功能是分离的，两者分别由 CPU 和存储器来承担。CPU 在执行命令时先从存储单元读取数据，完成计算后，再将结果写回存储器中。从 CPU 计算过程可以看出，冯·诺伊曼架构以 CPU 为核心，存储器以及其他部件角色都是为 CPU 计算服务的。这一架构特征使各厂家对 CPU 的性能关注远超对存储器的性能关注，从而导致了 CPU 和存储器二者走向不同的工艺路线。一直以来，用户对 CPU 的需求就是高性能，通过提高晶体管的开关速度，加快运算逻辑，并使用更多的金属布线降低互联延迟，目的都是希望 CPU 跑得越来越快；用户对存储器的需求则是增大容量和延长数据保持时间，通过使用更多的晶体管来获得更小的存储单元面积，目的是希望存储器装得越来越多。不同的需求、不同的制造工艺意味着两者封装方式不同，其中 CPU 作为架构的核心，其功耗自然占据计算系统中的最大部分，所以它的封装方式要考虑增加散热性能；而存储器的功耗相对不高，对封装的要求也相应降低。

在冯·诺伊曼架构中，如图 12-1 所示，由于存储器与 CPU 在物理空间上处于分离状态，因此以计算为核心的架构会引领产业界更多的投入，从而导致 CPU 和存储器之间的性能差距变得越来越大。如图 12-2 所示，从 1980 年起，CPU 性能以每年大约 60% 的增长率提升，而存储器的性能每年的增长率大概只有 9%，两者的性能失配情况一直以每年 50% 的增长率增加，这导致存储器的数据访问能力跟不上同时期 CPU 的数据处理能力，"存储墙"问题越来越严重，硬件的整体算力难以提升。[3]

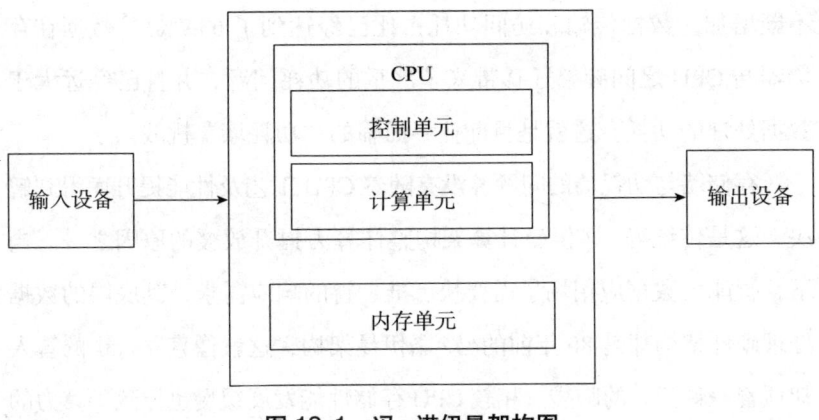

图 12-1　冯·诺伊曼架构图

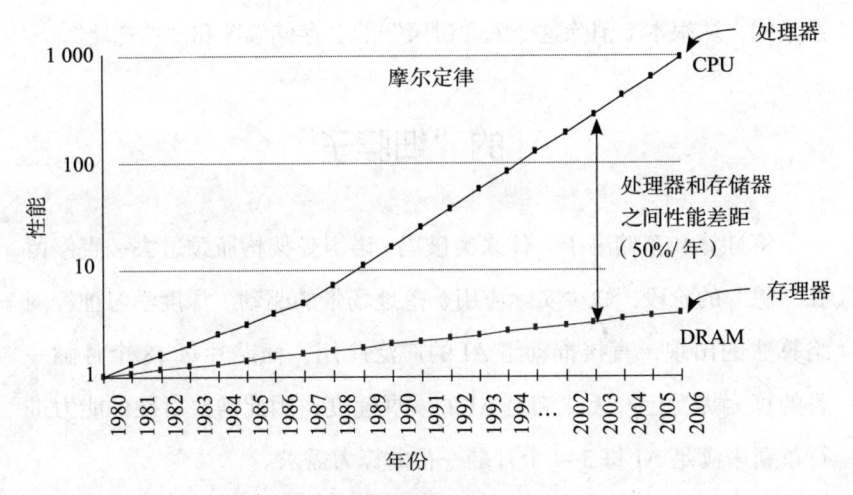

图 12-2　CPU 和内存的性能对比图[4]

　　冯·诺伊曼架构计算和存储分离这一特征，也造成了 CPU 与存储器之间的数据迁移所需要的功耗在整个计算中的占比"水涨船高"，而数据搬运的效率并没有遵循摩尔定律而提高。相关研究显示，1 比特浮点运算中数据搬运的能耗是计算所消耗的 4~1 000 倍，到了 7 纳米工艺时代，虽然计算整体功耗占比在下降，但访存功耗占比在不断增加，数据传输和访问功耗占比已经达到了 63.7%。[5] 数据在存储器与 CPU 之间频繁迁移带来了严重的功耗问题，并且已经远大于数据处理的功耗。这就是目前业界面临的"功耗墙"挑战。

存储墙与功耗墙的问题并没有随着 CPU 工艺及性能提升而得到解决，这是传统冯·诺伊曼计算架构整体算力提升放缓的原因之一。当下，智能大数据应用场景需要快、准、智的响应需求，其底层的数据处理硬件架构却是 80 年前的冯·诺伊曼架构，这就像直立行走的智人却顶着一颗猿人的脑袋。相较 CPU 存储性能发展缓慢也导致了算力的"木桶效应"，因此，学业界和产业界都希望可以尽快定义一个新的体系架构，从根本上消除这令人"讨厌"的"存储墙"和"功耗墙"。

AI 的"细脖子"

将计算和存储融于一体来突破冯·诺伊曼架构瓶颈过去一直停留在"想"的阶段，缺少实际应用、落地场景的驱动。深度学习神经网络算法的出现，直接推动了 AI 的广泛应用，而芯片每 18 个月翻一番的算力提升已经无法满足 AI 的发展速度，因此需要对硬件能力进行革新来满足 AI 每 3~4 个月翻一番的算力需求。[6]

在 AI 实际应用中，算力的快速提升是一个难题，除此之外，目前很多 AI 硬件平台通过异构等方式已经具备了强大的计算性能，但由于传统架构存储墙的限制，平台很难将所有运算单元都调用起来，强大的计算性能无法发挥。随着基于深度学习算法的 AI 应用热潮再次涌起，冯·诺伊曼架构中的"存储墙"问题也日益凸显，亟须硬件架构转变来应对。

AI 算法有两个主要特征：访存密集和计算密集。访存密集意味着其应用对数据有大量的需求。众所周知，AI 算法是一个庞大且复杂的网络，包含大量的数据，而且在计算时又会产生新的数据。在计算过程中，大量的数据在计算单元和存储单元之间会被频繁搬移，连接两者之间的数据总线效率却无法匹配数据的增长，造成应用的访存带宽瓶颈。网络就像一个沙漏，沙漏两端分别是 CPU 和存储器，而连接两端的数据总线就像沙漏的中间部分一样狭窄，因此访存带宽在很大程度上限制了 CPU 的性能发挥。同时，将数据从存储器移动到计算单元所需的能耗是计算本身能耗的 200 倍[7]，这也严重影响了 AI 算法的计算能效。

AI 算法除了需要大量数据，在推理和训练的过程中也存在着大量的规整运算。针对这一特征，芯片的设计思路是通过增加大量的并行计算单元来完成计算任务。随着运算单元的增加，每个单元能够使用的存储器容量和带宽都在减少，因此芯片设计带来的访存能力问题也必然会是 AI 算法的性能瓶颈。

AI 应用发展至今，突破其性能瓶颈的关键点已经从对芯片计算的强大需求逐渐转移到对访存带宽和能效的提升上。以计算为中心的算存分离架构会导致存储墙、功耗墙的问题，也因此限制了应用的发展。根据 AI 算法的三个特征——访存密集型、密集的规则运算和低精度，众多研究人员开始寻找合适的方法来减少数据的移动，避免其在移动过程中产生的性能和功耗开销，从根本上跨越架构带来的"墙"以及突破 AI 应用发展的瓶颈。

加速翻墙——向"大脑"要答案

其实早在存储墙和功耗墙问题暴露的初期，产业界和学术界就已经开始寻找解决方案。其中最直接的一种做法就是通过增加总线带宽或者提高时钟频率，缓解访存延迟和降低功耗。与此对应的业界主流方案是通过光互连、3D堆叠、增加缓存级数及片上存储密度来实现高带宽数据通信，以及缩短存储器和CPU的数据传输距离。为了实现高带宽数据通信，业界提出了光互连技术方案，通过采用光互连代替传统铜导线电子互联方式，解决信号传输的功耗问题，实现数据的高速传输。但由于实现光互连技术的核心器件性能水平距离可应用仍存在差距，而且商用产品出货量小、采购成本高，所以相关产品仍主要处于研发阶段。为了缩短存储器和CPU的数据传输距离，3D堆叠封装技术和增加片上存储技术被相应提出。其中3D堆叠封装技术主要是通过将多个芯片堆叠在一起，提高存储密度，扩大存储容量，并通过增大并行宽度或者利用串行传输提升存储带宽；增加片上存储技术是指在CPU和主存储器之间插入高速缓存，缓存容量越大，速度越快，从而缓解访存延迟和降低功耗。目前这两种技术已经广泛应用于实际产品中，例如IBM利用3D堆叠技术，在CPU周围集成更多的存储器件，并于2015年发布了一款面向百亿亿次超级计算系统[8]；国内百度昆仑与英国Graphcore（拟未科技）公司在芯片产品上集成了200~400MB的片上缓存，用来提高数据带宽、计算性能。

虽然上述方案提升了访存带宽，但不可避免地会产生功耗与成本开销，且并没有改变以计算为核心的算存分离架构，所以并不能从根本上解决冯·诺伊曼计算架构瓶颈。

针对如何从根本上解决计算与存储分离带来的算力瓶颈，学术界和产业界开始从生物领域即人类大脑体系结构寻找答案。大脑的处理单元是神经元，跟神经元物理相连的1万个突触就像存储器，并且每个神经元的计算都是在本地进行的。把这一创新想法应用到计算架构中，意味着我们可以直接利用存储器进行数据处理及计算。把数据存储与计算融合在同一个芯片当中，让存储颗粒去实现运算，这种计算和存储极度近邻的设计彻底突破冯·诺伊曼计算架构的算力瓶颈，最大限度地消除数据迁移带来的功耗开销，同时解决了墙的问题，这就是存算一体的核心思想。[9]

存算一体并不是最近才提出的概念，它最早可以追溯到 20 世纪 70 年代，斯坦福研究所（现为斯坦福国际咨询研究所）的考茨等人提出存算一体计算机的概念。[10,11] 后续大量研究工作在芯片电路、计算架构、操作系统、系统应用等层面展开。但是，受限于芯片设计以及制造成本，尤其是缺乏杀手级应用的驱动，早期存算一体只停留在研究阶段。随着物联网及 AI 等大数据应用的发展，以及存储器技术和产品的不断成熟、类型不断增多，存算一体技术开始获得国内外学术界及产业界的关注。

目前，存算一体领域存在多种研究方向，包括计算型存储、存内计算、类脑计算等，其中存内计算是最火的。它通过在存储器单元嵌入算法权重，使其具备计算功能，非常适合 AI 深度学习算法中的大数据量、大规模并行的卷积运算场景，因此可以帮助突破 AI 芯片算力瓶颈，推动 AI 等大数据应用发展。

揭开存算一体的神秘面纱

存算一体的技术实现是直接用存储器单元完成运算的，所以业界所有的存算一体研究均基于半导体存储展开。半导体存储芯片主要分为易失性存储器和非易失性存储器两大类，如图 12-3 所示。存算一体通过对存储器原有的存储单元进行改造或者增加对应处理逻辑，实现在数据存储的同时完成逻辑运算。

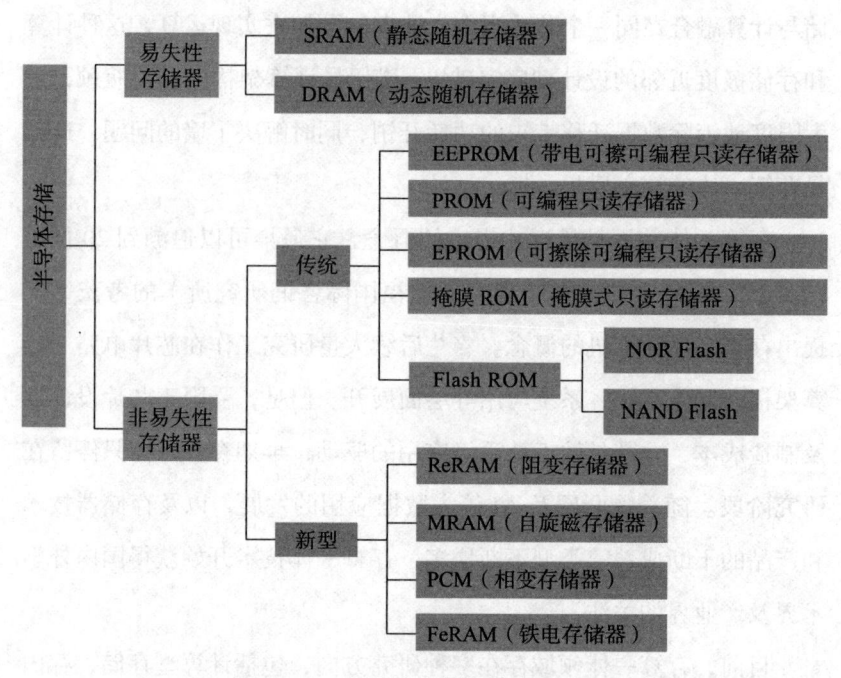

```
                    ┌─ 易失性存储器 ─┬─ SRAM（静态随机存储器）
                    │              └─ DRAM（动态随机存储器）
                    │
                    │              ┌─ EEPROM（带电可擦可编程只读存储器）
半导体存储 ─────────┤              │
                    │              ├─ PROM（可编程只读存储器）
                    │              │
                    │          ┌─ 传统 ─┼─ EPROM（可擦除可编程只读存储器）
                    │          │       │
                    │          │       ├─ 掩膜 ROM（掩膜式只读存储器）
                    │          │       │
                    │          │       └─ Flash ROM ─┬─ NOR Flash
                    └─ 非易失性 ┤                     └─ NAND Flash
                       存储器   │
                               │       ┌─ ReRAM（阻变存储器）
                               │       │
                               └─ 新型 ┼─ MRAM（自旋磁存储器）
                                       │
                                       ├─ PCM（相变存储器）
                                       │
                                       └─ FeRAM（铁电存储器）
```

图 12-3　半导体存储芯片主要分类

传统的易失性存储器主要有 SRAM 和 DRAM，也就是现代计算机缓存、内存常用的存储器芯片。基于非易失性存储器的存算一体研究在原有存储技术的基础上，相对容易实现商用落地，不过由于基于易失性存储器的存算一体方案在工作过程中需要充放电，且电容存在漏电现象，所以必须经常对电容充电，即刷新，且需要一直持续到数据改变或者断电，这导致易失性存储器方案在节约能耗方面不如非易失性存储器方案，因而它相对适合用于数据中心等供电较充足场景。

非易失性存储器断电后仍可保持所存储的数据，将其用于存算一体的研究，可在断电后保持当前运行状态，供电恢复后可继续执行，极大节省了功率消耗。非易失性存储器分为传统非易失性存储器和新型非易失性存储器。存算一体常用的非易失性存储器有 NOR Flash、PCM、ReRAM 等，其中基于传统非易失性存储器 NOR Flash 的研究已有相关商用 AI 芯片产品，而 NAND Flash 因吞吐等相关性能不足，不适于存算一体研究。当前业界基于非易失性存储器的存算一体研究主要围绕物联网、可穿戴设备等极低功耗场景。

如前所述，存算一体的灵感主要来源于人脑的运算体系，大脑利用神经元和突触完成信息的计算和存储，具有大规模并行、自适应、自学习的特征，而信息的计算和存储并没有明确的分界线。近年来，新型非易失性存储器逐渐受到了学术界和工业界的重点关注，因为其电阻式存储原理，可以在同一个物理单元地址同时集成数据存储与数据处理功能，与存算一体向"大脑"找答案的概念吻合，故而可以用新型非易失性存储器模拟生物神经元和突触的特性，如图 12-4 所示。常见的非易失性存储器类别有 ReRAM、MRAM、PCM、FeRAM 等。

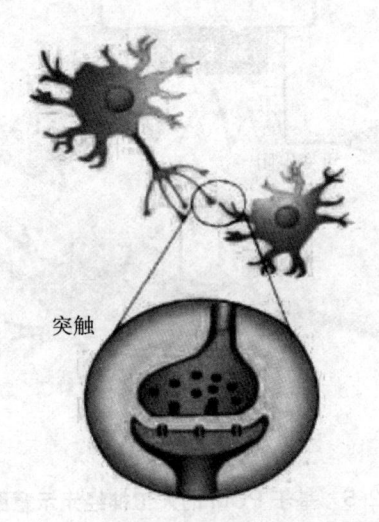

图 12-4　ReRAM 可用于模拟突触连接[12]

其中，ReRAM 可以通过外加电压的调制来改变其电导值，从而实现利用布尔逻辑与模拟计算来达到存储和计算一体化，从根本上消除内存的瓶颈，这类似于神经突触可以根据前后神经元的激励来改变其权重。除此之外，ReRAM 结构简单、机理易懂、性能优异，相比其他存储器有巨大的潜力。但是，目前由于 ReRAM 的存算一体方案存在工艺一致性等问题，因此还没有发展成为可靠成熟的内存瓶颈解决方案[9]，需要产学研界的共同发力。

PCM 可以通过电脉冲在不同的中间电阻状态之间来回切换，也可以用其模拟突触和神经元功能的电子结构设计，如图 12-5 中所模拟的人工神经元，相变存储器模拟神经突触[13]，通过电流激发电阻值的变化，以此来建立尖峰神经网络（模拟生物神经元的突触学习规则的神经网络）。

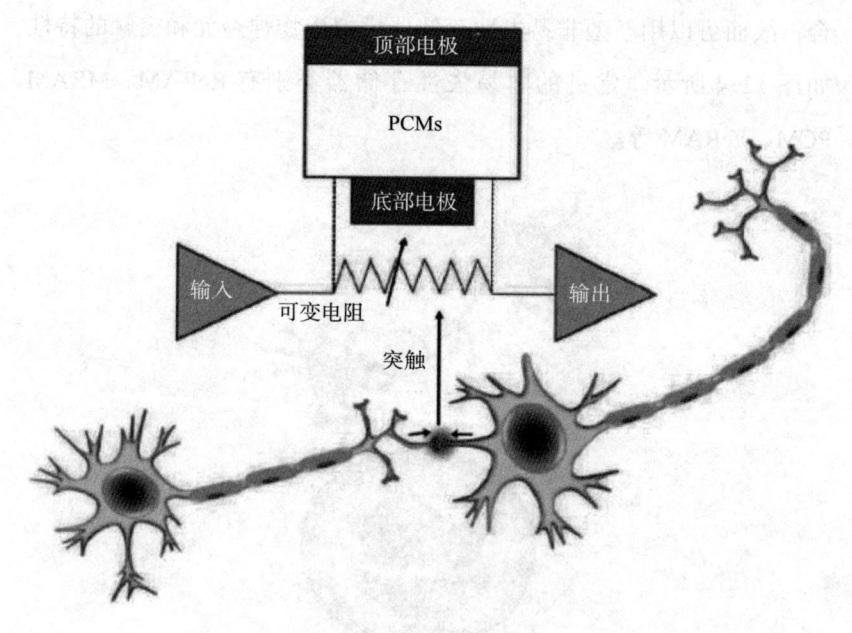

图 12-5　基于 PCM 的人工神经元示意图[13]

存算一体研究的先行者

任何新技术的早期阶段都会出现百家争鸣的现象，存算一体也不例外，不只技术方案五花八门，连称呼都有内存计算、存内计算、存算融合、存算一体等各种叫法。此外，在广义上，近存计算也是存算一体的技术路线之一。

近存计算旨在缩短存储单元和计算单元的通信"路径"，如将缓存和内存进行捆绑，采用 HBM 技术，极大提升了内存访问性能。日本超算"富岳"所搭载的 A64FX 则是近存计算领域的翘楚，该芯片采用了融合"CPU + GPU"的通用架构，内置了 7 纳米的 HBM2 存储器，每个芯片的内存带宽高达 1 024GB/s。然而，近存计算本质上还是计算和存储分离，并不能突破冯·诺伊曼架构的瓶颈。

真正的存算一体是直接在存储器内进行数据处理。物联网、AI 等大数据应用的兴起，加速了国内外学术界与产业界对存算一体技术的研究与应用，越来越多的玩家开启了对存算一体技术的探索。

2016 年，美国加州大学圣塔芭芭拉分校的谢源教授团队提出利用 ReRAM 构建基于存算一体架构的深度学习神经网络 PRIME，一部分 ReRAM 阵列实现向量-矩阵乘法运算，为神经网络提供计算能力，一部分 ReRAM 作为存储空间。PRIME 相比冯·诺伊曼计算架构的传统方案，功耗降低约 20 倍，速度提高约 50 倍。[14]

在 2017 年微处理器顶级年会上，NVIDIA、英特尔、微软、三星、苏黎世联邦理工学院与加州大学圣塔芭芭拉分校等都推出了它们基于 DRAM 的存算一体系统原型。[15]

2019 年，密歇根大学卢伟教授及其团队成功研发出全球第一款基于 ReRAM 的通用 AI 芯片，其研究成果于 2019 年 7 月 15 日发表在（《自然·电子学》）上。[16] 该芯片所有的存储计算功能都集成在同一个芯片上，从而真正实现了存算一体化。该研究成果可以通过编程应用于多种 AI 算法，进一步提高计算速度，并减少能量损耗。ReRAM 同时兼备记忆和电阻的功能，是神经形态计算实现的关键。卢伟教授在接受媒体采访的时候表示，这种新型 AI 芯片很适合切入基于推理的边缘计算场景。

2019 年 7 月，NOR Flash 厂商恒烁半导体与中国科学技术大学团队完成了基于 NOR 闪存架构的存算一体 AI 芯片系统演示。这是一款具有边缘计算和推理功能的 AI 芯片，能实时检测摄像头拍摄的人脸头像并给出计算概率，计算结果准确且稳定，可广泛应用于森林防火中的人脸识别与救援、心电图的实时监测、AI 在人脸识别上的硬件解决方案等。

2019 年 10 月，闪亿半导体发布了其首款存算一体化芯片产品，该产品基于双向 Fowler-Nordheim 隧穿的 ReRAM——PLRAM，从物理上模仿神经元与神经突触的运作。PLRAM 具有高精度（8~10 比特）、高线性度、高能效的特点，是第一种可以大规模量产的精度超过 8 比特的 ReRAM。闪亿半导体负责人鲁辞莽表示，这款芯片在运行效率上能提高超过 10TOPS/W，成本却比传统 AI 芯片方案下降超一半。

2020 年 11 月，瑞士洛桑联邦理工学院的工程师设计了一种兼具逻辑运算和数据存储功能的计算机芯片。[17] 该芯片首次使用了一种只有三个原子厚的平面材料——二硫化钼（MoS_2），将其作为通道材料，并用于开发基于浮栅场效应晶体管（FGFETs）的 Flash 存储器中的逻辑器件和电路。浮栅场效应晶体管属于非易失性存储器，能够长时间存储电荷，并且其电导可以精确且连续地调整，让用户可直接使用存储元件执行逻辑操作。瑞士洛桑联邦理工学院的这款芯片集逻辑运算和存储功能为一体，可以大幅减少传统设计中数据交换的损耗。

2020—2021年，知存科技陆续推出其基于NOR Flash存储器的WTM系列智能语音芯片[18]——存算一体加速器WTM1001和存算一体SoC WTM2101，其中WTM1001是全球第一个存算一体芯片产品，支持低功耗多命令词识别、降噪、声纹识别等功能，内置2MB深度学习网络参数存储空间，可同时存储和运算多达40层的多个（相同或不同）深度学习网络算法。WTM系列芯片覆盖智能可穿戴设备、智能家居、智慧城市等众多低功耗AIoT（人工智能物联网）使用场景。

美国初创公司Mythic也在2020年年底推出业界首款模拟矩阵处理器M1108 AMP[19]，首次提供了一种模拟计算解决方案，可以实现一流的性能，并同时保证可与数字设备相媲美的精度。在典型的深度神经网络工作负载下，M1108可达到每秒35万亿次操作的峰值性能，而功耗仅为4W，可用于视频分析、工业视觉检测、无人机等领域。

除此之外，IBM基于其独特的相变存内计算已经有了数年的技术积累，台积电也正大力推进基于ReRAM的存内计算方案，美国的Syntiant也基于NOR Flash的存算一体芯片技术进行了研发。科林研发、应用材料公司、英特尔、美光、ARM、博世、亚马逊、微软、软银、华登国际、中芯国际等均投资了基于NOR Flash的存内计算芯片。其他机构如国内外各大高校、初创科技公司也均在存算一体希望的田野里深耕不辍。

多年来，冯·诺伊曼存算分离架构能够持续演进是因为契合了通用计算的发展和需求，但是其性能提升放缓、功耗墙、存储墙的问题日益严重，在面对未来AI等大数据应用的暴力算力需求以及传统架构遭遇自身能效瓶颈时将力不从心。存算一体势必开辟硬件架构新赛道，助力应用算法升级，成为下一代 AI 系统的入场券。

广义的存算一体包含近存计算和真正的存算一体两种技术研究方向，近存计算尽可能地缩短存算间的距离并增加其带宽，但并没有跳出冯·诺伊曼架构。而严格意义上的存算一体将存储和计算放在一起，省去数据的搬移，可达到降低功耗、提升性能的效果，有望打造新的计算机体系结构。业界有使用传统易失性存储器和传统非易失性存储器进行存算一体的相关技术研究，也有聚焦于 ReRAM、PCM、MRAM 等新型非易失性存储器技术的研究，无论是基于何种介质，其最终目的是打破冯·诺伊曼架构，构建存储与计算相融合的存算一体计算架构。存算一体的应用场景覆盖科学计算、信号处理、机器学习、深度学习、随机学习和安全等多个方面，如图 12-6 所示。

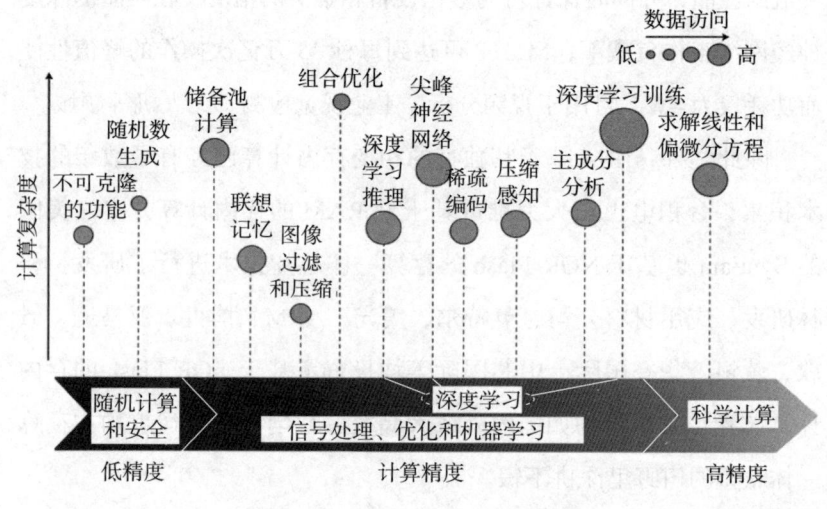

图 12-6　存算一体的应用前景[20]

存算一体虽然前景巨大，但目前仍处于早期百家争鸣的状态，其技术难度非常复杂，涉及器件、芯片、算法、应用等多方面、多层次的协同，技术上的研发制备以及生态建设都是极难解决的现实问题，故许多大公司选择投资初创公司而不是从头开发。当前的存算一体商用产品主要应用在可穿戴设备等小型芯片设备上，产品化还处于初级阶段。

随着 AI 市场的需求激励和产业界对存算一体研究的大力投入，存算一体终将突破当前处理器和存储器分离的主流架构，将硬件的先进性升级成为系统性的领先优势，最终加速孵化未来应用。

第十三章
6G 与在网计算

6G 需求及愿景

"4G 改变生活，5G 改变社会"印证了人们从未停止对更高性能的移动通信能力和更美好生活的追求。4G 时代是数据业务爆发性增长的时代，随着智能手机的普及和消费互联网的发展，从衣食住行到医、教、娱乐，人类的日常生活实现了极大的便利。5G 将开启一个万物互联的新时代，它将实现人与人、人与物、物与物的全面互联，渗透各行各业，让整个社会焕发前所未有的活力。未来，随着 5G 应用的快速渗透、科学技术的新突破、新技术与通信技术的深度融合，必将衍生出更高层次的新需求。如果说 5G 时代可以实现信息的泛在可取，那么 6G 应在 5G 基础上全面支持整个世界的数字化，并结合 AI 等技术的发展，实现智慧的泛在可取，全面赋能万事万物。2030 年以后，整个世界将基于物理世界生成一个数字化的孪生虚拟世界，物理世界的人和人、人和物、物和物之间可通过数字化世界来传递信息与智能。孪生虚拟世界是物理世界的模拟和预测，它精确地反映和预测物理世界的真实状态，帮助人类更进一步地解放自我，提升生命和生活的质量，提升整个社会生产和治理的效率，实现"数创世界新，智通万物灵"的美好愿景。围绕总体愿景，未来移动通信网络将在智享生活、智赋生产、智焕社会三个方面催生全新的应用场景。

智享生活：移动通信服务能力关乎人类福祉。在面向2030年以后的移动通信系统中，通感互联网、孪生体域网、智能交互等将充分利用脑机交互、AI、全息通信、分子通信等新兴技术，塑造高效学习、便捷购物、协同办公、健康生命等生活新形态。

智赋生产：智赋生产是面向2030年以后的生产概念，通过应用新兴信息技术为现有农业生产、工业生产深度赋能，可为生产的健康发展增添强劲动力，进而促进数字经济的迅猛发展。随着5G的应用，生产业通过信息化、网联化，将初步实现生产的智慧化。例如，无人机等智能设备应用于农业生产，解放人类双手；机器人、VR等设备也初步应用于制造业中，辅助人类工作，并提高信息获取率和制造效率。随着新技术的进一步发展，未来生产业必将与数字孪生等更多技术融合发展，实现智赋生产的美好愿景。

智焕社会：移动通信网络是构建智慧社会的重要基础设施。面向2030年以后，移动通信网络是一个融合陆基、空基、天基和海基的"泛在覆盖"通信网络，不仅能极大提升网络性能以支撑基础设施智能化，更能极大延展公共服务覆盖面、缩小不同地区的数字鸿沟，切实提升社会治理精细化水平，从而为构建智慧泛在的美好社会打下坚实基础。

6G架构及展望

结合未来愿景和技术发展趋势，6G网络将成为智慧内生、泛在连接、多维融合的基座，是未来经济和社会发展的重要基础。5G在全球范围的逐渐普及和规模部署，实现了公众用户通信能力和服务质量的跨越式提升，有力促进了垂直行业的数字化转型。与此同时，空天通信、AI、数字孪生、区块链等技术正飞速发展，与网络的结合日趋紧密，正推动人类从信息时代走向智能时代，从平面时代走向立体时代。

作为使能"万物智联，数字孪生"6G总体愿景的基础支撑，6G网络架构应遵循兼容和创新并举的设计理念，具备智慧内生、安全内生、多域融合、算网一体四大特征，该理念在《6G网络架构愿景与关键技术展望白皮书》中也得到了业界共识。

智慧内生：6G网络内嵌AI能力，实现架构级智慧内生。对内能够利用智能来优化网络性能，增强用户体验，自动化网络运营，即AI构建网络；对外能够抽取和封装网络智能，为各行各业用户提供网络和AI结合的通信和计算服务，即网络赋能AI。通过内嵌AI能力，实现DOICT融合的智能感知、智能连接、智能发现、智能服务、智能管理和智能编排，奠定万物智联的基础。

安全内生：6G网络内嵌安全能力，实现架构级安全内生。通过6G网络内置基础安全能力，提供采集、管控、隔离等能力。基于分布式技术，实现去中心化的安全可信机制，构筑安全可信的6G网络，满足不同业务场景的差异化安全需求，提高通信系统的安全自治能力，建设可度量、可演进的安全内生防护体系。

多域融合：空天地等多种接入域，移动网、家庭网、体域网多种网络域深度融合，实现泛在连接下的连续通信。高/中/低轨卫星网络、空基平台网络与地面网络深度融合，实现人联与物联、无线与有线、广域和近域、空天和地面等的智能全连接。采用空天地一体化协议体系，实现不同地域、不同用途、不同行业网络的跨界融合，构筑泛在连接的网络基座，为用户提供全时全域无缝覆盖的高可靠通信服务。移动网、家庭网、体域网等多种网络域共同形成完整的 6G 网络，多个网络域之间打破原有的固定边界，形成连接与融合，通过多网络域下的终端识别、服务连续性保障、终端信息共享、端到端服务质量保障等，为用户提供无感知的网络接入、数据传输及切换体验。

算网一体：网络和计算深度融合，实现云、边、网、算的高效协同。网络和计算相互感知，相互协同，实现实时准确的算力发现、灵活动态的计算和连接服务的调度，提供无处不在的计算和服务，实现算力资源的合理分配和用户无感知，赋能一致化用户体验，提高网络资源、计算资源利用效率。

如图 13-1 所示，6G 网络将实现包括陆海空天在内的全球无缝覆盖。社会管理、经济生产、人类生活将越发依赖高效可靠运行的网络。在 6G 时代，甚至一个用户可能就是一个生态场景，需要从网络架构

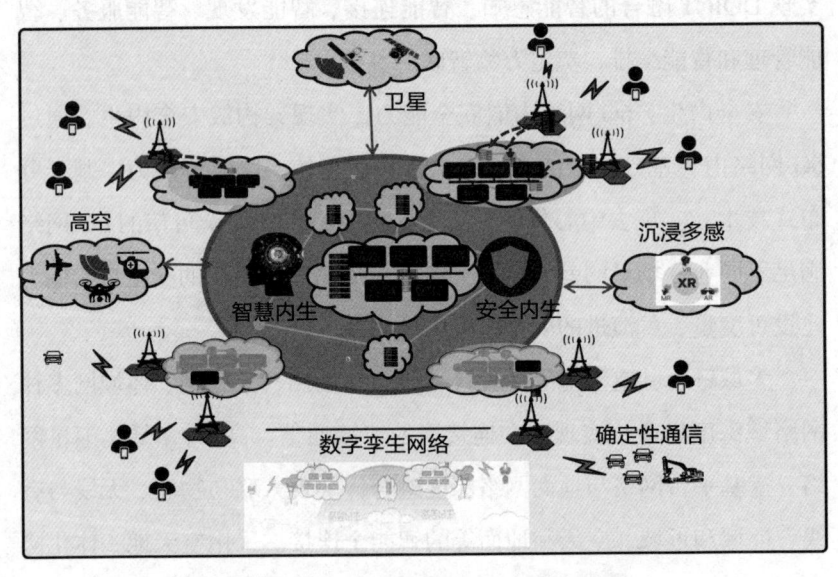

图 13-1 分布式自治的 6G 网络架构愿景[1]

层面提供以用户为中心的业务体验，让用户参与定义网络业务和定制化网络运营的机制，满足用户丰富多彩的个性化需求。通过网络架构的创新设计，解决现有网络存在的架构问题，同时满足 6G 网络业务定制化需求。对于 6G 新的业务场景，提供沉浸多感、确定性通信等基于服务的网络功能，同时可以通过数字孪生的方式对网络本身进行运维监控以及预测。

6G 和算力网络

在 6G 时代，网络将不再是单纯的通信网络，而是集通信、计算、存储为一体的信息系统。它对内实现计算内生，对外提供计算服务，打破传统的单一通信功能，重新建立新的通信网络格局，以满足未来网络新型业务以及计算轻量化、动态化的需求。

在网络和计算深度融合发展的大趋势下，网络演进的核心需求需要网络和计算相互感知、高度协同，算力网络将实现泛在计算互联，实现云、边、网高效协同，提高网络资源、计算资源利用效率，进而实现：

- 实时准确的算力发现：在算力资源与算力节点之间，通过算力信息开放，网络可以了解到各算力节点的位置、算力能力和计算的类型等信息。基于网络层实时感知网络资源状态和算力位置，无论是传统的集中式云算力还是在网络中分布的其他算力，算力网络都可以结合实时信息，实现快速的算力发现和路由。

- 服务灵活动态调度：网络基于用户的 SLA 需求，综合考虑实时的网络资源状况和计算资源状况，评估用户需求、网络资源能力和需要的算力类型，并通过网络灵活动态调度，快速将业务流量匹配至最优节点，让网络支持提供动态的服务来保证业务的用户体验。

- 用户体验一致性：由于算力网络可以感知无处不在的计算和服务，因此用户无须关心网络中的计算资源的位置和部署状态。网络和计算协同调度保证用户获得一致体验。[1]

算力网络的演进将从目前的算网分治逐步走向算网协同，最终发展为算网一体化。基于目前边缘计算的发展，算力网络将首先实现多个边缘节点算力资源的合理分配和调度，满足用户的业务体验，以及提高资源的利用率。未来面向 6G 的算力网络，将会实现网络资源和计算资源的全面融合，满足 6G 分布式区域自治的架构。发展算力网络，可以繁荣计算与网络两大产业生态，实现以算联网、以网促算，最终达到计算能力通过网络内生，以及网络提供泛在协同的连接与计算服务。

在网计算

未来的潜力股

网络计算是过去几年中出现的一个新的研究领域。在过去的几年，以云计算、大数据、高性能计算和 AI 等为代表的现代数据中心全面进化到分布式并行处理架构，数据中心的所有资源如 CPU、内存、存储等分布在整个数据中心，通过高速网络技术连接，协同设计、分工合作，共同完成数据中心的数据处理任务。在现代数据中心内，一切以业务数据为导向，构造均衡的系统体系架构。沿着业务数据流动的方向，CPU计算、GPU计算、存储计算、网络计算等各个部分合纵连横，分进合击，共同构成了以数据为核心的新一代数据中心系统架构。

依托于可编程网络技术的落地部署，在网计算可通过在网络中部署算力对报文进行处理。在网计算可通过开放的可编程的异构内生资源实现网内内生算力的共享，从而在不改变业务原有运行模式的前提下，对数据进行就近加速处理，尽可能实现应用的无缝迁移，缩短应用的响应时延，简化应用的部署流程。

可编程网络实现了协议无关分组处理，具有很大的灵活性，同时具备较强的算力，成为网络研究新的突破口。特别是在斯坦福大学研究人员提出RMT（可重配置的匹配表）架构以及P4领域编程语言之后，可编程网络技术在数据中心、边缘计算等领域得到关注和试验部署，开创了一个新的网络应用领域——在网计算或者网内计算。

多应用场景

互联网应用场景：在网计算的概念并非最新提出，在主动网络中就已提出在网络中部署算力，对报文进行处理。不过主动网络中只有程序是由报文携带的，只能对报文进行简单的修改。在未来网络体系架构研究中，加州大学洛杉矶分校张丽霞教授提出NDN（命名数据网络），提出了在路由器中对热点数据进行缓存。通过网内缓存，可以缩小数据传输带宽并缩短延迟，实现数据的高效分发。与普通的路由器不同，NDN路由器或者CCN（内容中心网络）路由器，除了路由转发，还需要具备视频数据缓存、热点数据跟踪等能力，这是最早的一种在网计算范式。由于 NDN 或者 CCN 架构的革命性，其并没有在互联网中得到应用部署。

数据中心应用场景：随着云计算数据中心的快速发展，云计算应用对数据中心网络延迟和带宽提出了越来越严格的要求，缩短延迟、缓解拥塞就成为关键问题。Mellanox 公司率先提出了 SHARP 模型，在 Infiniband 交换机内部每个端口部署 RDMA 引擎，接收报文并还原数据，进行应用加速。最典型的应用就是 MPI（信息传递接口）的聚合通信操作的卸载，对机器学习等算法加速有明显的优化。从此，在数据中心交换机内部，如何缓存数据，共享、状态同步，解锁互斥等，成为研究热点。以 RMT 为代表的可编程网络技术，促进了在网测量，对网络链路带宽和延迟进行监测，实现高效网络拥塞控制，实现无损数据中心网络，以支持 RDMA 等操作。

5G、边缘计算应用场景：边缘计算或者分散计算，充分挖掘边缘设备、终端的算力，实现计算协同、数据的就近处理和应用加速。在该场景下，网络设备作为重要的边缘设备，能否共享其算力成为一个亟待解决的问题。随着 NFV 技术的发展，越来越多的中间盒子、边缘设备采用了 NFV 技术。基于此，共享 NFV 平台的 CPU 资源成为可能。例如，5G 基站采用 NFV 技术，这时候可以基于 NFV 平台实现视频的缓存。这也是一种新兴的在网计算方法。未来，自动驾驶、VR 等技术领域的发展也将受益于在网计算。

多挑战并存

在网计算的优势显而易见，但在未来的发展过程中仍然面临着诸多的挑战。其中两个重大的挑战是在网计算对加密流量的处理和在网计算所带来的安全风险。此外，网络设备的架构不适用于机器学习应用程序。虽然运行机器学习的系统肯定可以从网络内运算中受益，但到目前为止，从已经实现了的早期原型来看，网络内运行训练已被证明是困难的。

除此之外，在网计算还面临几个巨大的技术挑战。最大的挑战可能是需要从程序员那里抽象出网络硬件。虽然 P4 是一种声明性语言，但它仍然在数据包级别运行。在理想情况下，程序员能够使用更高级别的抽象进行编码。P4 语言目前也缺乏对有状态操作的支持，当前的解决方案是针对特定目标的。此外，要实现高性能，程序员必须了解硬件设备并在代码中利用其功能。在不同的网络硬件设备之间进行移植并不是一件容易的事，通常需要对代码进行大量更改。在异构设备（如 CPU、GPU、开关 ASIC）之间移植相同的代码的难度将会进一步增加。调试工具将在未来的任何被成功应用的在网计算技术中发挥关键性作用。虽然目前存在几种验证工具，但构建适合网络设备架构和移动数据（而不是指令）的调试器很困难。

随着在网计算的发展，出现了更多挑战，如虚拟化。是否可以在同一网络设备上运行多个应用程序？如何隔离资源？CPU 上的虚拟化和网络设备上的虚拟化有什么区别？这些挑战都亟待解决。

在网计算带来了很多希望，但也面临着相当多的挑战，如对加密流量的处理和在网计算所带来的安全风险，网络硬件的抽象和在网计算对虚拟化技术的更高要求。迄今为止，大多数在网计算的研究都来自网络社区，但是在网计算的发展也需要其他研究社区的积极参与。

第十四章
"摩天"算力,天上那些事

星辰大海中的新成员

我们不是天然的卫星

星海浩瀚,卫星众多。在天文学中,卫星是指围绕一颗行星轨道并按闭合轨道做周期性运行的天体。具体来说,卫星有天然与人造两种。天然卫星如地球的卫星——月球,而人造卫星如一般的电视卫星、通信卫星等。人造卫星是发射数量最多、用途最广、发展最快的航天器。它的作用广泛,主要用于科学探测和研究、天气预报、土地资源调查、土地利用、区域规划、通信、跟踪和导航等各个领域。在本节中,我们主要介绍人造卫星的相关内容。

人造卫星的历史可以追溯至20世纪50年代。1957年10月4日,世界上第一颗人造卫星——"旅伴1号"由苏联射入轨道。它是一个直径23英寸(58厘米)、重185磅(84千克)的球体,是用改装后的洲际弹道导弹发射的。至此,人类的太空时代正式开始。

在苏联成功发射人造卫星后,美国紧随其后,于1958年1月31

日发射了"探索者1号"。早期的美国卫星携带了微型化仪器，收集到了对科学工作者来说十分宝贵的资料："探索者1号"发现了艾伦辐射带，这一发现之后由"探索者3号"加以证实；"先锋1号"第一次测定出地球的不对称梨子状外形；1959年9月发射的"先锋3号"携带若干复杂仪器，对地球磁场进行了广泛的研究。

第一个真正意义上的通信卫星是由美国发射的"斯科尔号"（SCORE），这标志着人类通信事业开始了一个新纪元。"斯科尔号"在1958年12月把带到太空的磁带录音成功重播回地球。1960年8月12日进入轨道的"回声1号"（Echo1）第一次提供了由"卫星转播"的电视节目。"泰罗斯1号"（TRIOS 1）于1960年4月1日发回第一批全球天气照片，给气象学带来了非常重要的新工具。同年4月13日，世界上第一颗导航卫星"子午仪-1B号"由美国海军发射成功。

苏联和美国不是仅有的能把卫星送进轨道的两个国家。法国使用本国运载工具于1965年11月26日发射了"A-1"卫星，其成为全世界继苏联与美国后第三个具有到达轨道能力的国家。日本于1970年2月11日将其第一个试验性卫星"大隅号"送进轨道，从而加入了发射空间飞行器的国家行列。20世纪70年代，中国也发射了第一颗人造卫星——"东方红一号"。"东方红一号"于1970年4月24日进入轨道并广播《东方红》歌曲。1974—2006年，我国先后进行了24次返回式卫星的发射，其中23颗卫星顺利入轨，22颗成功回收。这是我国最成功的航天计划之一。借助返回式卫星，不仅可以进行遥感、微重力实验和新技术试验，还为我国掌握载人飞船返回技术提供了重要借鉴。

截至目前，世界上能够独立发射人造卫星的国家共有10个，依先后顺序分别为苏联、美国、法国、日本、中国、英国、印度、以色列、伊朗、朝鲜。

卫星家族的兄弟姐妹

人造卫星有多种分类方式。其按照运行轨道半径可分为低轨道卫星、中轨道卫星和高轨道卫星；按照用途可以分为科学卫星、技术试验卫星和应用卫星三大类。其中，应用卫星是直接为人类服务的卫星，它的种类和数量最多，包括通信卫星、导航卫星、遥感卫星、气象卫星、侦察卫星和截击卫星等类型。卫星通信、卫星导航和卫星遥感是卫星主要的三类应用功能。

卫星通信是人造卫星应用最多的功能。它指的是地球上（包括地面和低层大气中）的无线电通信站之间利用卫星作为中继站而进行的通信。卫星通信系统由卫星、地球站和地面接收站三部分组成，其特点包括：通信范围大，只要在卫星发射的电波所覆盖的范围内，任何两点之间都可进行通信；不易受陆地灾害的影响（可靠性高），只要设置地球站电路即可开通（开通电路迅速）；可在多处接收，能经济地实现广播、多址通信（多址特点），电路设置非常灵活，可随时分散过于集中的话务量；同一信道可用于不同方向或不同区间（多址连接）。卫星通信主要应用于地面通信不容易覆盖的地方，如飞机、高铁、高山，以及一些应急通信的场景。2013年6月20日上午10时许，中国女航天员王亚平为全中国的中小学生带来了一场太空授课，其利用的便是卫星通信功能。

卫星导航是指采用导航卫星对地面、海洋、空中和空间用户进行导航定位的技术。目前，全球共有四大卫星导航系统：美国的全球定位系统（GPS）、俄罗斯的格洛纳斯卫星导航系统（GLONASS）、欧盟的伽利略卫星导航系统（GALILEO）和中国的北斗卫星导航系统（BDS）。

卫星遥感则是从地面到空间各种对地球、天体进行观测的综合性技术系统的总称。卫星遥感应用广泛，例如可利用气象卫星遥感探测渔业资源：应用气象卫星用红外遥感仪器测出海水表层温度，在绘出海水表层温度分布等值线图后，就可以根据鱼类生活规律与海水温度的关系来确定渔场位置，并绘成渔海况速报图，作为渔民海洋捕捞业的重要参考。

我是离地面最近的小兄弟

20 世纪 80 年代掀起的小卫星技术热潮对低轨通信星座的发展起到了巨大的推动作用。早期卫星质量大，研制周期长，要完成一个星座的部署很困难。在卫星运行寿命短和可靠性差的情况下，没有等到星座部署完成，早期发射的卫星就已经不能工作了。在当时的技术和经济条件下，小卫星提供了一个较好的解决思路，与此同时，世界通信市场不断扩大，这两方面因素促进了低轨通信星座的发展。

"铱星"系统就是美国摩托罗拉公司于 1987 年提出的一种利用低轨道星座实现全球个人卫星移动通信的系统。它与现有的通信网相结合，可以实现全球数字化个人通信。该系统区别于其他卫星移动通信系统的特点之一是其具有星间通信链路，能够不依赖地面转接而为地球上任意位置的终端提供连接，因而该系统的性能极为先进、复杂，这也导致其投资费用较高。铱星一代系统于 1998 年 5 月建成，二代系统（Iridium NEXT）于 2007 年启动。2019 年 12 月 6 日，最后一颗在轨第一代铱星脱离轨道，坠入大气层，预示着第一代铱星星座使命终结。同时，第二代铱星星座部署完成，对第一代进行了全面取代。

ORBCOMM 星座系统是美国轨道通信公司（ORBCOMM 公司）在 1996 年发布的一个在全球范围内提供双向、窄带的数据传送、数据通信以及定位业务的卫星通信系统。ORBCOMM 系统包括分布在 7 个轨道面的 47 颗卫星（其中 6 颗为备用卫星），可实现全球覆盖。系统中每颗卫星不足 50 千克，是典型的低成本微小卫星。1996 年 2 月，依托 ORBCOMM 星座启动的全球首个低轨通信星座服务，可以提供全球数据通信商业服务。与一代相比，二代 ORBCOMM 卫星质量增加到原来的 4 倍，接入能力增加了 6 倍。二代 ORBCOMM 拥有世界上最大的天基 AIS（船舶自动识别系统）网络服务，每天处理来自大约 15 万艘船只的超过 1 800 万条 AIS 消息。

Globalstar（全球星）系统是美国 LQSS 公司（美国劳拉高通卫星服务公司）于 1998 年建立的卫星通信系统。该系统与 ORBCOMM 系统类似，采用无星间链路设计，需要依托关口站实现服务。该星座系统位于高度为 1 400 千米的轨道，包括 48 颗卫星。其中每颗卫星能够与用户保持 17 分钟的连通，然后通过软切换转到另一颗卫星，但用户感觉不到切换。用户链路采用 L、S 频段和弯管透明转发设计，服务区域受限于关口站部署。Globalstar 二代系统提高了系统容量和数据速率，新增互联网接入服务、ADS-B（广播式自动相关监视）、AIS 等新业务。

OneWeb 星座系统是由美国卫星通信运营商 OneWeb（一网公司）建立的卫星通信系统。时至 2021 年 7 月，随着 OneWeb 第八批通信卫星进入轨道，其累计发射的在轨卫星数量达 254 颗，已经完成了预计发射卫星总数的 40%。至此，OneWeb 公司已经完成了 "5-50" 计划,即通过5次发射实现北纬50度以北地区的网络覆盖。该计划是OneWeb公司在完成破产重组等系列操作后的一个重要转折点,将于2021年年底实现商用。OneWeb采用了极轨道,每颗卫星设计了16个Ku[①]用户波束,从而实现了对全球的无缝覆盖。不论何时,身处何处,用户都能接收到OneWeb卫星提供的无线信号。

Telesat星座系统是加拿大电信卫星公司Telesat于2020年建立的低轨卫星通信系统,可提供全球网络覆盖。其星座总容量达几Tbps,单条链路超过1Gbps,链路时延30~50毫秒。Telesat低轨星座将包含至少117颗卫星以及备份星,采用两种轨道:第一种轨道为圆形极地轨道,该轨道倾角为99.5度,离地1 000千米,至少包括6个轨道面,每个轨道面至少12颗工作星;第二种轨道为倾斜轨道,其倾角为37.4度,离地1 248千米,至少包含5个轨道面,每个轨道面至少9颗工作星。每颗卫星都具有星上处理和IP数据包自适应路由交换能力,并且卫星间都具有光学星间链路。在网关不可用或数据需要发给特定网关时,卫星间可以通过星间链路进行数据路由。

Starlink(星链)系统是美国太空探索技术公司SpaceX于2019年启动建设的星座通信系统,已于2020年开启服务。据该公司提交至FCC(美国联邦通信委员会)的申请可以看出,如表14-1所示,Starlink Gen2(第二代Starlink)星座系统将包含大约30 000颗设计寿命只有5年的低轨道卫星,分布在半径为328千米至614千米的75个轨道面上。由于低轨道卫星寿命限制,SpaceX计划将进行持续的发射和补充,以维持在轨卫星数量。截至目前,SpaceX已经发射的在轨卫星大概有1 000颗。据称Starlink系统将运用光学与数字信

---

① Ku是一种卫星数字通信波段,该波段频率高(一般在11.7~12.2 GHz之间),频段宽,具有抗干扰性强等特性。——编者注

号处理等技术，搭载可以与其他用户分享频谱资源的硬件设施，从而合理运用频谱资源。2021年1月29日，Starlink在轨卫星已经开始采用激光链路技术。凭借该项技术优势，其服务能力可以延伸至地球极地地区。同期，SpaceX公司从FCC获得新的许可，可发射10颗运行轨道离地560千米的极地轨道卫星，并且全部配备最新型的激光通信系统。

表14-1　Starlink Gen2星座空间段分布

子星座	轨道高度/千米	倾角/度	轨道面数/面	卫星数量/个	卫星总数/个
1	328	30	1	7 178	7 178
2	334	40	1	7 178	7 178
3	345	53	1	7 178	7 178
4	360	96.9	40	50	2 000
5	373	75	1	1 998	1 998
6	499	53	1	4 000	4 000
7	604	148	12	12	144
8	614	115.7	18	18	324
合计			75	\	30 000

天地一家亲

我们期待携手相伴

自从1957年世界上第一颗卫星发射成功，在轨卫星越来越多。随着卫星通信能力的增强和协议栈的优化，通信卫星从低通量向高通量发展，高轨单星容量达到300Gbps（如ViaSat-2），低轨单星容量达到20Gbps（如Starlink），小站终端速率达到600Mbps。未来通信卫星的单星容量和星座容量还将继续快速增长，所提供的算力将越来越强，电话、电视和定位等服务类型也将越来越丰富。如GNSS（全球导航卫星系统）与低轨星座的融合，可以提供10厘米级的高精度定位，将GNSS自身的10米级定位精度提高了100倍。

目前地面网络只覆盖陆地面积的20%，或者地球表面的5%。无论是遨游空中还是周游世界的人们都会有一个梦想：天空中的卫星网络和地面上的通信网络是否可以融为一体，成为一个覆盖地球和空间的天地一体化的网络。2006年，沈荣骏院士首先提出了我国天地一体化航天互联网的概念及总体构想；2019年3月，在芬兰举办的全球首届6G峰会上，专家提出未来6G网络发展的一个方向将是天地一体化网络。天地一体化网络，顾名思义是由具有通信、侦察、导航、气象等多种功能的卫星/卫星网络，空间飞行器，以及地面通信网络设施等共同组成的网络，并且通过星间、星地链路，使地面、海上、空中的用户，飞行器以及各种通信平台实现密集联合。

地面通信网络与太空中的卫星网络已在各自领域发展多年，因此要改变各自独立的局面比较困难。不过伴随着卫星网络的发展，其可以提供话音、视频、消息和数据等地面网络服务，两者独立的局面有望改观。在空中和海上等地面通信网络无法覆盖或难以覆盖的地方，卫星网络可提供极强的互补效应，比如提供广域物联网接入、农作物监控、珍稀动物无人区监控、海上浮标信息收集、海洋救援应急通信等服务。试想一下，如果没有地面通信信号，当轮船在茫茫大海上航行，突然遇到了台风等紧急情况时，船员是否会感到孤立无援，不知所措？这时，如果能够迅速连上卫星，通过音视频呼叫和定位等服务得到海空协同的救援，或许就能化险为夷。此外，在偏远地区进行卫星覆盖，不仅可以发挥其优势，还可以节省基站建设成本，为偏远地区的人口、飞机、无人机、汽车等提供宽带接入，实现全地域、全时段的宽带接入能力。

我们如何走到一起

展望未来，无论是实现全球广域全覆盖，使无处不在的连接成为现实，还是为了实现天上卫星算力资源和地面通信算力资源的整合与共享，形成无所不在的算力资源池，卫星网络与地面网络融合的天地一体化网络都将成为通信网络的重要发展趋势。

天地一体化网络是由 GEO（同步地球轨道）、MEO（中地球轨道）和 LEO（低地球轨道）等不同轨道卫星网络和地面通信网络共同组成的立体覆盖通信网络。它基于统一 IP 基座的一体化路由以及网络功能的柔性分割和动态协作，能够满足不同部署场景的要求和多样化的业务需求。

"九层之台，起于累土；千里之行，始于足下。"卫星网络和地面网络从独立走向融合不是一蹴而就的，而是需要经历天地互联、天地协同和天地一体三个阶段。

在天地互联阶段，卫星终端用户可以通过卫星网络与地面网络用户进行互通。该阶段的卫星网络和地面网络仍是两个相互独立的网络，有着各自的用户群体；卫星终端与地面通信终端也泾渭分明，但通过网络互联两者可以连接在一起。

在天地协同阶段，将出现能够同时支持连接卫星网络和地面网络的新型终端。卫星网络与地面通信网络将实现协同组网。协同组网包含多种模式：一种为核心网在地面，卫星网络和地面无线网络都接入该核心网；另一种为核心网不完全部署在地面，这样天上有一部分核心网，地上也有一部分核心网。卫星网络不再是一个纯粹的无线接入网角色，而成为既有无线网也有传输网和核心网的混合系统。对于天地协同阶段组网这一跨界领域，各标准组织也在"跑马圈地"。针对该领域的研究目前已形成了 3GPP 和非 3GPP 两大阵营。

在天地一体阶段，卫星网络和地面网络融为一体，实现"5G、6G 贯苍穹，陆海天地融"。该阶段可采用泛在网络自治和泛在边缘计算技术，构建一个覆盖天地的算力网络。该网络能够在任何地点、任何时间，以任何方式提供算力服务，满足天上、空中、地下等各类用户接入与各种应用需求。天地一体阶段不仅可以在全球范围内实现宽带和大范围的物联网以及智联网，还将集成高精度定位、无中断导航和实时地球观测等各种新功能。

天地一体化网络包括天地互联阶段到天地一体阶段的卫星网络和地面网络，它将推动天地"两张网"从隔离走向融合，从分散走向统一。随着芯片算力的增强和计算技术的发展，天地一体化网络将会逐步具备功能简洁、开发敏捷、弹性开放和算力动态分配等特点，有效降低运营和维护的复杂性。

我们牵手的黏合剂

目前，地面 5G 通信网络主要采用服务化架构，将网络功能定义为若干个可被调用的服务模块，易于根据业务需求灵活定制组网。

天地一体化网络也将借鉴对应架构的优点，引入服务化的网络架构。其中网络功能可以根据业务和组网需求，使用松耦合的微服务，实现按需部署。例如，用户数据转发网元可以部署在卫星上，接入管理网元可以部署在地面上，在网元之间采用TCP、HTTP/2（超文本传输协议2.0）、JSON（JS对象简谱）、Restful和OpenAPI（开放应用程序接口）等轻量级高效协议接口组合，从而便于持续引入新兴卫星互联网技术，像乐高积木搭建一样构建不同的组网模式，实现新型网络服务的持续集成与发布。

天地一体化网络将采用NFV和SDN等云计算技术，在地面站、GEO、MEO和LEO上引入NFV技术，基于统一卫星平台，构建灵活部署和统一管理的卫星网络和地面网络VM/容器资源池，提供弹性的资源可伸缩能力，实现网络和业务的快速上线。其还可以结合星间链路和馈电链路，基于SDN进行卫星网络路由路径的统一规划配置和按需动态调度，在现有传统卫星网络的静态路由算法的基础上引入动态路由算法，自动化满足网络控制需求。

天地一体化网络可将AI技术引入网络的MANO（管理和编排）功能设计，以终端用户数据、网络运行数据、网络拓扑数据、星历数据等为数据源，通过AI的机器学习，结合FARIMA（自回归分数整合滑动平均）模型与神经网络，或者结合差分进化与神经网络，进行匹配业务需求的网络资源分析预测。由于经典神经网络的高度复杂性，也可以先应用主成分分析（PCA），降低输入数据维数，然后应用广义回归神经网络，在较短的训练时间内实现较高精度的网络资源分析预测。此外，还可以根据业务需求和网络运行情况，对网络资源进行基于马尔科夫建模的智能管理和编排，避免网络资源的浪费，满足丰富多样的业务需求。

天地一体化网络将采用边缘计算技术，基于服务化架构，将边缘计算功能部署在卫星上，支持MEC与卫星通信结合，从而提供星上的数据分流、内容分发、本地路由和本地数据处理等功能。该应用可实现卫星网络计算在星上就近卸载，减少星地之间的数据传输量，节约宝贵的卫星传输带宽资源，满足低时延的天上业务传输需求和数据不出星的安全需求，并降低地面网络的算力压力。

天地一体化网络还可采用2017年以来方兴未艾的软件定义卫星技术。软件定义卫星是以算力强大的卫星平台为核心，采用开放式的系统架构，支持有效载荷即插即用、应用软件按需加载，能够方便地通过更新软件重新定义卫星功能，从而打造出灵活适应多种任务、多类用户的新型智能卫星。该技术通过在轨发布应用、动态加载软件组件，不仅可以为卫星系统增加新功能，还可以通过改进算法提升卫星性能，或者对故障进行修复。2018年我国发射了"天智一号"试验卫星。它是一颗以计算为核心的卫星，整星重约27千克，专门用于验证软件定义卫星的关键技术，主要载荷包括能耗低、计算能力强的小型云计算平台，一台超分相机和四部大视场相机。天地一体化网络可通过软件定义卫星重构卫星网络平台系统，实现未来天地融合的统一算力平台系统，并采用统一的协议体系和丰富的接口形式，满足天地融合下多任务、多功能需求场景。

星云作算力

早在几十年前，以广播或组播业务为主体业务的GEO通信系统就已经进入了商业化运营的阶段。然而伴随以4G、5G为代表的地面互联网通信技术的快速发展，高轨道通信系统的应用逐渐面临困境。

据报告显示，2018年以来，全球商业通信卫星市场颓势明显，基本已经进入了平稳发展的时代。

LEO与MEO距离地球较近，运行速度较快，因此在很长一段时间内并未作为全球覆盖的通信卫星使用。但随着全球业务种类发展，这一局面正在悄然发生变化。尤其是由LEO组成的人造卫星星座，作为数十颗的低轨道卫星组成的卫星通信系统，其通信时延可以低至与地面光纤通信相媲美的程度，甚至可以满足高速、低延迟特性衍生出的多种新型业务需求，如在线游戏、高清视频聊天等。

从GEO到LEO，不论是单星网络载荷的提升，还是网络传输时延的降低，都源自卫星网络业务变化对单个卫星通信与数据计算能力需求的提高。如果要支持线上虚拟竞技、高清视频互动等新兴娱乐业务，或是偏远地区工程、大规模物联网等工业互联网业务，现有卫星网络单节点的基础算力亟须提升。2020年，在软件定义卫星创新论坛上，有专家表示未来的卫星网络在基础通信功能之外还需提升单星算力，让卫星成为广域算力网络中的重要节点。将算力系统延伸至卫星网络中的每一个卫星节点，这对未来天地一体化算力网络的发展具有重要意义。

如果想将卫星网络纳入算力体系，就需要提高单个卫星的算力。通信能力是评价网络算力大小的重要指标，而速度、时延、带宽、可靠性和能耗等都是衡量算力的重要参数。对单体卫星而言，这些参数就构成了整体算力这个"木桶"的数个"木板"。目前通过将卫星与5G网络融合、星载系统的虚拟化、边缘计算节点上星等技术革新，配合卫星硬件架构的更替与算力芯片制程的性能迭代，卫星网络算力的提升将逐步加快。

虚拟星网，芯助腾飞

基于天地一体化技术的算力网络可分为天基与地基两部分，其中天基部分主要用于对广域范围内的数据进行交换与初级处理；地基网络则对高优先级、复杂数据进行分发与处理。整张网络分工明确，各司其职。天地一体化网络卫星作为天基节点，具有较高的单体算力，可以在任意时空对客户提供算力服务。然而伴随着信息社会的快速发展，卫星网络的服务范围不断扩大，传统的卫星节点面临日益更新的业务需求，亟须引入新技术，从软硬件两个层面进一步提升自身算力。

伴随着通信技术的快速发展，以 SDN、NFV、边缘计算等为代表的新兴网络技术，已成为卫星网络领域的重要引入方向。上述技术应用于天地一体化网络中，可提高资源利用效率、降低维护成本、缩短网络延迟，并且可快速实现卫星技术的远程迭代。未来的天地一体化算力网络可高度应用虚拟化与软件定义技术。天基节点和地基节点的基本系统均可采用虚拟化平台实现，且该平台可以依据载体算力和承载业务的差异，对整张算力网络中的无线接入、边缘计算、通信网络核心网及网络管理编排等功能实施整体动态部署。此外，天地一体化算力网络通过引入软件定义技术，以服务为中心，基于容器或虚拟机等微服务架构部署，将传统功能网元服务器解耦，可在保证网元功能的相互隔离和动态部署下，实现网络的鲁棒性与适应性的提高。上述两种技术的应用可简化网络升级的难度，减小运营维护的压力，为天地一体化算力网络提供快速迭代和升级的空间。

边缘计算技术也可在天地一体化网络中发挥重要作用。通过在天地一体化网络天基部分（尤其是中低轨卫星）部署边缘服务器，实现对数据的处理与实时分发，一方面可以避免数据处理中心负载过大、流程过于复杂等问题，另一方面可以节省网络传输带宽，降低星地链路大时延的影响，实现对不同地理空间的时延敏感业务的支持。边缘节点与搭载在高轨卫星之上的云计算处理中心相结合，可以更好地为天基部分提供算力的支撑与网络性能的保障。但由于单体卫星（尤其是低轨卫星）的载荷能力有限，边缘计算服务器需要尽可能做到轻量化，以减小能耗。在特殊情况下，卫星节点还可配合地面基站已部署的边缘计算节点，实现算力的叠加。

天地一体化算力网络中虚拟化与边缘计算等技术的大规模应用，在物理层面对星上载荷和数据处理提出了更高的要求。一方面，借助航天领域一箭多星、卫星回收等先进技术，后续可逐渐以较低的成本将在轨卫星替换为支持定制化编程的高算力新型卫星。另一方面，天地一体化算力网络平台的实现，需要采用技术密度大、集成度高的硬件模块，因此选择低电压、单核心主频率高、封装简单的ARM与FPGA计算板卡，满足系统基本功能与能耗效率间的平衡，将是后续设计的优选。采用ARM与FPGA结合的方式，既可拥有ARM操作系统的嵌入性优势，也具备FPGA接口的扩展性。因此，相较于单一算力系统，搭载异构计算系统的天地一体化融合网络将获得算力的有效提升。

智能星链，"摩天"算力

作为太空中的算力节点，卫星既要拥有独立进行管理和任务执行的能力，又要具备与其他卫星联动的能力。目前，单颗卫星有效载荷和有效算力受到体积、质量等多方面的资源限制。作为轻量化节点，单卫星的算力毕竟有限。因此，未来天地一体化算力网络需要应用分层星链技术提升整体网络的算力。

目前，分层星链技术已经成为业内广泛研究的热点技术之一。在星链中，高、中、低轨卫星分层，区域网络分级；中、低轨卫星以动态拓扑建链，实现网络的整体路由与规划，减少时间延迟与资源浪费，满足同层卫星（如 LEO 卫星）间及不同层卫星（如 GEO 和 MEO 卫星）间的互联互通需求。此外，通过建立以 GEO 卫星为主导的具有一定自主性的区域卫星星座系统，可有效解决卫星网络节点运动导致的拓扑变化、重复建链等问题。在星链体系中，低轨卫星直接为用户提供计算服务，中轨卫星对区域低轨卫星组成的星座提供规划服务，高轨卫星网络则对整体算力进行保障与资源调度。

智能路由与智能资源感知技术应用也是提升卫星算力的重要途径之一。对于卫星这类轻量级计算节点，路由的简化与能耗的降低，对计算能力有着巨大的影响。即使在卫星发射成本不断降低的今天，大规模卫星组网所带来的能耗也不容忽视。智能技术的应用可实现整体网络算力资源与通信资源的调度，减少资源浪费。在系统获取目标任务之后，网络各节点可以通过信令的方式感知整体网络节点的负载情况，并且可以根据终端业务类型，利用调度算法进行资源调度，为每一个区域内的单体卫星提供算力子任务，以此减轻单卫星节点的计算压力。此外，网络还可以通过智能路由技术简化通信过程，以此满足天地一体化网络对时延等通信性能的要求。

技术为翅，羽化翱翔

目前作为轻量级网络节点的卫星载荷能力仍相对有限，后续天地一体化算力网络的主要挑战仍然是解决性能、稳定性与能耗三者维持平衡所产生的矛盾。在卫星算力节点小型化与低能耗的前提下，如何保障通信性能将是天地一体化网络算力系统的主要研究方向之一。此外，高效能的异构融合计算、神经网络智能计算等多效能计算手段也是后续研究的重点课题，而如何从硬件层面实现卫星算力的提升，则需要依靠芯片制程的不断迭代与微电子技术理论的进一步革新来逐步实现。

第十五章
量子计算

量子是什么

现代物理学中的原子、电子、光子等概念已为人们所熟知,其是组成物质世界的不同基本粒子。"量子"是否也像原子等是某一种基本粒子呢?非也。原子、电子、光子反而都可看作"量子的"。那么量子到底是什么?这要从量子力学说起。

物理学研究的是物质的"运动规律",包括产生、演化、相互作用、消失等。以人们所熟知的牛顿三定律为例,其揭示了宏观物体是如何运动的,可以指导人们如何开车、如何建楼等。任何理论都是有其适用范围的。经典物理在19世纪末已发展得十分完善,然而随着实验技术的发展,出现了许多经典物理无法解释的实验现象。其中,最著名的是研究光速和"以太假说"的迈克尔逊-莫雷实验以及黑体辐射的"紫外灾难"这"两朵乌云"。这"两朵乌云"诱发了物理学的革新,促使描述高速物体运动规律的相对论,以及描述微观尺度物质运动规律的量子力学诞生。

原子、电子、光子等粒子个体的演化规律,或部分粒子组成群体

（如分子）的演化规律等，都需要用量子力学来描述。因此，"量子的"其实是一类具有相同特性事物的泛指，即运动规律需要由量子力学来描述的，都可以称为"量子的"。量子力学的特性中最为人们所熟知的一个特点就是事物存在一个基本单元，如一个电子、一个光子等，因此也有人用"量子"来泛指需要用量子力学来描述特性的事物的基本单元。

量子力学之所以让人感到神秘，主要是因为微观世界的许多现象与人们在宏观世界所培养起的直觉不符。然而，经过100多年的发展，量子力学的应用早已进入千家万户，比如光通信技术中所用到的激光器就是一种宏观量子器件，先进芯片的制造也要考虑到微观结构的量子效应。正是这些违背直觉的奇特特性才带来了各种独特的应用，尤其是与信息科学的结合，诞生了超高算力的量子计算、无条件安全的量子通信、超精密的量子测量等重要应用，是为量子信息科学。

量子力学的公理体系包含5个基本假设：量子态假设、量子算符及测量假设、基本对易关系假设、演化假设、全同性假设。这5个公理假设就包含了量子力学的典型特征。下面对前两个公理假设进行介绍，以便读者对量子计算的超高算力形成直观认识。

量子态假设讲述的是量子力学的研究对象是什么。简言之，可称为"万物量子"，即任何一个事物都可以用量子态来描述。不论是一个光子、一个原子等单一个体的状态，还是若干原子组成的分子等复杂体系的状态等，都可由量子态来描述。甚至宏观物体的状态也可以用量子态来描述，比如一块石头、一捧水等，只是复杂度极高，实际中并不推荐这样做。

量子态假设

一个量子系统在任何时刻的状态都可以用一个 Hilbert（希尔伯特）空间中的态矢量 $|\varphi\rangle$ 来表示，这一态矢量完备地给出了量子系统的所有信息。

量子态假设中还规定了量子态是 Hilbert 空间中的一个矢量，这就给出了量子态的第一个重要特性——叠加性。Hilbert 空间是数学上定义的一类线性空间，其有一个重要的特点，即如果矢量 A 和 B 都处于同一个 Hilbert 空间中，则两者的任意线性叠加也处于该线性空间内。对于量子系统，这就意味着，如果态矢量 $|\varphi\rangle$ 和 $|\phi\rangle$ 是量子系统的不同状态，则两者的任意线性叠加 $|\varPhi\rangle = \alpha|\varphi\rangle + \beta|\phi\rangle$ 也是该量子系统的一个有效状态。其中，α，β 为量任意复数，满足模方和为 1。

叠加态特征是量子计算可进行并行计算的基础。

量子态随时间的演化所满足的薛定谔方程是线性微分方程。这意味着对叠加态 $|\varPhi\rangle = \alpha|\varphi\rangle + \beta|\phi\rangle$ 来讲，其随时间的演化就等于态 $|\varphi\rangle$ 和态 $|\phi\rangle$ 各自随时间演化后的叠加。如果将量子态随时间的演化看作一个"计算"函数 f_T，即把 T 时间后的 $|\varPhi\rangle$ 记作 $|\varPhi(T)\rangle = f_T(|\varPhi\rangle)$，则根据叠加态的特点有

$$f_T(|\varPhi\rangle) = f_T(\alpha|\varphi\rangle) + f_T(\beta|\phi\rangle)$$

如果将量子态看作一个"数"，则对"数 $|\varPhi\rangle$"的"计算"就

可看作同时对"数$|\varphi\rangle$"和"数$|\phi\rangle$"进行了"并行计算"。量子态$|\Phi\rangle$的展开表达式中独立叠加项（即相互正交的基矢）的数量就是"并行计算"的并行度，独立叠加项数量越多，则加速效果越好。如果以量子比特作为量子系统的基本单元，N个量子比特组成的量子系统就有2^N个基矢。如果使用该量子系统来进行量子计算，则相当于量子态中有2^N个独立的叠加项，一步"计算"就相当于同时在2^N个基矢上同时进行并行计算，产生指数级的加速。

量子比特

对于二维量子系统，假设其 Hilbert 空间的一组正交归一完备基为态矢量$|0\rangle$和$|1\rangle$，则该空间中任意的量子纯态可以表示为$|\varphi\rangle=\alpha|0\rangle+\beta|1\rangle$。

其中，α和β是满足归一化条件$|\alpha|^2+|\beta|^2=1$的复常数。$|\varphi\rangle$即为一个量子比特（简称 Qubit），是量子信息的基本单元。

N个量子比特：N个量子比特组成的态空间的维度为2^N，即其正交归一完备基包含2^N个不同的态矢量。

然而量子世界没有这么简单，"并行计算"的结果是无法有效读出的。这涉及第二个公理假设：量子算符及测量假设。

量子算符及测量假设

- 描写微观系统的力学量对应于 Hilbert 空间中的厄米算符。
- 力学量所能取的值，是相应算符的本征值，每个本征值对应一个本征态。
- 假设力学量 $\hat{A}$ 的本征值集合为 $\{\lambda_i\}$，对应的本征态矢量集合为 $\{|\varphi_i\rangle\}$，当微观系统处于某个状态 $|\varphi\rangle$ 时，对其进行力学量 $\hat{A}$ 的测量，测量结果以一定概率取到本征值 λ_i，概率大小为态矢量 $|\varphi\rangle$ 按照本征态矢量 $\{|\varphi_i\rangle\}$ 展开时的 $|\varphi_i\rangle$ 项对应系数的模方。测量完成后，系统的状态塌缩到 λ_i 对应的本征态 $|\varphi_i\rangle$，无法回复到态 $|\varphi\rangle$。

量子算符及测量假设指出，任何可观测量都对应一个量子算符，且对该可观测量的测量结果是随机分布的，而一旦测量完成，原始叠加态就将塌缩到测量结果所对应的本征态上，无法回复。这意味着，前面所讲的"并行计算"虽然能带来指数级加速，但受限于测量塌缩的随机性，其并不能把"并行计算"的所有结果都进行有效的区分。

因此，虽然叠加性带来了并行计算的基础，但真正的计算加速还需依赖特殊的量子算法设计。一个常见的设计思路是，将量子系统的各基矢（如 N 个量子比特就具备 2^N 个基矢）与待求解问题的各答案形成一一映射，通过多轮量子操作，使得量子系统的叠加态最终收敛到某一基矢，而该基矢就对应着待求解问题的正确答案。此时，对该量子系统进行测量，就可得到待求解问题的正确答案。

这里的多轮量子操作如何能保证结果收敛到正确的基矢上，就是量子算法设计的核心。能否产生加速效果，就看操作收敛的速度。因此，量子算法并非总是比经典算法更快速。针对一些问题，比如大数的质因数分解问题，已证明量子算法相比经典算法可获得指数级的加速效果。此外，新发展的量子经典混合算法，如量子化学模拟等，也被认为在材料研究领域可获得相比经典算法的巨大加速效果。

量子也能计算

量子信息系统可简要归纳为如图 15-1 所示的三部分：量子态制备、量子态演化和量子态测量。其中，最为重要的是量子态演化部分。根据应用的不同，其有不同形式。比如在量子计算应用中，量子态演化就是受控演化，其根据预先设计的量子算法，对量子态进行人为的精准调控，以达到特殊的计算目的。这个过程中，不希望量子态受到环境的扰动影响。而在量子通信和量子测量中，量子态演化则是受环境影响的非受控演化，结合测量结果就可以分析环境的影响具体是什么。

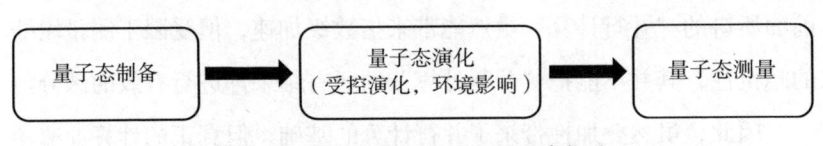

图 15-1　量子信息系统主要组成部分

近 30 年来，随着对微观物质的制备、移动、控制、探测等能力的快速发展，量子信息科学迎来了新的发展高峰。量子计算领域的突破更受瞩目，业界普遍认为量子计算的突破可对材料科学、生物制药、规划优化等领域带来颠覆性的研究加速，影响广泛且深远。世界各国也都在加大量子计算相关的研究布局。

量子计算是一种全新的计算范式，当前主流的量子计算架构有基于门模型的量子计算、基于测量的量子计算、绝热量子计算和拓扑量子计算。其中，基于门模型的量子计算是当前最主流的架构，其与经典计算的门操作有相似之处。以下提到的量子计算如无特别说明都是指基于门模型的量子计算。

在经典计算中执行任何一个算法都可以由一系列最基本的操作组合而成，例如与门操作、或门操作和非门操作等。在量子计算中，任何一个算法都可以分解成一系列最基本的门操作，理论上已证明只需要少数几种单比特门和两比特门操作就可以组合出涉及任意多比特的量子算法。因此，量子计算机只要能高精度地执行单比特门和两比特门操作，其就可以运行任意的量子应用。

量子计算机与经典计算机也有不同的地方，最大的不同就是作为基本单元的量子比特十分容易受到环境的干扰而产生退相干，失去量子叠加与纠缠特性，从而由量子比特退化为经典比特，失去量子计算的加速优势。因此，量子比特保持相干的时间越长，可用于量子计算的时间就越长。此外，量子计算属于模拟计算，任何门操作的微小误差都会被累积在系统中，从而影响最终算法结果的正确性。正是因为这些特殊之处，虽然具备量子态叠加特性的物理系统有很多，但并不是每个都能拿来做量子计算机。研究者在实践中逐渐总结出来了衡量一个物理系统是否合适做可实用量子计算机的三个主要准则。

- 系统中量子比特相干时间是否足够长，即能否长时间进行量子计算的操作。
- 量子比特的门操作精度是否足够高，即量子计算的结果是否精确。

- 系统是否具备可扩展性，即可操控的量子比特数量是否可达到足够规模。

根据以上三个准则，目前主流的量子计算物理系统有 10 个左右，可以分为固体系统和原子分子光学系统两大类。其中固体系统包括超导量子计算、半导体量子点、金刚石色心、稀土掺杂离子和拓扑等，原子分子光学系统包括离子阱、光学、里德堡原子和光晶格等。固体系统一般具备门操作速度快（相当于 CPU 的高主频）的优点，操作时间在皮秒到纳秒量级，但是由于其周围环境复杂，量子比特的相干时间较短，在微秒量级。原子分子光学系统周围环境一般都较为干净，因此量子比特相干时间较长，可以达到秒量级，但是其门操作速度较慢，在微秒量级。

一般情况下，门操作，特别是两比特门操作需要相互作用，其相互作用越强，门操作速度就越快；而提升量子比特相干时间需要尽可能隔绝量子比特与环境的相互作用，其相互作用越弱，相干时间越长。所以量子计算物理系统最核心的任务之一是在提升相干时间的同时，提高门操作速度，或者说提升相干时间与门操作时间的比例。再考虑到系统可扩展性与门操作精度，当前进展最快的量子计算物理系统是超导量子计算与离子阱。而光学系统、半导体量子点与里德堡原子系统也具备很好的潜力，以下将分别介绍这些量子计算物理系统。

超导量子计算系统是当前研究进展最快的量子计算物理系统。几乎所有的大型科技公司都在超导量子计算上投入重金，包括谷歌、IBM、英特尔、微软、阿里巴巴、腾讯等。当前谷歌和 IBM 在超导量子计算上研究进展较快。2019 年谷歌在包含 53 量子比特的 Sycamore[1] 量子芯片上针对随机电路采样问题实现了"量子优越性"，标志着量子计算进入中等规模带噪声时代；2020年谷歌演示了小规模的变分量子算法和量子近似优化算法的实现，进一步加速了量子计算的实用化步伐。IBM在2020年发布了65量子比特的超导量子芯片[2]，同时发布了超导量子芯片设计软件Qiskit Metal并开源，帮助业界进行自定义的超导量子芯片设计。

　　超导量子系统的核心包括三部分：超导量子芯片、提供低温环境的稀释制冷机、外部室温测量设备。超导量子系统的核心是超导量子芯片，它主要由电容、电感与约瑟夫森结组成（超导状态没有电阻）。该系统需要工作在10mk（毫开尔文）的超低温环境中，提供超导需要的低温并降低环境热噪声的影响。其中，约瑟夫森结为超导量子芯片的核心单元，它是超导体-绝缘体-超导体或者超导体-正常导体-超导体的三明治结构，如图15-2所示。其中间层的厚度很小，在10纳米左右。超导电流会因隧穿效应而穿过约瑟夫森结，其流过电流和两端电压并非线性关系，因此可以把约瑟夫森结简单看作一个非线性超导电感。超导量子芯片可由当前标准CMOS（互补金属氧化物半导体）工艺制备，基底一般采用蓝宝石或者硅，主要用到的超导材料是铝或者铌。

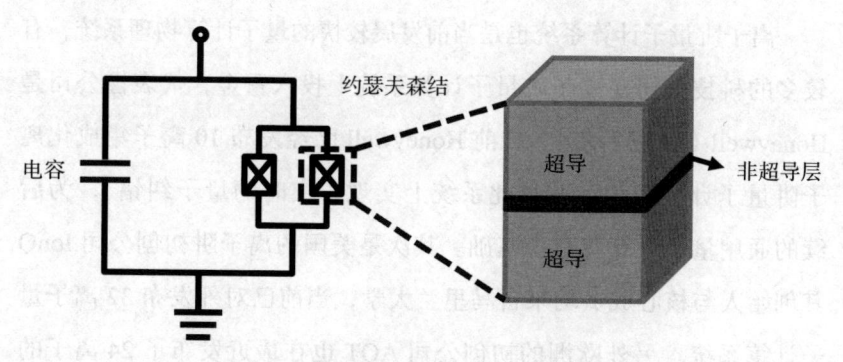

图15-2　超导量子比特电路化模型示意

一个超导量子芯片通常包含多个超导量子比特，根据不同的设计超导量子比特可以分为电荷型（Charge）、磁通型（Flux）、相位型（phase）等种类。其中目前最常用的超导量子比特是特殊参数空间的电荷型超导量子比特，叫作Transmon。Transmon超导量子比特最大的特点就是其相干时间可以做到很长。传统电荷型超导量子比特的相干时间在100纳秒量级，而Transmon可以达到100微秒的量级，将超导量子比特的相干时间提升了三个数量级。再通过特殊的结构设计和材料工艺的优化，Transmon的相干时间甚至可以提升到1毫秒的量级[3]，非常适合用做量子计算。另一个重要的参数是量子比特的门操作精度。当前Transmon超导量子比特的单比特门操作精度可以达到99.9%，而两比特门操作精度可以达到99.5%，这个精度目前在各种超导量子比特中是最高的。两比特门的操作精度在新协议和新耦合器的引入下还可以进一步提高，达到99.8%[4]。最后，当系统进行大规模扩展时，Transmon也是目前表现最好的超导量子比特。谷歌已经在Transmon系统中实现大规模扩展（53量子比特），并且关键性能指标相比小规模系统仅略有下降，这种方法也支持超导量子系统进一步扩展到100~200量子比特。

离子阱量子计算系统也是当前发展较快的量子计算物理系统，有较多的科技公司在离子阱量子计算系统上投入重金，代表性公司是Honeywell（霍尼韦尔）。目前Honeywell已经发布10离子集成化离子阱量子计算系统，并在此系统上实现了实时的量子纠错[5]，为后续的通用量子计算奠定了基础。其次是美国的离子阱初创公司IonQ，其创始人与核心成员均来自马里兰大学，当前已对外发布32离子量子计算系统。另外欧洲的初创公司AQT也在最近发布了24离子的量子计算系统，并实现了24离子的全纠缠[6]。

离子阱量子计算系统最核心的部分包括囚禁的离子、囚禁离子的芯片、操控离子的激光系统、提供真空环境的真空腔。离子囚禁示意图如图 15-3 所示。在囚禁离子芯片（电极）上施加交变和直流电压，会在空间中形成等效电势低点，带电离子会感受到这个电势场，从而被囚禁在电势低点。离子需要工作在超高真空的环境中，避免其他室温分子对离子产生随机的撞击，让离子跳出势阱。

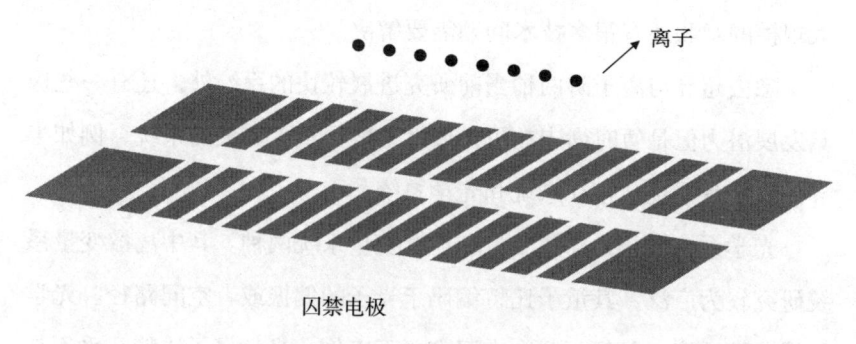

图 15-3　离子囚禁示意图

离子种类的选择会直接决定激光系统，因此其是最重要的部分。当前业界主流的离子是镱（Yb）、铍（Be）、钙（Ca）、钡（Ba）和锶（Sr），其中大多数研究组采用的是镱和钙。镱离子的特点是其量子比特的编码能级为微波波段，其相干时间可以做到非常长。当前清华离子阱组在镱离子中实现了相干时间超过一小时。钙离子的特点是量子比特的编码能级为光波波段，可以直接用可见光实现单比特门操作和两比特门操作，并且门操作的精度都可以达到 99.9%。为了结合两种不同离子的优势，有研究组提出了"双组份"离子的架构，用光波段的离子做辅助离子，用微波波段的离子做计算离子，从而实现了结合两种离子优势的架构。另外，"双组份"架构还体现了额外的优势，包括协同冷却、不用单离子分辨等。基于"双组份"架构，当前单链已经可以扩展到 10 离子。为了进一步扩展离子数目，单链架构已经不适合，需要将不同离子阱互联。目前有两种方案来实现离子互联：一种是离子输运方案，用离子本身作为信息载体来耦合不同区域的离子；另一种是光子耦合的方案，先用离子与光子纠缠，再将光子发送到另一个离子阱区域，用纠缠交换协议实现不同离子阱之间的纠缠。当前无论是哪种方案都还处于小规模原理性验证阶段，想要实现大规模的互联还有很多技术问题需要解决。

除去超导与离子阱两种当前研究进展较快的系统外，还有一些极具发展潜力但是暂时尚未在可扩展性上取得重大突破的系统，例如半导体量子点系统、拓扑系统和光学系统。

光学系统可分为离散变量和连续变量系统两种。其中离散变量系统研究较为广泛，其量子比特编码于光子的偏振或者空间路径。光学量子计算系统一般都可以在室温室压下工作，光学量子比特几乎不与环境相互作用，具备很好的相干性。同时光子天然具备可传输性，可无缝与量子网路连接。但光子之间由于不相互作用，通常是通过测量后选择的方式来实现两比特门，而该方法是概率性成功的，因此光学量子计算系统的规模扩展较为困难。目前通过后选择方式可以实现 10~12 光子的纠缠，进一步扩展有赖于协议和系统两个层面的创新。连续变量系统的核心是制备高压缩比的压缩光源，目前技术上仍然需要进一步提升。

半导体量子点是把激子在三个空间方向上进行束缚的纳米结构，在三个维度上的尺寸均不大于激子波尔半径的两倍。通常会使用砷化镓/砷化铝镓（GaAs/AlGaAs），硅/硅锗（Si/SiGe），硅/二氧化硅（Si/SiO_2）等异质结构，在纵向上形成势阱，将激子束缚在二维平面上，再利用金属、多晶硅等制备门电极，通过电场将激子进一步束缚至零维点状结构中；通过外加的磁场、微波场生成，控制激子的量子态；利用量子点结构旁边耦合的电荷探测器结构，通过电压、电流读取感知量子点中的量子态。其优点是可以最大限度地继承现有微电子工业体系积累的大规模集成电路制造经验，理论可扩展性好，并有潜力将部分外界控制电路与之整合，形成量子的片上系统；缺点是受限于目前加工工艺，器件可重复性差，且目前最高纪录仅演示了4量子比特算法，距离超导和离子阱体系较远。对半导体量子点来说，未来最重要的问题是找到切实可行的可扩展架构，提升量子比特数。

拓扑量子计算系统具备很好的理论框架。原理上拓扑量子比特采用非局域编码，局域的噪声原则上不会带来量子比特的退相干。而目前已知的噪声源都是局域噪声，所以理论上拓扑量子比特的相干时间可以做到无限长。当前还未找到任何物理载体可以实现拓扑量子比特，虽然在超导-半导体纳米线体系中发现了具备拓扑量子比特的某些特征，但仍未完全证明其可以实现拓扑量子比特。

各主流物理系统参数对比如表15-1所示。

表15-1 各主流物理系统参数对比

	超导	离子阱	半导体量子点	光学	金刚石色心	拓扑
量子比特数	53	20	4	12	2	0
相干时间	~1毫秒	~1小时	~100微秒	N.A.	~10毫秒	N.A.
两比特门精度	~99.8%	99.9%	~90%	~99%	~99%	N.A.
主频	~100MHz	~100KHz	~1GHz	N.A.	~10MHz	N.A.

实际实验过程中，量子门操作由于受到量子比特退相干与操作信号的畸变等影响，精度会下降。尤其是在串行执行多个量子门操作后，整个线路的精度会大大下降，直接导致量子计算的结果不准确。为了

能准确地执行量子算法，需要对发生错误的量子比特进行纠错，用量子纠错算法来保护量子比特不受环境噪声影响。与经典纠错算法类似，量子纠错用多个性能较差的量子比特（相干时间较短，门操作精度不高，简称物理比特）进行编码来得到一个几乎无差错的量子比特（称为逻辑比特）。常用的量子纠错码有两种：一种是拓扑编码，另一种是玻色编码。两种方案各有优缺点。拓扑编码在二维晶格形式下又被称为表面码，需要较多的物理比特资源（对于现有的门操控精度~1 000物理比特）才能编码得到一个逻辑比特，编码的冗余非常大。但其胜在和当前量子芯片的架构相兼容，较容易支持芯片规模的扩展。玻色编码一般利用量子比特的其他自由度（谐振子模式）进行编码，不需要额外的量子比特作为资源，没有编码冗余。但是由于有其他自由度，对量子比特要求十分高，而目前已知的量子比特体积较大，不容易扩展。

目前无论基于哪种编码都还没有实现单个逻辑比特，未来发展最关键的一步就是通过性能较差的物理比特编码后得到性能较好的逻辑比特，并在逻辑比特上实现量子门操作。这就要求量子计算系统中可实际操控的量子比特数量达到一定的规模，且操作精度仍保持在较高水平（可纠错的最低门限一般认为是99%）。这是有一定难度的，对芯片制备工艺、环境噪声抑制技术等有十分高的要求。

因此，业界对量子计算机的发展提出了一个阶段划分，短期内可实现的是包含中等规模的NISQ（有噪声量子比特）量子计算机。对于NISQ量子计算机，其量子逻辑门的精度难以达到高保真度；其上运行的算法将难以执行高深度的量子线路；其往往对若干特定的算法有较好的运行结果。有些NISQ量子计算机甚至会根据待解决的问题，设计一种专门的量子计算机结构，只运行一种算法，其也常被称为专用量子计算。而长期来看，量子计算研究的最终目标是实现包含大规模的无噪声量子比特的量子计算，因其原则上可在同一硬件上运行任意量子算法，因此常称其为通用量子计算机。

2019 年超导量子计算率先实现"量子优越性"，标志着量子计算业界进入了含噪声中等规模专用量子计算机时代。业界普遍认为在 21 世纪 20 年代中后期，专用量子计算机会在某些特定的有实际应用价值的问题（例如药物设计、物流调度、金融等）上实现计算速度的大幅提升（相比经典超算），从而实现商业化应用。在 2030 年左右我们将进入容错通用量子计算时代，但是具体什么时候能够开发出大规模通用量子计算机，业界还没有达成共识。

量子计算应用探索

早期的量子算法多是基于逻辑比特来设计的，如 Shor 质因数分解算法、Grover 搜索算法等影响广泛的算法。随着研究的深入，虽然实现通用量子计算还有许多未知，但近年来业界在有噪声量子计算机的规模扩展方面研究进展迅速。因此，针对 NISQ 量子计算的应用研究也丰富起来。

NISQ 量子计算机最大的问题是操控精度有限，无法执行较深的量子线路。为了解决这一问题，人们开发出了量子-经典混合的计算架构，并利用经典 CPU 来辅助量子算法的运行。其中，最具代表性的是变分量子算法（VQE），基本架构如图 15-4 所示。在变分量子算法中，变分量子线路可以跟经典的算法相互配合。量子计算机运行特定低深度的含参数的量子线路（量子网络），经典计算机则通过量子计算机产生的结果来动态更新量子线路中的参数值。与经典的机器学习算法类似，变分量子算法可以通过梯度或者非梯度的方式来训练和迭代，因此这类算法对系统误差容忍度较高，成为实现量子优越性的热门技术路线。

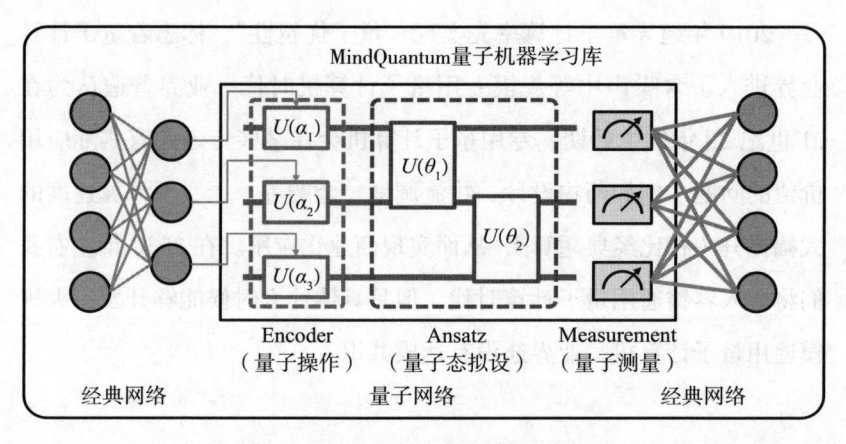

图 15-4 变分量子算法框架示意图

变分量子算法的应用非常广泛，包含量子化学模拟、组合优化问题求解和量子 AI 等领域。量子化学的核心问题是求解化学系统的基态。变分量子算法通过优化评价函数的值来求解化学系统的基态能级，也可用来计算分子哈密顿量的能量导数。变分量子算法求解化学基态能级时，系统初态、参数化量子线路 Ansatz 以及经典的优化算法都对结果有着极大的影响。量子近似优化算法（QAOA）是基于变分量子算法提出的优化算法，在解决最大割问题（MaxCut）上相对于经典算法具有一定的优势。此外，在金融领域中常见的组合投资优化问题，其可归结为求解 S-K 模型的基态，同样可用量子算法加速求解，但对量子比特资源的需求较高。量子 AI 主要研究量子神经网络，其由参数化量子线路搭建而成，并能够与普通经典网络组合成为量子经典混合机器学习架构。在这一框架内，变分量子算法配合经典梯度下降算法来对量子神经网络进行训练。目前可以将其应用于一些简单的监督问题，例如手写体字体识别、分类问题，或者一些生成模型，如量子生成对抗网络（QGAN）等。目前，国外的谷歌、IBM，国内的华为和百度等都开源了基于变分量子算法的量子经典混合计算架构。

通用量子计算机上运行的算法虽然不再受噪声限制，但想要设计出具备显著加速效果的量子算法仍不是一件容易的事情。比较著名的量子算法有 1994 年彼得·绍尔提出的解决大数质因子分解的 Shor 算法。对于一个大整数 N 的质因子分解，Shor 算法可以在时间 $O((\log N)^2 (\log \log N)(\log \log \log N))$ 内有效地解决。1996 年，Grover 算法被提出。对于无序数据库的搜索问题，Grover 算法相对于经典算法具有平方加速的优势。2009 年，基于量子相位估计和哈密顿量模拟思想的 HHL 算法被提出，这是第一个求解稀疏线性系统的量子算法，时间复杂度为 $O(\log(N)k^2)$，相对于经典算法具有指数加速的优势。HHL 算法的出现极大地促进了量子机器学习的研究，可用于数据拟合，在支持向量机上可实现指数加速。此外，量子多体系统的模拟也是一个有潜力的应用方向。在经典计算机上，对于量子多体问题，数值求解其量子力学运动方程是非常困难的。比如在分子模拟中，其演化方程——薛定谔方程以及需要求解的体系波函数对应于分子轨道（或者电子占据）所构成的希尔伯特空间，其空间的大小和体系大小的指数成正比，因此，求解给定条件下薛定谔方程的精确数值解因其指数复杂度而基本无法实现。然而，通过把电子占据表示为 $|0\rangle$ 或 $|1\rangle$ 态的量子比特，可以非常直观地建立起量子比特与分子体系的希尔伯特空间之间的映射关系，通过参数化的变分量子线路即可高效地模拟分子体系的演化，完成经典计算机上几乎无法完成的模拟。

在应用形式方面，量子云平台会成为首选方式。主要是由于量子系统目前需要在极端条件下运行，如超高真空、超低温度、超低振动等，整机造价高昂，且维护成本极高，个人用户难以承担。因此，通过依托现有经典网络的量子计算云平台访问远程量子计算机，是获取量子计算能力的有效途径。量子云平台可以通过任务调度、资源分配等功能，合理有效地分配量子资源到各个用户，把运行成本分摊。量子计算云平台的整体架构主要包含以下几个方面。第一，量子计算基础设施服务。除了量子硬件，也需要高性能量子模拟器作为快速验证量子算法的重要工具。第二，量子计算平台的软件架构，包括量子编程语言和应用算法库等。量子编程语言是用户搭建量子线路的上层工具，用户通过量子编程语言，可以调度底层的量子资源来执行量子算法。第三，量子计算行业应用服务。行业应用服务是利用具有优势的量子算法来解决特定行业的问题，主流方向包括量子化学模拟、材料设计、组合优化问题的求解等。在未来，基于量子云平台的行业应用服务将会进一步促进量子计算的实际应用与落地，以及量子软件生态的开放和发展。

总体来说，量子计算的应用潜力巨大，对基础科学、材料研究、生物医疗等领域会产生巨大的影响。对于近期可实现的有噪声中等规模的量子计算应用，其在量子化学模拟等领域可以展现算力优势。而通用量子计算机作为经典计算机的"超集"，对于某些经典算法难以处理的问题可以实现非常大的加速，并且在资源、能源的消耗上也具有极大的优势。这是量子计算追求的终极目标。

第六篇
新时代、新战略、新行动
——算力时代,百家争鸣

算力技术的迅猛发展离不开各国对算力的政策支持,更离不开各行各业勇于创新的实践。以中国移动、ARM、华为、飞腾、浪潮、中兴通讯和腾讯等为代表的科技企业,在指令集、芯片架构、异构计算、云服务、生态建设等算力领域积极探索、相互促进,争相在"算力时代"大有作为。

第十六章
信息社会的战略高地

从网络大国到网络强国

信息化、网络化已经成为当今世界最显著的特征之一。信息化、网络化在发达国家引领工业化,在发展中国家则带动城镇化、市场化和农业现代化。

在我国,2015年网民数量已经达到7亿,位居世界第一;全国网络零售交易额达3.88万亿元,固定宽带接入数量达4.7亿,覆盖到全国所有城市、乡镇以及95%的行政村;全球二十大门户网站中,中国的百度、腾讯、阿里巴巴、新浪、搜狐榜上有名。这些数据反映了我国信息化建设的巨大成就,但同时我们也应认识到,在信息化发展中我国仍然存在着一些薄弱环节和突出短板,表现在以下几个方面:在全球信息化排名中中国仍处于70名之后;宽带基础设施建设明显滞后,人均宽带与国际先进水平差距较大;关键技术受制于人,自主创新能力不强,网络安全面临严峻挑战;中国城乡和区域之间"数字鸿沟"问题突出,以信息化驱动新型工业化、新型城镇化、农业现代化和国家治理现代化的任务十分繁重。

在此背景下，党的十八届五中全会通过了《中共中央关于制定国民经济和社会发展第十三个五年规划的建议》[1]，把加快构建高速、移动、安全、泛在的新一代信息基础设施作为拓展基础设施建设空间的重要内容；中央全面部署实施"宽带中国"战略[2]，提出加快网络、通信基础设施建设和升级，全面推进三网融合。大力推动以"互联网+"[3]行动计划为代表的互联网应用。

2016年7月27日，作为规范和指导未来10年国家信息化发展的纲领性文件，《国家信息化发展战略纲要》（以下简称《纲要》）[4]正式公布。《纲要》提出了网络强国建设的"三步走"战略目标，确定了建设网络强国的时间表和路线图：第一步到2020年，核心关键技术部分领域达到国际先进水平；第二步到2025年，根本改变核心关键技术受制于人的局面；第三步到21世纪中叶，信息化全面支撑富强民主文明和谐的社会主义现代化国家建设，网络强国地位日益巩固，在引领全球信息化发展方面有更大作为。同时，《纲要》还从能力、应用、环境三个方面提出打造国家信息化发展的"战略三角形"，并重点提出了从发展核心技术、夯实基础设施、开发信息资源、优化人才队伍、深化合作交流5方面增强国家信息化发展能力的政策措施。

2016年12月15日，国务院印发《"十三五"国家信息化规划》（以下简称《规划》）[5]，旨在贯彻落实"十三五"规划纲要和《国家信息化发展战略纲要》，是"十三五"国家规划体系的重要组成部分，也是指导"十三五"期间各地区、各部门信息化工作的行动指南。《规划》指出，"十三五"时期是信息化引领全面创新、构筑国家竞争新优势的重要战略机遇期，是我国从网络大国迈向网络强国、成长为全球互联网引领者的关键窗口期，是信息技术从跟跑并跑到并跑领跑、抢占战略制高点的激烈竞逐期，也是信息化与经济社会深度融合、新旧动能充分释放的协同迸发期，必须加强统筹谋划，主动顺应和引领新一轮信息革命浪潮。

2018年4月，在全国网络安全和信息化工作会议上，习近平总书记深入阐述了网络强国战略思想，系统明确了一系列方向性、全局性、根本性、战略性问题，对当前和今后一个时期网信工作作出重要战略部署。习近平总书记始终强调"核心技术是国之重器"，"要紧紧牵住核心技术自主创新这个'牛鼻子'，抓紧突破网络发展的前沿技术和具有国际竞争力的关键核心技术"。建设网络强国的战略部署是实现"两个一百年"奋斗目标的关键一环，我们要遵循习近平总书记关于网络强国的重要思想，做好网信工作，推动网信事业高质量发展，为顺利实施"十四五"规划、全面建设社会主义现代化国家提供有力服务、支撑和保障。

从网络强国到数字中国、智慧社会

各地区、各部门认真落实《纲要》和《规划》部署，深入贯彻新发展理念，落实高质量发展要求，坚持以供给侧结构性改革为主线，坚持深化改革、扩大开放，为扎实推进数字中国建设奠定坚实基础。此外，伴随国家提出的"大数据战略"，加大推进5G研发应用，实施IPv6规模部署行动计划，中国数字经济发展正式进入了快车道。

2020年10月，党的十九届五中全会审议通过了《中共中央关于制定国民经济和社会发展第十四个五年规划和二〇三五年远景目标的建议》[6]，明确提出数字中国战略。会议提出，要"坚定不移建设制造强国、质量强国、网络强国、数字中国，推进产业基础高级化、产业链现代化，提高经济质量效益和核心竞争力"。还提出提升产业链、供应链现代化水平，发展战略性新兴产业，加快发展现代服务业，统筹推进基础设施建设，加快建设交通强国，推进能源革命，加快数字化发展。习近平总书记明确指出，"加快数字中国建设，就是要适应我国发展新的历史方位，全面贯彻新发展理念，以信息化培育新动能，用新动能推动新发展，以新发展创造新辉煌"。加快数字化发展，对"十四五"时期经济社会发展具有十分重大的意义。

2021年3月，《中华人民共和国国民经济和社会发展第十四个五年规划和2035年远景目标纲要（草案）》[7]提出，"迎接数字时代，激活数据要素潜能，推进网络强国建设，加快建设数字经济、数字社会、数字政府，以数字化转型整体驱动生产方式、生活方式和治理方式变革"。

新型基础设施建设

2020年，新冠肺炎疫情突然在全球蔓延，国际需求快速下降，全球化的进程被迫暂停，我国再度面临国际需求快速衰退、国内产业分工调整的大变局。因此国家提出了新基建战略[8]，可以说"新基建"是服务于国家长远发展和"两个强国"建设战略需求，以技术、产业驱动，具备集约高效、经济适用、智能绿色、安全可靠特征的一系列现代化基础设施体系的总称。

"新基建"不同于传统的修桥、造路等钢筋混凝土的"铁公基"，它结合了新一轮科技革命和产业转型的特点，是建立在数字化基础之上的新经济形式。它面向国家战略需求，为经济社会创新、协调、绿色提供了基础支撑。"新基建"的范围包括信息基础设施、融合基础设施、创新基础设施三个方面。"新基建"与科技创新密切相关，具有鲜明的科技特征和科技导向，尤其是将创新基础设施明确列入范围，更是凸显了科技创新在"新基建"中的特殊使命和重要地位。"新基建"包括 5G 基建、特高压、城际高速铁路和城市轨道交通、新能源汽车充电桩、大数据中心、AI、工业互联网七大领域。

"新基建"提出以后，成为 2020 年最热的词，它不仅为普通人带来信息消费升级、生活体验升级和民生保障升级，更让多个行业迎来风口，还为中国经济的长期发展挖掘出新的潜能和动力，成为推动中国经济全面战略转型的新支点、新引擎。"新基建"具有较高的科技含量，是化解落后产能、转变新型产业结构的重要"转换器"，能有效推动新旧动能接续转换，支撑经济中长期高质量发展。"新基建"的出台也加快了各地 5G 政策的出台。全国各地为抢占 5G 发展先机，陆续发布 5G 行动计划和相关支持政策，2019 年年底计划建设 5G 基站超过 1 万的城市达到 7 个，包括北京、上海、广州、深圳、重庆、成都、杭州，其中深圳和上海在 2020 年率先实现 5G 全覆盖。

算力网络——东数西算

数据是国家基础战略性资源和重要生产要素。加快构建全国一体化大数据中心协同创新体系，是贯彻落实党中央、国务院决策部署的具体举措。以深化数据要素市场化配置改革为核心，优化数据中心建设布局，推动算力、算法、数据、应用资源集约化和服务化创新，对于深化政企协同、行业协同、区域协同，全面支撑各行业数字化升级和产业数字化转型具有重要意义。为进一步促进新型基础设施高质量发展,深化大数据协同创新,国家发改委等四部委发布了《关于加快构建全国一体化大数据中心协同创新体系的指导意见》[9]。意见指出,要推动算力资源服务化,构建一体化算力服务体系,优化算力资源需求结构。

党的十八大以来,我国数字经济蓬勃发展,对构建现代化经济体系、实现高质量发展的支撑作用不断凸显。随着各行业数字化转型升级进度加快,特别是5G等新技术的快速普及应用,全社会数据总量呈现爆发式增长,数据资源存储、计算和应用需求大幅提升,因此迫切需要推动数据中心合理布局、供需平衡、绿色集约和互联互通,通过构建数据中心、云计算、大数据一体化的新型算力网络体系,促进数据要素流通应用,实现数据中心绿色高质量发展。为此,国家发改委根据前期制定的数据中心指导意见特印发《全国一体化大数据中心协同创新体系算力枢纽实施方案》(以下简称《实施方案》)[10]。

此方案以习近平新时代中国特色社会主义思想为指导,坚持加强统筹、绿色集约、自主创新、安全可靠的基本原则,围绕国家重大区域发展战略,根据能源结构、产业布局、市场发展、气候环境等,在京津冀、长三角、粤港澳大湾区、成渝,以及贵州、内蒙古、甘肃、宁夏等地布局建设全国一体化算力网络国家枢纽节点(以下简称"国家枢纽节点"),发展数据中心集群,引导数据中心集约化、规模化、绿色化发展。《实施方案》首次提出了"东数西算"工程,该工程可通过国家枢纽节点的规划和建设,有力引导东部数据中心建设集约化发展和西部数据中心建设跨越式发展,实现东西部算力需求与供给统筹调度,各级数据中心集群由中心城市向城市周边转移,推动算力、网络、数据、能源等协同联动,推动大数据中心建设与碳达峰碳中和改造有效结合，保障全国一体化大数据中心协同创新体系构建起好步、开好局。

"东数西算"工程的提出，具有很强的战略性、引领性、创新性，必将对加快推进数字基础设施建设、落实碳达峰碳中和要求、统筹东西部协调发展产生重大和深远意义。

第十七章
各行各业在行动

运营商云化转型，
提供多样性算力服务——中国移动

云计算

  中国移动一直致力于云计算、大数据的研究和应用。早在2007年，中国移动就提出并开始实施"大云计划"，2010年发布大云1.0，2019年发布了大云5.0，2019年中国移动启动"云改"，加大研发及资源池建设投入，强化全网布局，移动云发展进入快车道。

  14年的云计算自主研发沉淀，锻造了自主可控的产品和服务体系。移动云聚焦操作系统、虚拟化、大数据和云管平台等关键领域，不断进行技术突破，攻克自研磐石服务器、全新云主机、支持百万IOPS的对象存储等核心技术，打造包括硬件、IaaS、PaaS、SaaS、安全、云计算管理平台在内的六大产品线，产品数量达207款，产品丰富度处于业界第一阵营。同时，移动云融合云网、云智、云数、云边特色能力，对外提供满足多种客户需求的融合解决方案。其还实现了大规模实例、多场景服务、跨行业应用，通过统一开放的云架构为客户提供可交付、可运营的公有云、私有云、混合云、专有云、行业云总体解决方案，强调开放性、安全性、企业级的性能以及一站式服务。移动云目前已经拥有自主知识产权专利600多项，软件著作权140多项，获得多项资质认证。

基于移动云技术底座，中国移动建设海量算力存储资源、多样场景化解决方案，面向公众提供高效率、低成本的公有云服务。目前，移动云持续投入超百亿元，建设N个超大规模资源池、31个属地资源池、X个多点边缘算力（N+31+X）的分布式算力布局，既推动了中国移动自身的IT技术结构变革，又在推动各行各业生产数字化、努力推动数字化社会进程方面做出了重要贡献。

NFV/SDN——坚定不移，践行运营商云化转型

NFV理念的提出是电信领域开始全面拥抱云计算等IT技术的信号。随着移动数据流量的激增，运营商对于传统通信网络架构升级改造的需求凸显。面对OTT的冲击，运营商面临的成本压力越来越大，业务创新需求也越来越多、越来越急迫。由于传统通信设备的功能软件和硬件设备是一体的，通信设备因其功能需求的不同而表现为形态各异的硬件，当需要部署新的业务功能时，新的网络设备需要通过研发、测试、采购和部署多个环节才能最终替换现网旧设备，这样一方面给运营商带来了较高的成本投入，另一方面也导致运营商对新业务的响应迟缓。

为了解决上述问题，ETSI在2012年10月联合了包括中国移动、

AT&T 在内的全球 12 个主流运营商成立了 NFV-ISG 工作组，提出以 NFV 技术为基础，实施云化转型，彻底变革运营商基础网络的倡议。NFV 概念一经提出就受到了业界的极大关注，运营商纷纷启动了 NFV 技术可行性研究和原型验证，并借此开启了对运营商网络转型升级的探索。其中，最引人关注的当属几家主流运营商发布的云化转型计划，包括 AT&T 的 Domain 2.0、中国电信的 CTNet 2025、中国联通的 CUBE-Net 1.0、中国移动的 NovoNet 2020。

NovoNet 2020 是中国移动于 2015 年在巴塞罗那通信展发布的下一代网络转型计划，该计划首次提出了核心加边缘的两层数据中心架构，并以构建一张资源可全局调度、业务可快速部署、能力可全面开放、容量可弹性伸缩、架构可灵活调整的新一代网络为目标，通过技术攻关、标准推进、产业推动和商用部署等多个手段，全面支撑下一代网络的建设部署。NFV 理念的提出以及全球各大运营商云化转型计划的发布，促使整个电信产业链从一个长期相对封闭的状态进入一个开放周期，包括惠普、红帽、VMware 等在内的通用服务器和云平台厂家纷纷开始深入研究电信业务需求，将 IT 理念融入电信场景并提出 ICT 融合的解决方案。为了切实推进 NovoNet 2020 计划，中国移动于 2015 年 11 月启动了国内首个基于 NFV 的 IMS（IP 多媒体子系统）和 EPC 核心网云化试点，该试点也吸引到了国内外 13 个厂家的积极参与，其中包括 4 个 IT 厂家和 9 个 CT 厂家。截至 2021 年 7 月，中国移动持续开展了 6 年的新技术试验和现网试点，进行了近 60 000 项测试，涉及厂家 124 款产品，极大地推动了技术和标准成熟，提高了产业协作水平。

在这期间，中国移动提出了多项技术创新，包括基于 QoS 的虚拟机调度、虚拟层和网元可靠性联动、NUMA（非一致性内存访问）

级别资源预留等虚拟层技术，共形成306项关键技术要求，并制定了云平台统一标准，攻克了三层解耦的行业难题。相关技术方案被整理成册，形成了包括硬件、虚拟层、虚拟化网元、SDN、编排管理和安全在内的完备的NFV/SDN技术体系，共输出123本技术规范。在标准推动方面，中国移动联合厂家牵头定义NFV功能要求和基础架构，并发布ETSI GS NFV-IFA 010和3GPP TS 28.500，这些标准成为全球NFV部署标准。中国移动还首次提出NFV/SDN融合解决方案，提出三网互视和单臂BFD探测等关键技术，主导ETSI GS NFV-IFA 005和ETSI GS NFV-IFA 014等系列国际标准制定，为全球NFV/SDN商用部署扫清技术障碍。由于NFV理念的本质是IT和CT融合，因此传统依靠3GPP制定国际标准引导厂家开发产品的模式，逐渐转向由标准组织和开源社区相互结合、相互促进的方式推进，在此背景下，中国移动以创始会员身份在Linux基金会发起OPNFV开源项目，率先提出持续集成-持续测试-持续交付的理念，得到基金会成员的广泛认可，并将自动化集成工具的实现框架以开源方式贡献给社区，成为业界云化网络自动化集成部署工具的参考实现。在编排管理领域，中国移动的OPEN-O和AT&T的OneECOMP平台合并，成为ONAP开源项目，这是首个由国内运营商主导成立的开源项目。ONAP旨在建立一个通用的、业务无关的、模型驱动的自动化平台，支持各类通信业务网络基础设施服务的灵活设计、按需部署与智能运维。

然而，引入NFV/SDN技术对运营商来说，不仅仅是一次技术升级，更是对传统的研发、采购、建设和运维模式的极大颠覆。为实现最初提出的目标，整个产业链都面临着较大挑战，比如如何解决NFV架构下多个模块解耦集成的问题，如何将传统被动式、看护式运维升级成主动监控和自动化运维结合的模式，如何在短时间内提升运营商员工 IT 技能等问题。经过多年的探索，中国移动和产业共同努力，攻克了各项技术难题，NFV 终于步入成熟商用阶段。2018 年，中国移动启动了第一期 NFV 商用部署，截至 2021 年 7 月，中国移动建成了全球规模最大、复杂度最高、技术最先进的 NFV/SDN 网络，承载全网超 2 亿 5G 用户，1.86 亿 IMS 用户，4.25 亿 4G 用户。全网架构也一改原有 31 省布局，形成八大区的集中化部署，资源池规模迈向 10 万台服务器。网络云化率先从 IMS 和 EPC 核心网切入后，所有 5G 网络均为云化形态，目前已完成了 37 类网元上云，云化比例超 70%。

可以说，中国移动基于 NFV/SDN 的云化转型，不仅攻关解决了运营商网络转型过程中的难题，切实推动了运营商创新性基础设施的建设，更为落实国家新基建战略提供了有力支撑，提升了我国在电信行业的话语权和国际地位。

边缘计算——OICT 融合、融通和融智的创新桥梁

2019 年，中国移动提出了"5G+AICDE"的发展战略，积极推进 5G 网络建设和规模商用，各省市纷纷围绕智慧工厂、智慧交通、智慧医疗、智慧园区、智慧文旅、智慧城市、云游戏等领域，培育 5G 应用生态。边缘计算作为 5G 的核心能力之一，亟需为"5G +"市场的发展壮大提供重要支撑。

与云计算不同，边缘计算具有属地化运营、重资产依赖、与网络能力紧耦合的特点，更有利于运营商在产业竞争中发挥主导作用。因此，中国移动结合自身云网情况，围绕基础设施、能力平台和产业生态三个方面提出了边缘计算建设思路。

从业务层面看，边缘计算对底层硬件性能提出了多样化要求，需要充分考虑 CPU、GPU、FPGA 等异构化硬件平台，并积极引入硬件加速等新技术；从基础设施层面看，边缘机房环境复杂，改造成本高，需要从服务器体积、功耗等方面进行更好的优化适配；从运维管理层面看，边缘计算节点分布广，需要借助远程运维方式降低属地化运维的成本。根据上述三个层面的业务需求分析，中国移动打造了一系列可规模复制的边缘计算基础设施标准，为边缘计算业务的开展和规模复制提供了重要的依据。

中国移动经过多年发展，已经建成了"网络云"、"移动云"和"IT 云"三大云基础设施，既要承载虚拟化网元，又要承载客户应用和自有 IT 类应用，因此需要构建一套公共的能力平台，实现基础设施、网络能力、行业能力的开放融通。依托中国移动研究院、专业公司和各大产业研究院等自有开发团队能力，中国移动研发了边缘计算通用 PaaS 平台产品和九大行业特色平台产品，实现了行业能力引入。同时，面对边缘计算节点分布式部署的运营运维挑战，中国移动充分考虑了与云端集中协同运营的需求，通用 PaaS 平台逐步构建出集研发、测试、交付、运维于一身的 DevOps 资源和业务全生命周期服务能力。

边缘计算是跨技术领域的系统工程，单个企业很难为用户提供端到端解决方案，需广泛吸纳行业能力，构建融通、融智、开源开放的生态圈。中国移动积极引入开源 PaaS 平台框架，汇聚社区生态，并逐步形成了围绕自研边缘计算平台产品发展的自主生态系统，构建了统一产业融通的应用生态。

此外，中国移动还成立了边缘计算开放实验室，基于标准化基础设施，建设了 100 余个试验床和试点项目，其中与华为、海尔合作的智能制造项目成功入选 2019 年 GSMA 中国区唯一应用示范项目（POC），树立了可推广的园区类边缘计算示范项目标杆。在 2019 年 MWC 大会上，中国移动发布"Pioneer 300"先锋计划，宣布将评估 100 个边缘计算节点，开放 100 个能力 API，引入 100 个合作伙伴，推进边缘计算产业成熟。目前中国移动已完成 300 余个边缘机房评估，实现智慧楼宇、区块链、物联网等 179 个边缘能力开放 API，并引入了 108 个垂直行业合作伙伴。2020 年，中国移动基于自研边缘计算通用 PaaS 能力平台 OpenSigma 技术体系及基础代码提出内部开源计划，协同构建内部研发单位边缘计算能力中台体系。同时，其依托 OpenSigma 中台能力在全国 5 个城市建设首批边缘计算孵化节点，为合作伙伴提供平台适配、应用联调、认证测试、部署上线等一站式边缘计算解决方案孵化服务。

多样性算力——构筑国家自主算力产业新生态

在 5G 全面云化的背景下，中国移动深刻认识到算力不仅是云服务的基础，更是 5G 高速发展的基础。为保障 5G 等新基建的战略部署和长期发展，满足各行各业数智化转型需求，我们认为，不能依赖单一算力架构，应发展 ARM、RISC-V 等新兴 CPU 架构，并引入 GPU、FPGA 等异构计算芯片，实现多种算力技术的兼容并蓄发展，形成多样化的生态格局。

2018 年起，中国移动通过大规模采购多样性算力服务器和构建产业生态，切实推动多样性算力技术和产品的成熟。在商用方面，依托"移动云"、"网络云"和"IT 云"，中国移动累计引入了数万台鲲鹏和海光服务器，形成了全国最大规模的多样性算力数据中心。此外，中国移动还积极推进 GPU、FPGA 等异构多样性算力发展，加快其在云计算和边缘计算的应用，有效支撑高清视频、AI等的业务发展需求。

中国移动在验证多样性算力产品能力的过程中发现，对比Wintel构建了几十年的成熟生态圈，ARM等新型计算架构的生态相当薄弱，不论是在基础软件方面还是应用迁移方面均相去甚远，缺乏一个真正从应用出发，推动ARM多样性算力生态，进而推动国内计算产业成熟的组织。对此，中国移动于2020年10月牵头联合清华大学、华为、飞腾等11家高校和公司发起筹建多样性算力产业联盟。该联盟旨在面向ARM等多样性算力，通过制定标准、开展评测和牵引应用进行跨架构迁移等多种手段，推动国内软硬件技术成熟和生态发展。联盟设立了需求架构、技术标准、测试验证、应用推进和产业合作五大工作组，开展生态构建的相关工作。为了集结更多产业力量，2021年4月，中国移动联合联盟初创成员共同举办了多样性算力产业峰会，峰会邀请到了工信部领导、院士以及众多行业专家参会，产业影响力颇大。在会上，联盟成员共同发布了《多样性算力技术愿景白皮书》，成立多样性算力生态联合实验室，并倡议通过联盟这一平台，合力形成多样性算力产业新生态。目前联盟已汇聚了20余家单位，各项工作也在按计划推进中。联盟将在2021年完成CPU跨架构评测标准等多个标准的发布，重点解决国产器件和整机的行业标准和验证体系问题。同时也将发布应用迁移指南和工具，加速应用迁移过程和生态构建，为国内计算产业生态贡献自己的力量。

生态的构建必将是一项长期的工作，我们要客观承认目前产业面临的诸多问题。首先，多样性算力的应用迁移专业性强、复杂度高，目前还缺乏完备的迁移指南作为指导，也缺乏自动化工具以提升迁移的效率；其次，多样性算力服务器仍面临CPU与内存、硬盘、网卡等部件的兼容性和适配问题；最后，在5G、能源、金融等追求极限性能的领域，多样性算力的性能攀升还需时间打磨。因此，中国移动希望在以 5G 为龙头推进千行百业发展的背景下，工业、能源、互联网等重点企业可以协同起来，共同挖掘跨行业共性需求，促进成果共享，在跨行业的协作中进一步发挥多样性算力的作用。

算力网络——算网一体融合基础设施先行者

在国家"十四五"规划的指引下，随着新基建的加速建设和数字化浪潮不断深化，算力作为信息社会的核心生产力，将成为全社会数智化转型的基石。中国移动深刻认识到"连接+计算"的算网一体化服务的重要性。为了让用户享受随时随地的算力服务，中国移动在业内从技术体系、标准生态、公司战略等方面率先明确并规划了算力网络的整体架构与演进路径，以形成继水网、电网之后国家新型基础设施，真正把"算力"变为可流动的生产力资源，为千行百业提供像"自来水"一样的计算服务。

在技术体系方面，中国移动面向近期、中期和远期，分阶段规划了算力网络整体技术架构，并同步开展相关关键技术研究，从夯实云网融合到布局前沿技术，从基础设施层、编排管理层到运营服务层不断突破技术瓶颈。近期，作为算力网络的起步阶段，主要任务是完善算力网络基础设施、打通云网融合断点，相应的重点技术研究工作聚焦在边缘计算、算网融合、DCI 高速互联、SD-WAN、G-SRv6 等技术；中期是算力网络的发展阶段，主要目标是提供融合统一的算网服务，重点研究工作聚焦在构建数智"算网大脑"、算网统一编排管理、算网统一运营等方面；远期是算力网络的跨越阶段，中国移动体系化布局前沿技术研究，包括算力路由、算力原生、算力调度、在网计算、数字孪生、意图引擎、算力交易等核心技术，实现原创技术的引领和算网服务的模式创新，构筑自主可控的算力网络技术体系，推动算网一体的全新发展。

在标准生态方面，在算力网络新赛道，中国移动积极探索布局，在网络和计算深度融合发展的大趋势下，明确网络演进的核心需求是网络和计算相互感知、高度协同，提出了未来网络的演进方向是计算、感知、存储一体化；率先形成中国移动主导的算力网络架构体系，储备核心专利30余项，推动算力网络领域自主创新，提升中国移动核心技术掌控力；推动建立统一技术标准体系，在ITU、IETF、CCSA牵头首个算力网络标准立项，有力提升了算力网络的国内外影响力；在产业实践方面，开展了业界首个算力网络概念验证；发布系列《算力感知网络技术白皮书》，引领算力网络技术的发展方向；此外，发布"中国移动算力网络合作伙伴计划"，向业界发出挖掘场景需求、统一架构体系、搭建平台和推进落地实践的倡议，进一步推进算力网络技术创新和落地应用，初步构建统一、开放的算力网络生态。

在公司战略方面，中国移动将算力网络上升为公司战略，丰富"新基建"内涵，加速数字产业化发展。中国移动深入落实国家网络强国、数字中国、智慧社会战略要求，支撑国家"东数西算"规划部署，整合网、云、数、智、安、边、端、链多层次算力资源，打造贯通数据感知、传输、存储、运算等各个环节的新型一体化服务，逐步推动算力成为与水电一样，可"一点接入、即取即用"的社会级服务。算力网络将与5G、智慧中台协同构建"连接+算力+能力"的数字化新引擎，共筑数字产业化新生态，打造以算力为载体、数智化价值为内核、产业数字化为使命的一体化新服务，最终实现"网络无所不达、算力无所不在、智能无所不及"的愿景，赋能产业数字化蓬勃发展。

芯片架构升级，
推动高性能计算变革——ARM

关于 ARM

作为计算及数据革命的核心，ARM 技术正改变着人们生活及企业运行的方式。ARM 低功耗处理器设计和软件平台已应用于超过 1 800 亿颗芯片的高级计算，ARM 的技术安全地为电子设备提供支持，覆盖从传感器到智能手机乃至超级计算的多样化应用。ARM 携手超过 1 000 家技术合作伙伴，为从芯片到云端的 AI 增强型互联计算的所有领域提供设计、安全和管理方面的技术支撑，并在该技术领域处于业界领先地位。

ARM v9 架构发布

2021 年 3 月 31 日，ARM 宣布推出 ARM v9 架构，以满足全球对功能日益强大的安全、AI 和无处不在的专用处理的需求。ARM v9 立足于 ARM v8 的成功基础，是这 10 年来最新的 ARM 架构。如图 17-1 所示，ARM 在 ARM v9 中提供更多的安全性和性能，顺应 AI、物联网和 5G 在全球范围内的强劲发展，加速每个产业应用从通用计算转向专用计算。

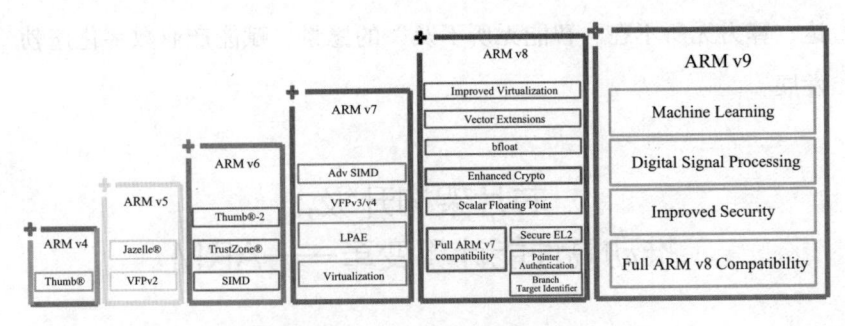

图 17-1　ARM 架构演进图

安全：计算的最大挑战

为了解决当今最大的技术挑战——保护全球数据安全，ARM v9 架构路线图引入了 ARM 机密计算架构。机密计算通过打造基于硬件的安全运行环境来执行计算，保护部分代码和数据免于被存取或修改，甚至不受特权软件的影响。

ARM CCA 将引入动态创建机密领域的概念。机密领域面向所有应用，在独立于安全或非安全环境之外的环境中运行，以达到保护数据安全的目的。例如，在商业应用中，机密领域可以保护系统中商用机密数据和代码，无论它们正在被使用、闲置还是传输。

无处不在的 AI：呼唤专用、可扩展的解决方案

AI 工作负载的普遍性和广泛性需要更多样化和专用的解决方案。据估计，到 21 世纪 20 年代中期，全球将有超过 80 亿台搭载 AI 语音辅助的设备，且 90% 或更多设备上的应用程序将包含 AI 元素以及基于 AI 的界面，如视觉或语音。

为了满足这一需求，ARM 与富士通合作开发了可伸缩矢量扩展技术，并驱动了世界上最快的超级计算机"富岳"。在此基础上，

ARM 为 ARM v9 开发了 SVE2，以便在更广泛的应用中实现增强的机器学习和数字信号处理能力。SVE2 增强了对在 CPU 上本地运行的 5G 系统、虚拟和增强现实以及 ML 工作负载的处理能力，例如图像处理和智能家居应用。在未来几年，ARM 将进一步扩展其技术的 AI 能力，除了在其 Mali GPU 和 Ethos 网络处理器中持续进行 AI 创新外，还将大幅增强 CPU 内的矩阵乘法。

通过系统设计实现性能最大化

在过去的 5 年，ARM 技术每年都以超过业界的速度提升 CPU 性能。ARM 在新一代架构 ARM v9 上将保持这个速度，预计未来两代移动和基础设施 CPU 的性能将提升超过 30%。然而，随着行业从通用计算向普遍的专用处理发展，每年 CPU 性能的提升速度是不够的。除了增强专用处理能力，ARM 的全面计算设计方法将通过集中的系统级硬件和软件优化以及用例性能的提高，加速总体计算性能。

通过将全面计算的设计原则应用在包含汽车、客户端、基础设施和物联网解决方案的整个 IP 组合中，ARM v9 系统级技术将遍及 IP 解决方案，并改善个别 IP。此外，ARM 还在开发多项技术以提高频率、带宽、缓存，并降低内存延迟，从而最大限度地提升基于 ARM v9 的 CPU 性能。

ARM Neoverse 解决方案

ARM Neoverse 解决方案的推出是 ARM 跨向基础设施的第一步，该解决方案正驱动着各个领域的创新，从超级计算机到持续部署的全球最大型的数据中心，再一路延展到 5G 网络和边缘计算。为了进一步加速基础设施转型，并打造创新新高度，2021 年 4 月 28 日，如图 17-2

所示，ARM 在之前更新的 Neoverse 产品路线图基础上，公开了 ARM Neoverse V1 和 N2 平台的产品细节。为满足基础设施应用的各种需求，这两个平台的设计旨在解决当前正在运行的各种工作负载和应用问题，并分别带来 50% 和 40% 的性能提升。此外，ARM 也同时发布了 CMN-700，作为构建基于 Neoverse V1 和 N2 平台高性能 SoC 的关键部件。

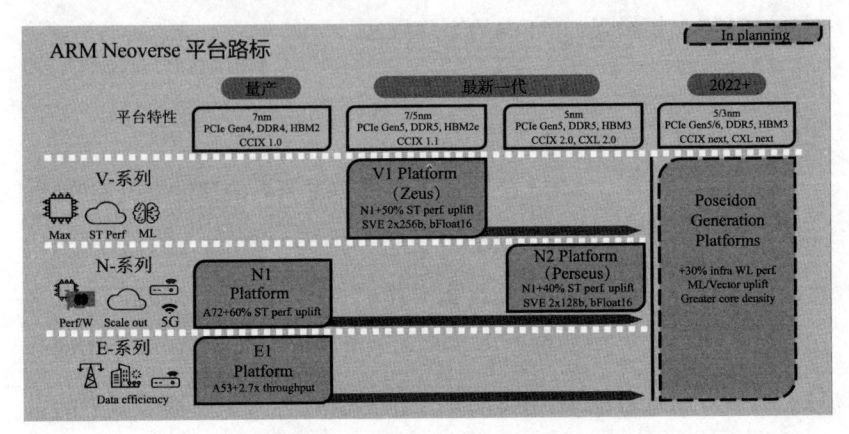

图 17-2　ARM Neoverse 产品路线图

Neoverse V1：带动高性能计算的变革

与 N1 相比，Neoverse V1 带来了 50% 的性能提升、1.8 倍的矢量工作负载优化，以及 4 倍的机器学习工作负载优化，同时，Neoverse V1 也是 ARM 强调性能优先的新型计算系列的第一个平台。Neoverse V1 使芯片合作伙伴能灵活地为高度依赖 CPU 性能和带宽的应用构建计算能力，并为其提供 SoC 设计的灵活性。

秉持性能至上的思维，Neoverse V1 的设计理念创造了 ARM 迄今为止设计过的最宽微架构，以便容纳更多运行中的指令，支持高性能和百万兆级计算等市场应用。Neoverse V1 宽而深的架构，加上 SVE 功能将使其在单核性能和通过 SVE 延长代码存活期等方面占据领先优势，并为芯片设计人员提供可实现的灵活性。在法国芯片公司 SiPearl 和韩国电子通信研究所的高性能计算 SoC 中都能看到这些设计要件的优势。

Neoverse N2：引领从云到边缘应用的性能

ARM 在之前发布了 ARM v9 架构，用以满足全球对无所不在的专用处理能力需求的 Neoverse N2 平台是第一个基于 ARM v9 架构的平台，其在安全性、能耗以及性能方面都有全面的提升，并正在为基础设施核心铺平道路。

相比 Neoverse N1，Neoverse N2 在保持相同水平的功率和面积效率的基础上，单线程性能提升了 40%。Neoverse N2 具备良好的可扩展性，可以横跨从高吞吐量计算到功率与尺寸受限的边缘和 5G 应用场景，并在这些应用中带来优于 N1 的表现，例如，在云端上提升 1.3 倍的 NGINX，在 5G 和边缘应用上提升 1.2 倍的 DPDK 数据包处理。

Neoverse N2 平台提供了优异的单线程性能和业界领先且能为用户减少 TCO（总拥有成本）的每瓦性能表现。Neoverse N2 是第一个具备 SVE2 功能的平台，该功能可为云到边缘的性能效率带来巨大的提升。在诸如机器学习、数字信号处理、多媒体和 5G 等广泛应用场景中，SVE2 除了带来大幅性能提升外，还带来了 SVE 具备的编程简易性及可移植性等优势。

打造异构 SoC

基于 CMN-600 的成功，CMN-700 在每个矢量上进一步提升了性能——从内核的数量、缓存的大小到附加内存及 I/O 设备的数量和类型。CMN-700 赋能了多芯片、内存扩展和加速器的下一代应用场景实现。通过 ARM 对 CCIX（缓存一致互联协议）和 CXL（计算快速链路）持续不断的投入，更多的定制选项应运而生，进而使合作伙伴的解决方案具备总线和高核数的可扩展性特色。这将为突破传统的硅限制提供新的机遇，并为紧密耦合的异构计算提供更大的灵活性。

"装机即用"的软件与创新的组件

ARM 最重要的目标之一就是为合作伙伴的持续创新与设计灵活性提供必要的组件。其关键任务在于 ARM 的芯片级接口，这为设计系统层级解决方案提供了机会。ARM 在 CCIX 与 CXL 的投资可以确保其生态系统得以快速且高效地推出相关的技术。ARM 现在不但提供领先的处理器核，还为合作伙伴提供可扩展性的交换网，用以支持大量的处理器核。

除了 ARM 的互连技术，Neoverse 与其软件生态系统也已展现出庞大的潜力。这一点还需要业界标准助力，而 Cassini 项目的目的就在于为软件开发者提供流畅的体验。通过标准、平台安全性与参考实施，Cassini 项目让行业伙伴对基于 ARM 平台部署"装机即用"的软件充满信心。同时，ARM 也持续推动基础设施的基础软件支持。操作系统、虚拟机管理程序，例如 Xen、KVM、Docker 容器以及越来越多的 Kubernetes，都已经陆续宣布支持 ARM 架构。

自研处理器、开发云服务，构建自主创新的算力产业体系——华为

华为把计算推向新高度

如今的 IT 环境越来越复杂，应用越来越丰富，典型业务场景有

云场景（Web/App）、存储（分布式）、ARM 原生应用、AI 以及大数据等。多种数据类型、多种 Workload 要求新的计算架构，多种计算架构的组合构建最优的解决路径。华为以客户为中心，实施多路径战略，满足客户多场景计算需求，通过持续创新，推出鲲鹏、昇腾等系列处理器，并开发相应的产品和服务，联合产业伙伴打造合作共赢的生态。

华为鲲鹏通用处理器

针对通用计算场景，华为从最难的架构突破做起，自研处理器，并以此为基础打造产业、构建生态。华为鲲鹏 920 作为业界首颗兼容 ARM 架构的 64 核数据中心处理器，其在高性能、高吞吐、高集成、高能效方面具有创新突破。

高性能

鲲鹏 920 处理器采用华为自主开发的处理器内核，兼容 ARM v8.2 指令集，通过优化分支预测算法、提升运算单元数量、改进内存子系统架构等一系列微架构设计，大幅提高了处理器单核性能。单核 SPECint_speed_base2006@GCC7.3.0-02 性能达 27.7。

同时，鲲鹏 920 采用自研 Mesh 互联 Fabric，单芯片集成最多 64 个自研核，典型主频为 2.6GHz。业界标准评分超过 930，超越业界主流 CPU，将性能纪录提升了 25%，创造了计算性能新纪录。

高吞吐

鲲鹏 920 处理器在设计之初就开展了芯片封装、单板 PCB 联合优化设计，攻克了芯片超大封装的可靠性以及单板可靠性难题，成功将 DDR4 的通道数从当前主流的 6 个通道提升到 8 个通道，DDR4 的典型主频也从 2 666MHz 提升至 2 933MHz，另外内存带宽高出主流芯片 60%，保证了鲲鹏 920 超强算力的高效输出。

同时，鲲鹏 920 处理器还率先集成 PCIe 4.0、CCIX 等高速接口，单槽位接口速率为业界主流速率的两倍，使得鲲鹏 920 可以更高效地和外设或其他异构计算单元通信，有效提升存储及各类加速器的性能。

高集成

鲲鹏 920 采用 7 纳米制程工艺，它不仅是一颗通用 CPU，还集成了南桥、网卡、SAS 存储控制器三种芯片，做到集成度业界第一，并通过单颗芯片实现四颗芯片的功能，释放更多槽位，扩展更多功能，从而大幅提高系统的集成度，也给客户的总拥有成本带来收益。

高能效

云计算的兴起，使得数据中心规模越来越大，从几台服务器、几个机架演变成以万为单位的数据中心集群。占地空间和能源消耗成为影响大型数据中心的重要因素，节能具有更重要的意义。

鲲鹏 920 处理器在创造计算性能纪录的同时，其功耗比性能标杆处理器更低，能效比超过主流处理器 30%。在大规模数据中心业务实践中，每万台服务器每年省电 1 000 万度，碳排放每年减少 10 000 吨。

鲲鹏生态

为了更好地支持生态发展，未来 5 年，华为计划投入 15 亿美元用于发展产业生态。华为与伙伴合作共同打造鲲鹏产业生态基地，目前已落地北京、上海、重庆、深圳、成都、宁波、厦门、长沙、南京等城市，并在平台搭建、人才培养、应用示范等领域全面开展合作。这些城市通过发挥技术、人才、资源等优势与产业伙伴共建鲲鹏生态，推动计算产业的发展。

2019年9月，绿色计算产业联盟、中国电子技术标准化研究院、安谋科技（中国）、国际数据公司、华为以及产业伙伴共同发布了《鲲鹏计算产业发展白皮书》。作为鲲鹏计算产业发展的行动纲领和指南，该白皮书从产业定位、前景展望、应用分析和发展规划等方面系统性地阐述了鲲鹏计算产业的发展大计。

如今，鲲鹏处理器的高性能、可靠性、稳定性已在多个行业得到规模验证，满足了客户多样性计算需求，并进行大规模商用。

- 在大数据场景下，鲲鹏处理器性能平均比通用CPU高30%以上，这意味着其可以采用更少的设备提供同等的大数据处理能力，降低总拥有成本。
- 在分布式存储场景下，鲲鹏处理器可以提升IOPS性能20%以上。
- 在数据库场景下，帮助运营商、金融行业客户承载了企业关键应用，而鲲鹏平台的性能高出x86平台20%。
- 在原生应用场景下，鲲鹏处理器兼容ARM架构，与移动App天然同构，可支持移动App无缝迁移到云上运行，确保性能零损失且不需要二次开发。
- 在云服务场景下，华为云鲲鹏云服务具备在线、资源易获取的天然优势，可以帮助客户和合作伙伴以最快速度实现应用移植和迁移，并加速业务创新和升级。

同时，基于鲲鹏与昇腾处理器的相关产品已经在华为的研发、内部 IT、产品与解决方案、华为云、消费者云中广泛使用。华为已部署超过 30 万台鲲鹏与昇腾设备，覆盖从研发、生产、办公、交付到销售的全业务场景。

华为昇腾 AI 处理器

华为公司在 AI 领域也积极投入，倾力为深度学习量身打造"达·芬奇架构"，并于 2018 年推出了昇腾 AI 芯片，开启了智能之旅。

从基础研究出发，立足于自然语言处理、计算视觉、自动驾驶等领域，昇腾 AI 芯片致力于打造面向云端一体化的全栈式、全场景解决方案。同时，为了配合其应用目标，它打造了芯片高效算子库和高度自动化的神经网络算子开发工具——CANN（神经网络计算体系结构）。全栈式指在技术方面，包括 IP、芯片、芯片驱动、编译器及应用算法的全栈式设计方案。全场景包括公有云、私有云、各种边缘计算、物联网行业终端和消费类终端设备。围绕全栈式、全场景，华为决心以芯片为核心，以算力为驱动，全力突破未来 AI 的发展极限。

2018 年 10 月，代号为 910 和 310 的昇腾 AI 芯片系列产品被推出。昇腾 910 处理器的 FP16 算力可以达到 256TFLOPS，单芯片计算密度领先全球；INT8 算力可以达到 512TOPS，同时支持 128 通道全高清视频解码（H.264/H.265）。昇腾 910 处理器主要应用于云端，可以为深度学习的训练算法提供强大算力。同期的昇腾 310 处理器则是面向移动计算场景的强算力 AI 片上系统（SoC）。该芯片的 FP16 算力达到 11TFLOPS，INT8 整数精度算力可以达到 22TOPS，同时还集成了 16 通道全高清视频解码器，主要应用于边缘计算产品和移动端设备上。

在设计上，昇腾 AI 处理器意图突破目前 AI 芯片功耗、运算性能和效率的约束，极大提升能效比。昇腾 AI 处理器采用了华为公司自研的硬件架构，专门针对深度神经网络运算特征而量身定做，其以高性能 3D Cube 矩阵计算单元为基础，从而实现算力和能效比的大幅提升。在每个时钟周期昇腾 AI 处理器可以完成 4 096 次乘加计算，并且处理器内部还支持多维计算模式，如标量、矢量和张量等，打破了其他 AI 专用芯片的局限性，增加了计算的灵活度。它还支持多种类混合精度计算，在实现推理应用的同时也强力支撑了训练的数据精度要求。

达·芬奇架构的统一性体现在多个应用场景的良好适配上，覆盖高、中、低全场景，一次开发可支持多场景部署、迁移和协同，因此从架构上提升了软件效率。功耗优势也是该架构的一个显著特点，其统一的架构可以支持从几十毫瓦到几百瓦的芯片，可以进行多核灵活扩展，在不同应用场景下发挥出芯片的能耗优势。

达·芬奇架构指令集采用了复杂指令集且具有高度灵活性，可以应对日新月异、变化多端的新算法和新模型。高效的运算密集型复杂指令集含有特殊专用指令，专门为神经网络打造，助力 AI 领域新模型的研发，同时帮助开发者更快速地实现新业务的部署和在线升级，促进行业发展。昇腾 AI 处理器在全业务流程加速方面，采用场景化视角、系统性设计，并内置多种硬件加速器。昇腾 AI 处理器拥有丰富的 I/O 接口，支持灵活可扩展和多种形态下的加速卡设计组合，可以很好地应对云端、终端的算力和能效挑战，并为各场景的应用强劲赋能。

基于昇腾系列处理器构建的全栈 AI 计算基础设施及应用包括

昇腾系列芯片、系列硬件、芯片使能、AI 框架、应用使能、行业应用等，如图 17-3 所示。

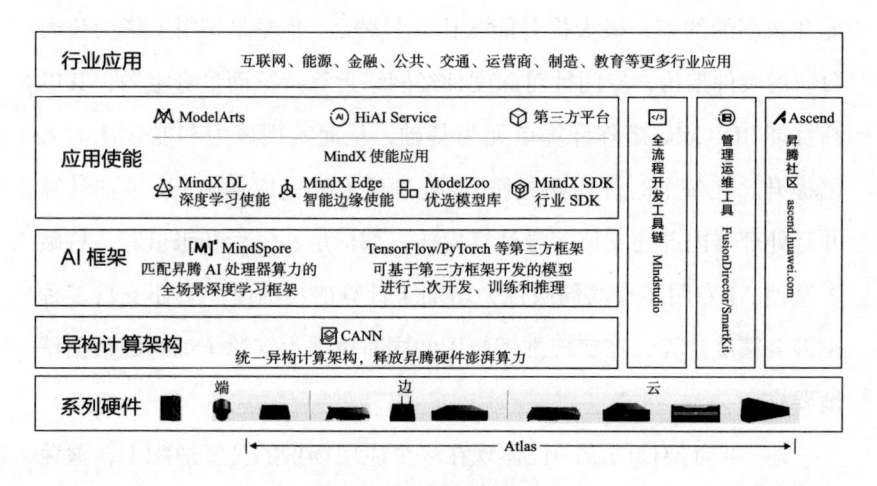

行业应用	互联网、能源、金融、公共、交通、运营商、制造、教育等更多行业应用
应用使能	ModelArts　HiAI Service　第三方平台 MindX 使能应用 MindX DL 深度学习使能　MindX Edge 智能边缘使能　ModelZoo 优选模型库　MindX SDK 行业 SDK
AI 框架	MindSpore 匹配昇腾 AI 处理器算力的全场景深度学习框架　TensorFlow/PyTorch 等第三方框架 可基于第三方框架开发的模型进行二次开发、训练和推理
异构计算架构	CANN 统一异构计算架构，释放昇腾硬件澎湃算力
系列硬件	端　边　云（Atlas）　全流程开发工具链 Mindstudio　管理运维工具 FusionDirector/SmartKit　Ascend 昇腾社区 ascend.huawei.com

图 17-3　华为昇腾计算产业

华为基于昇腾系列 AI 处理器构建的全栈 AI 计算基础设施、行业应用及服务，通过"硬件开放、软件开源、使能合作伙伴"来推动 AI 产业的发展，并通过模块、板卡、小站、服务器、集群等丰富的产品形态，打造面向"端、边、云"的全场景 AI 基础设施方案，从而覆盖 AI 领域推理和训练全流程，使能千行百业。

华为云

作为全球数字化浪潮的重要推动力之一，云计算不仅被视为各企业及机构数字化转型的重要基础设施，而且还日益成为企业应对不断提升的客户期望、快速变化的竞争格局以及市场不确定性的关键业务引擎。随着云计算技术不断在各行业得到深入应用，私有云、公有云和混合云逐渐成为企业的核心基础设施，云计算的发展也逐渐步入新的拐点。华为云是华为的云服务品牌，它将华为在 ICT 领域 30 多年的技术积累和产品解决方案开放给客户，致力于提供稳定可靠、安全可信、可持续创新的云服务，赋能应用，使能数据，做智能世界的"黑土地"，推进实现"用得起、用得好、用得放心"的普惠算力。经过多年发展，华为云具备了如下优势。

技术协同创新

云和 AI 技术的创新、吸引、碰撞与融合，将会产生数字聚变，释放出巨大的能量和创造力，创造出革命性的新体验、新应用、新产业。

数字化转型践行者

华为将自身在 ICT 基础设施领域 30 多年的技术、能力、经验积累注入华为云，以在线方式将全球领先的云计算、大数据、AI 产品与服务提供给全球客户，助力各行各业实现数字化转型与智能化升级。

中立、安全、可信

华为云坚持"以客户为中心"，致力于为用户提供稳定可靠、可持续创新的云服务。华为拥有全球化合规治理经验以及业界最佳实践，为客户提供符合法律法规及业界标准要求的业务运行环境及服务。

共创、共享、共赢

华为云践行开放、合作、共赢的理念，汇聚 AI、物联网、数据库、安全等各领域及众多行业应用合作伙伴，做智能世界最肥沃的

"黑土地"，把中国的生态带给全球，把全球的生态带给中国。

华为云还打造了独特的"华为云Stack"解决方案，基于丰富的B2B经验、大企业数字化实践以及解决方案，为政企客户提供全栈、平滑演进的上云体验，是政府和大企业数字化转型的优选伙伴。华为云通过提供IaaS、PaaS、SaaS等全堆栈混合云服务能力，一站式实现核心应用快速上云、鲲鹏与x86混合部署，帮助客户快速实现业务升级；通过统一架构、统一运维、统一升级、统一API、统一生态，帮助客户实现业务高安全合规、高稳定可靠，以及业务战略规划的可持续性；基于"华为云stack"解决方案，客户业务既可在本地部署，也可根据业务发展需要，面向全球发布，真正实现企业的"一朵云"理念和技术支撑。

截至2021年6月，华为云提供了220多种云服务、210多个解决方案、4 500多件云市场商品，拥有14 000多个咨询伙伴、6 000多个技术伙伴，成为中国国内市场份额第二的云服务提供商，并在持续快速增长中。

自研芯片，建设生态，提供全系列算力解决方案——飞腾

飞腾算力发展史

飞腾信息技术有限公司（以下简称"飞腾公司"）是国内领先的自主核心芯片提供商，由中国电子信息产业集团、天津市滨海新区政府和天津先进技术研究院于2014年联合支持成立，其总部设在天津。

飞腾公司致力于飞腾系列国产高性能、低功耗通用计算微处理器的设计研发和产业化推广，同时联合众多国产软硬件生态厂商，提供基于国际主流技术标准、中国自主先进的全国产信息系统整体解决方案，支撑国家信息安全和重要工业安全。

飞腾公司始终坚持"核心技术自主创新，产业生态开放联合"的发展理念，以"聚焦信息系统核心芯片，支撑国家信息安全和产业发展"为使命，努力成为世界一流芯片企业，用中国芯服务社会。

飞腾名称源自著名爱国主义诗人屈原《楚辞·离骚》中的名句——"路漫漫其修远兮，吾将上下而求索。吾令凤鸟飞腾兮，继之以日夜。"自第一颗飞腾处理器研制成功，飞腾技术的演进已走过20余年的历程。

飞腾CPU研发团队通过20余年的技术积累，已形成完善的研发体系和产品线，并一直有力地服务于国家各行业信息化工程。目前其产品主要包括高性能服务器CPU、高效能桌面CPU和高端嵌入式CPU三大系列，为从端到云的各种设备提供核心算力支撑。

最早，飞腾采用了SPARC架构设计过几款处理器，但是在国产化推广的时候难度非常大，一是因为芯片本身性能比较低，二是因为软件生态也非常不完善，用户也不尽满意，因此飞腾选择了转向新的架构，初步锁定x86和ARM。但是x86架构掌握在英特尔手中，而且飞腾没有清晰的商业模式，能够拿到授权的厂家寥寥无几，英特尔几乎处于垄断状态。2012年，ARM公布了64位架构，且具备开放的授权模式，同时它希望有厂商可以一起来推动服务器市场的发展，这一愿望和飞腾一拍即合，于是飞腾正式转向ARM架构研发CPU产品。

飞腾公司是国内首家获得ARM v8指令集授权的公司，并拥有该架构的永久授权。飞腾一直秉承核心技术自主研发的理念，所有芯片内核均为自研设计。飞腾产品路线如图 17-4 所示，2016 年飞腾推出的首款 64 核处理器 FT-2000，在性能指标上接近英特尔的 E5 服务器芯片水平；随后它推出的面向桌面及嵌入式领域的双核 CPU FT-2000A/2 的性能指标达到国际主流 CPU 的水平；为了进一步优化成本优势，2017 年飞腾推出了 FT-2000+/64，2019 年推出了 FT-2000/4，其性能得到进一步提升。2020 年以来，飞腾对高性能服务器 CPU、高效能桌面 CPU、高端嵌入式 CPU 三条产品线进行了全面的品牌升级，凝聚核心价值、打造全新体验。高性能服务器 CPU 产品线将统一以飞腾腾云 S 系列进行命名，寓意"腾云驾数，乘风破浪"，为服务器和数据中心应用提供强算力、高并发的计算能力。高效能桌面 CPU 产品线将统一以飞腾腾锐 D 系列进行命名，寓意"腾锐披坚，追风逐电"，打造高性能、高安全的单用户极致体验。高端嵌入式 CPU 产品线将统一以飞腾腾珑 E 系列进行命名，寓意"腾珑灵动，烈风迅雷"，提供定制化的、契合各行各业嵌入式应用的解决方案。飞腾将继续坚持核心技术自主创新，腾云、腾锐、腾珑并驾齐驱，三线齐飞。

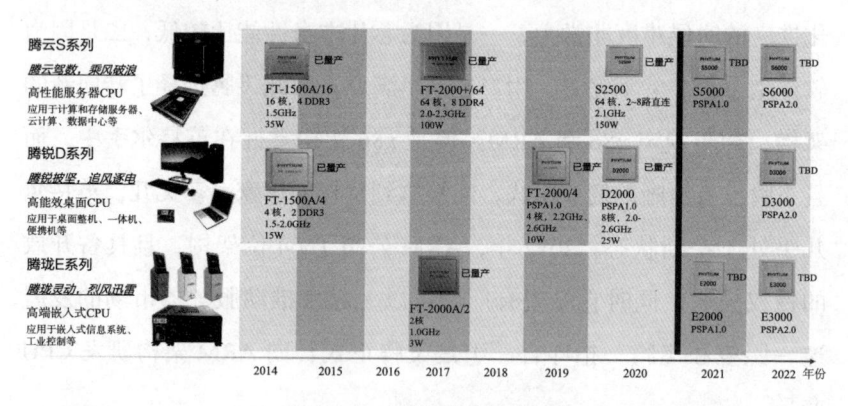

图 17-4　飞腾产品路线图

飞腾高性能服务器 CPU 最新产品是 2020 年量产的腾云 S2500，它集成 64 个飞腾自研 FTC-663 核，主频 2.0~2.2GHz，单芯片典型功耗 150W，支持 2~8 路直连。依托该芯片，可以形成 128~512 核的计算机系统，在大规模集群计算、高性能数据中心等应用场景下表现优异，性能与英特尔 Xeon Gold 5118 系列芯片相当。

生态建设

飞腾已经完成多个方向的生态图谱初步构建，如图 17-5 所示，涉及集成商、合作组织、硬件、软件等 2 300 多家合作伙伴。

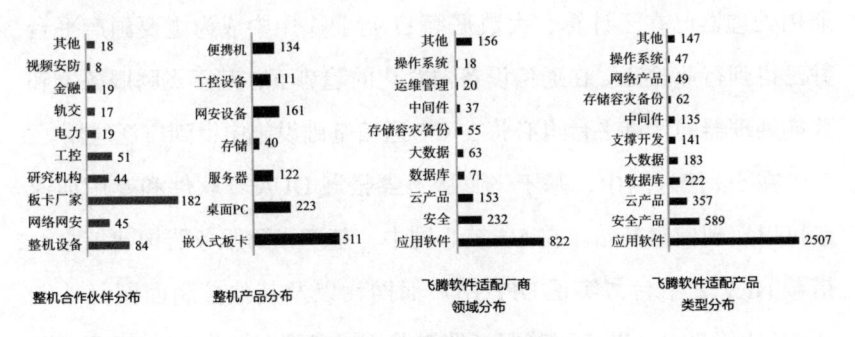

整机合作伙伴分布	整机产品分布	飞腾软件适配厂商领域分布	飞腾软件适配产品类型分布
其他 18	便携机 134	其他 156	其他 147
视频安防 8	工控设备 111	操作系统 18	操作系统 47
金融 19	网安设备 161	运维管理 20	网络产品 49
轨交 17	存储 40	中间件 37	存储容灾备份 62
电力 19	服务器 122	存储容灾备份 55	中间件 135
工控 51	数据库 71	大数据 63	支撑开发 141
研究机构 44	桌面PC 223	云产品 153	大数据 183
板卡厂家 182	嵌入式板卡 511	安全 232	数据库 222
网络网安 45		应用软件 822	云产品 357
整机设备 84			安全产品 589
			应用软件 2507

图 17-5　飞腾生态体系

在金融领域，2018 年飞腾与建设银行在金融行业实现了国内第一个体系化金融行业国产应用，完成了建设银行的商业系统构建，并与长城金融、浪潮系统推出了一系列基于飞云平台的金融机具，征信查询已经部署超过 1 000 台；在轨道交通方面，飞腾与北京全路通信信号研究设计院等合作伙伴一起在绿色控制、车载网络、牵引传动和售检票系统等方面开展生态领域的合作。

飞腾在 5G 发展中的布局

在 5G 时代，新一轮的科技革命带来的是更加激烈的科技竞争，国际环境的巨大变化告诉我们，自主创新是重中之重。5G 通信全产业链包括接入网基站系统、承载网和核心网，其中所用处理器芯片、光器件、射频器件、操作系统、应用软件等众多领域能否自主创新成为 5G 建设能否行稳致远的关键。

处理器芯片作为信息系统的核心，只有坚持自主创新才会有持续发展的能力和动力。飞腾针对 5G 领域的芯片进行定义，并与软硬件合作伙伴共同努力，打造基于飞腾平台的 5G 解决方案。飞腾高性能通用处理器已在云计算、大数据等 IT 行业应用中成为主要国产平台并已得到行业验证。在通信设备白盒化的趋势下，基于飞腾服务器和终端处理器的计算平台也必将在 CT 通信基础设施中得到广泛应用。

在 5G 接入网中，基于飞腾服务器搭载 DU/CU 软件和专用加速卡可以实现白盒基站。在 5G 核心网中，基于飞腾服务器构建核心网，搭载 NFV 云平台，实现 UPF 用户面网元以及其他控制面网元功能。在 5G 边缘平台，基于飞腾服务器搭载边缘云平台，将 UPF 网元下沉，实现用户就近服务，可支撑 5G MEC 的建设。此外，在 5G 安全方面，可以结合飞腾平台安全可信基因，构建安全可信的 5G 整体解决方案。

发展方向

飞腾会将力量聚焦在核心芯片的研发，用芯片来支撑国家的信息安全和产业发展。其下一个五年目标是通过企业混改和股份制改革打通资本市场股权融资渠道，持续投入 150 亿元以上用于新品研发、生态建设和区域客户保障，并将团队规模扩大到 3 000 人以上，建立市场化激励机制。

飞腾会在传统服务器、桌面、嵌入式微处理器产品线不断迭代，继续满足用户需求。同时飞腾会在物联网、边缘计算、汽车电子等新兴领域开始布局，积极探索 AI 计算领域、定制异构计算，实现提供从物联网到服务器的全系列的算力解决方案目标。

飞腾的一个重要产品策略是按需定制。传统 IT 产业核心掌握在国外的芯片软件巨头手中，在推进国产化的过程中，很难要求它们做定制化设计。对此，飞腾将会面向重大行业和应用场景推出细分的解决方案，尤其是在云服务数据中心和 5G 通信市场，推出定制化的微处理器规格和设计。除此之外，飞腾也将提供一体化的优化服务，用以提升系统整体效率和用户体验。

飞腾的另一个重要产品策略是安全可信。自主 CPU 不等于安全，飞腾除了自主设计、正向设计外，还在 CPU 中融入了整个系统安全可信的设计，在内部形成内生机制，支持我国可信计算 3.0 的部署，与合作伙伴一起制定中国特色的 CPU 安全架构规范。

最后，飞腾将继续以"聚焦信息系统核心芯片，支撑国家信息安全和产业发展"为使命，秉承"核心技术自主创新，产业生态开发联合"的发展理念，努力实现"成为世界一流芯片企业，用中国芯服务社会"的目标愿景。

从计算到智算，积极布局多元计算，推动智算中心建设——浪潮

30 多年过去了，算力经过蓬勃的发展，以三次计算革命驱动数

字世界快速升级，迈入智慧时代。1995年，PC Server的诞生标志着第一次计算革命的开始，算力从金融等特定行业进入商业社会，更多行业开始享受算力带来的红利。第二次计算革命源于2006年云计算的出现，云计算让算力更加普适、普惠，创新性地塑造了业务模式的云属性。第三次计算革命则是AI计算的崛起，2016年AlphaGo战胜人类，AI计算越发成熟，AI应用不断涌现，智算时代已见雏形，如图17-6所示。

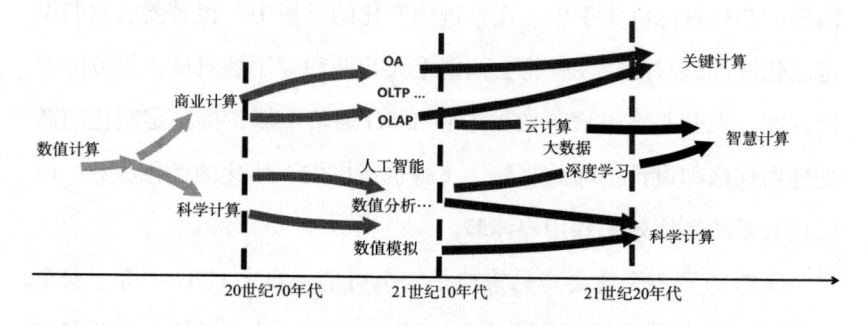

图17-6 计算发展历程

浪潮作为全球领先的算力厂商，自1993年推出中国第一台服务器至今，见证了中国从信息化时代，到互联网化，再到智能化的发展历程。

20世纪90年代，国内银行、电信等行业的信息化已经初具规模，服务器产品的市场需求量日益增加。随着中国加入世界贸易组织，越来越多的行业和企业加入信息化建设的行列，服务器不但在应用范围上扩大，应用程度也不断加深。1993年，浪潮推出中国的第一台服务器SMP2000，实现了中国服务器零的突破；1995年，浪潮成功研制基于奔腾芯片的服务器，标志着中国服务器产业在技术向产品的转化上实现了与国际同步；2010年，浪潮研发出中国第一台关键应用主机天梭 K1，使得中国成为继美国、日本之后的第三个掌握关键应用主机技术的国家。

从第一台服务器到第一台关键应用主机，再到如今全球第一的浪潮 AI 服务器，经过 28 年的发展，浪潮的计算机布局涵盖了小型机、服务器、微型机（PC），成为唯一一家拥有从通用服务器到关键应用主机全系列产品的厂商。

AI 计算

AI 自 20 世纪 50 年代诞生至今，经历两次兴衰，直到 2012 年深度学习算法横空出世，它与日益强大的算力和丰富的大数据，一起将 AI 推向了第三次计算浪潮，并促使人类社会加速进入智慧时代。随着算法突飞猛进的发展，AI 对于算力的需求呈指数级增长，自然语言处理巨量算法 GPT-3，含 1 700 亿参数量，一天需要的算力高达 3 640 PFLOPS；2020 年以 GPU 为代表的 AI 加速芯片所交付的算力已经超过了同类 CPU，预计到 2025 年加速芯片所提供的算力可能在整个算力交付中超过 80%。另外，随着 5G 和边缘 AI 需求的爆发，推理设备的需求量将在 2022 年超越训练需求，成为重要的行业增长点。

面对第三次计算浪潮的蓬勃发展，浪潮勇立智算潮头，从硬件重构、软件定义两个方面引领智算技术的体系创新，支撑 AI 应用，打造了业内最丰富的 AI 智算基础系统产品，成为拥有全球计算架构最全、配置最多、规格最高的 AI 服务器，并涵盖训练、推理和边缘端需求的企业。其中浪潮 AI 服务器 NF5488A5（如图 17-7 所示）在 2020MLPerf0.7 版全球性能基准竞赛中，获得训练和推理双冠军，并在 2021 年 4 月的 MLPerf1.0 推理竞赛中再次夺冠。强大的算力基础平台支撑 AI 应用的不断落地，针对行业多元算力和部署 AI 应用需求，浪潮布局开发软件平台 AIstation。

图 17-7　浪潮 AI 服务器 NF5488A5

大部分行业用户对于 AI 抱有开放的心态，但是如何快速建立 AI 的应用依然面临技术和商业模式的双重挑战，而且产业 AI 化和 AI 产业之间存在巨大鸿沟。浪潮提出元脑生态计划，由浪潮联合具备 AI 功能开发核心能力的左手伙伴和具备实施行业 AI 整体方案交付能力的右手伙伴共同开展研究，聚合 AI 最强算力平台、最优质的算法模型开发能力，以及最优质的集成、部署和服务能力，并借助智算生态的力量支撑和加速构建行业智能。我们可以看到，第一产业，无人农场、智能农机、智慧农业正在改变延续了上千年的农业生产方式；第二产业，智能工厂让生产效率显著提高；第三产业，医疗机器人在抗击新冠肺炎疫情中大展身手，无接触送货、无人机送餐也成为智慧物流的亮点。

关键计算

无论是互联网时代，还是云计算、大数据、移动互联的信息时代，金融、电信、能源等行业是关乎国计民生经济命脉的关键业务，对 IT 架构的可用性要求高达 99.999% 以上；关键计算及关键计算服务器，承担着社会经济最重要的核心数据处理、信息流动和交易处理功能，在社会信息流动中占有基础性地位，是国家战略争夺的焦点。

在"战略必争"之地的关键应用主机领域，市场垄断和技术封锁曾一度制约着我国的发展步伐，直到浪潮天梭 K1（如图 17-8 所示）——中国第一台自主关键应用主机的出现，使得中国成为继美国、日本之后第三个掌握关键应用主机技术的国家，从而实现了信息安全的自主创新战略布局。其中，天梭 K1 在体系结构设计方面的创新达

图 17-8　浪潮关键应用主机天梭 K1

到国际领先水平，获得了国际PCT专利，更在国内斩获了中国创新技术应用推广最高奖项"国家科学技术进步一等奖"——计算机领域的首个"一等奖"。

在国产主机产业联盟的推动下，我国形成了覆盖芯片、整机、操作系统、数据库、集成等各个产业环节的完整国产主机产业链，并且和全球主流厂商建立战略合作，在全球主机产业俱乐部拥有重要话语权。依托于全球领先的研发水平，浪潮的国产高端服务器，以高可靠性、高性能、高安全和数据强一致性的"三高一强"特性，进一步释放国产高端服务器的高价值算力，满足关键核心应用，并以高标准、高可靠、高度虚拟化的IT架构平台，夯实经济数字化转型的关键计算底座，助力核心应用跃迁。

开放计算

云计算的蓬勃发展带来了分布式计算大范围普及。基于云计算模式的业务应用持续扩张，数据中心呈现出集中化、规模化趋势。越来越高的服务器采购成本、维护成本和运营成本，以及越来越低的服务器管理效率迫使服务器产品进行变革和创新，这些变化势必要求一种全新的硬件基础设施形态——开放计算服务器的出现。开放计算聚焦在基础设施硬件架构方面，能够实现硬件要求的开放包容、开源共享和标准有序。

由脸书在2011年推出的OCP，由百度、腾讯、阿里巴巴、中国移动、中国联通、中国电信在2012年发起的ODCC（最初的天蝎计划），还有领英在2016年年底推出的OPEN19，这些开放计算组织通过建立统一的标准规范实现产品化，使原来封闭的产业生态走向开放和融合，解决了数据中心集中化、规模化发展带来的成本、运维和效率问题。

从目前的发展来看，互联网企业率先发力，已大规模落地了开放计算服务器。同时，互联网头部厂商也将它们在数据中心积累的先进经验开放共享，从而让更多传统行业用户参与进来，享受开放计算带来的技术红利，获得先进的算力产品支撑。另外，通信、金融、能源等关键领域的头部企业也纷纷加入开放计算组织，在数据中心建设中加以实践。以浪潮的某个大型数据中心客户为例，其使用开放计算架构能够节约电力30%，系统故障率降低90%，投资收益提高33%，并且运维效率提升3倍以上，交付速度可达到每天1万台。

多年来浪潮一直践行开放计算的理念，引领开放计算的标准，是全球唯一的三大开放组织成员，牵头了服务器全部国标。在标准层面，浪潮牵头成立下一代数据中心管理架构OpenRMC项目组，发布开放整机柜管理设计规范1.0版本等；在新型节能技术领域，浪潮推动ODCC、OCP等项目中的开放浸没式液冷技术在行业的应用，帮助数据中心的PUE降到1.1，甚至1；在设计层面，浪潮持续定义领先的开放计算产品，拥有全球唯一符合三大开放标准组织的整机柜服务器——SmartRack，如图17-9所示。当前，无论是互联网还是传统行业，无论是超大规模还是中小规模，数据中心都面临有限空间、高效交付、绿色节能、便捷运维、更低CTO等挑战。全球三大开放计算组织OCP、ODCC、OPEN19都推出了代表性产品整机柜服务器，通过模块化、标准化帮助数据中心降本增效、互联互通，最终获得高质量发展。

图 17-9　浪潮整机柜服务器 SmartRack

边缘计算

根据权威分析机构国际数据公司的预测，全球企业基础设施建设在边缘部署比例将从 2020 年的 10% 增长到 2023 年的 50%，智能终端数量将从 2020 年的 500 亿个增长到 2025 年的 1 500 亿个，呈现爆炸式增长。相对于传统的前端采集数据，管道传输，后端计算的"云—管—端"一体化模式来说，如今终端算力上移，数据中心算力下沉，通过边缘算力进行决策的比重越来越大。数据的决策正在从数据中心向边缘侧迁移。未来或许只有 20% 的数据计算会在后端数据中心内，而 80% 的数据处理都需要终端和边缘来完成，云端只是用来进行数据整合与决策。

边缘端演化出多样化的计算场景，比如泛 CDN、智能网联汽车、工业互联网、能源、金融等。浪潮从产品性能、节能、安全性、严苛环境的适应性、大规模场景的运维部署等方面进行全面考量，快速布局边缘，打造智算微服务器、便携 AI 服务器、边缘云服务器、边缘微中心这四大系列产品，帮助用户在数字化转型过程中更好地应对边缘侧算力的差异性需求。以智慧电力为例，针对近年来电网规模不断增大，设备的巡视和作业的压力也与日俱增，浪潮联合全球能源互联网研究院推出电网设备巡检及监控解决方案，通过算力和 AI 模型的"端—边—云"协同，使边缘侧 15 毫秒内网络延时，秒级识别分析，异常情况及时预警，保障了设备和作业安全。

2021 年，浪潮边缘服务器 NE5260M5（如图 17-10 所示）在国际 AI 基准测试 MLPerf 中一举拿下边缘场景下 7 项冠军，覆盖图像分类、目标检测、医疗图像分割、语音识别等 AI 边缘推理场景，成为边缘 AI 推理全能王。国际数据公司数据显示，2020 年浪潮边缘服务器以 32% 的市场占有率，位居中国第一，极大地推动了中国边缘计算市场的发展。

图 17-10　浪潮边缘服务器 NE5260M5

总的来说，近 30 年来，浪潮始终立于计算的潮头，从 IT 时代、互联网时代到云计算时代再到智慧时代，浪潮始终引领每个时代的计算技术创新与发展，浪潮的计算发展史也是中国的计算发展史。

进入智慧时代，云计算、大数据、AI、物联网等数字技术成为社会发展的重要推动力，同时它们带来的复杂的计算场景使得计算面临巨大的挑战。由于计算场景愈加复杂多元，数据、模型巨量化需要巨量的算力，AI等前沿技术在落地时出现产业链脱节、生态离散现象，而传统的计算已经无法满足多样和复杂的算力需求。浪潮作为全球算力的领导者，积极布局多元计算，除了MIPS、ARM和x86等通用架构，已领先布局基于GPU、FPGA、xPU等各种芯片和异构加速处理器的计算产品，并推动智算中心的建设，将算力数据和模型以资源和能力形式输出，降低智算力的获取门槛和使用门槛，从而赋能社会创新，实现普适普惠。

在智慧时代，浪潮将持续强化关键核心技术攻关能力、整机装备制造能力、市场推广营销能力、产业生态联合能力建设，力争成为创新要素集聚者、技术创新引领者、应用创新开拓者、开放标准的推进者、产业集群培育者，迎接正在到来的智算浪潮。

引入异构算力，提供多样、安全、高效的算力产品——中兴通讯

算力尤其是通用算力逐渐渗透到各行各业。一方面，越来越多的CPU厂商开始介入通用算力的供给（x86，ARM，MIPS等），以防止自己在算力时代被边缘化。另一方面，业务对算力供给方式的要求也越来越高，高安全、高性能和高性价比成为业务典型的需求。

由于提供通用算力的CPU强调通用性，其架构决定了它擅长串行逻辑处理，而不擅长并行数据处理。当前应用类型的多样化，使得通用CPU在处理海量计算、海量数据和图片时频频遭遇性能瓶颈，

如并行度不高、带宽不够、时延长等。在此背景下，引入异构计算能力，使用 GPU、FPGA、NP 等硬件进行加速，使不同类型的计算单元都可以执行自己最擅长的任务成为必然的选择。

中兴通讯结合业界发展趋势，并根据客户需求及自身的业务发展需要，提供了多样、安全、高效的算力产品，助力客户在各种应用场景尤其是虚拟化场景下业务快速发展，同时为多样化的算力供给提供了更多的实践经验。

海光 CPU 服务器

海光 CPU 诞生于 2015 年习近平主席访美期间参加的第八届中美互联网论坛。曙光通过和 AMD 签署技术转让协议获取了 AMD Naples 架构的完整技术及知识产权。在此基础上，曙光组建海光公司进行国产化 x86 CPU 的研发。2017 年，海光公司进行"海光 1 号"的流片研发，并在 2018 年进行了量产，同时其按照销售一代、验证一代、研发一代、规划一代的节奏进行 CPU 生命周期管理。目前海光公司的主力商用产品为海光 2 号系列 CPU。

海光 CPU 技术源自 AMD 的 Naples 架构，与英特尔的单 Socket 单 DIE 架构不同，Naples 采用了单 Socket 多 DIE 架构，每个 DIE 包含独立的核心，Cache，内存控制器，PCI 控制器等，如图 17-11 所示。

海光 CPU 单核心性能小于英特尔 CPU 的单核心性能，但海光是单 Socket 多 DIE 架构，在单 Socket 下支持的总核心数量有极大提高，增加了单 Socket 下的算力供给；又由于单 Socket 下存在多个 DIE，Socket 内不可避免会出现跨 DIE 访问（程序访问的 CPU 和内存不在同一个 DIE），此时访问性能和同 DIE 访问比有下降。因此通过综合

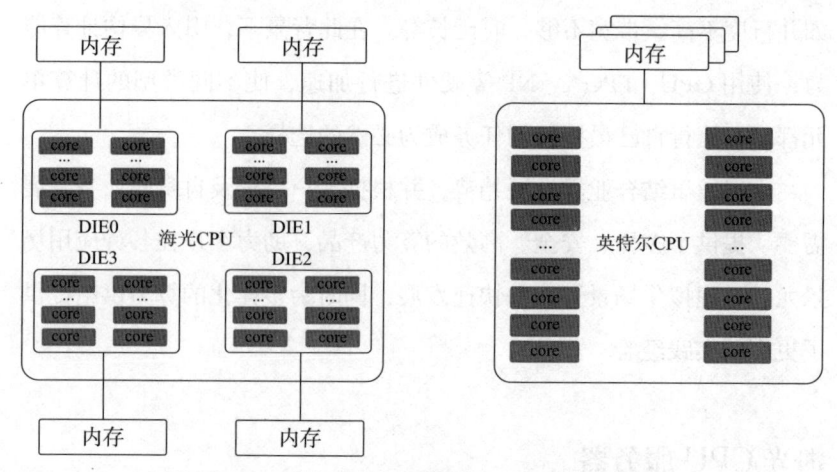

图 17-11 海光 CPU 和英特尔 CPU 架构对比图

比较，海光 CPU 整体算力性能与英特尔同等级的 CPU 基本持平。由于海光 CPU 属于 x86 体系，它除极少的指令集差异外，其余指令集和英特尔指令集完全兼容，因此海光 CPU 的生态具有广泛的兼容性，可快速进行应用迁移，同时避免海量开发。

中兴通讯基于海光系列 CPU 发布的服务器产品，可以广泛应用于存储、虚拟化等场景，并作为国产化 x86 算力为业务提供服务。中兴通讯的分布式存储、云平台、SDN 控制器、5G 核心网和 IMS 产品等各类产品均基于海光 CPU 进行了兼容性适配，并在经过了严格的测试和验证后，其功能和性能均能满足业务需求。尤其是云平台产品，屏蔽了海光 CPU 和英特尔 CPU 之间的架构差异，保持对业务部署和使用的接口一致，使得业务可进行无缝迁移。

vSwitch 加速卡

随着业务云化的推进，越来越多的业务在虚拟化环境中运行。虚拟网络是虚拟化的重要一环,它直接决定了业务的转发性能。目前虚拟网络实现方式一般采用如下两种方式(以虚拟机为例),如图 17-12 所示。

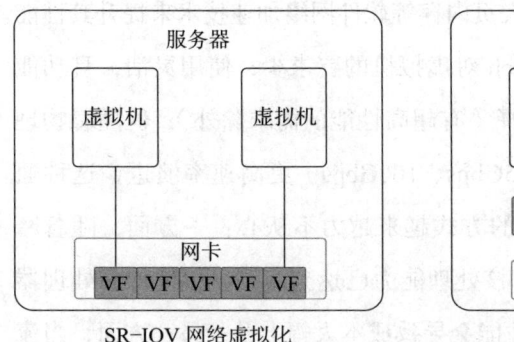

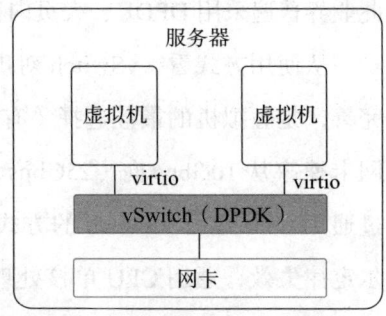

图 17-12 网络虚拟化

物理网卡虚拟化(SR-IOV)

  基于 SR-IOV 技术,网卡厂商将物理网卡虚拟成多个虚拟网卡,虚拟网卡再透传给虚拟机使用。通过此方式,虚拟机可直接访问物理网卡虚拟出的虚拟网卡,从而达到较高的性能,同时由于采用透传方式,虚拟网卡不占用服务器 CPU 资源。但由于虚拟机直接使用了硬件实现的虚拟网卡,因此虚拟机内部需要安装虚拟网卡的驱动,然而虚拟机无法进行热迁移,虽然提升了性能,但无法充分发挥云化的优势,同时 SR-IOV 仅能支持二层转发,无法实现分布式路由、业务链、安全组、流镜像等功能。

vSwitch

  虚拟机使用软件模拟的虚拟网口和 vSwitch 进行连接,由于该虚拟网口不涉及物理设备,因此它对虚拟机使用无要求,且虚拟机可进行热迁移，同时可实现分布式路由、业务链等功能。但基于此方式，vSwitch 软件运行需要占用服务器 CPU 的核资源，增加了虚拟化的消耗。vSwitch 的转发性能决定了服务器上所有虚拟机的网络性能，因此业界普遍采用 DPDK、大页内存等软件网络加速技术来提升其性能。

从使用方式看，vSwitch 对虚拟机的要求少，使用灵活，且功能完善，是虚拟机的最佳选择（有超高性能的需求除外），但随着物理网卡速率从 10Gbps 向（25Gbps、100Gbps）更高速率演进，这种通过通用 CPU 运行 vSwitch 的方式越来越力不从心：一方面，随着摩尔定律失效，通用 CPU 单核处理能力已达到瓶颈，单纯依靠处理器核数堆叠来提升 vSwtich 性能会导致成本大幅上升；另一方面，当流表数目和物理网口速率继续提高（>25Gbps）时，在通用 CPU 上采用软件加速方式实现的 vSwitch 已经无法满足业务的性能要求。

为了应对如上问题，中兴通讯推出了 vSwitch 加速卡，它采用标准网卡设计，将 vSwitch 的转发功能卸载到硬件加速卡完成，可在标准服务器上使用。加速卡和保留在通用 CPU 上运行的控制面协作，在完成 vSwitch 功能的同时，保持了对虚拟机的 virito 接口。转发功能下沉至硬件完成，这既保障了当前高性能要求，又节省了通用 CPU 上原来转发面占用的资源，并且由于 vSwitch 加速卡保持对虚拟机的接口不变，因此它继承了虚拟机原有可热迁移的特性。vSwitch 加速卡兼顾了性能和云化特性，并且可向更高速率网卡演进，是虚拟化网络演进的必经之路。

NEO 加速卡

在数据中心里，云平台通过在服务器上部署 Hypervisor 虚拟化层

（包含主机操作系统）将硬件进行虚拟化，并按需为用户提供虚拟机、容器和裸金属等服务，以实现资源共享，提高资源利用率。

Hypervisor 虚拟化层一般部署于服务器上，和提供的虚拟资源共物理机部署。而随着对算力高性价比、高安全、高性能的要求，Hypervisor 虚拟化层这种部署方式出现越来越多的不足。

资源占用越来越多

Hypervisor 虚拟化层包含计算、存储、网络的虚拟化功能，针对算力的高性能需求使得虚拟化功能占用的资源越来越多导致 Hypervisor 层占用的资源在整个服务器资源占比越来越高（20%~25%），进而导致服务器上提供给业务的有效算力降低，抬高了云化的成本。使用 vSwitch 加速卡能解决网络虚拟化资源问题（减少转发面资源占用），但无法解决计算和存储资源占用问题。

安全防护差

Hypervisor 虚拟化层和虚拟资源共物理机部署，当虚拟机或者容器发生逃逸时，攻击者容易获取 Hypervisor 控制权，进而攻击云平台管理系统（云平台和每个 Hypervisor 互连），造成整个云平台的安全风险。

性能有波动

在采用了硬件辅助虚拟化后，当前虚拟化的损耗基本都会小于 5%，但由于 Hypervisor 和虚拟资源共服务器部署，虚拟资源在运行过程中无法完全排除中断对虚拟资源的影响，例如中断处理会导致虚拟机运行挂起。中断对虚拟资源运行造成的扰动，可能会使得业务性能出现"掉沟"现象（突然下降），进而对业务造成影响。

此外，部分有极致性能要求的业务需要采用裸金属方式进行部署，但裸金属本身无法像虚拟资源一样做到虚拟化管理，实现按需发放、灵活弹缩。同时裸金属服务在使用共享存储时，用户和存储之间未进行隔离，用户通过裸金属可直接访问存储系统，这给系统带来了安全风险。在云平台下如何将裸金属服务作为云化资源进行方便使用，也成为亟须解决的一个问题。

为了解决上述问题，中兴通讯推出 NEO 云卡解决方案。基于 NEO 云卡软硬件一体化的系统架构，将计算、网络、存储等模块从服务器卸载到 NEO 云卡上，如图 17-13 所示，NEO 云卡作为云主机、裸金属、容器服务的统一承载平台，为业务提供高安全、高性能、高性价比的算力服务。

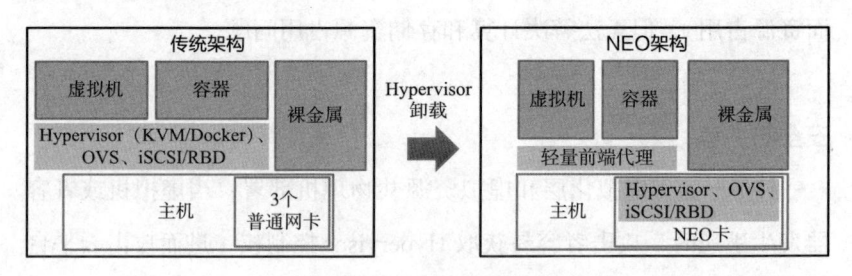

图 17-13　NEO 云卡架构

中兴通讯 NEO 云卡系统采用软硬结合的方式对 Hypervisior 虚拟化层进行定制改造与裁剪，并把原本需要占用 CPU 资源的计算、存储、网络等虚拟化功能下沉至 NEO 硬件卡上执行，只保留轻量 Hypervisor 代理到 CPU 上，从而使得原有 CPU 上的 Hypervisor 虚拟化层开销减少 80% 以上。尤其是将虚拟化网络处理软件（控制面＋转发面）和虚拟化存储处理软件完全卸载到 NEO 硬件卡上处理，通过硬件模拟的 virtio_net、virtio_blk、NVMe 等接口给虚拟机、裸机、容器提供高性能的网络接口和存储接口，在减少了原有 CPU 资源消耗的同时，也提升了网络性能和存储性能。同时 NEO 云卡系统结合 SDN 网络，实现了 VPC、NAT（网络地址转换）、L3Gatway 等网络功能卸载，以及网络服务按需发放。

NEO 云卡系统实现了 Hypervisor 虚拟化层和虚拟资源分离部署，大大提升了安全性，减少了性能波动。Hypervisor 虚拟化层部署于 NEO 云卡后，通过硬件限制，使得部署于服务器的虚拟机或容器在逃逸后无法获取 Hypervisor 的控制权，从而保障了整个云平台的安全性。同时，由于中断都在 Hypervisor 上处理，因此也减少了对虚拟机、容器的扰动。

而对于裸金属这种原本无法做到虚拟化管理的资源，NEO 云卡系统通过部署于云卡的 Hypervisior 虚拟化层，实现了裸机、虚拟机的统一管理、统一发放，简化了数据中心不同形态虚拟化形式的管理，进而便于业务上云的部署和管理。同时在裸机场景下，通过 NEO 云卡上的 Hypervisor 虚拟化层隔离了裸机和存储系统，解决了裸机存储的安全问题。

中兴通讯的 NEO 云卡解决方案，软硬协同，具有资源零占用、性能零损耗、安全隔离、高性能等优势，可精准部署于现场、接入、边缘和中心全场景，实现"云随需生"，加速 5G 与千行百业融合，为垂直行业应用赋能，推动数字经济发展。

UPF 加速卡

引入 NFV 网元功能虚拟化技术之后，核心网从传统的专有硬件平台转向 x86 通用硬件平台，其硬件资源利用率和部署效率都有了大幅提升。

UPF 作为 5G 核心网中的关键网元，如图 17-14 所示，是 RAN（无线接入网）与 DN（数据网络）之间的连接点，负责完成用户面上 GTP-U（通用分组无线服务隧道协议用户面）协议的封装与解封装、分组路由与转发、数据包检查以及 QoS Flow 映射等网络用户面的处理，同时还要完成流量上报等计费功能。

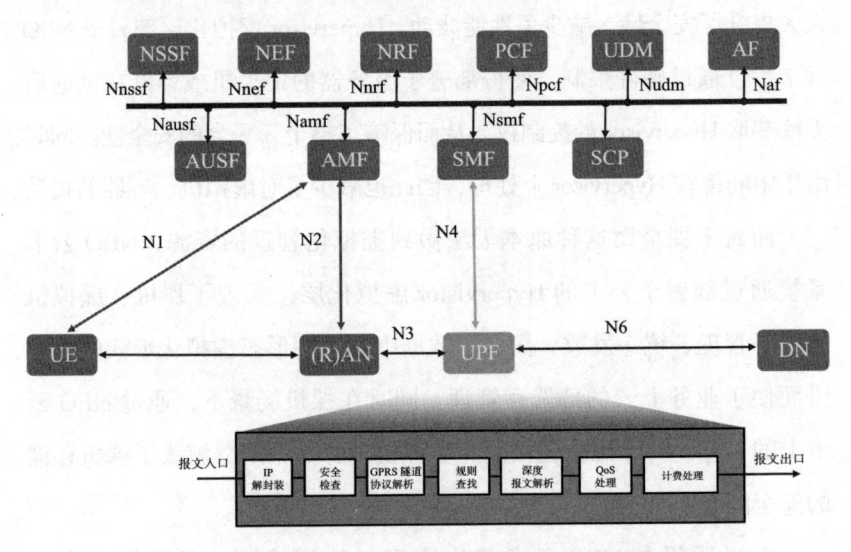

图 17-14　5G 核心网基础架构及 UPF 内部协作流程

对于 UPF 这类转发面网元，业界普遍采用 DPDK、SR-IOV、大页内存、非一致性存储等软件加速技术进行性能优化，同时也使用部分处理核参与完成报文的解析和转发，基本可满足 4G 和 5G 初期 eMBB 需求。

但是随着 5G 大规模商用的推进，垂直行业对网络提出了超低时延、超大带宽的要求，端到端转发时延要求不超过 10 毫秒，对核心网带宽甚至要达到 300Gbps。面对流量的爆发，越来越多的流量上送到转发核处理，而转发核的性能逐渐成为整个 UPF 处理的瓶颈。软件加速方案也达到优化上限，和 vSwtich 类似，单纯依靠处理器核心堆叠将使用户面的成本大幅上升，并且由于 UPF 部署在边缘，受限于边缘机房空间、散热、成本等因素，也无法分配更多处理器核辅助流量转发。因此，业界厂商开始效仿数据中心使用的网络加速技术——利用加速网卡提升转发面性能。

针对软件加速方案存在的问题，中兴通讯推出 UPF 加速卡对 UPF 业务流程做定制化设计，并将 UPF 中逻辑简单、高频的处理流程卸载到硬件加速卡，而将逻辑复杂、低频的流程继续保留给 CPU 完成。

图 17-15 描述了基本硬件加速架构流程：硬件加速卡接收到数据报文后，提取报文特征字段在流表中查询判断是否存在匹配的表项；如果不匹配则将报文上送 CPU 处理，由 CPU 对该报文进行慢进程处理，经过安全校验、GTP 封装、解封装、深度报文解析等处理后，判断该数据流是否需要卸载；若报文需要卸载则生成流表下发到硬件加速卡；后续数据包进入硬件加速卡后，再次查找匹配；报文会命中流表中的表项，进而再通过承载表找到该流的 QoS、计费等规则，最后由硬件加速卡完成数据包的快进程转发。

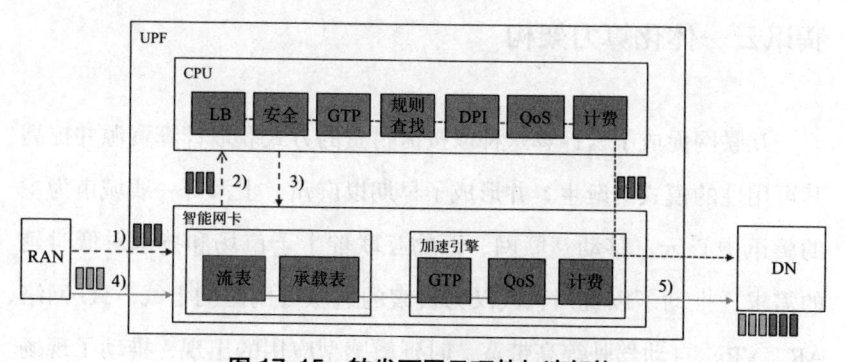

图 17-15 转发面网元硬件加速架构

中国移动研究院联合中兴通讯针对 UPF 硬件加速技术做了研究测试，虚拟化 UPF 分别使用普通网卡和加速网卡进行对比测试验证。UPF 使用加速网卡突破了当前虚拟化转发的性能时延瓶颈，实现了虚拟化超高性能超低时延，其单服务器吞吐量可提升至 3 倍，时延降低 90%，每吉比特功耗降低 55%。

构建云网边端一体化算力基础设施——腾讯

从 2010 年正式对外提供云服务开始，经过十多年的发展，腾讯云逐步形成了由中心云、边缘计算、现场计算构成的"云—边—端"三层算力基础设施，以及由云联网、边缘互联网、云接入网等构成的支撑算力节点互联互通的高品质云网络。2019 年，腾讯率先实现全网服务器总量超过 100 万台、带宽峰值突破 100T 的"双百"里程碑。强大的算力基础设施除了支撑了 QQ、腾讯视频、腾讯会议等自有业务外，也服务了超过百万的外部客户。纵观腾讯云的发展历史，计算和网络就像一对双子星，相互促进，协同发展，最终形成了今天"云中有网、网中有云、云网一体"的局面。

腾讯云一体化算力架构

互联网促成了云计算这种以按需付费的方式获取计算资源并提高其可用性的模式的诞生，并形成了早期以广州、上海等一线城市为主的腾讯中心云。移动互联网、万物互联催生了市场和技术对低时延的需求，推动了以杭州、武汉为代表的边缘可用区的上线。5G 网络、AR、VR、自动驾驶等高带宽、时延敏感型应用的出现，推动了现场计算和云边协同的落地，让算力触达园区、车间和厂房，全面助力产业互联网的发展。

腾讯云算力基础设施，如图17-16所示，第一层由中心区域Region构成。中心区域Region拥有超过100万台物理服务器，并作为核心计算中心提供全部云服务。各Region间通过超大带宽高速传输通道内网互联，提供有BGP和三网网络出口，覆盖北京、上海、广州、深圳、成都等核心城市，其传输时延通常可以控制在30毫秒内。

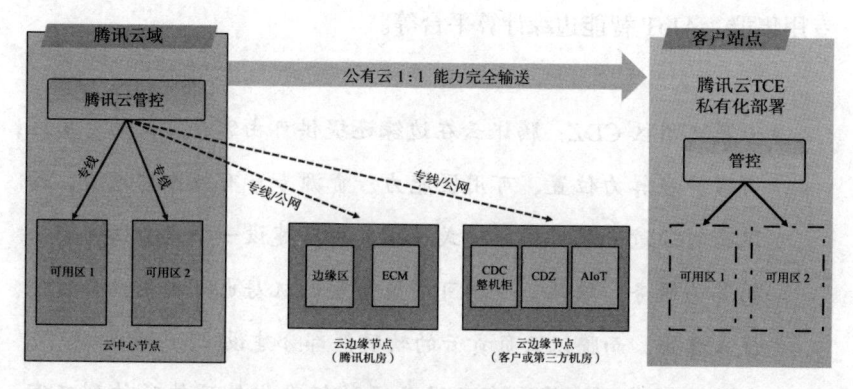

图 17-16 腾讯云一体化算力基础设施

腾讯云算力基础设施第二层由位于腾讯机房的边缘节点构成，包括边缘可用区TEZ和ECM等。

- 边缘可用区TEZ：规模中等，覆盖省会、地市中心城市，将计算能力从中心节点下沉到靠近用户的边缘节点，提供高弹性、高稳定性、高安全性的基础设施资源。边缘就近访问、就近处理，有效降低成本和时延，覆盖济南、杭州、武汉、福州、长沙、石家庄、西安等省会城市，传输时延通常可以控制在10毫秒内。

- ECM：规模较小，覆盖省会、地市中心城市及更下沉的城市，将计算能力从中心节点下沉到靠近用户的边缘节点，提供低时延、高可用、低成本的边缘计算服务，传输时延可进一步降低。

腾讯云算力基础设施第三层由部署在客户或第三机房的边缘节点构成，可实现"现场"级的算力供应，包括专属可用区CDZ、本地专用集群、AIoT智能边缘计算平台等。

- 专属可用区CDZ：腾讯云在边缘还提供可由客户定义的可用区，当客户在算力位置、可用区能力、资源专享有特殊需求时，腾讯云可通过专属可用区模式在指定机房建设一个完全匹配需求的算力服务。除此，专属可用区采用的机房也可由用户自行建设或租用，而腾讯云负责云的软硬件部分建设。
- 本地专用集群：将公有云服务通过标准化软硬件延伸到在客户机房或运营商机房落地的近场服务，提供与公有云资源、服务一致的使用体验。融合公有云与本地互联网数据中心的双重优势，用户可以以本地化的时延和数据安全来使用公有云的丰富能力，满足低时延、低带宽成本、数据本地化存储与处理、敏感信息不出园区等要求，传输时延可以缩短至1毫秒以内。
- 在物联网现场计算领域，腾讯云可提供一系列不同平台、软硬一体的AIoT智能边缘计算平台，实现物联传感数据接入和边缘物联协议解析、本地AI推理实时分析等。硬件平台架构上涵盖ARM、x86、AI Module等网关产品，算力覆盖1~70TOPS

甚至更高；软件平台结合腾讯云 IECP 实现物联网边缘算力的协同工作和统一调度。

此外腾讯云还提供私有化部署解决方案 TCE，可将公有云能力1∶1复制完全输出到客户机房，并帮助客户构建自主可控的专有云服务能力。

云网络助力云边端算力协同

随着5G、AI 以及云计算的发展，车联网、智能制造、智慧城市、AR、VR、云游戏以及直播等生产生活新方式、新工具如雨后春笋涌现。这一方面促进算力以穿戴式设备、边缘网关、云电脑等各种形式广泛存在；另一方面，传统的私有云互联网数据中心、公共中心云已无法满足业务需求，算力开始向边缘、客户现场渗透。伴随这一现象，腾讯云网络积极应对业务提出的各种挑战，逐步形成了云接入网、云联网、边缘互联网络三位一体的格局。

传统云专线、云 VPN，以及新兴的 SD-WAN、5G 云专线等云接入网服务方式，很好地满足了租户混合云组网、业务现场触达等多样化的接入需求场景；企业全球分布的办公分支、业务站点，要求云服务厂商在满足租户上云的基本需求的同时，能够为企业提供安全、可靠以及廉价易用的企业云上骨干网，因此云联网应运而生；边缘计算的兴起则随之产生了边缘云网络、边边互通、云边互通以及为适应边缘部署而进行的小型化、分布式和加速等适配和架构调整。

云联网

云联网，如图 17-17 所示，提供了全网互联服务，实现了各地域的云上、云下多点互联。云联网的智能调度、路由学习等特性，可构建极速、稳定、经济的全网互联，轻松满足在线教育、游戏加速、混合云等全网互联场景下的极速体验。云联网覆盖全球 20 多个地域，支持 100 Gbps 以上带宽以及最高可达 99.99% 的可用性，为用户轻松构建极速、稳定、安全、灵活的全球互联网络。

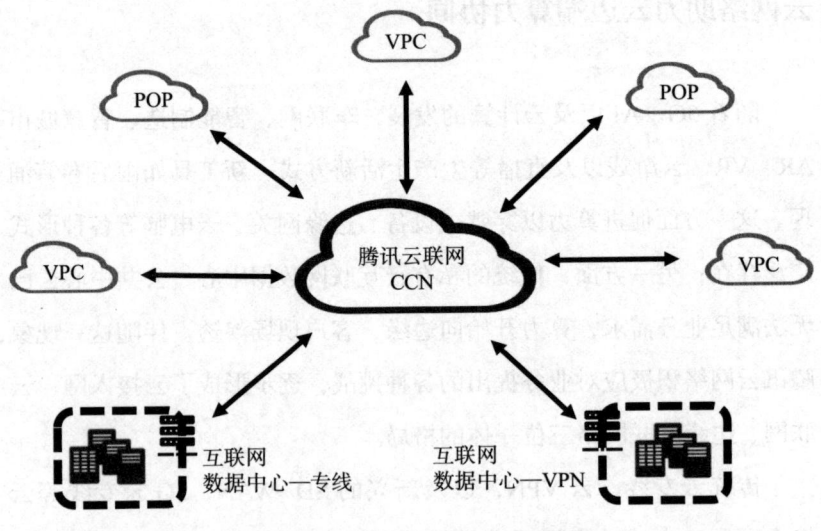

图 17-17 腾讯云云联网互通模型

云联网包含如下关键特性。

- 全网互联：云联网提供全球 20 多个地域数据中心互联，覆盖地域涵盖中国大陆、欧洲、日韩、北美等。
- 智能调度：云联网监控全网拓扑、路由及实时带宽，帮助用户实现就近接入、最短链路互通、链路故障屏蔽。

- 安全可信：云联网基于成熟 MPLS VPN 技术可实现租户间隔离，满足政企、金融行业安全合规要求。
- 统一网络形态：云联网目前已支持 VPC、专线网关、VPN 网关、SD-WAN 等多种形态网络接入，实现网络形态统一。
- 稳定可靠：根据用户网络质量要求，提供白金、金、银三种服务，并分别提供 99.99%、99.95%、99.50% 的 SLA 承诺。
- 成本优化：云联网可以采用 95 削峰后付费模式，有效剔除突发毛刺流量，节约用户成本。

云联网能够支撑多种业务类型，比如游戏加速和在线课程用户体验提升。对于游戏加速场景，游戏客户业务遍布全球，互联网在不同区域部署多套服务器，不同玩家就近接入，满足跨服 PVP 场景下时延敏感的要求。云联网覆盖全球 20 多个地域，基于全网拓扑、路由及实时带宽监控，利用智能调度系统，提供低时延互联，从而满足全球玩家同服竞技、保证极致体验。对于在线课程场景，师生遍布多地域，这要求多地域的高质量互联，同时保证在跨地域传输时视频和语音清晰、低延迟。腾讯云云联网提供全网智能调度能力，任意两点间以最短路径内网互通，无公网绕行和链路拥塞影响，提供更低时延的多点互通。

边缘互联网络

边缘互联网络（EIN）面向腾讯云边缘节点，提供边边互联、边边加速、云边互联的功能，其模型如图 17-18 所示。边缘互联网络的多路优选、轻量加密等功能，可构建安全、稳定、可靠和高性能的边边、边云通信能力，满足电商直播、云游戏和短视频等业务场景的需求。

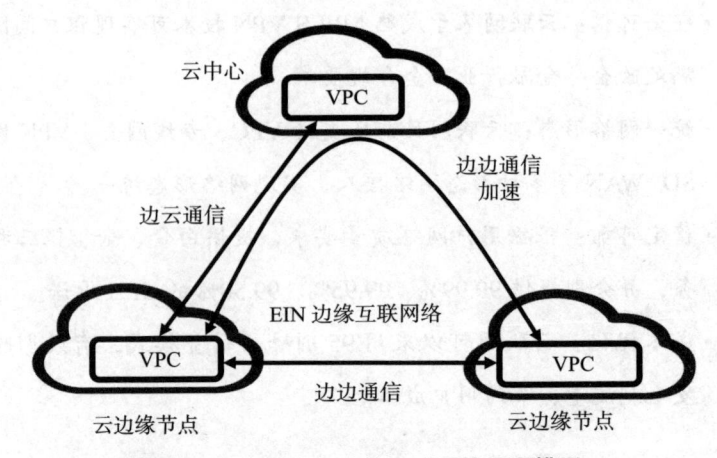

图 17-18　腾讯云边缘互联网络互通模型

通过分布在各地贴近用户的云边缘节点，边缘互联网络能够提供如下关键能力。

- 边缘按需互联：边缘互联网络允许用户指定边缘节点互通需求，并提供边缘节点间稳定、高效的全互联能力。
- 多路优选：边缘节点间具备多条公网承载线路，边缘互联网络将依据多条链路的网络质量等因素，优选出满足需求的链路策略，实现高性价比和高性能的网络通信。
- 安全高效：设计了高效、可靠的通信加密协议，在保证安全性的同时，提升内网互通的性能。

边缘互联网络能够支撑多种业务场景。例如，对于电商直播场景，主播和观看用户从全国各地就近接入边缘节点，对视频传输延迟敏感。为了提升用户体验，边缘互联网络提供的按需网络互联功能，可以为分布全国的主播和观看用户提供高性能、稳定可靠的音视频流分发服务。

云接入网

云接入网模型，如图 17-19 所示，主要帮助客户实现互联网数据中心、私有云、线下线上分支上云以及远程办公等业务，主要包括云专线、云 VPN（IPSec、SSL）、SD-WAN 以及 5G 云专线产品类型。

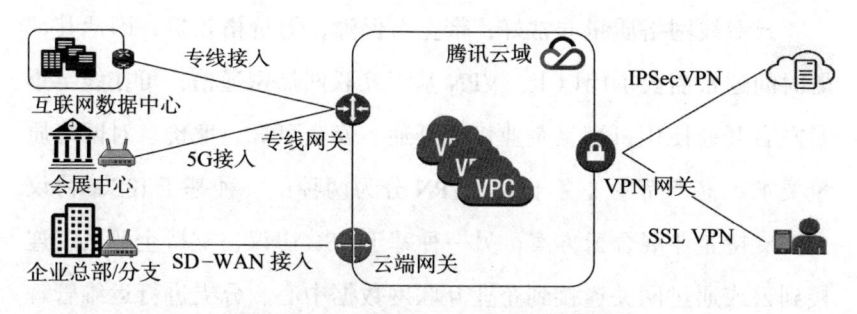

图 17-19　腾讯云云接入网互通模型

云专线

云专线产品可提供高质量、高可靠性、大带宽的网络连接能力，通常用于企业互联网数据中心间以及互联网数据中心与云间的核心业务通信，也用于音视频会议等对网络质量有较高要求的业务。

腾讯云专线支持一条物理线路划分多个专用通道，并可同时连通多个 VPC，实现租户互联网数据中心与云上多个 VPC 内的业务交互通信。互联网数据中心之间可通过云上专线网关实现互联互通，而无须在 VPC 内部署组件中转。结合云联网、云 VPN 和 SD-WAN，租户可以将全球分布的多个互联网数据中心、企业分支通过专线连接到云上，并与云上 VPC 组成企业在云上的虚拟化骨干网。

腾讯云专线支持 BGP、静态两种路由方式，以及租户各种场景下的流量路由、选路。此外，腾讯云还支持在专线网关上对源、目的

IP、端口进行 NAT 转换，以便实现网段冲突、端口冲突的私网访问以及互联网访问。云专线产品全路无单点故障风险，满足金融级网络互联要求。

云 VPN 连接

云专线网络质量非常好，带宽有保障，但价格较贵，因此其部署时间通常需要 1 周以上。VPN 基于互联网加密通信，可在线半小时左右开通使用，满足企业快速开通、安全可靠、廉价、对网络质量要求不甚严苛的业务上云。VPN 分为两种：一种基于 IPSec 协议，主要支持企业混合云方案；另一种基于 SSL 协议，支持企业员工连接到云或通过网关连接到企业互联网数据中心、分支进行运维管理操作。

腾讯云 IPSecVPN 服务单网关可支持多达 20 条隧道，单通道性能最大可达 2Gbps，并且可通过工单扩展通道数配额。算法方面，它支持常见的 AES、DES、3DES 等算法，同时也支持 SHA256、国密等特殊场景用到的算法。兴趣流方面，它支持业界标准的基于策略和基于路由两种模式，且在路由模式下支持路由优先级、VPNHub 功能。兼容性方面，它支持与思科、华为、Juniper、Fortinet、H3C、Checkpoint 等传统主流的设备厂商以及 StrongSwan、AWS 等主流的开源和云服务厂商网关对接。

除与专线、云联网结合组成企业云端虚拟化骨干网外，VPN 可以和云专线形成互备。在物理专线故障无法通信时，用户可切换到 VPN 进行应急通信。

腾讯云 SSL VPN 安全、简单、易用、廉价且可管理，是租户个人终端接入的不二选择。客户端仅需要安装兼容的 OpenVPN 组件，并导入从云端下载的配置文件即可一键连接，无需任何额外的配置。企业管理员还可以随时将离职、有风险的客户端踢出服务器，确保服务器的安全防护。单个网关更是可支持多达 1 000 个终端接入。

VPN 网关主备部署，两节点间自动进行会话同步，保证网关单点故障可平滑切换。

SD-WAN

IPSecVPN 接入云端快速、廉价，但为了保证在互联网上通信的安全保密，IPSecVPN 配置相对比较复杂，且互联网数据中心端网关配置也给租户带来不少部署配置上的困扰。更重要的是，从租户的角度来看，租户期望其能够管控企业分支的网关、分支间以及分支与云间的流量，并根据业务类型、流量需求实时、动态地调整带宽、链路等，满足业务需求和降低成本。SD-WAN 在这种情况下应运而生。

腾讯云 SD-WAN 产品具有即插即用、多地域覆盖、智能管控等功能，为租户提供更简单、更可靠、更智能的一站式上云服务，尤其适合全球分布、海量站点、急速扩展分支的场景。腾讯云 SD-WAN 起步可支持多达 10 000 个分支接入，且每个分支可添加多达 10 000 条路由，完全满足企业分支上云、分支通过腾讯云互通的各种场景需求。

分支网关设备支持即插即用，自动选择最优的接入点与云端联网，通过设备级、链路级、接入点三级容灾的方式，避免链路拥塞、中断造成的通信延迟或失败，保证业务连续性和极致网络体验。WAN 侧支持静态配置、DHCP、PPPOE、LTE 等多种接入方式，且租户可以接入多条运营商网络，从而满足链路可靠性要求。同时，分支网关设备也支持互备组网。LAN 侧，分支网关可支持二层、三层接入，也支持通过 DHCP 为分支内服务器分配 IP 地址。此外，分支网关还支持 5G 接入，为企业在价格、运营商、网络质量等方面提供更多选择。

SD-WAN 服务为租户提供智能可视化运维功能，租户可通过服务界面远程、集中管理企业通过 SD-WAN 接入的所有分支及云端网络。

5G 云专线

5G 的发展为企业上云、业务开展提供了另外的可能。作为一种全新的云接入技术，5G 云专线的推出是为了解决客户接入腾讯云时的一些典型"痛点"。这些"痛点"包括但不限于专线开通周期长、初始建设的投入门槛高、通过无线网络接入时无法提供质量保障、可用带宽和链路时延不稳定和抖动明显等问题。

从架构上看，5G 云专线，如图 17-20 所示，是将云网络和运营商网络融合，利用切片技术和云网络动态调度能力，并通过 5G 网络和预埋专线实现一键接入腾讯云网络的新型混合云，最大限度地减少了专线开通等待时间和一系列复杂配置。同时它具备了 5G 网络覆盖广、支持移动性以及专线稳定、低时延的特点。5G 云专线在设计时主要解决了两个关键问题，一是 5G 网络如何与腾讯云网络协同，二是如何为租户提供端到端的质量保障。为了将 5G 核心网的输出转换成专线网关要求的 802.1Q 格式并对接专线网关的路由平面，腾讯基于分布式路由系统平台打造了高性能 TSAC 网关，它支持多种隧道协议，包括 IPSec、GRE、VXLAN 等的封装和解封装。单服务器支持 1 000 多个租户与专线网关建 BGP 和 BFD 邻居，还支持云上和云下路由的传递。为了实现端到端的质量保障，腾讯和运营商联合设计了一套 5G QoS 订购 API，可以为 5G 云专线客户实时配置 5G QoS 参数，实现空口、传输网的质量保障。

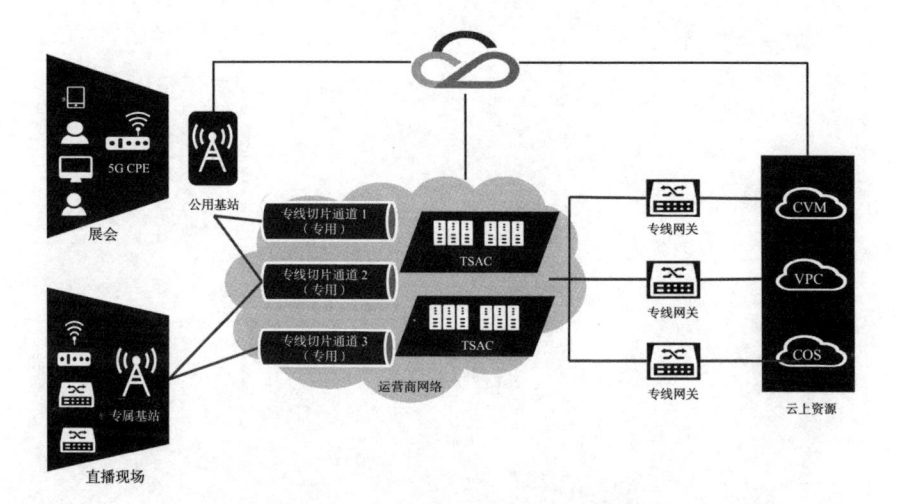

图 17-20　腾讯云 5G 云专线互通模型

致谢

随着新一轮科技革命和产业变革的深入发展，一个以算力为核心生产力的数字经济时代正加速到来。从云计算到边缘计算再到泛在计算，从单一算力到多样性算力，从以计算为主到算网融合，算力技术的发展日新月异，推动社会的生产组织模式不断变革，同时还对社会经济的发展起到了提质增效的作用。算力是云边数智网发展的基石，其已成为全球竞争的战略高地，将直接影响数字经济的发展速度，直接决定社会智能的发展高度。2020年中国推出了新基建战略，重点打造包括5G、大型数据中心、AI在内的新型信息基础设施，算力作为IT技术的重要承载体，是新基建的核心。无论是5G、云、AI还是大数据，都离不开算力。算力是信息科技的原动力和供血器，是基础中的基础，核心中的核心。2021年5月，国家发展改革委、中央网信办、工业和信息化部、国家能源局联合印发了《全国一体化大数据中心协同创新体系算力枢纽实施方案》，明确提出布局全国算力网络国家枢纽节点，启动实施"东数西算"工程，构建国家算力网络体系。

中国移动作为推动数智化发展的排头兵，积极响应国家新基建战略号召，依托"移动云"、"网络云"和"IT 云"已经形成了 x86、ARM 等多样性算力信息基础设施。截至目前，面向公有云市场的"移动云"已拥有包括 x86 和 ARM 在内的约 500 万台 vCPU 的海量云计算资源。2020 年，"移动云"营收同比增速 338%，是业界增速最快的云服务商，超过行业整体增速 7 倍；承载 5G 核心网等通信网元的"网络云"，即将达到 10 万台的规模，并通过"x86 + ARM"双算力平台实现了超 70% 网元上云，是全球规模最大、技术最先进的 NFV/SDN 网络。承载全网 IT 系统的"IT 云"，已形成 x86、ARM 等多样性算力通用型服务器约 14 万余台，已支持约 400 个中国移动自有业务系统入驻，全面提升对内云服务能力。2021 年，中国移动联合清华大学、华为、飞腾等 11 家企业、高校和机构筹建并成立了多样性算力产业联盟，目前该联盟已汇聚 20 余家单位，旨在共同构建国内计算产业新生态。此外，中国移动还积极争夺国际算力标准的话语权，以应用为牵引，制定一致性的技术规范和评估标准，研发迁移工具，加速应用迁移过程和生态构建。2021 年 8 月，中国移动通信集团有限公司董事长杨杰在年中工作会上率先提出了发展"算力网络"的重大计划，旨在连算成网，打造算网一体化基础设施。

为了让公众更好地了解算力的发展史，让行业更好地把握泛在算力的新机遇，让产业更好融入算力网络的新未来，中国移动的同事写出了《算力时代》一书，基于十年来对计算技术的深度参与和对计算技术发展规律的全面把握，作者从算力的前世今生入手，系统性地阐述了算力对经济社会数字化转型的影响，并对未来算力的发展进行了畅想。

首先，要感谢中国移动研究院的一支年轻专家团队，团队成员分别是刘景磊、陈佳媛、王升、张婷婷、李锴、覃杰、王怡惠、班有容、范亚梅、王锦涛、郭莎莎、吴平松、李莹、崔宁波、宋雪飞、王鹏、孙滔、姚惠娟、李军芬、都晨辉、尼凌飞、张剑寅、王路、房雅丁、王磊、王辰、陈国丹、史晓楠、符笛笛、刘少伟、王晶等。他们为本书贡献了翔实的产业调研分析和丰富的技术研究成果，是本书的共同作者。

其次，要感谢十分尊敬的三位领导和专家慷慨地为本书作序。第一位是中国移动通信集团有限公司董事长杨杰先生。杨董事长一直高度重视中国移动算力的推进工作，本书关于"算力网络"的主要思想就源于董事长。2021年8月，在中国移动年中总结会上，杨董事长指出"算力网络是云网融合的全新阶段，其本质是算网一体，旨在实现网络基础设施和算力基础设施的深度融合、全局优化，形成'网络无所不达、算力无所不在、智能无所不及'的新型一体化基础设施，催生'算力+网络'的新模式、新业态、新服务"。这一观点也是本书的精髓之处。第二位是国际电信联盟的现任秘书长赵厚麟先生，他是第一位担任此职务的中国人，也是在联合国担任高级职务的中国人之一。第三位是中国工程院院士王恩东先生，王院士一生从事计算机及其关键技术研究与工程实现工作，一直为中国自主服务器和计算系统的发展呕心沥血，很大程度上促进了我国自主计算系统和前沿应用关键技术的发展。他们在序言中充分肯定了本书中提出的算力网络、泛在计算等对整个计算产业的影响，并给予其高度评价。

算力作为整个数字经济的基础，不仅仅是运营商的事情。本书第十七章还邀请了互联网、芯片、服务器等行业的相关企业，它们是ARM、华为、飞腾、浪潮、中兴通讯和腾讯等。各企业均从自身角度深入阐述了算力之于各行各业的重大意义和巨大变革，以及算力带来的机遇与挑战，并介绍了各自在算力方面的积累以及产品研发。在此对行业中的各家企业致以衷心的感谢。

算力对人类社会的重要性已经不亚于空气对人类社会的影响，算力将持续为整个经济、社会、生产、生活带来更加深刻的影响。但随着摩尔定律的失效以及芯片纳米工艺近乎减小为零，算力的发展即将迎来革命性的变革。这一变革将给中国带来科技创新、产业拓展、经济繁荣的良好契机，将成为践行习近平总书记提出的科技强国梦的重大支撑。中国移动将以习近平新时代中国特色社会主义思想为指引，大力推动算力网络发展，联合各行各业和社会各界，共同推动我国在算力网络发展领域取得成功，推动算力网络给更多行业产业带来新的发展动能，促进经济社会发展，更好地满足人民群众对美好生活的向往。

缩略语

术语	英文全称	中文解释
3D	Three Dimension	三维
3GPP	3rd Generation Partnership Project	第三代合作伙伴计划
AGV	Automated Guided Vehicle	自动导引车，又称 AGV 小车
AI	Artificial Intelligence	人工智能
ALU	Arithmetic Logic Unit	算术逻辑单元
AMF	Access and Mobility Management Function	接入和移动管理功能
API	Application Programming Interface	应用程序编程接口
AR	Augmented Reality	增强现实
ARM	Advanced RISC Machines	高级精简指令集机器，部分章节中特指 ARM 公司
ASIC	Application Specific Integrated Circuit	专用集成电路
AUSF	Authentication Server Function	鉴权服务功能
AVX2	Advanced Vector Extensions 2	第二代高级矢量扩展指令集
B2B	Business to Business	企业对企业的商业模式

（续表）

术语	英文全称	中文解释
BSD	Berkeley Software Distribution	一种开源协议，伯克利软件套件
CANN	Compute Architecture for Neural Network	神经网络计算体系结构
CISC	Complex Instruction Set Computing	复杂指令集
CMNET	China Mobile Network	中国移动互联网
COBOL	Common Business-Oriented Language	面向商业的通用编程语言
CPE	Customer Premise Equipment	客户终端设备
CPU	Central Processing Unit	中央处理器
CT	Communication Technology	通信技术
CUDA	Compute Unified Device Architecture	统一计算架构
DCI	Data Center Interconnect	数据中心互联
DMTK	Distributed Machine Learning Toolkit	分布式机器学习工具包
DN	Data Network	数据网络
DNN	Data Network Name	数据网络名
DPI	Deep Packet Inspection	深度报文解析
DPU	Data Processing Unit	数据处理单元
DRAM	Dynamic Random Access Memory	动态随机存取器
DTL	Diode-Transistor Logic	二极管晶体管逻辑
EAS	Edge Application Server	边缘应用服务
EDN	Edge Data Network	边缘数据网络
EDVAC	Electronic Discrete Variable Automatic Computer	离散变量自动电子计算机
eMBB	Enhanced Mobile Broadband	增强移动宽带

（续表）

术语	英文全称	中文解释
ENIAC	Electronic Numerical Integrator and Computer	电子数字积分计算机
ETSI	European Telecommunications Standards Institute	欧洲电信标准化组织
FRAM	Ferroelectric Random Access Memory	铁电存储器
GCN	Graphics Core Next	次世代显示核心
GPGPU	General-Purpose Computing on Graphics Processing Units	通用图形处理单元
GPT-3	General Pre-Trained Transformer-3	第三代通用预训练语言模型
GPU	Graphics Processing Unit	图形处理器
GTP-U	GPRS Tunnelling Protocol User Plane	通用分组无线服务隧道协议用户面
ICT	Information and Communication Technology	信息与通信技术
ISA	Instruction Set Architecture	指令集架构
IT	Information Technology	信息技术
KVM	Kernel-Based Virtual Machine	基于内核的虚拟机
LTE	Long Term Evolution	长期演进
LUT	Look-Up Table	查找表
MCU	Micro Controller Unit	微控制单元
MEC	Multi-Access Edge Computing/ Mobile Edge Computing	多接入边缘计算
MIPS	Microprocessor Without Interlocked Piped Stages	无联锁管级的微处理器
MRAM	Magnetic Random-Access Memory	自旋磁存储器

缩略语

（续表）

术语	英文全称	中文解释
NAT	Network Address Translation	网络地址转换
NB-IoT	Narrow Band Internet of Things	窄带物联网
NFC	Near Field Communication	近场通信
NFV	Network Function Virtualization	网络功能虚拟化
NIC	Network Interface Card	普通网卡
NUMA	Non-Uniform Memory Access	非一致性内存访问
OT	Operation Technology	操作技术
OTII	Open Telecom IT Infrastructure	开放电信基础设施
PC	Personal Computer	个人计算机
PCF	Policy Control Function	策略控制功能
PCIe	Peripheral Component Interconnect Express	高速串行计算机扩展总线标准
PCM	Phase-Change Random-Access Memory	相变存储器，又简称 PRAM 或 PCRAM
PI	Programmable Interconnect	可编程互联总线
PowerPC	Performance Optimization with Enhanced RISC–Performance Computing	增强精简指令集的性能优化-性能计算
RAN	Radio Access Network	无线接入网
RISC	Reduced Instruction Set Computing	精简指令集
RRAM	Resistive Random Access Memory	阻变存储器/忆阻器/电阻式随机存取存储器，又简称 ReRAM
RSU	Road Side Unit	路侧单元
RT	Ray Tracing	光影追踪
SCADA	Supervisory Control and Data Acquisition	数据采集与监视控制系统

（续表）

术语	英文全称	中文解释
SDN	Software Defined Network	软件定义网络
SD-WAN	Software Defined Wide Area Network	软件定义广域网
SEV	Send Event	ARM 平台下的发送事件指令
SMF	Session Management Function	会话管理功能
SNP	Secure Nested Paging	安全的嵌套分页
SoC	System-on-Chip	系统级芯片
SPARC	Scalable Processor Architecture	可扩充处理器结构
SR-IOV	Single Root I/O Virtualization	单根 I/O 虚拟化
SVE2	Scalable Vector Extension V2	第二代可伸缩矢量扩展指令集
TOS	Terminal Operating System	码头操作系统
TPU	Tensor Processing Unit	张量处理器
TTL	Transistor-Transistor Logic	晶体管–晶体管逻辑
UDM	Unified Data Management	通用数据管理
UPF	User Plane Function	用户面功能
uRLLC	Ultra-Reliable and Low-Latency Communications	超高可靠与低时延通信
VF	Virtual Function	虚拟功能
VPC	Virtual Private Cloud	虚拟私有云
VPN	Virtual Private Networks	虚拟专用网
VR	Virtual Reality	虚拟现实
WLAN	Wireless Local Area Network	无线局域网

注释

第五章 异构计算——平台多样

1. "橡树岭"超算中心官网［EB/OL］. https://www.ornl.gov/news/ornl-launches-sumit-supercomputer.
2. NVIDIA. Fermi 架构白皮书［EB/OL］. https://www.NVIDIA.com/content/PDF/fermi_white_papers/NVIDIA_Fermi_Compute_Architecture_Whitepaper.pdf.
3. NVIDIA. Kepler 架构白皮书［R］. NVIDIA's Next Generation CUDA Compute Architecture: Kepler GK110.
4. NVIDIA. Maxwell 架构介绍［EB/OL］. https://developer.nvidia.com/blog/maxwell-most-advanced-cuda-gpu-ever-made/.
5. NVIDIA. Pascal 架构白皮书［R］. NVIDIA Tesla P100 Compute Architecture.
6. NVIDIA. Volta 架构白皮书［EB/OL］. https://www.nvidia.cn/content/dam/en-zz/zh_cn/Solutions/Data-Center/volta-gpu-architecture/Volta-Architecture-Whitepaper-v1.1-CN.compressed.pdf.
7. NVIDIA. Turing 架构白皮书［EB/OL］. https://www.NVIDIA.com/content/dam/en-zz/Solutions/design-visualization/technologies/turing-architecture/NVIDIA-Turing-Architecture-Whitepaper.pdf.
8. NVIDIA. Ampere 架构白皮书［EB/OL］. https://www.NVIDIA.com/content/dam/en-zz/Solutions/Data-Center/NVIDIA-ampere-architecture-whitepaper.pdf.
9. AMD. RDNA 架构白皮书［EB/OL］. https://www.amd.com/system/files/documents/rdna-whitepaper.pdf.
10. AMD. CDNA 白皮书［EB/OL］. https://www.amd.com/system/files/documents/amd-cdna-whitepaper.pdf.

11. AMD. GCN 架构［EB/OL］. https://www.amd.com/zh-hans/technologies/gcn.
12. 方正证券. GPU 研究框架——行业深度报告［EB/OL］.（2021-03-06）. https://blog.csdn.net/21cnbao/article/details/114827027.
13. 30 家国产 AI 芯片厂商调研分析报告之一［EB/OL］.（2021-01-25）. https://www.eet-china.com/news/202101251234.html；30 家国产 AI 芯片厂商调研报告之二［EB/OL］.（2021-02-02）. https://www.eet-china.com/news/202102020909.html.

第六章　云计算，看不见、摸不着的算力服务

1. 乔希·约瑟夫，克雷格·福莱斯汀. 网格计算［M］. 战晓苏，张少华，译. 北京：清华大学出版社，2005.
2. 李正茂，王晓云，张同须，等. 5G＋：5G 如何改变社会［M］. 北京：中信出版社，2019.

第七章　边缘计算，算力在你身边

1. 边缘计算产业联盟，工业互联网产业联盟. 边缘计算与云计算协同白皮书 2.0［EB/OL］. http://www.ecconsortium.org/Lists/show/id/522.html.

第八章　大数据，挖掘存算新价值

1. IDC. 数据时代 2025［EB/OL］. https://www.docin.com/p-1941182291.html.

第九章　AI，以算力换人力

1. 什么是人工智能的数据标注？挑战是什么？［EB/OL］.（2020-06-28）. https://baijiahao.baidu.com/s?id=1670723506116841544&wfr=spider&for=pc.

第十章　算力网络，继往开来辟新局

1. 中国联通. 中国联通算力网络白皮书［R］. 2019.
2. 中国通信标准化协会. 面向全网算力的算力感知网络关键技术研究［R］. 2020.
3. 姚惠娟，耿亮. 面向计算网络融合的下一代网络架构［J］. 电信科学，2019，35（9）：38-43.
4. 网络 5.0 技术和产业创新联盟. 网络 5.0 技术白皮书［R］. 2019.

第十一章　东数西算，算力网络的第一个目标

1. 国家发展改革委，工业和信息化部. 关于组织实施 2020 年新型基础设施建设工程（宽带网络和 5G 领域）的通知［A］. 2020.
2. 国家发展改革委，中央网信办，工业和信息化部，等. 全国一体化大数据中心协同

创新体系算力枢纽实施方案（发改高技〔2021〕709号）[EB/OL].（2021-05-24）. http://www.gov.cn/zhengce/zhengceku/2021-05/26/content_5612405.htm.

3. 工业和信息化部. 新型数据中心发展三年行动计划（2021-2023年）[EB/OL].（2021-07-04）. http://www.gov.cn/zhengce/2021-07/16/content_5625389.htm.

第十二章 冯·诺伊曼架构是永恒的吗？

1. AMODEI D, HERNANDEZ D, SASTRY G, et al. AI and compute[EB/OL].（2018-05-16）. https://openai.com/blog/ai-and-compute/.

2. HAN S, POOL J, TRAN J, et al. Learning both weights and connections for efficient neural networks[J]. Proceedings of the 28th International Conference on Neural Information Processing Systems, 2015(1): 1135-1143.

3. NAIR R, ANTAO S, BERTOLLI C, et al. Active memory cube: a processing-in-memory architecture for exascale systems [J]. IBM Journal of Research and Development, 2015, 59(2): 17:1-17:14.

4. BOZZI C, PONCE S, ROISER S. The core software framework for the LHCb Upgrade[C]//EPJ Web of Conferences. EDP Sciences, 2019, 214: 05040.

5. TANG J, YUAN F, SHEN X, et al. Bridging biological and artificial neural networks with emerging neuromorphic devices: fundamentals, progress, and challenges[J]. Advanced Materials, 2019, 31(49): 1902761.

6. KAUTZ W. Cellular logic-in-memory arrays[J]. IEEE Transactions on Computers, 1969, C-18(8): 719-727.

7. 郭昕婕, 王绍迪. 端侧智能存算一体芯片概述[J]. 微纳电子与智能制造, 2019（2）: 72-82.

8. SESHADRI V, LEE D, MULLINS T, et al. Ambit: in-memory accelerator for bulk bitwise operations using commodity DRAM technology[C]//Proceedings of the 50th Annual IEEE /ACM International Symposium on Microarchitecture. IEEE, 2017: 273-287.

9. 林钰登, 高滨, 王小虎, 等. 基于新型忆阻器的存内计算[J]. 微纳电子与智能制造, 2019（2）: 35-46.

10. CHI P, LI S, XU C, et al. PRIME: a novel processing-in-memory architecture for neural network computation in ReRAM-based main memory[J]. ACM SIGARCH Computer Architecture News, 2016, 44(3): 27-39.

11. SESHADRI V, LEE D, MULLINS T, et al. Ambit: in-memory accelerator for bulk bitwise operations using commodity DRAM technology[C]//Proceedings of the 50th Annual IEEE /ACM International Symposium on Microarchitecture. IEEE, 2017: 273-287.

12. 陈佳, 潘文谦, 秦一凡, 等. 基于忆阻器的神经网络应用研究[J]. 微纳电子与智能制造，2019（4）：24-38.
13. 杜玲玲，周细应，李晓. 相变存储器及其用于神经形态计算的研究综述［J］. 人工晶体学报，2020（12）：2398-2405.
14. CHI P, LI S, XU C, et al. PRIME: a novel processing-in-memory architecture for neural network computation in ReRAM-based main memory[J]. ACM SIGARCH Computer Architecture News, 2016, 44(3): 27-39.
15. 郭昕婕，王绍迪. 端侧智能存算一体芯片概述［J］. 微纳电子与智能制造，2019（2）：72-82.
16. CAI F, CORRELL J M, LEE S H, et al. A fully integrated reprogrammable memristor–CMOS system for efficient multiply-accumulate operations[J]. Nature Electronics, 2019(2): 290-299.
17. MAREGA G M, ZHAO Y, AVSAR A, et al. Logic-in-memory based on an atomically thin semiconductor[J]. Nature, 2020, 587(7832):72-77.
18. 知存科技官网［EB/OL］. http://www.witintech.com/.
19. Mythic 公司推出业界首款模拟矩阵处理器 M1108 AMP［EB/OL］.（2020-11-25）. http://m.elecfans.com/article/1394639.html.
20. SEBASTIAN A, LE GALLO M, KHADDAM-ALJAMEH R, et al. Publisher correction: memory devices and applications for in-memory computing[J]. Nature Nanotechnology, 2020, 15 (812).

第十三章 6G 与在网计算

1. IMT-2030（6G）推进组. 6G 网络架构愿景与关键技术展望白皮书［EB/OL］.（2021-09-16）. https://new.qq.com/omn/20210917/20210917A0C60P00.html.

第十五章 量子计算

1. ARUTE F, ARYA K, BABBUSH R, et al. Quantum supremacy using a programmable superconducting processor[J]. Nature, 2019(574): 505-510.
2. MOONEY G J, WHITE G A L, HILL C D, et al. Whole-device entanglement in a 65-qubit superconducting quantum computer[J/OL]. (2021-10-04). Advanced Quantum Technologies, https://arxiv.org/abs/2102.11521.
3. https://twitter.com/jaygambetta/status/1395347923123245056.
4. SUNG Y, DING L, BRAUMÜLLER J, et al. Pealization of high-fidelity CZ and ZZ-free iSWAP gates with a tunable coupler[J/OL].(2021-06-17). https://arxiv.org/abs/2011.01261.
5. RYAN-ANDERSON C, BOHNET J G, LEE K, et al. Realization of real-time fault-tolerant quantum error correction[J/OL]. (2021-07-15). https://arxiv.org/abs/2107.07505.

6. POGORELOV I, FELDKER T, MARCINIAK CH D, et al. Compact ion-trap quantum computing demonstrator[J]. PRX Quantum, 2021(2).

第十六章　信息社会的战略高地

1. 中共中央关于制定"十三五"规划的建议［EB/OL］.（2015-11-03）. http://www.gov.cn/xinwen/2015-11/03/content_2959432.htm.
2. 国务院关于印发"宽带中国"战略及实施方案的通知（国发〔2013〕31号）［EB/OL］.（2013-08-01）. http://www.gov.cn/zwgk/2013-08/17/content_2468348.htm.
3. 国务院关于积极推进"互联网+"行动的指导意见（国发〔2015〕40号）［EB/OL］.（2015-07-04）. http://www.gov.cn/zhengce/content/2015-07/04/content_10002.htm.
4. 中共中央办公厅 国务院办公厅印发《国家信息化发展战略纲要》［EB/OL］.（2016-07-27）. http://www.gov.cn/xinwen/2016-07/27/content_5095336.htm.
5. 国务院关于印发"十三五"国家信息化规划的通知（国发〔2016〕73号）［EB/OL］.（2016-12-15）. http://www.gov.cn/zhengce/content/2016-12/27/content_5153411.htm.
6. 中共中央关于制定国民经济和社会发展第十四个五年规划和二〇三五年远景目标的建议［EB/OL］.（2020-11-03）. http://www.gov.cn/zhengce/2020-11/03/content_5556991.htm.
7. 中华人民共和国国民经济和社会发展第十四个五年规划和2035年远景目标纲要［EB/OL］.（2021-03-13）. http://www.gov.cn/xinwen/2021-03/13/content_5592681.htm.
8. 我国部署加快推进新型基础设施建设［EB/OL］.（2020-04-29）. http://www.gov.cn/zhengce/2020-04/29/content_5507214.htm.
9. 国家发展改革委，中央网信办，工业和信息化部，等.关于加快构建全国一体化大数据中心协同创新体系的指导意见（发改高技〔2020〕1922号）［EB/OL］.（2020-12-23）. http://www.gov.cn/zhengce/zhengceku/2020-12/28/content_5574288.htm.
10. 国家发展改革委，中央网信办，工业和信息化部，等.全国一体化大数据中心协同创新体系算力枢纽实施方案（发改高技〔2021〕709号）［EB/OL］.（2021-05-24）. http://www.gov.cn/zhengce/zhengceku/2021-05/26/content_5612405.htm.